Christian Kehrt
Mit Molekülen spielen

Christian Kehrt ist Professor für Wissenschafts- und Technikgeschichte an der TU Braunschweig.

Christian Kehrt

Mit Molekülen spielen

Wissenschaftskulturen der Nanotechnologie zwischen Politik und Medien

[transcript]

Gefördert durch die VWStiftung im Rahmen der Förderinitiative »Innovationsprozesse in Wirtschaft und Gesellschaft«. Gedruckt mit Hilfe der finanziellen Unterstützung der TU Braunschweig.

Bibliografische Information der Deutschen Nationalbibliothek
Die Deutsche Nationalbibliothek verzeichnet diese Publikation in der Deutschen Nationalbibliografie; detaillierte bibliografische Daten sind im Internet über http://dnb.d-nb.de abrufbar.

transcript Verlag | Hermannstraße 26 | D-33602 Bielefeld | live@transcript-verlag.de

Umschlaggestaltung: Hannah Groninger
Umschlagabbildung: Frank Trixler: Logo des Center for Nanoscience (CeNs) der LMU München im Jahr 2000. Rastertunnelmikroskop-Aufnahme von PTCDA Molekülen, die auf einer Graphit-Oberfläche adsorbiert sind. Quelle: https://commons.wikimedia.org/wiki/File:Cens_nanomanipulation3d_Trixler.jpg
Lektorat: Birgit Heilbronner
Satz: Torben Bogenschneider
Printed in Germany
Print-ISBN 978-3-8376-3202-6
PDF-ISBN 978-3-8394-3202-0

Gedruckt auf alterungsbeständigem Papier mit chlorfrei gebleichtem Zellstoff.
Besuchen Sie uns im Internet: *http://www.transcript-verlag.de*
Bitte fordern Sie unser Gesamtverzeichnis und andere Broschüren an unter: *info@transcript-verlag.de*

Inhalt

I. Einleitung

„Ois is Nano, ois"

München hat sich, so die Süddeutsche Zeitung, still und heimlich „zur deutschen Hauptstadt der Nanotechnologie gewandelt".[1] Kann man damit aber tatsächlich „alles" [bayer. „ois"] in Verbindung bringen, wie dies der Kabarettist Gerhard Polt nach einem Treffen mit dem Münchner Biophysiker und Nanowissenschaftler Hermann Gaub verwundert feststellte? Folgt man den populären Darstellungen dieser Zukunftstechnologie, so öffnet sich auf der Ebene des Nanokosmos eine gleichermaßen verheißungsvolle wie schwer zugängliche Welt der Atome und Moleküle.[2] Nanotechnologie findet demnach in einem molekularen Zwischenbereich statt, in dem sich die Grenzen zwischen Chemie, Biologie und Physik verwischen und Bausteine für radikal neue Technologien entwickelt werden. Mit der experimentellen Kontrolle und Manipulation der belebten und unbelebten Natur geht die Hoffnung einher, neue, maßgeschneiderte technische Anwendungen, z.B. im Bereich der Elektronik oder Medizin, zu entwickeln. Wenn es gelingt, die Grundbausteine der Natur nicht nur zu entschlüsseln, sondern auch technisch zu nutzen und beliebig neu zu programmieren, würden Kernprobleme der Menschheit zur Lösung kommen, so der amerikanische Computerwissenschaftler und visionäre Fürsprecher einer molekularen Nanotechnologie Ralph Merkle im Jahr 2001.

„In den nächsten Jahrzehnten wird man mithilfe der Nanotechnologie Supercomputer bauen können, die so klein sind, dass sie sich mit dem Lichtmikroskop kaum erkennen lassen. Ganze Flotten medizinischer Nanoroboter, die kleiner als eine Zelle sind, werden dann durch unsere Körper kreuzen und verstopfte Arterien reinigen und die Verheerungen des Alters rückgängig machen. [...] Kostengünstige Materialien mit der fünfzigfachen Festigkeit der heute im Raketenbau eingesetzten Werkstoffe werden uns den Weg in den Weltraum öffnen, so dass ein Urlaub auf dem Mond nicht teurer ist als eine Reise

1 | Vgl. Debrebant, Serge: Ois is nano. In: Süddeutsche Zeitung – Beilage München Magazin vom 29./30.9.2007, S. 28; Kehrt, Christian; Schüßler, Peter: „Ois is nano". Nanowissenschaftliche Forschungskontexte in historischer und soziologischer Perspektive. In: Kultur und Technik (2010), H.1, S. 22-24.

2 | Vgl. z.B. Spektrum der Wissenschaft Spezial 2001/2: Nanotechnologie; Spektrum der Wissenschaft Spezial 2012/1: Einblicke in die Nanowelt; Mansoori, Ali G. u.a. (Hg.): Molecular Building Blocks for Nanotechnology. From Diamondoids to Nanoscale. Dordrecht u.a. 2007; Silva, Gabriel A.; Parpura, Vladimir (Hg.): Nanotechnology for Biology and Medicine. At the Building Block Level. Dordrecht 2012.

zum Südpol. Und der Traum, dass alle Menschen der Erde in materiellem Überfluss leben, könnte Wirklichkeit werden."[3]

Solch überbordende Erwartungen sind nicht neu, sondern gehören zur Begleitmusik neuer Technologien im 20. Jahrhundert.[4] Allerdings ist die öffentliche Betonung einer größeren Anwendungsorientierung und revolutionärer technischer Veränderungen nicht automatisch gleichzusetzen mit dem Forschungsalltag im Labor. Ein genauer Blick auf die Forschungskontexte und die im Labor konstituierten Nanoobjekte ist unerlässlich, wenn man nicht allein auf der Ebene der medial produzierten Zukunftsvisionen stehen bleiben möchte. Solch ein mittlerweile in der Wissenschaftsforschung etablierter Ansatz erlaubt, die jeweiligen Forschungs- und Innovationskulturen der Nanotechnologie im Rahmen einer Fallstudie genauer zu untersuchen.[5] Die Studie ist im Bereich der Science und Technology Studies zu verorten und richtet sich an ein interdisziplinäres Publikum, das sich mit der gesellschaftlichen Bedeutung neuer Technologien befasst. Im Fokus stehen die Herausbildung nanotechnologischer Forschungsfelder und die Frage nach den Spezifika dieser Wissenschaftskulturen. Joachim Schummer spricht in diesem Zusammenhang von einem gesellschaftlichen „Spiel mit Grenzen", die verschoben, neu definiert und ausgehandelt werden.[6] Peter Biniok sieht in der bastelnd spielerischen Bricolage einen Grundzug nanotechnologischer Forschungskulturen.[7]

Es wird im Folgenden näher zu sehen sein, welche experimentellen Praktiken und gesellschaftlichen Spiele sich mit der nanotechnologischen Forschung verbinden und inwiefern sich am Beispiel der Nanotechnologie ein grundlegen-

---

3 | Merkle, Ralph C.: Schwerter zu Nanowaffen. In: Schirrmacher, Frank (Hg.): Die Darwin AG. Wie Nanotechnologie, Biotechnologie und Computer den neuen Menschen träumen. Köln 2001, S. 181.

4 | Kehrt, Christian; Schüßler, Peter; Weitze, Marc-Denis: Einleitung. Neue Technologien in der Gesellschaft. In: Kehrt/Schüßler/Weitze, Neue Technologien in der Gesellschaft, S. 12-25.

5 | Vgl. Knorr-Cetina, Karin: Die Fabrikation von Erkenntnis. Zur Anthropologie der Naturwissenschaft. Frankfurt 1991; Knorr-Cetina, Karin: Wissenskulturen. Ein Vergleich naturwissenschaftlicher Wissensformen. Frankfurt 2002, S. 11; Rheinberger, Hans-Jörg: Experimentalsysteme und epistemische Dinge. Eine Geschichte der Proteinsynthese im Reagenzglas. Frankfurt 2006; Vgl. Latour, Bruno: Science in Action. How to Follow Scientists and Engineers through Society. Milton Keynes 1987; Latour, Bruno; Woolgar, Steve: Laboratory Life. The Construction of Scientific Facts. Princeton, NJ 1986; Hacking, Ian: Representing and Intervening. Introductory Topics in the Philosophy of Natural Science. Cambridge, MA 1983; Pickering, Andrew: Science as Practice and Culture. Chicago 1994.

6 | Vgl. Schummer, Joachim: Nanotechnologie. Spiele mit Grenzen. Frankfurt 2009, S. 14.

7 | Vgl. Biniok, Peter: Wissenschaft als Bricolage. Die soziale Konstruktion der Schweizer Nanowissenschaften. Diss. Universität Luzern, 2012. Bielefeld 2013.

der Wandel der Wissenschaftskulturen nachvollziehen lässt.[8] Vor dem Hintergrund einer zunehmend komplexeren und heterogeneren Wissenschaftslandschaft bietet die Betrachtung einzelner Akteure und Forschungskontexte neue Erkenntnismöglichkeiten über das nur schwer verallgemeinerbare Verhältnis von Wissenschaft und Gesellschaft. Von besonderem Interesse ist hierbei, wie Wissenschaftler[9] auf lokaler Ebene den Nanodiskurs gestalten und welche Motive und Strategien sie dabei verfolgen. Handelt es sich um neue Formen der Wissensproduktion, die sich durch disziplinenübergreifende Kooperationen sowie die enge Rückbindung an gesellschaftliche Problemstellungen erklären, oder lassen sich Kontinuitäten zu bereits bestehenden, älteren Forschungs- und Innovationskulturen feststellen? Diese Fragen sind nicht allein durch die Betrachtung allgemeiner Medialisierungsprozesse und forschungspolitischer Diskurse oder gar eines einheitlichen wissenschaftlichen Feldes zu beantworten, sondern verlangen die genauere Analyse nanotechnologischer Forschungskontexte und Schnittstellen.[10] Angesichts der engen Wechselwirkungen von Wissenschaft, Medien und Politik und den damit einhergehenden teilweise schwindelerregenden Grenzverschiebungen[11] ist deshalb ein Zugang erforderlich, der lokale Forschungskontexte und Akteure in allgemeinere makrostrukturelle, politische, historische und mediale Zusammenhänge einbindet.[12]

8 | Vgl. zum Wandel der Wissenschaftskulturen: Nordmann, Alfred: Im Blickwinkel der Technik: Neue Verhältnisse von Wissenschaftstheorie und Wissenschaftsgeschichte. In: Berichte für Wissenschaftsgeschichte 35 (2012), S. 200-2016; Nordmann, Alfred: The Age of Technoscience. In: Nordmann/Radder/Schiemann, Science Transformed?, S. 19-30; Forman, Paul: The Primacy of Science in Modernity, of Technology in Postmodernity, and of Ideology in the History of Technology. In: History and Technology 23 (2007), H.1, S. 1-152; Weingart, Peter: Neue Formen der Wissensproduktion. Fakt, Fiktion und Mode. In: TA-Datenbank-Nachrichten 8 (1999) H. 3/4, S. 48-57; Gibbons, Michael u.a.: The New Production of Knowledge. London 1994; Shapin, Steven: The Scientific Life. A Moral History of Late Modern Vocation. Chicago, London 2008.

9 | Im Folgenden wird aus Gründen der sprachlichen Vereinfachung nur die männliche Form verwendet. Es sind jedoch stets Personen männlichen und weiblichen Geschlechts gleichermaßen gemeint.

10 | Nordmann, Alfred; Schummer, Joachim; Schwarz, Astrid (Hg.): Nanotechnologien im Kontext. Berlin 2006, S. vii.

11 | Vgl. Schummer, Spiele mit Grenzen; Bensaude-Vincent, Bernadette: Les Vertiges de la Technoscience. Façonner le Monde Atome par Atome. Paris 2009.

12 | Einen solchen, über die Science and Technology Studies hinausgehenden, stärker die Makroebene und auch historische Dimensionen berücksichtigenden Ansatz hat jüngst Dominique Pestre eingefordert. Pestre, Dominique: À Contre-Science. Politique et Savoirs des Sociétés Contemporaines. Paris 2013, S. 7-14 u. 193-219; Vgl. Rheinberger, Hans-Jörg: Rezente Wissenschaft und ihre Erforschung. Das Beispiel Molekularbiologie. In: Medizinhistorisches Journal 41 (2006), S. 187-199; Biniok, Wissenschaft als Bricolage, S. 79.

Der Titel ,Mit Molekülen spielen' ist vor dem Hintergrund einer zunehmenden Verschränkung von Wissenschaft, Politik und Medien und der Forderung nach einer größeren Anwendungsorientierung und Nützlichkeit der universitären Forschung zu verstehen.[13] Der auf der Ebene des öffentlichen Nanotechnologiediskurses aus strategischen Gründen betonte Technikbezug, so die These dieser Studie, ermöglicht jedoch ein weiterhin erkenntnisoffenes und freies Experimentieren, das nicht notwendigerweise auf Innovationsprozesse bezogen ist. Gerd Binnig, der mit der Erfindung des *Rastertunnel- und Rasterkraftmikroskops* neue Horizonte für Experimente mit einzelnen Atomen und Molekülen im Nanometerbereich eröffnete, hat auf das Spielen als zentralem Moment kreativer Prozesse hingewiesen und damit das Selbstverständnis einer letztlich unabhängig von gesellschaftlichen und technischen Zwängen agierenden Wissenschaftskultur zum Ausdruck gebracht.[14] Das im Rahmen dieser Studie untersuchte experimentelle Forschen und Spielen mit Molekülen bedeutet aber keinesfalls, dass die Wissenschaftler im Elfenbeinturm säßen und unabhängig von gesellschaftlichen Einflüssen, politischen Machtkalkülen oder medialen Aufmerksamkeitsanforderungen agierten. Die Verwendung der Spiel-Metaphorik ist deshalb durchaus ambivalent und kritisch zu betrachten. Einerseits distanziert sich das freie Spiel von unmittelbar technischen Zwecksetzungen und ökonomischen Kalkülen.[15] Andererseits nutzen Wissenschaftler diese Metaphorik, um das innovative Potenzial ihrer Arbeit zu

13 | Über den Wandel der Universitäten und ihre teilweise prekäre Lage wurde in den letzten Jahren viel und kontrovers gerade auch von wissenschaftssoziologischer Seite diskutiert. Vgl. Weingart, Peter: The End of Academia? The Social Reorganization of Knowledge Production. In: Orsi, Andrea; Monaco, Battaglini; Roversi, Fabio (Hg.): The University within the Research System – An International Comparison. Science and Society. Constitutional Problems. The National Experiences. Baden-Baden 1991, S. 31-44; Mittelstraß, Jürgen: Coping with Crisis. The German Universities. Their Future Role in Teaching and Research. In: Krull/Meyer-Krahmer, Science and Technology in Germany, S. 101-110; Krücken, Georg: Towards a Multiversity? Universities between Global Trends and National Traditions. In: Krücken, Georg; Kosmützky, Anna; Torka, Marc (Hg.): Towards a Multiversity? Universities between Global Trends and National Traditions. Bielefeld 2007, S. 7-16; Schimank, Uwe; Stucke, Andreas (Hg.): Coping with Trouble. How Science Reacts to Political Disturbances of Research Conditions. Frankfurt, New York 1994.

14 | Binnig, Gerd: Aus dem Nichts. Über die Kreativität von Natur und Mensch. München 1989. Vgl. zum Motiv von Spiel und Spaß als Teil des Selbstbildes amerikanischer Physiker: Forman, Paul: Social Niche and Self-Image of the American Scientist. In: De Maria, Michelangelo; Grilli, Mario; Sebastiani, Fabio (Hg.): Proceedings of the International Conference on the Restructuring of the Physical Sciences in Europe and the United States 1945-1960. Singapore u.a. 1989, S. 104.

15 | Vgl. zum Verhältnis von Technik und Spiel: Poser, Stefan; Zachmann, Karin (Hg.): Homo faber ludens. Geschichten zu Wechselbeziehungen von Technik und Spiel. Frankfurt u.a. 2003; Poser,

unterstreichen. In dieser Lesart korrespondiert dem Spielen mit Atomen und Molekülen eine Kernvision der Nanotechnologie, wonach die experimentelle Laborforschung die molekularen Bausteine für zukünftige Technologien erprobt, manipuliert und gestaltet.[16]

Definitionen der Nanotechnologie

Die Frage, was Nanotechnologie ist, wird in vielen Studien zu dieser neuen Technologie vorangestellt, weist aber eher auf die Problematik einer nicht hinreichend präzisen Definition dieses Forschungs- und Technologiefeldes hin. Viele Begleitforscher tragen zudem nicht wirklich zur Klärung dieses Begriffs bzw. zur Abgrenzung und genaueren Charakterisierung bei, wenn sie die objektzentrierten Definitionen der Akteure übernehmen, ohne nach den damit einhergehenden Diskursen, forschungspolitischen Strategien und der sozialen Konstruktion dieses Forschungs- und Innovationsfeldes zu fragen.[17] Eine der frühen Definitionen hat Gerd Bachmann vom VDI-Technologiezentrum auf der Basis von Expertengesprächen in der ersten Hälfte der 1990er Jahre erstellt.[18] Mit dem Übergang in den molekularen und atomaren Bereich treten demnach quantenphysikalische Phänomene in den Horizont der Technikentwicklung.[19] Mit der Unterscheidung zwischen *Top-down-* und *Bottom-up-*Methoden bezieht sich der VDI-Technologieanalyst zudem auf zwei wesentliche Narrationslinien, die zur Definition der Nanotechnologie herangezogen werden. Während der

---

Stefan: Spiel mit Technik seit der Industrialisierung (Habilitation in Vorbereitung); Huizinga, Johan: Homo ludens. Vom Ursprung der Kultur im Spiel (Erstausgabe 1939). Reinbek 2009.

16 | Vgl. z.B. Wiedeking, Anette: Im Legoland der Moleküle: Interview Prof. Heckl. In: Süddeutsche Zeitung vom 6.7.2004.

17 | Dies trifft vor allem auf Forschungsarbeiten zu, die sich primär auf bibliometrische Daten verlassen und auf dieser Basis Innovationsstudien „der Nanotechnologie" erstellen. Vgl. Stiller, Olaf: Innovationsdynamik in der zweiten industriellen Revolution. Marburg 2006; Heinze, Thomas: Die Kopplung von Wissenschaft und Wirtschaft. Das Beispiel der Nanotechnologie. Frankfurt 2006; Bütterlin, Veit: Die Ökonomie der Nanotechnologie. Tübingen 2007; Grimm, Vera: Nanotechnologie, Innovationsmotor für den Standort Deutschland. Baden-Baden 2011; Klocke, Björn: Unternehmens- und Netzwerkentwicklung in High-Tech-Sektoren. Wiesbaden, Berlin 2004.

18 | Bachmann, Gerd: Nanotechnologie. Technologieanalyse. Im Auftrag des BMFT. Düsseldorf 1994, S. 7-9.

19 | Dies mache neuartige Herangehensweisen und Verfahren notwendig und verlange ein hohes wissenschaftliches Knowhow, so dass die Anfänge dieser Technologie in der Grundlagenforschung, insbesondere im Bereich der Festkörperphysik und -chemie liegen. Gerd Bachmann macht somit den Eintritt in den Nanokosmos von der Verringerung der Strukturgrößen mikroelektronischer Bauelemente abhängig, die dann von neuen physikalischen Phänomenen wie etwa dem quantenmechanischen Tunneleffekt bestimmt werden. Vgl. Bachmann, Nanotechnologie, S. 8.

Top-down-Ansatz als konsequente Fortsetzung bereits bestehender Entwicklungen im Bereich der Chipfertigung zu immer kleineren Strukturgrößen anzusehen ist, gilt der *Bottom-up*-Ansatz als ein neuer verheißungsvoller Weg, in Zukunft molekular kleinste Architekturen, Bausteine und Technologien mithilfe von Selbstorganisationsprozessen der Materie herzustellen.

Was jedoch genauer damit bezeichnet werden kann und welche Forschungskontexte, Methoden, Objekte und Ziele sich damit konkret verbinden lassen, bleibt dennoch unklar.[20] Der Begriff ist vage und nicht in der Lage, ein wissenschaftliches Feld zu umreißen oder gar konkrete Branchen, Disziplinen oder Technologien abzugrenzen. Nanotechnologie zeichnet sich durch ihre Unbestimmtheit und flexible Interpretierbarkeit aus.[21] Diese Problematik hat die Karlsruher Studiengruppe für Technikfolgenabschätzung in ihrer systematischen Analyse verschiedener Definitionen aufgezeigt.[22] Joachim Schummer kritisiert ebenfalls die mangelnde begriffliche Schärfe.[23] Auch Alfred Nordmann betont, dass die Annahme einer einheitlichen Nanotechnologie angesichts der sehr heterogenen Forschungsfelder unzutreffend sei und sich primär politischen Motiven verdanke.[24] Aus diesem Grund plädiert der Darmstädter Wissenschaftsphilosoph dafür, nicht von einer, sondern vielmehr von den Nanotechnologien zu sprechen.[25]

Freilich bietet gerade die inhaltliche Unbestimmtheit des Begriffes in forschungspolitischer und gesellschaftlicher Hinsicht auch Vorteile: „Ein breiter Nanotechnologiebegriff ist zentral, um Ideen und Visionen zu erzeugen und das Interesse der Öffentlichkeit, von Forschung, Industrie und Investoren zu

20 | Decker, Michael: Eine Definition von Nanotechnologie: Erster Schritt für ein interdisziplinäres Nanotechnology Assessment. In: Nordmann/Schummer/Schwarz, Nanotechnologien im Kontext, S. 42.

21 | Schaper-Rinkel, Petra: Globale und verbindliche Standards. In: Politische Ökologie (2006), S. 53.

22 | Decker, Michael; Fiedeler, Ulrich; Fleischer, Torsten: „Ich sehe was, was Du nicht siehst". Zur Definition von Nanotechnologie. In: Technikfolgenabschätzung (2004) H. 2, S. 10-16; Decker, Eine Definition von Nanotechnologie.

23 | Schummer, Joachim: Multidisciplinarity, Interdisciplinarity, and Patterns of Research Collaboration in Nanoscience and Nanotechnology. In: Scientometrics 59 (2004) H. 3, S. 426; Schummer, Joachim: Interdisciplinary Issues in Nanoscale Research. In: Baird/Nordmann/Schummer, Discovering the Nanoscale, S. 15.

24 | Nordmann, Alfred: Die Welt als Baukastensystem. Denkmuster hinter der Nanotechnologie. In: Politische Ökologie 101 (2006) H. 9, S. 20.

25 | Ebd., S. 23; vgl. Lösch, Andreas: Visuelle Defuturisierung und Ökonomisierung populärer Diskurse zur Nanotechnologie. In: Hüppauf, Bernd; Weingart, Peter (Hg.): Frosch und Frankenstein. Bilder als Medium der Popularisierung von Wissenschaft. Bielefeld 2009, S. 256.

wecken."[26] Nicht die formale Definition ist somit entscheidend, sondern der visionäre Grundzug einer verheißungsvollen Zukunftstechnologie und die damit transportierten politischen Interessen, Strategien und neuen Kooperationsmöglichkeiten. Die Interpretationsoffenheit und Flexibilität des Begriffes eröffnet in Verbindung mit der starken symbolischen Aufladung als Schlüsseltechnologie zweifellos neue forschungspolitische Handlungsmöglichkeiten und Strategien.[27] Sie erlauben einer großen und nahezu beliebigen Zahl unterschiedlicher Akteure am Nanodiskurs und an den damit einhergehenden neuen Ressourcen und Handlungschancen teilzuhaben – von der universitären Grundlagenforschung, über kleine und mittlere Unternehmen bis hin zu multinationalen Großkonzernen. Da sehr heterogene wissenschaftliche Felder und Objekte mit diesem Term bezeichnet werden, handelt es sich nicht um einen festen Begriff oder gar eine Definition, sondern um ein vermittelndes und grenzüberschreitendes Brückenkonzept und Bindeglied, das verschiedene Akteure vernetzt und strategisch miteinander in Bezug bringt.[28] Die Frage, was Nanotechnologie ist, lässt sich dementsprechend nicht über objekt- oder instrumentenzentrierte Definitionen beantworten. Vielmehr gilt es, die jeweilige Wahrnehmung und Bedeutung dieses Forschungs- und Innovationsfeldes durch die Fokussierung auf konkrete Kontexte und Akteure, die sich mit der Nanotechnologie identifizieren, genauer zu untersuchen.

Mode 2, Technoscience oder Strategic Science?

Die Frage nach den Wissenschaftskulturen und Strategien der Nanotechnologie berührt im Kern das ebenso spannungsvolle wie schwer zu bestimmende Verhältnis von Technik und Wissenschaft und die mehrfachen Wendungen,

26 | Schaper-Rinkel, Globale und verbindliche Standards, S. 54.

27 | McCray, Patrick: Will Small Be Beautiful? Making Policies for our Nanotech Future. In: History and Technology (2006) H. 2, S. 178. Vgl. Selin, Cynthia: Expectations and the Emergence of Nanotechnology. In: Science, Technology and Human Values (2007), S. 196-219.

28 | Vgl. Leigh Star, Susan: This is Not a Boundary Object. Reflections on the Origin of a Concept. In: Science Technology and Human Values 35 (2010), S, 560-617; Galison, Peter: Image and Logic. A Material Culture of Microphysics. Chicago 1997, S. 781-844; Kehrt, Christian; Schüßler, Peter: „Nanoscience is 100 Years Old". The Defensive Appropriation of the Nanotechnology Discourse within the Disciplinary Boundaries of Crystallography. In: Kaiser u.a. (Hg.): Governing Future Technologies. Nanotechnology and the Rise of an Assessment Regime. Dordrecht 2011 (Sociology of the Sciences Yearbook, Bd. 27), S. 38; Wullweber, Joscha: Nanotechnology – an Empty Signifier à Venir? A Delineation of a Techno-Socio-Economical Innovation Strategy. In: Science, Technology & Innovation Studies (2008) H. 1, S. 28-45.

Trennungen und Verbindungen, die dieses Begriffspaar genommen hat.[29] So hat der Wissenschaftshistoriker Paul Forman einen epochalen Wandel vom Primat der Naturwissenschaften hin zur Vormachtstellung der Technik diagnostiziert. Diesen datiert er auf die 1980er Jahre, als die sogenannte Postmoderne eine neue Orientierung an Technik auch im Bereich der Naturwissenschaften zeitigte.[30] Forman zielt mit dieser vieldiskutierten These auf eine eher polemisch geführte und um Deutungshoheit bemühte Binnendiskussion zwischen Technik- und Wissenschaftsgeschichte. Sein Postulat einer zeitgeschichtlichen Zäsur in den 1980er Jahren sowie der Hinweis auf die „ideologischen Dimensionen" von Wissenschaft und Technik sind dennoch für eine gegenwartsorientierte Wissenschafts- und Technikgeschichte relevant und lassen sich am Beispiel der Nanotechnologie überprüfen.

Auch im Bereich der Wissenschafts- und Techniksoziologie gab es eine intensive Debatte um die Wechselwirkung von Staat, Wissenschaft, Wirtschaft und Gesellschaft. Die gesellschaftliche Nützlichkeit der Wissenschaften und das Verhältnis von anwendungs- versus grundlagenwissenschaftlich orientierter Forschung wurden bereits in den langen 1970er Jahren intensiv diskutiert.[31] Wissenschaftlicher Wandel, so jedenfalls der Tenor vieler gegenwartsdiagnostischer Theorien zur Finalisierung der Wissenschaften, Mode 2, Triple Helix, National Innovation Systems, Post Normal Science, Strategic Science oder Technoscience etc. findet in enger Rückkopplung mit Politik, Wirtschaft, Medien und Gesellschaft statt.[32] Schwerer zu beantworten ist allerdings die Frage, worin genau dieser Wandel bestehe, wie er empirisch zu belegen ist und ob diese eher idealtypischen Annahmen zum historischen Wandel des Wissen-

---

29 | Ich danke Martina Heßler für den klärenden Hinweis, dass es für die Betrachtung des Verhältnisses von Wissenschaft und Technik zwei idealtypisch zu unterscheidende Figuren gibt, die entweder von der untrennbaren Verquickung und Identität von Wissenschaft und Technik oder von ihrer Unterscheidbarkeit und Trennung ausgehen.

30 | Vgl. Forman, The Primacy of Science in Modernity, S. 1.

31 | Die gesellschaftliche Orientierung der Wissenschaften wurde bereits mit der Finalisierungsthese von Böhme, Krohn und van der Daele in den 1970er Jahren am Max-Planck-Institut zur Erforschung der Lebensbedingungen der wissenschaftlich-technischen Welt in Starnberg behandelt. Vgl. Poser, Hans: Vorwort. In: Hubig, Christoph; von Rhaden, Wolfert (Hg.): Konsequenzen der Wissenschaftstheorie. Berlin, New York 1978, S. vii; Böhme, Gernot (Hg.): Die gesellschaftliche Orientierung des wissenschaftlichen Fortschritts (=Starnberger Studien, Bd. 1). Frankfurt 1978.

32 | Vgl. Nordmann, Alfred; Radder, Hans; Schiemann, Gregor: Science after the End of Science. An Introduction to the „Epochal Break Thesis". In: Nordmann/Radder/Schiemann, Science Transformed?, S. 1-15.

schafts- und Innovationssystems tatsächlich zutreffen bzw. welche Kontinuitäten auch weiterhin bestehen.[33]

Einer der in diesem gegenwartsdiagnostischen Zusammenhang intensiv diskutierten und kritisierten Ansätze ist die Theorie von Helga Nowotny und Michal Gibbons über den Wandel der Wissensproduktion in Richtung einer stärker transdisziplinären, gesellschafts- und nutzenorientierten Forschungsorganisation.[34] Demnach ließe sich Mode 2 durch die größere Anwendungsorientierung, Transdisziplinarität, Heterogenität der Akteure, ihre Bezogenheit auf gesellschaftliche Problemstellungen und den Verzicht auf das für die Wahrung wissenschaftlicher Qualitätsstandards entscheidende Peer Review Verfahren charakterisieren:

Abbildung 1: Unterschiede zwischen Mode 1 und Mode 2, nach Hessels und van Lente.[35]

Mode 1	Mode 2
Academic context	Context of application
Disciplinary	Transdisciplinary
Homogeneity	Heterogeneity
Autonomy	Reflexivity/social accountability
Peer Review	Novel quality control

Kritisiert wird an der Mode 2-These, dass sie nicht hinreichend empirisch belegt und normativ aufgeladen und der Übergang von Mode 1 zu Mode 2 historisch nicht gerechtfertigt seien. Auch die Grenzen zwischen den Disziplinen sowie zwischen Technik und Wissenschaft lösten sich nicht einfach auf. Vielmehr sei ein genauer Blick auf die Unterschiede und verschiedenen Ebenen insbesondere zwischen der Programmatik und der konkreten Forschungspraxis notwendig.[36] Dennoch stellt Harro van Lente fest, dass die Behauptung eines signifikanten Wandels der Wissenschaften von vielen Autoren, auch den Kritikern der Mode 2-These, geteilt wird.[37] Peter Weingart und Terry Shinn gehen davon aus, dass eine zunehmend engere Kopplung zwischen Wissen-

33 | Vgl. Stoff, Heiko: „Interesting False Problems". Technoscience und Geschichte. In: Weber, Interdisziplinierung, S. 113-142.

34 | Gibbons, Michael u.a.: The New Production of Knowledge, S. 1. Vgl. Nowotny, Helga; Scott, Peter; Gibbons, Michael: Re-thinking Science. Knowledge and the Public in an Age of Uncertainty. Cambridge 2001.

35 | Hessels, Laurens K.; Lente, Harro van: Re-thinking New Knowledge Production. A Literature Review and Research Agenda. In: Research Policy (2008), S. 741.

36 | Ebd., S. 755.

37 | Ebd., S. 756.

schaft und Gesellschaft bestehe.[38] Dass ein Wandel in der Forschungsorganisation und Forschungspolitik stattfindet und die verschiedenen Sphären von Politik, Wirtschaft und Wissenschaft sich neu justieren, ist eine Grundannahme, die sich in vielen Wissenschaftstheorien wiederfindet.[39] Entscheidend allerdings ist die Frage, wie dieser Transformationsprozess in den jeweiligen lokalen, nationalen und historischen Zusammenhängen sich gestaltet, auf welchen Faktoren er basiert und welche Strategien die verschiedenen Akteursgruppen verfolgen. So gehe ich davon aus, dass die verschiedenen Ebenen der Forschungspraxis und Forschungspolitik analytisch zu trennen und auch scheinbar transdisziplinäre Forschungsprogramme de facto noch stark disziplinär strukturiert sind.[40] Eine vorschnelle Verabschiedung akademischer Forschungstraditionen, Institutionen und Wissensformen, wie dies der Übergang zur Mode-2-Wissenschaft suggeriert, erscheint jedenfalls fragwürdig, da sich bei genauerer Betrachtung zentrale Charakteristika der Mode-1-Wissenschaft auch im Falle der Nanotechnologie nachweisen lassen. Mit Weingart und Shinn ist zu betonen, dass weniger die Grenzauflösung und Verwischung als vielmehr die konkreten Verschiebungen, Neudefinitionen und Übergänge bei gleichzeitigem Weiterbestehen herkömmlicher disziplinärer Muster und traditioneller Forschungsansätze zu berücksichtigen sind.[41]

Vor allem das Verhältnis von Wissenschaft und Technik ist hierbei näher zu betrachten. Wissenschaft findet in einem Spannungsverhältnis zwischen reiner Erkenntnisproduktion und Technikentwicklung statt, das offensichtlich weder mit Begrifflichkeiten der Ingenieurwissenschaften noch der Naturwissenschaften adäquat erfasst werden kann: „[...] conventional terms – such as applied science, technological research, or research and development – are inadequate."[42] Der holländische Wissenschafts- und Innovationsforscher Arie Rip schlägt deshalb vor, ganz auf die Unterscheidung von Wissenschaft und Technik zu verzichten.[43] Auch allzu einfache lineare Innovationsmodelle, wonach aus der reinen Grundlagenforschung dann in der weiteren Entwicklung

38 | Weingart, Neue Formen der Wissensproduktion, S. 48-57; Shinn, Terry: The Triple Helix and New Production of Knowledge. Prepackaged Thinking on Science and Technology. In: Social Studies of Science (2002), S. 103-116.

39 | Nordmann/Radder/Schiemann, Science after the End of Science, S. 2-5.

40 | Weingart, Neue Formen der Wissensproduktion, S. 52.

41 | Vgl. Shinn, The Triple Helix and New Production of Knowledge, S. 612.

42 | Gibbons u.a., The New Production of Knowledge, S. 2.

43 | Rip, Arie: Science and Technology as Dancing Partners. In: Kroes, Peter; Bakker, Martijn (Hg.): Technological Development and Science in the Industrial Age. Dordrecht 1992 (Boston Studies in the Philosophy of Science, Bd. 144), S. 257.

neue Technologien entstehen, treffen bei näherer Betrachtung der komplexen, vielschichtigen und konfliktreichen Innovationsprozesse nicht zu.[44]

Die Notwendigkeit einer „stärker technisch pointierten Sichtweise naturwissenschaftlicher Forschung" und die damit einhergehenden epistemologischen Fragen im Spannungsfeld zwischen Laborpraxis und Technikentwicklung hat Bernhard Irrgang bereits am Beispiel der Biotechnologie aufgezeigt.[45] Diese Frage nach der Rolle der Technik bei der Erkenntnis und Gestaltung molekularer Objekte lässt sich auch auf die Nanotechnologie übertragen. Irrgang spricht von einer „Technologisierung der Forschung", um jenen signifikant neuen Status der Technik zu berücksichtigen, der bereits im Modus der Grundlagenforschung nicht mehr von Wissenschaft zu trennen sei. Mit den bisherigen Begrifflichkeiten der „angewandten Forschung" oder der „Ingenieurwissenschaften" ließe sich diese neue Forschungskultur nicht mehr adäquat fassen. Ganz ähnlich argumentiert auch Alfred Nordmann mit seiner Vorstellung von Technoscience. Nanotechnologie erweist sich demnach als eine Technoscience, in der es weniger um Erkenntnisproduktion im klassischen Sinne der Theoriefindung und Hypothesenprüfung geht als vielmehr um die Manipulation und Herstellung hybrider Objekte und die technologische Gestaltung von Möglichkeitsräumen:

> „Mit dem Begriff TechnoWissenschaft soll dagegen ausgedrückt werden, dass in ihr Technik und Wissenschaft untrennbar verbunden sind und nicht einmal mehr begrifflich auseinander gehalten werden können. Technowissenschaft ist also weder verwissenschaftlichte Technik noch technisch angewandte Wissenschaft. Es handelt sich hier um keine Disziplin oder Gattung wissenschaftlicher Arbeit, sondern um eine hybride Form und somit Symptom für einen grundlegenden Wandel der Wissenschaftskultur."[46]

Zweifelsohne ist der Technikbezug nanotechnologischer Forschungskulturen genauer zu analysieren. Trifft Nordmanns These einer neuen Wissenschaftskultur zu, die weniger an theoretischen Fragestellungen und allgemeiner Naturerkenntnis, als vielmehr an technischen Fertigkeiten und einem ingenieurwissenschaftlichen Umgang mit Nanoobjekten interessiert ist? „Natur" werde

44 | Vgl. Bijker, Wiebe; Pinch, Trevor J: The Social Construction of Facts and Artefacts: or How the Sociology of Science and the Sociology of Technology Might Benefit Each Other. In: Social Studies of Science 14 (1984), S. 405.

45 | Irrgang, Bernhard: Von der Mendelgenetik zur synthetischen Biologie. Epistemologie der Laboratoriumspraxis Biotechnologie. Dresden 2003, S. 7.

46 | Nordmann, Alfred: Was ist TechnoWissenschaft? Zum Wandel der Wissenschaftskultur am Beispiel von Nanoforschung und Bionik. In: Rossmann, Torsten; Tropea, Cameron (Hg.): Bionik. Aktuelle Forschungsergebnisse in Natur-, Ingenieur- und Geisteswissenschaften. Heidelberg u.a. 2005, S. 210.

nicht zuletzt aufgrund der Entwicklungen in den Natur- und Technikwissenschaften zunehmend fragwürdiger und werfe radikale epistemologische und ethische Fragen auf. Jutta Weber spricht von „umkämpften Bedeutungen" und plädiert wie Irrgang und Nordmann für eine neue Epistemologie, Ontologie und Naturtheorie.[47] Dennoch stellt sich die Frage, inwiefern die recht vielschichtigen und teils wenig trennscharfen Theorien und Begrifflichkeiten der Technoscience helfen, die Kontexte der Nanoforschung zu verstehen. Auch Irrgang warnt davor, vorschnell beide – Wissenschaft und Technik – in einen Topf zu werfen: „Wissenschaft und Technik werden sich immer ähnlicher, möglicherweise zu Hybriden, aber eine Vereinigung hat bisher nicht stattgefunden, denn beide lassen sich nach wie vor unterscheiden."[48] Eine genaue Betrachtung der jeweiligen Verwendungsweisen von „Wissenschaft" und „Technik" erscheint mir jedenfalls erforderlich, um die omnipräsente Technikmetaphorik des Nanodiskurses mit ihren durchaus unterschiedlichen Funktionen und Bedeutungen besser analysieren zu können. So ist stärker zwischen der experimentellen Forschungspraxis mit wissenschaftlichen Instrumenten und Nanoobjekten, ihrer symbolischen Aufladung als Zukunftstechnologie sowie konkreten Innovationsprozessen zu differenzieren.

Hans-Jörg Rheinbergers funktionale Unterscheidung zwischen epistemischen und technischen Dingen vermag in diesem Zusammenhang, die Frage nach der Bedeutung der Technik in nanotechnologischen Forschungskontexten zu schärfen.[49] Nach Rheinberger haben epistemische Dinge, die im Zentrum der Forschung stehen, einen genuin nicht-technischen Charakter. Dieser offene, neue Forschungsfragen generierende Grundzug wissenschaftlicher Forschung ist nicht mit Fragen der technischen Kontrolle und Wiederholbarkeit gleichzusetzen. In der Wissenschaft gehe es zwar darum, durch die technische Kontrolle der Experimentalsituation neue Zusammenhänge sichtbar zu machen. Technik ist hier jedoch die Bedingung der Möglichkeit dafür, dass epistemische Objekte zugänglich und im Labor untersucht werden können. Diesen kategorialen Unterschied verdeutlicht der Wissenschaftshistoriker durch einen Vergleich des Naturwissenschaftlers mit dem Ingenieur:

„Das Paradox löst sich dadurch, dass die Wechselwirkung zwischen epistemischen Dingen und technischen Bedingungen selbst in hohem Maße nicht technisch ist. Wissenschaftler sind vor allem ‚Bastler', ‚Bricoleure', weniger Ingenieure. In seinem nicht-tech-

47 | Weber, Jutta: Umkämpfte Bedeutungen. Natur im Zeitalter der Technoscience. Bremen 2001, S. 94.

48 | Irrgang, Von der Mendelgenetik zur synthetischen Biologie, S. 10.

49 | Rheinberger, Experimentalsysteme und epistemische Dinge, S. 34.

nischen Charakter transzendiert das Experimentalensemble die Identitätsbedingungen der technischen Objekte, die es zusammenhalten.“[50]

Im Fall der Nanotechnologie verstehe ich die mit neuen experimentellen Techniken im Nanometerbereich mit einzelnen Molekülen und Atomen forschenden Wissenschaftler daher als „Bastler“ im Rheinbergerschen Sinne, die mit Molekülen spielen und diese manipulieren, um neue Forschungsfragen zu beantworten, die über die rein technische Kontrolle der Experimentalanordnung hinausreichen.[51] Damit sind zukünftige Technikentwicklungen ebenso wenig ausgeschlossen wie neue Erkenntnisse über basale Naturprozesse.[52] Im Übrigen trifft diese funktionale Unterscheidung Rheinbergers auch auf hybride, künstliche und sogar technische Systeme zu, so dass die von Vertretern der Technoscience angenommene Nichttrennbarkeit von Natur und Technik streng genommen kein Einwand gegen das für Experimentalkulturen charakteristische Zusammenspiel technischer und epistemischer Dinge darstellt.[53]

Um die Gleichzeitigkeit und offene Wechselwirkung von Grundlagenforschung und Anwendungsorientierung im Auge zu behalten, die für viele wissenschaftliche Teilbereiche im 19. und 20. Jahrhundert charakteristisch sind, schlägt Donald Stokes vor, von „anwendungsorientierter Grundlagenforschung“ zu sprechen.[54] Dieser idealtypische Doppelcharakter von Technikorientierung und grundlagenwissenschaftlicher Erkenntnisproduktion ist kein Widerspruch und verlangt auch nicht das Aufheben der Differenzierung zwischen Technik und Wissenschaft. Vielmehr geht es darum, diese Grenzen und ihre Verschiebungen genauer in den Blick zu nehmen.[55] Grundlagenforschung wird dabei als frei und primär auf neue Erkenntnisse abzielende Praxis

50 | Ebd.

51 | Vgl. Biniok, Wissenschaft als Bricolage.

52 | Vgl. Schiemann, Gregor: Dissolution of the Nature-Technology Dichotomy? Perspectives on Nanotechnology From the Viewpoint of an Everyday Understanding of Nature. In: Baird/Nordmann/Schummer, Nanoscale, 2004, S. 209-213; Schiemann, Gregor: Nanotechnology and Nature: On Two Criteria for Understanding their Relationship. In: HYLE – International Journal for Philosophy of Chemistry 11 (2005), S. 77-96. (Special Issue „Nanotech Challenges“); Schiemann, Gregor: Kein Weg vorbei an der Natur: Natur als Gegenpart und Voraussetzung der Nanotechnologie. In: Nordmann/Schummer/Schwarz, Nanotechnologien im Kontext, S. 115-130.

53 | Vgl. Rheinberger, Experimentalsysteme, S. 33.

54 | Stokes, Donald: Pasteurs Quadrant. Basic Science and Technological Innovation. Washington, DC 1997, S. 80.

55 | Auch Thomas Heinze hat bei seiner bibliometrischen Analyse der Nanotechnologie diese in Anlehnung an Stokes als anwendungsorientierte Grundlagenforschung charakterisiert. Vgl. Heinze, Die Kopplung von Wissenschaft und Wirtschaft, S. 37.

definiert.[56] Diese analytische Differenzierung ist erforderlich, um z.B. den forschungspolitisch motivierten und daher strategischen und rhetorischen Technikbezug der Münchner Nanowissenschaftler von konkreten Innovationsprozessen und Technikentwicklungen unterscheiden zu können.[57] Angesichts des noch sehr jungen und im Stadium der Grundlagenforschung sich befindenden Feldes machen Innovationsstudien jedoch nur Sinn, wenn die Kontexte der universitären Forschung in den Blick genommen werden.[58]

Da im Rahmen der Münchner Fallstudie die „Exzellenz" und gesellschaftliche Relevanz universitärer Grundlagenforschung zur Debatte stehen, ist das Konzept der „strategic science", das solche gesellschaftlichen Relevanzkriterien berücksichtigt, besonders geeignet, die neuen Wissenschaftskulturen der Nanotechnologie zu beschreiben.[59] Das bereits in den 1980er Jahren von John Irvine und Ben R. Martin geprägte Konzept betont, dass sich die Grundlagenforschung stärker in Richtung gesellschaftlicher Problemstellungen orientiert. „Strategic Research: Basic Research carried out with the expectation that it will produce a broad base of knowledge likely to form the background to the solution of recognized current or future practical problems."[60] Ein Indikator für strategische Forschung ist auch die seit den 1980er Jahren wachsende Bedeutung temporärer Forschungs- und Innovationszentren.[61] Strategisches Wissen, wie es in den hier untersuchten nanowissenschaftlichen Netzwerken produziert wird, bildet demnach ein Reservoir für Innovationen und gesellschaftlich definierte Aufgabenstellungen. Es bezieht sich auf Forschungsfelder, die mit großen gesellschaftlichen und forschungspolitischen Erwartungen einhergehen, wie dies bei der Nanotechnologie zweifelsohne der Fall ist. Im Unterschied zur Mode 2-Theorie werden aber wesentliche Merkmale und Qualitätskriterien von Grundlagenforschung – die Häufigkeit der Zita-

---

56 | Vgl. zum Begriff der Grundlagenforschung Martin, Ben R.; Irvine, John: Assessing Basic Research. Some Partial Indicators of Scientific Progress in Radio Astronomy. In: Research Policy 12 (1983), S. 62.

57 | Vgl. das Plädoyer Fiedelers, die verschiedenen Bedeutungen des recht unscharfen Konzepts der Techoscience analytisch stärker zu trennen und die Rolle von Technik im Rahmen wissenschaftlicher Forschung genauer zu betrachten: Fiedeler, Ulrich: When does the Co-evolution of Technology and Science Overturn into Technoscience? In: Poiesis and Praxis 8 (2011) H. 2-3, S. 86.

58 | Vgl. Kapitel VI. „Spin-off. Innovationsprozesse im universitären Kontext".

59 | Vgl. Rip, Arie: Regional Innovation Systems and the Advent of Strategic Science. In: Journal of Technology Transfer 27 (2002), S. 123-131.

60 | Vgl. Irvine, John; Martin, Ben R.: Foresight in Science. Picking the Winners. London u.a. 1984, S. 4.

61 | Rip, Arie: Strategic Research, Postmodern Universities and Research Training. In: Higher Education Policy 17 (2004), S. 156.

tion durch andere internationale Wissenschaftler, Verfahren der Peer Review und Publikationen in hochrangigen Wissenschaftszeitschriften, die sich nach Martin und Irvine quantitativ bemessen lassen – nicht aufgegeben. Während nach Gibbons u.a. transdisziplinäre Wissensformen die Grenzen zwischen Anwendung und Grundlagenforschung aufheben, betont gerade das Konzept der Strategic Research die weiterhin bestehende und empirisch beobachtbare Distanz zwischen Kontexten der Forschung und Kontexten der Anwendung.[62] Im Unterschied zur Förderung der Grundlagenforschung nach dem im Kalten Krieg dominanten linearen Modell[63] orientieren sich strategische Wissensformen stärker an gesellschaftlich definierten und sich wandelnden Kriterien der Relevanz und der Exzellenz. „Strategic Science, however has internalised the pressure for relevance with maintaining (academic) freedom to continuously move to the most promising line of research."[64] Strategisch ist demnach die engere Bezugnahme der Wissenschaften auf gesellschaftliche Anforderungen bei gleichzeitiger Aufrechterhaltung und Kontinuität ihrer wissenschaftsinternen Maßstäbe und Leistungskriterien. Hier liegt auch der Unterschied zur Mode 2-Theorie oder der Technoscience Nordmanns, die beide einen epochalen Wandel der Wissenschaften selbst postulieren.

Multi-, Inter- oder Transdisziplinarität?

Die Nanotechnologie wird oftmals mit einer neuen Form der Interdisziplinarität gleichgesetzt und zusammen mit der Bio- und Informationstechnologie als „converging technology" bezeichnet. Diese gehen davon aus, dass in Zukunft die Nano-Bio-Info-und Kognitionswissenschaften bei der Entwicklung neuer Technologien zusammenarbeiten und radikal neue Innovationen hervorbringen, die das Verständnis von Mensch, Natur und Technik revolutionieren. Diese Begrifflichkeiten sind aufgrund ihrer unterschiedlichen Verwendungsweisen und normativen Aufladungen allerdings problematisch.[65] Bei genauerer Betrachtung stellt sich die Frage, ob und inwiefern die Akteure tatsächlich auf neue, signifikante Weise trans-, oder interdisziplinär kooperieren und sich vernetzen. Joachim Schummer kritisiert, dass Nanowissenschaftler entgegen

62 | Rip, Regional Innovation Systems, S. 125.

63 | Nach dem linearen Modell entsteht aus grundlagenwissenschaftlichen Erkenntnissen, über Forschung und Entwicklung bis hin zur Vermaktung Schritt für Schritt ein marktfähiges Produkt.

64 | Rip, Regional Innovation Systems, S. 126.

65 | Schmidt, Jan C.: Tracing Interdisciplinarity of Converging Technologies at the Nanoscale. A Critical Analysis of Recent Nanotechnologies. In: Technology Analysis & Strategic Management 20 (2008)1, S. 45.

der landläufigen Meinung nicht wirklich mehr oder neuartig interdisziplinär sind.[66]

Um die verschiedenen Formen der nanotechnologischen Kooperationen und Interaktionen an und über disziplinäre Grenzen hinweg analysieren zu können, ist im ersten Schritt eine Klärung der Begriffe Inter-, Trans- und Multidisziplinarität erforderlich. Transdisziplinarität ist ein Modewort, dessen Bestimmung im Vergleich mit Begrifflichkeiten wie Inter- oder Multidisziplinarität bei näherer Betrachtung schwer fällt: „Like interdisciplinarity, there seems to be no consensus about its meaning."[67] Im Folgenden wird Multidisziplinarität als eine loses Nebeneinander verschiedener Disziplinen verstanden, während Interdisziplinarität die aktive Zusammenarbeit heterogener Akteure aus unterschiedlichen Disziplinen bezeichnet, ohne dass die bestehenden disziplinären und institutionellen Grenzen aufgegeben würden.[68] Transdisziplinarität dagegen wird eher im Sinne einer A-Disziplinarität aufgefasst, bei der die Akteure ihre eigenen Disziplinen verlassen, ohne notwendigerweise eine neue disziplinäre Identität anzunehmen.[69] Transdisziplinarität erlangte insbesondere im Rahmen der Mode-2-Theorie Prominenz als wichtiges Kriterium für eine neue Form der Wissensproduktion.[70] Jürgen Mittelstraß definiert den Begriff der Transdisziplinarität als ein integratives Konzept, das über die jeweiligen Fachgrenzen hinausgeht und sich an außerwissenschaftlichen, gesellschaftlichen Problemstellungen orientiert.[71] Transdisziplinäre Ansätze werden im Be-

---

66 | Schummer, Joachim: Interdisciplinary Issues in Nanoscale Research, in: Baird/Nordmann/Schummer, Discovering the Nanoscale, S. 9-20.

67 | Lawrence, Roderick J.; Després, Carpole: Futures of Transdisciplinarity. In: Futures 36 (2004) 4, special issue on transdisciplinarity, S. 399.

68 | Vgl. Maasen, Sabine; Lengwiler, Martin; Guggenheim, Michael: Practices of Transdiciplinary Research. Closer Encounters of Science and Society. Introduction. In: Science and Public Policy 33 (2006) H. 6, S. 395.

69 | Schummer, Interdisciplinary Issues, S. 11.

70 | Gibbons u.a., New Production of Knowledge, S. 27; Vgl. Lawrence/Després, Futures of Transdisciplinarity, S. 397; Forman, Paul: On the Historical Forms of Knowledge Production and Curation: Modernity Entailed Disciplinarity, Postmodernity Entails Antidisciplinarity. In: Osiris 27 (2012) H. 1, S. 56-97.

71 | Mittelstraß, Jürgen: Transdisziplinarität. Wissenschaftliche Zukunft und institutionelle Wirklichkeit. Konstanz 2003 (Konstanzer Universitätsreden 214), S. 10-11; Mittelstraß, Jürgen: Transdisziplinarität oder: von der schwachen zur starken Transdizipölinarität. In: Gegenworte. (2012) H. 28, S. 12; Lieven, Oliver; Maasen, Sabine: Transdisciplinarity. A New Mode of Governing Science? In: Science and Public Policy 33 (2006) H. 6, S. 399-410; Lieven, Oliver; Maasen, Sabine: Transdisziplinäre Forschung: Vorbote eines „New Deal" zwischen Wissenschaft und Gesellschaft. In: GAIA. Ökologische Perspektiven für Wissenschaft und Gesellschaft, 16 (2007) H. 1, S. 35 40; Maasen/Lengwiler/Guggenheim, Practices of Transdiciplinary Research.

reich der Klima- und Umweltwissenschaften, des Gesundheitswesens sowie der Nanowissenschaften verfolgt. Explizit bezieht sich Mittelstraß in diesem Zusammenhang auf das Münchner Center für Nanoscience [CeNS]. Es wird zu untersuchen sein, inwiefern man am Beispiel Münchner Forschungskontexte tatsächlich signifikant neue Formen der Trans- oder Interdisziplinarität nachweisen kann.[72] Zwar nehmen Wissenschaftler am Nanodiskurs teil und beziehen sich aus forschungspolitischen und strategischen Gründen auf allgemeine Innovationsversprechen und gesellschaftliche Erwartungen an Wissenschaft. Dies muss jedoch nicht bedeuten, dass sie ihre angestammten Disziplinen aufgeben oder nur noch an der Bearbeitung gesellschaftlicher Problemstellungen interessiert sind.[73]

Fallstudie München

Die Fragen nach den Wissenschaftskulturen der Nanotechnologie verlangt einen integralen Ansatz, der die Akteure, Kontexte und Praktiken der Nanoforschung auf der Mikroebene in den Blick nimmt, um überhaupt verstehen zu können, was Nanoforschung konkret bedeutet. Dies leisten Kapitel III. „Die Entstehung nanotechnologischer Forschungsfelder" und Kapitel IV. „Molekulares Lego. Zur instrumentellen Praxis im Nanokosmos". Die Basis hierfür bilden zahlreiche Laborbesuche und Experteninterviews mit Wissenschaftlern, die in Münchner Nanonetzwerken aktiv sind. Allerdings darf sich solch ein Ansatz, der nach den Spezifika der Nanotechnologie fragt, gerade nicht auf die Laborsituation und epistemologische Fragestellungen beschränken, da die soziale Konstruktion dieser Felder erst durch die strategische Interaktion der Akteure mit Politik, Medien und Wirtschaft sich erklärt. Wissenschaftshistorische und -soziologische Ansätze, die allein auf das Zusammenspiel epistemischer und technischer Objekte fokussieren oder wie beispielsweise Peter

---

72 | Vgl. Meyer, Martin: The Emergence of Developer Communities in a Novel Field of Technology: Nanotechnology as a Case of Mode 2 Knowledge Production? In: Bender, Gerd (Hg.): Neue Formen der Wissenserzeugung, Frankfurt 2001, S. 147-162; Selin, Cynthia; Boradkar, Prasad: Prototyping Nanotechnology. A Transdisciplinary Approach to Responsible Innovation. In: Journal of Nano Education 2 (2010) H. 1/2, S. 1-12; Rip, Arie: Nanoscience and Nanotechnologies. Bridging Gaps Through Constructive Technology Assessment. In: Hirsch Hadorn, Gertrude u.a. (Hg.): Handbook of Transdisciplinary Research. Bern 2008, S. 144-158.

73 | Petra Schaper-Rinkel versucht die Transdisziplinarität der Nanotechnologie mit einer Analyse des Nanodiskurses nachzuweisen und zu kritisieren; sie bindet diese Befunde jedoch nicht zurück an konkrete Forschungsprozesse, Akteure oder Kontexte. Vgl. Schaper-Rinkel, Petra: Trans-Disziplinierung? Kritische Anmerkungen zu Transdisziplinarität am Beispiel von Nanotechnologie und Neuroforschung. In: Weber, Jutta (Hg.): Interdisziplinierung? Zum Wissenstransfer zwischen den Geistes-, Sozial-, und Technowissenschaften. Bielefeld 2010, S. 29ff.

Galison auf die „innere Laborsituation", verlieren die entscheidenden äußeren, makrostrukturellen Einflüsse aus den Augen. Diese reichen weiter als Rheinbergers Experimentalsysteme[74], Galisons „inneres und äußeres Labor"[75], die Akteur-Netzwerke Bruno Latours[76] oder die Wissenskulturen und -maschinen Karin Knorr-Cetinas.[77] Denn wie Dominique Pestre betont, können solch mikroanalytischen Ansätze die entscheidenden weiteren (franz. „plus vastes") und komplexeren Zusammenhänge der betrachteten Forschungskulturen nicht fassen.[78] Diese liegen vielmehr auf makrostruktureller Ebene und verlangen einen multifokalen Ansatz, der auch dieser Studie zu Grunde liegt. Folglich werden zur Analyse der nanotechnologischen Wissenschaftskulturen die konkreten Forschungsfelder und Praktiken in übergreifende politische (Kapitel II.), mediale (Kapitel V.) und wirtschaftliche (Kapitel VI.) Zusammenhänge eingebunden. Dieses bislang selten untersuchte komplexe Zusammenspiel makrostruktureller Einflussfaktoren und lokaler mikrostruktureller Forschungspraktiken und -kulturen kann am ehesten im Rahmen einer Fallstudie betrachtet werden. Der Vorteil eines solchen Ansatzes besteht darin, die Mechanismen der sozialen Konstruktion eines wissenschaftlichen Feldes vor Ort genauer untersuchen zu können, ohne dabei übergreifende Trends, Ebenen und Einflussfaktoren aus Politik, Medien und Gesellschaft auszublenden. Denn das Lokale ist nicht, wie Arie Rip betont, „entirely self contained", sondern eingebettet in vielschichtige nationale, länderübergreifende und z.T. globale Zusammenhänge.[79] Aus diesem Grund werden nicht nur lokale, sondern auch allgemeine makrostrukturelle Faktoren und historische Zusammenhänge in die Analyse der Münchner Nanonetzwerke eingebunden.

Nach Cyrus Mody ist die Transformation des Nanodiskurses in lokale Praktiken eines der interessantesten Aspekte des Nanophänomens, das weitergehender Analysen bedarf.[80] Das lokale Nanonetzwerk CeNS bietet hierfür eine gute Ausgangsbasis. Hier haben sich Wissenschaftler der Ludwig-Maximilians-Universität München [LMU] und später auch der Technischen Universität München [TUM] Ende der 1990er Jahre zu einem Zentrum für Nanowissenschaften [CeNS] zusammengeschlossen. Mittlerweile hat sich dieses nanowis-

74 | Rheinberger, Experimentalsysteme, S. 25-26.

75 | Galison, Image and Logic, S. 3-4.

76 | Latour, Science in Action.

77 | Knorr-Cetina, Wissenskulturen, S. 22.

78 | Pestre, À Contre-Science, S. 9.

79 | Disco, Cornelis; Rip, Arie; Meulen, Bert van der: Technical Innovation and the Universities. Divisions of Labour in Cosmopolitain Technical Regimes. In: Social Sciences Information 31 (1992), S. 467.

80 | Mody, Cyrus C.M.: How Probe Microscopists Became Nanotechnologists. In: Baird/Nordmann/Schummer, Discovering the Nanoscale, S. 132.

senschaftliche Netzwerk im Rahmen der Exzellenzinitiative des Bundes zum Cluster Nanosystems Initiative Munich [NIM] weiterentwickelt. Zudem gibt es etwa ein Dutzend Unternehmen, die aus universitären Forschungskontexten heraus gegründet wurden und sich als nanotechnologische bezeichnen. Die Fokussierung auf den Wissenschaftsstandort München eröffnet deshalb die Chance, die lokalen Netzwerke der Nanotechnologie und damit die konkreten Interaktionen und Karrierewege der Akteure wie auch ihre Strategien und Motive genauer untersuchen zu können.

Münchner Forschungs- und Innovationskontexte sind aufgrund ihrer zahlreichen Aktivitäten im Bereich des sich formierenden Feldes der Nanotechnologie ein geeigneter Untersuchungsgegenstand, um die wissenschaftlichen Praktiken, forschungspolitischen Strategien und konkreten Innovationsprozesse, die sich mit dem recht unbestimmten Begriff der Nanotechnologie verbinden, unter die Lupe zu nehmen. Auch bibliometrische Analysen unterstreichen, dass München ein gutes Fallbeispiel im nationalen wie auch internationalen Maßstab darstellt.[81] Aufgrund der Schwerpunkte und Traditionen Münchens im Bereich der Mikroelektronik und der Halbleiterphysik steht insbesondere die Nanoelektronik im Fokus. Neue Materialien und die damit einhergehende Grundlagenforschung der Halbleiterphysik und Oberflächenwissenschaften stellen seit den 1970er Jahren ein fruchtbares Forschungsfeld dar, das unmittelbare Bezüge zur Industrie aufweist. Hier wird genauer zu betrachten sein, inwiefern nanotechnologische Projekte an die Traditionen der Mikroelektronik anknüpfen und ältere Entwicklungspfade und forschungspolitische Muster fortschreiben. Da die Münchner Akteure der Nanotechnologie im Bereich der universitären Forschung zu verorten sind, liegt der Schwerpunkt dieser Studie vor allem auf grundlagenorientierten Forschungszusammenhängen. Hierbei handelt es sich um Wissenschaftskulturen mit großen Kontinuitätslinien im Bereich der experimentellen Halbleiter- und Biophysik. Die nanotechnologischen Netzwerke basieren auf einer gewachsenen Forschungslandschaft, die sich in den letzten 30 Jahren durch langjährige Kooperationen auch über Fächergrenzen hinweg ausgeprägt hat.

Ob sich die Spezifika der Münchner Nanonetzwerke verallgemeinern lassen, können erst weitere, dringend benötigte Fallstudien zeigen. Die Chancen einer Fallstudie bestehen darin, die im öffentlichen Nanodiskurs formulierten und auch in der begleitwissenschaftlichen Forschung oftmals unkritisch wiederholten Topoi und Bilder der Nanotechnologie an konkrete Akteure und Forschungsfelder rückbinden und überprüfen zu können. Denn erst durch

81 | Vgl. Kapitel III. „Die Entstehung nanotechnologischer Netzwerke in München"; Kehrt, Christian: „Mit Molekülen spielen". Die Nanotechnologie als forschungspolitische Strategie der universitären Grundlagenforschung. In: Kehrt/Schüßler/Weitze, Neue Technologien in der Gesellschaft, S. 326; Vgl. Heinze, Die Kopplung von Wissenschaft und Wirtschaft S. 292-293.

den Vergleich mit älteren Forschungskulturen und Kontexten lassen sich die Spezifika und Neuerungen der Nanotechnologie verstehen. Ohne die genauere Betrachtung konkreter Handlungszusammenhänge und Akteure, besteht die Gefahr, ein Feld künstlich z.B. mithilfe bibliometrischer Daten zu konstruieren, deren gemeinsamer Nenner lediglich das zählbare Wort „nano" darstellt. Zugleich stehen mit solch einer Fallstudie auch die Theorien zum wissenschaftlichen Wandel auf dem Prüfstand, die oftmals ohne empirische Belege oder historische Fundierung einen fundamentalen Transformationsprozess hin zur Technoscience oder zur Mode-2-Wissenschaft postulieren. Shinn plädiert angesichts der eher makrostrukturellen und metatheoretisch angelegten Debatten über das Verhältnis von Wissenschaft, Technik und Gesellschaft dafür, durch empirische Fallstudien genauer den Übergangsbereich zwischen Forschung, Technik, Wirtschaft und Gesellschaft zu betrachten.[82] Die Münchner Fallstudie zur Wissenschaftskultur der Nanotechnologie teilt diese Kritik, zumal wenn es um das Postulat eines angeblich epochalen, aber bislang kaum wirklich historisch nachgewiesenen Wandels der Wissenschaftskulturen geht.[83]

Im Falle der Nanotechnologie treten allerdings all jene methodischen und konzeptionellen Grundprobleme auf, die sich im Rahmen einer gegenwartsorientierten Wissenschaftsgeschichtsschreibung stellen.[84] Hierzu zählt der Mangel an zugänglichen Akten und Primärquellen bei gleichzeitigem „information overload" durch nahezu endlos große Datenmengen u.a. in elektronischen Zeitschriftenaufsätzen.[85] Thomas Söderqvist hat in diesem Zusammenhang empfohlen, insbesondere lokalhistorische Ansätze zu wählen, um konkrete Erkenntnisprozesse überhaupt noch beschreiben zu können.[86] Die große Zahl an Publikationen führt ferner dazu, dass auch Historiker die Publikationslandschaft mithilfe quantitativer, bibliometrischer Verfahren charakterisieren müssen. Das Publikationsverhalten und die daraus sich ableitenden Interaktionsformen und Vernetzungen Münchner Nanowissenschaftler konnten auf der Grundlage des „science citation index" und der systematischen Auswertung von Zeitschriftenpublikationen für die Jahre 1990 bis 2006 analysiert werden. Diese Daten geben erste Hinweise auf ein sich formierendes Feld und seine Akteure, das mit den Selbstaussagen der Akteure im Interview und dem öffentlichen Nanodiskurs verglichen werden kann. Allerdings sind bibliometrische Ansätze durchaus problematisch und können die soziale Konstruktion

82 | Shinn, The Triple Helix and New Production of Knowledge, S. 610.

83 | Vgl. zu dieser Frage Nordmann/Radder/Schiemann, Science Transformed?

84 | Söderqvist, Thomas (Hg.): The Historiography of Contemporary Science and Technology. Amsterdam 1998, S. 9.

85 | Ebd., S. 4.

86 | Ebd., S. 6.

der Nanotechnologie nicht verständlich machen. Vielmehr ist ein Methodenmix aus der Analyse von Publikationen, grauer Literatur, medialen Bildern und Narrationen, Interviews, Laborbesichtigungen sowie die Berücksichtigung historischer und forschungspolitischer Zusammenhänge erforderlich, um die verschiedenen Ebenen des Konstrukts „Nanotechnologie" im Rahmen einer Fallstudie in den Blick zu nehmen.

Experteninterviews

Als Grundlage der Arbeit wurden mehr als 30 leitfadengestützte Experteninterviews geführt.[87] Diese dienen als „Quelle von Spezialwissen über die zu erforschenden sozialen Sachverhalte."[88] Glaser und Laudel verdeutlichen dies am Beispiel der wissenschaftlichen Kooperationsformen im Rahmen eines Sonderforschungsbereichs, zu deren Analyse die beteiligten Wissenschaftler als Experten interviewt wurden. Ähnlich verhält es sich mit der Münchner Fallstudie. Die Experteninterviews wurden mit Wissenschaftlern geführt, die in lokalen nanotechnologischen Forschungsnetzwerken aktiv waren und einen besonderen Einblick versprachen, wenn es um die Frage nach den Spezifika nanotechnologischer Forschungskontexte und die Entstehung nanotechnologischer Forschungsfelder in München ging. Die Interviewfragen zielten auf ein Verständnis der wissenschaftlichen Arbeit der Akteure, ihren Bezug zur Nanotechnologie, die Rolle des Standortes München sowie die historischen Hintergründe ihrer Forschung. Experteninterviews unterscheiden sich vom biografischen Oral-History-Interview insofern, als es nicht primär um die freie Generation und Analyse von Narrationen, Erinnerungen und Selbstdeutungen geht, sondern um die gezielte Rekonstruktion konkreter Sachverhalte und überprüfbarer Zusammenhänge. Interviews werden in der historischen Forschung immer noch mit Skepsis betrachtet. Sie eröffnen jedoch gerade für die hier im Fokus stehende Betrachtung der bis in die Gegenwart reichenden und durch Akten nicht abgedeckten Zeithorizonte neue, wichtige Erkenntnismöglichkeiten.[89] Sie geben Einblick in die Motive und Interessen der Akteure und

87 | Flick, Uwe: Qualitative Sozialforschung. Hamburg 2007, S. 214-219; Bogner, Alexander; Littig, Beate; Menz, Wolfgang (Hg.): Experteninterviews. Theorien, Methoden, Anwendungsfelder. 3. Auf. Wiesbaden 2009; Wierling, Dorothee: Oral History. In: Aufriß der Historischen Wissenschaften, Bd. 7, Neue Themen und Methoden der Geschichtswissenschaft, Stuttgart 2003, S. 109; Gläser, Jochen; Laudel, Grit: Experteninterviews und qualitative Inhaltsanalyse (3. Aufl.). Wiesbaden 2009.

88 | Gläser/Laudel, Experteninterviews, S. 12.

89 | Zur Bedeutung von Interviews im Rahmen der Wissenschafts- und Technikgeschichte siehe auch die Studien von Cyrus Mody und Jochen Hennig zum Rastertunnelmikroskop oder Catarina Caetano zu medizinischen Operationsrobotern. Vgl. Mody, Instrumental Community, S. 20; Hen-

ermöglichen die Rekonstruktion von Forschungskontexten und Problemlagen, die durch die wissenschaftlichen Publikationen der Akteure allein nicht ersichtlich werden.

Abbildung 2: Christian Kehrt und Peter Schüßler beim Interview mit einem Nanowissenschaftler im Labor Wolfgang Heckls, Fachbereich Kristallografie, LMU, 2007. Zu sehen sind die für die Forschung mit dem Rastertunnelmikroskop notwendigen Messgeräte, Bildschirme, Lautsprecher und zahlreiche Werkzeuge zum Präparieren der Proben und Basteln mit den Instrumenten und Messvorrichtungen. Die Experteninterviews drehten sich um die konkrete Forschungspraxis der jeweiligen Akteure, ihr Verständnis von Nanotechnologie und die damit einhergehenden Motive, Strategien und Anforderungen.

Die Interviews wurden in den Jahren 2006-2009 geführt und erheben keinen Anspruch, alle aktuellen Trends und Entwicklungen der Nanotechnologie abzudecken.[90] Vielmehr geht es um ein tieferes Verständnis jener komplexen historischen und sozialen Prozesse, die zur Herausbildung nanotechnologischer Forschungsfelder führten.[91] Als Ergebnis liegen mehr als 30 systematisch geführte Experteninterviews mit Akteuren an nanotechnologischen Schnittstellen, wie etwa dem Walter-Schottky-Institut in Garching oder Wissenschaftlern

nig, Bildpraxis, S. 27; Caetano, Catarina: Operationsroboter in Action. Kontroverse Innovationen in der Medizintechnik. Bielfeld 2013, S. 31.

90 | Gleiches gilt für bibliometrische Daten.

91 | Eine stärkere Gegenwartsorientierung hatte das Teilprojekt des Soziologen Peter Schüßler. Das Projekt „Knowledge-Production and Innovation at the Nanoscale. Instruments, Images and Visions in the Practice of Nanotechnology" wurde im Rahmen der Förderinitiative „Innovationsprozesse in Wirtschaft und Gesellschaft" der VolkswagenStiftung gefördert.

im Bereich der Biophysik und Halbleiterphysik der LMU, aber auch Ingenieuren der TU und Forschern an Max-Planck-Instituten vor.[92] Sie fanden vor Ort an den jeweiligen Forschungsstätten und Laboren der Wissenschaftler statt und gingen mit Besichtigungen und Erläuterungen der Forschungsinstrumente und Versuchsanordnungen einher. Die Auswahl der Interviewpartner orientierte sich an den beiden Münchner Nanonetzwerken CeNS und NIM.

Um Überinterpretationen zu vermeiden, wurden stets mehrere Akteure eines Forschungsfeldes interviewt und ihre Aussagen bei der Auswertung der transkribierten Interviews miteinander verglichen. Aus methodischen Gründen war es entscheidend, nicht nur aktive Proponenten der Nanotechnologie zu interviewen, sondern ebenfalls Wissenschaftler, die mit vergleichbaren Instrumenten und Objekten im Nanokosmos arbeiten, sich aber nicht notwendigerweise als Nanowissenschaftler verstehen und dem Nanohype eher skeptisch bis ablehnend gegenüber stehen.[93] Von besonderer Bedeutung waren vor allem jene Wissenschaftler, die bereits seit den 1970er Jahren den Wandel des Wissenschaftssystems miterlebt und die wesentlichen Weichenstellungen hin zur Nanotechnologie und Wissenschaft selbst vollzogen haben. Es wurden sowohl ältere Schlüsselakteure auf der Führungsebene als auch Doktoranden und Postdoktoranden sowie jüngere im Rahmen der Nanotechnologieinitiative ernannte Professoren und Juniorprofessoren interviewt.[94] Bei der Auswertung war darauf zu achten, nicht unreflektiert die Selbstbilder, Topoi und Narrationen der Akteure zu übernehmen. Die Aussagen der Interviews wurden untereinander sowie mit unveröffentlichten Quellematerialien und grauer Literatur verglichen.[95]

92 | Die meisten Interviews habe ich zusammen mit Peter Schüßler und einige mit dem damaligen Leiter des Zentrums für Neue Technologien am Deutschen Museum, Walter Hauser, geführt.

93 | Vgl. Kehrt/Schüßler, Nanoscience is 100 Years Old.

94 | Alle zitierten Interviewpassagen sind durch die interviewten Wissenschaftler autorisiert. In einem Fall wurden das Interview auf Wunsch anonymisiert.

95 | Hierbei handelt es sich beispielsweise um Entwürfe für neue Forschungszentren und ministerielle Briefwechsel, die Einblicke in die forschungspolitischen Motive der Akteure ermöglichen. Quellenbestände in Universitäts-, Staats-, Landes-, und Firmenarchiven waren nicht zugänglich, so dass ich auf die Unterstützung einzelner Wissenschaftler angewiesen war, die mir teilweise Akten und Schlüsseldokumente überließen oder mich in alten Kartons in der Ecke des Arbeitszimmers stöbern ließen. Allerdings sind diese Quellen nur durch die Akteure selbst zugänglich gemacht worden, da die hierfür erforderlichen Archivalien aufgrund von Sperrfristen noch nicht zugänglich sind.

Forschungsstand

Angesichts der Tatsache, dass der Nanohype erst wenige Jahre alt ist, gibt es eine beeindruckende Vielzahl begleitwissenschaftlicher Publikationen. Auch die Geistes- und Sozialwissenschaften haben das neu entstehende Feld nicht nur untersucht, sondern auch mitdefiniert, da Begleitforschung von Anfang an aus forschungspolitischen Gründen gefördert wurde. Auffallend ist die geringe Zahl an Monografien.[96] Der Forschungsstand kommt daher insgesamt einer ersten, skizzenhaften Inventur eines neu entstehenden Feldes gleich. Die meisten Arbeiten befassen sich mit dem öffentlichen Nanodiskurs. Viele Studien haben zudem handlungsleitenden und politikberatenden Charakter, so dass hier die nötige kritische Distanz fehlt. Anstatt sich den Forschungskontexten und Innovationsprozessen zuzuwenden, werden diskursive Muster und Topoi wiederholt und festgeschrieben, die die Akteure selbst ins Feld führen. Auf diese Weise tragen auch die Geistes- und Sozialwissenschaften aktiv zur sozialen Konstruktion der Nanotechnologie bei. Deshalb sind neben den Assessmentstudien über zukünftige Chancen, Risiken und Technikfolgen vor allem verstehende Ansätze gefragt, die untersuchen, wie im Labor geforscht wird und wie diese Wissenschaftskulturen entstanden sind, um letztlich nanotechnologische Forschungskontexte und Innovationsprozesse besser beurteilen zu können.[97]

Einen ersten Überblick über das heterogene und nur schwer eingrenzbare Feld der Nanowissenschaften erlauben vor allem bibliometrische Verfahren. Diese werden sowohl zu rein wissenschaftlichen Zwecken als auch in politikberatender Hinsicht erstellt. Allerdings fehlt diesen ersten bibliometrischen Skizzen die Rückbindung der Ergebnisse an konkrete Forschungs- und Innovationskontexte.[98] Eine wichtige Bestandsaufnahme stellen die Sammelbände

96 | Bensaude-Vincent, Les Vertiges de la Technoscience; Biniok, Wissenschaft als Bricolage; Wullweber, Joscha: Hegemonie, Diskurs und politische Ökonomie. Das Nanotechnologie-Projekt. Baden-Baden, Kassel 2010; Schummer, Nanotechnologie.

97 | Wood, Stephen; Geldart, Alison; Jones, Richard: Crystallizing the Nanotechnology Debate, in: Technology Analysis & Strategic Management, 20 (2008) H. 1, S. 13.

98 | Meyer, Martin: Patent Citations in a Novel Field of Technology. What Can They Tell About Interactions Between Emerging Communities of Science and Technology? In: Scientometrics (2000) H. 2, S. 151-178; Meyer, Martin: Nanotechnology. Interdisciplinarity, Patterns of Collaboration and Differences in Application. In: Scientometrics (1998) H. 2, S. 195-205; Heinze, Thomas; Bauer, Gerrit: Characterizing Creative Scientists in Nano-S&T. Productivity, Multidisciplinarity, and Network Brokerage in a Longitudinal Perspective. In: Scientometrics (2007) H. 3, S. 811-830; Leydesdorff, Loet; Zhou, Phing: Nanotechnology as a Field of Science. Its delineation in Terms of Journals and Patents. In: Scientometrics (2007) H. 3, S. 693-713; Bassecoulard, Elise; Lelu, Alain; Zitt, Michail: Mapping Nanosciences by Citation Flows. A Preliminary Analysis. In:

von Alfred Nordmann, Davies Baird, Joachim Schummer und Astrid Schwarz dar.[99] Besonders gut erforscht ist zudem die Dimension der Zukunft.[100] Auch die Geschichte des *Rastertunnelmikroskops* wurde durch die hervorragenden Arbeiten Cyrus Modys und Jochen Hennigs bis zum Beginn der 1990er Jahre behandelt, während die Geschichte des *Rasterkraftmikroskopes* [engl. Atomic Force Microscope, AFM] und seiner breiten Anwendung in den Lebenswissenschaften noch aussteht.[101] Cyrus Mody hat mit dem Begriff der „instrumental community" die wechselhaften Übergänge und Wandlungsprozesse der Erfindung, Aneignung und Verbreitung des Instruments nachgezeichnet.[102] Jochen Hennig geht es um bildwissenschaftliche Fragen auf der Ebene der Laborpraxis sowie die mit diesen Bildern einhergehenden Bildtraditionen. Weniger Aufmerksamkeit fanden dagegen Forschungstechnologien wie etwa die *Moleku-*

Scientometrics (2007) H. 3, S. 859-880; Robinson, Douglas K. R.; Ruivenkamp, Martin; Rip, Arie: Tracking the Evolution of New and Emerging S&T via Statement Linkages. Vision Assessment in Molecular Machines. In: Scientometrics (2007) H. 3, S. 831-858.

99 | Baird/Nordmann/Schummer, Discovering the Nanoscale; Nordmann/Schummer/Schwarz, Nanotechnologien im Kontext; Schummer/Baird, Nanotechnology Challenges.

100 | Steinmüller, Karlheinz: Die Zukunft der Technologien. Hamburg 2006; Grunwald, Armin: Nanotechnologie als Chiffre der Zukunft. In: Nordmann/Schummer/Schwarz, Nanotechnologien im Kontext, S. 49-80; Lösch, Andreas: Antizipationen nanotechnischer Zukünfte. Visionäre Bilder als Kommunikationsmedien. In: Nordmann/Schummer/Schwarz, Nanotechnologien im Kontext, S. 223-242; Milburn, Colin: Nanotechnology in the Age of Posthuman Engineering. Science Fiction and Science. In: Hayles, Katherine N. (Hg.): Nanoculture. Implications of the New Technoscience. Bristol, Portland 2004, S. 109-129; Gammel, Stefan; Ferrari, Arianna (Hg.): Visionen der Nanotechnologie. Zur (Selbst-)Fiktionalisierung der Wissenschaft. Berlin 2009; Maasen, Sabine u.a. (Hg.): Deliberating Future Technologies. Identity, Ethics, and Governance of Nanotechnology. Heidelberg u.a. 2010 (Sociology of the Sciences Yearbook, Bd. 27).

101 | Mody, Cyrus C.M.: Crafting the Tools of Knowledge. The Invention, Spread and Commercialization of Probe Microscopy, 1960-2000, 2004 (Dissertation Cornell University); Cyrus C.M. Mody, Corporations, Universities, and Instrumental Communities. Commercializing Probe Microscopy, 1981-1996. In: Technology and Culture (2006) H. 1, S. 56-80; Hennig, Jochen: Das Rastertunnelmikroskop. Von der Störstellanalyse zum Nanowerkzeug. In: Physik in unserer Zeit (2004), H. 5, S. 246-7; Hennig, Jochen: Changes in the Design of Scanning Tunneling Microscopic Images from 1980 to 1990. In: Schummer/Baird, Nanotechnology Challenges, S. 143-163; Hennig, Jochen: Lokale Bilder in globalen Kontroversen. Die heterogenen Bildwelten der Rastertunnelmikroskopie. In: Hinterwaldner, Inge; Buschaus, Markus (Hg.): The Picture's Image. Wissenschaftliche Visualisierung als Komposit. München 2006, S. 243-259; Hennig, Jochen: Bildpraxis. Visuelle Strategien in der frühen Nanotechnologie. Bielefeld 2009.

102 | In dieser hauptsächlich auf die USA abzielenden Studie spielt München jedoch keine Rolle. Vgl. Mody, Instrumental Community.

larstrahlepitaxie[103] zur Herstellung ultradünner Schichten, die Geschichte der *Lithografieverfahren* und ihrer Rolle bei der Mikro- und Nanostrukturierung oder auch die eminent wichtige Funktion des *Elektronenmikroskops* im Bereich der Lebenswissenschaften, Materialprüfung und Festkörperphysik.[104]

Auf dem Gebiet der Science and Technology Studies gibt es bis dato nur wenige fundierte Analysen über die Vorläufer und die Wandlungsprozesse hin zur Nanotechnologie. Zu nennen sind hier die Arbeiten von Bernadette Bensaude-Vincent oder Monika Kurath.[105] Historische Skizzen zur Entstehung und Geschichte der Nanotechnologie wurden oft von den Wissenschaftlern selbst verfasst.[106] Auch Wissenschaftsphilosophen wie Joachim Schummer und Alfred Nordmann haben sich mit den historischen Vorläufern z.B. dem Materialwissenschaftler Herbert Gleiter und dem Chemiker Jean-Marie Lehn befasst.[107] Historiker im engeren Sinne haben dieses Feld jedoch kaum wahrgenommen, geschweige denn untersucht.[108] Eine Ausnahme stellen hier die Beiträge von Patrick McCray und Ann Johnson zur nanotechnologischen Forschungspolitik der USA dar.[109] Zum allgemeinen Wandel der Wissenschaften liegt mittlerweile eine Fülle soziologischer Arbeiten und Theorien vor.[110] Wis-

103 | McCray, Patrick: MBE Deserves a Place in the History Books. In: Nature Nanotechnology 2 (2007) H. 5, S. 259-261.

104 | Müller, Falk: Zwischen Bilderbuch und Messgerät. Der Elektronenoptische Blick auf die Realstruktur von Festkörpern. In: Heßler, Martina (Hg.): Konstruierte Sichtbarkeiten. Wissenschafts- und Technikbilder seit der frühen Neuzeit. München 2005, S. 75-98.

105 | Bensaude-Vincent, Bernadette: The Construction of a Discipline. Materials Science in the United States. In: Historical Studies in the Physical and Biological Sciences (2001), S. 223-248; Bensaude-Vincent, Bernadette: Two Cultures of Nanotechnology? In: HYLE (2004) H. 2, S. 65-82; Kurath, Monika; Maasen, Sabine: Disziplinäre Identitätsbildung neu gedacht. Toxikologie als Nanowissenschaft? In: Nordmann/Schummer/Schwarz, Nanotechnologien im Kontext, S. 397-418.

106 | Gobrecht, Jens: Rückblick auf die Entstehungsgeschichte der Nanotechnologie. In: Oesterreicher, Marianne (Hg.), Highlights aus der Nano-Welt. Eine Schlüsseltechnologie verändert unsere Gesellschaft. Freiburg 2006 S. 12-31; Edwards, Steven A.: The Nanotech Pioneers. Where Are They Taking Us? Weinheim 2006.

107 | Schummer, Joachim: Gestalt Switch in Molecular Image Perception. The Aesthetic Origin of Molecular Nanotechnology in Supramolecular Chemistry. In: Foundations of Chemistry, 2006, S. 53-72; Woyke, Andreas: Überlegungen zur Verortung der Nanotechnologie in einem wissenschafts- und technikgeschichtlichen Kontinuum. In Beiträge zur Wissenschaftsgeschichte (2008), S. 58-67; Nordmann, Alfred: Unsichtbare Ursprünge. Herbert Gleiter und der Beitrag der Materialwissenschaft. In: Nordmann/Schummer/Schwarz, Nanotechnologien im Kontext, S. 81-96.

108 | McCray, Will Small be Beautiful?, S. 179.

109 | Johnson, The End of Pure Science?

110 | Vgl. u.a. Postmodern science (Forman), Post-academic science (Ziman), Technoscience (Latour), Mode 2 (Gibbons, Nowotny), Triple Helix (Leydesdorff, Etzkowitz), Enge Kopplung (Wein-

senschafts- und technikgeschichtliche Studien, die mit diesen Deutungsangeboten der Wissenschaftssoziologie über den Wandel der Wissenschaften seit den 1970er Jahren ins Gespräch kämen und die zur Debatte stehenden Veränderungsprozesse genauer untersuchten, gibt es allerdings bislang kaum. Eine der wenigen historisch orientierten Beiträge auf diesem Feld ist Steven Shapins The Scientific Life.[111] In dieser an der Schnittstelle von Soziologie, Kultur-, Wissenschafts- und Technikgeschichte stehenden Arbeit wird in langen Linien die Herausbildung einer neuen unternehmerischen Kultur der Wissenschaften gezeichnet, die der Autor in der bis in die Gegenwart reichenden Epoche der „late modernity" verortet.

Während die Anfänge der Festkörper- und Halbleiterphysik bearbeitet wurden, fehlen Studien zur Halbeiterindustrie und auch Festkörperphysik in Deutschland für die Zeit nach dem Zweiten Weltkrieg.[112] Kai Handel hat die Anfänge der Festkörperphysik bis Ende der 1950er Jahre und Michael Eckert die Gründung des Max-Planck-Instituts für Festkörperphysik in Stuttgart behandelt.[113] Helmuth Trischler untersuchte Zusammenhang von ziviler und militärisch orientierter Forschung am Beispiel des Freiburger Fraunhofer-Instituts für Angewandte Festkörperphysik.[114] Dennoch besteht ein großes

gart), Finalisierungsthese (Böhme, van der Daele, Krohn, Küppers), Strategic Research (Irvine, Martin), Post-normal science (Funtowicz, Ravetz), Innovation Systems (Edqvist), Academic capitalism (Slaughter, Leslie).

111 | Shapin, Scientific Life.

112 | Hoddeson, Lillian u.a. (Hg.): Out of the Crystal Maze. Chapters from the History of Solid State Physics, New York, Oxford 1992; Hoddeson, Lillian: Solid State Science. In: Krige, John; Pestre, Dominique (Hg.): Science in the Twentieth Century, Amsterdam 1997, S. 585-598; Weaire, Denis L. (Hg.): Solid State Science. Past, Present and Predicted. Bristol 1987; Brock, David C. (Hg.): Understanding Moore's Law. Four Decades of Innovation. Philadelphia, Pennsylvania 2006; Bassett, Ross Knox: To the Digital Age. Research Labs, Start-Up Companies and the Rise of MOS Technology. Baltimore, London 2002; Braun, Ernest; MacDonald, Stuart: Revolution in Miniature. The History and Impact of Semiconductor Electronics. New York 1978; Morris, Peter R.: History of the World Semiconductor Industry. London 1990; Seitz, Frederick: Electronic Genie. The Tangled Prelude of Silicon. Urbana, Chicago 1998; Lojek, Bo: History of Semiconductor Engineering. Berlin, Heidelberg. New York 2007.

113 | Eckert, Michael, Osietzki, Maria: Wissenschaft für Macht und Markt. Kernforschung und Mikroelektronik in der Bundesrepublik Deutschland. München 1989; Handel, Kai Christian: Anfänge der Halbleiterforschung und Entwicklung. Dargestellt an den Biographien von vier deutschen Halbleiterpionieren. Diss. Technische Hochschule Aachen, 1999.

114 | Trischler, Helmuth: Hoffnungsträger oder Sorgenkind der Forschungspolitik? Die bundesdeutsche Großforschung in den „langen" siebziger Jahren. In: Bruch, Rüdiger vom; Henning, Eckart (Hg.): Wissenschaftsfördernde Institutionen im Deutschland des 20. Jahrhunderts. Berlin MPG-Archiv 1999, (= Dahlemer Archivgespräche, Bd. 5) S. 200-214; Trischler, Helmuth: Das Fraunho-

Desiderat sowohl in wirtschafts- als auch wissenschaftsgeschichtlicher Hinsicht, wenn es um die deutsche und europäische Festkörperphysik, Halbleiterindustrie und Mikroelektronik seit den 1970er Jahren geht. Auch Christian Forstner fokussiert sich ausschließlich auf die amerikanischen Entwicklungen der Quantenmechanik und lässt die Bezüge zur Halbleiterphysik außen vor.[115] Allerdings beschäftigt er sich mit den medialen und kulturellen Seiten des Feynmankultes und ermöglicht damit aufschlussreiche historische Bezüge zum Nanohype.[116] Auch Arbeiten zur Biophysik liegen derzeit kaum vor. Alexander von Schwerin befasst sich mit den Anfängen der Strahlenphysik, die weitere Entwicklung dieses Feldes harrt aber noch seiner Beschreibung.[117] Insofern teile ich das Urteil Jochen Hennigs, dass trotz einiger beeindruckender, vor allem amerikanischer Studien, „die wissenschaftliche Praxis der Physik nach 1945 lediglich äußerst bruchstückhaft wissenschaftshistorisch erfasst" ist.[118]

Die Geschichte des Forschungs- und Innovationsstandortes München und auch Bayern ist dagegen weitaus besser bearbeitet.[119] Städte rückten in jüngerer Zeit vermehrt in den Fokus wissenschaftshistorischer Ansätze.[120] München

fer-Institut für Angewandte Festkörperphysik im Kontext der bundesdeutschen Forschungs- und Innovationsgeschichte: Ein zeithistorischer Essay. In: Fraunhofer-Institut für Angewandte Festkörperphysik (Hg.): 50 Jahre Fraunhofer IAF. Heller, schneller, stärker, Freiburg: IAF, 2007, S. 29-66; Trischler, Helmuth: Verteidigungsforschung und ziviles Innovationssystem in der Bundesrepublik Deutschland. Festkörperphysik in Deutschland. In: Technikentwicklung zwischen Wirtschaft und Verwaltung in Großbritannien und Deutschland (19./20.Jh.), Jahrbuch für Europäische Verwaltungsgeschichte, 20 (2008), S. 187-208.

115 | Forstner, Christian : Quantenmechanik im Kalten Krieg. David Bohm und Richard Feynman. Stuttgart u.a. 2007.

116 | Vgl. Kapitel V. „Medialisierungsstrategien".

117 | Vgl. Schwerin, Alexander von: The Origins of German Biophysics in Medical Physics (1900-1930). In: Trischler, Helmuth; Walker, Mark (Hg.): Physics and Politics. Research and Research Support in Twentieth Century Germany in International Perspective. Stuttgart 2010 (Beiträge zur Geschichte der Deutschen Forschungsgemeinschaft, Bd. 5), S. 37-60.

118 | Hennig, Bildpraxis, S. 19. Vgl. zu den USA Galison, Image and Logic; Pickering, Science as Practice and Culture; Pickering, Andrew: The Mangle of Practice. Time, Agency, and Science. Chicago 1995.

119 | Deutinger, Stephan: Vom Agrarland zum High-Tech Staat. Zur Geschichte des Forschungsstandortes Bayern 1945-1990. München 2001; Trischler, Helmuth: Nationales Innovationssystem und regionale Innovationspolitik. Forschung in Bayern im westdeutschen Vergleich 1945 bis 1980. In: Schlemmer, Thomas; Woller, Hans (Hg.): Politik und Kultur im föderativen Staat 1949 bis 1973, München 2004 (=Bayern im Bund, Bd. 3), S. 118-194; Heßler, Kreative Stadt.

120 | Gieryn, Thomas F.: City as Truth Spot. Laboratories and Field-Sites in Urban Studies. In: Social Studies of Science (2006) H. 1, S. 5-38; Livingstone, David: Putting Science in its Place. Geographies of Scientific Knowledge. Chicago 2003; Dierig, Sven; Lachmund, Jens; Mendelsohn,

wurde zudem als Innovationsstandort in regional orientierten, wirtschaftsgeografischen Studien untersucht.[121] Auch liegen einige Arbeiten zu Siemens vor.[122] Für das Münchner Fallbeispiel bieten die raum- und wissenschaftshistorisch orientierte Arbeit von Martina Heßler und auch Stephan Deutingers Monografie zur Geschichte des Forschungsstandortes Bayern eine gute Ausganglage. Martina Heßler hat „Münchens späte Entwicklung zur Hightech Stadt" behandelt.[123] In ihrer Studie standen diskursive, architektonische und stadthistorische Zusammenhänge im Kontext der Verlegung wissenschaftlicher Institute in die Peripherie Münchens im Vordergrund. Die Wissenschaftsgeschichte Münchens, insbesondere der beiden großen Universitäten, ist für die Zeit nach dem Zweiten Weltkrieg bis dato jedoch kaum erforscht, obwohl eine ganze Reihe von Nobelpreisträgern im Laufe ihrer Karriere in München tätig war.[124] Eine wissenschafts- und zeithistorische Arbeit zu München, insbesondere zur Physik an der LMU und TUM in der Zeit nach dem Zweiten Weltkrieg, bleibt deshalb ein großes Forschungsdesiderat.[125] Auch die engere

---

Andrew J. (Hg.): Science and the City. In: Osiris (2003) H. 2, S. 116-134; Wakeman, Rosemary: Dreaming the New Atlantis. Science and the Planning of Technopolis, 1955-1985. In: Dierig/Lachmund/Mendelsohn, Science and the City, S. 255-270; Heßler, Martina: Vernetzte Wissensräume. Zur Bedeutung von Orten in einer vernetzten Welt. In: Technikgeschichte (2003) H. 4, S. 235-255; Heßler, Martina: Stadt als innovatives Milieu. Ein transdisziplinärer Forschungsansatz. In: Neue Politische Literatur (2002), S. 193-223; Hård, Mikael; Jamison, Andrew: Urban Machinery. Inside Modern European Cities. Cambridge, MA. 2009.

121 | Castells, Manuel; Hall, Peter: Technopoles of the World. The Making of Twenty-First-Century Industrial Complexes, London. New York 1994; Sternberg, Rolf; Tamásy, Christine: Munich as Germany's No.1 High Technology Region. Empirical Evidence, Theoretical Explanations and the Role of Small Firm/ Large Firm Relationships. In: Regional Studies (1999) H. 4, S. 367-377.

122 | Stenke, Gero: Großunternehmen in innovativen Milieus. Das Beispiel Siemens, München, Köln 2002; Erker, Paul: Forschung und Entwicklung in der Transistortechnologie. Entscheidungszwänge und Handlungsspielräume am Beispiel Siemens und Philips, 1947-1960. In: Technikgeschichte (1993) H. 3, S. 267-284; Schmoch, Ulrich: Hochschulforschung und Industrieforschung. Perspektiven der Interaktion. Frankfurt 2003; Hack, Lothar: Technologietransfer und Wissenstransformation. Zur Globalisierung der Forschungsorganisation von Siemens. Münster 1998.

123 | Heßler, Kreative Stadt.

124 | Adolf Butenandt, Nobelpreis für Chemie 1939; Werner Heisenberg (Physik 1932); Rudolf Ludwig Mößbauer (Physik 1961); Klaus von Klitzing (Physik 1985); Gerd Binnig (Physik 1986); Robert Huber (Chemie 1988); Johannes Deisenhofer (Chemie 1988); Erwin Neher (Medizin 1991); Wolfgang Ketterle (Physik 2001); Theodor W. Hänsch (2005 Physik); Gerhard Ertl (Chemie 2007).

125 | Wengenroth, Ulrich: Die Technische Hochschule nach dem Zweiten Weltkrieg. Auf dem Weg zu High-Tech und Massenbetrieb. In: Wengenroth, Ulrich (Hg.): Technische Universität München. Annäherungen an ihre Geschichte. Technische Universität München 1993, S. 261-298; Herrmann, Wolfgang A. (Hg.): Technische Universität München. Die Geschichte eines Wissenschaftsunter-

Verbindung der Universitäts- und Wissenschaftsgeschichte ist nicht hinreichend erforscht, so Sylvia Paletschek in einem Forschungsüberblick über neue Perspektiven der Universitätsgeschichte.[126]

Zusamenfassend lässt sich festhalten, dass die Geschichte des Rastertunnelmikroskops wie auch die Rolle des Feynmanmythos sowie die Dimension der Zukunft bereits gut erforscht sind. Dagegen mangelt es an empirischen Fallstudien, die diese ersten Bestandsaufnahmen und Hypothesen zur Nanotechnologie vertiefen und überprüfen. Insbesondere das seit über 40 Jahren auf molekularer Ebene arbeitende Feld der Halbleiterphysik und die sich daran anschließende Nanoelektronik wurden noch nicht hinreichend behandelt.[127] Es steht nicht nur im Rahmen der Münchner Fallstudie im Mittelpunkt, sondern macht insgesamt eines der Kernfelder der Nanotechnologie aus. Weitere Fallstudien auch zu vergleichbaren Forschungs- und Innovationsfeldern sind gefragt, insbesondere zu materialwissenschaftlichen Entwicklungen, aber auch zur Geschichte der Biophysik sowie den technischen Grundlagen der Mikroelektronik in Forschung und Produktion. Auch die Rolle der Quantentheorie, ihre Weiterentwicklung und Bezug zu experimentellen Wissenschaftskulturen bedarf weiterer Forschung. Ferner zeigt die Fallstudie zu München, dass die Akteure in einem unmittelbaren Wissensaustausch mit amerikanischen Forschern, Instituten und Universitäten stehen. Diese transatlantischen Wissenszirkulationen und auch forschungspolitische Orientierung an den USA gilt es systematisch zu erforschen und zu vertiefen. Schließlich ist ein grundlegendes Defizit an historisch fundierten Studien festzustellen, die zum Verständnis gegenwärtiger Problemkonstellationen von Wissenschaft und Technik beitragen. Dies trifft insbesondere auf Zukunftstechnologien und Forschungsfelder zu, die ähnlich wie die Nanotechnologie mit großen gesellschaftlichen und forschungspolitischen Erwartungen einhergehen, wie etwa die synthetische Biologie, Robotik oder Informationstechnologien.

---

nehmens. München 2006, 2 Bde.; Kamp, Michael: Die Geschichte der Physik an der Ludwig-Maximilians-Universität München. München 2002; Kraus, Elisabeth (Hg.): Die Universität München im Dritten Reich. Aufsätze. Teil I. München 2006; Kraus, Elisabeth (Hg.): Die Universität München im Dritten Reich. Aufsätze Teil II. München 2008.

126 | Paletschek, Sylvia: Stand und Perspektiven der neueren Universitätsgeschichte. In: NTM Zeitschrift für die Geschichte der Wissenschaften, Medizin und Technik 19 (2011), S. 171. Vgl. Grüttner, Michael u.a. (Hg.): Gebrochene Wissenschaftskulturen. Universität und Politik im 20. Jahrhundert. Göttingen 2010.

127 | Allein Cyrus Mody and Hyngsub Choi haben die Nanotechnologie im Rahmen einer „longue durée der Mikroelektronik" betrachtet. Choi, Hyungsub; Mody, Cyrus: The Long History of Molecular Electronics. The Microelectronics Origins of Nanotechnology. In: Social Studies of Science 39 (2009) H. 1, S. 11-50.

Aufbau

Das erste Kapitel argumentiert einleitend für eine historische Herangehensweise an Zukunftstechnologien. Angesichts der einflussreichen Mythen, Bilder und Erzählungen, die die öffentliche Wahrnehmung der Nanotechnologie bestimmen, gilt es kritisch nach vergleichbaren älteren Mustern und Pfaden zu fragen, um Kontiniutäten und Wandel dieser Forschungs- und Innovationsfelder zu verstehen.

Im zweiten Kapitel wird die forschungspolitisch motivierte Nanotechnologieinitiative vor dem Hintergrund historischer Problemkonstellationen betrachtet. Die 1990er Jahre stellten aus deutscher Sicht eine Krisensituation dar, auf die die Forschungspolitik versuchte, strategisch zu antworten. Das Ende des Kalten Krieges und Globalisierungsprozesse hatten unmittelbare Auswirkungen auf das nationale Innovationssystem, das in den 1990er Jahre in eine Strukturkrise geriet. Auch die Unterfinanzierung der Universitäten wirkte sich auf Karrierechancen und Forschungsmöglichkeiten von Physikern aus. Ferner machte der Siegeszug der Lebenswissenschaften eine Neuorientierungen der Physik notwendig.

In welchem Bezug diese politisch motivierte Initiative zur Münchner Wissenschaftslandschaft steht, wird im dritten Kapitel untersucht. Dabei geht es insbesondere um Traditionen und Entwicklungslinien der experimentellen Halbleiterphysik, die sich seit den langen 1970er Jahren mit quantenphysikalischen Phänomenen befasst. Dieses Feld stand in enger Verbindung mit der Halbleiterindustrie und weist direkte Kontinuitäten zur nanotechnologischen Forschung in den 1990er Jahren auf. Neu für diese Forschungskultur ist jedoch der Öffnungsprozess zu den Lebenswissenschaften.

Im vierten Kapitel werden die Forschungspraxis der Nanotechnologie und die hierbei relevanten instrumentellen Praktiken am Beispiel des *Rastertunnelmikroskops*, der *Molekularstrahlepitaxie* sowie der Konstitution nanotechnologischer Objekte betrachtet. Von besonderem Interesse ist hierbei die Frage, ob es sich dabei um eine Technoscience handelt, die nicht mehr auf neue theoretische Einsichten und grundlegendes Wissen über Naturprozesse, sondern auf deren technische Kontrolle und die dazu notwendigen Fertigkeiten abzielt.

Die Analyse der Medialisierungsstrategien der Nanowissenschaftler im fünften Kapitel ist im Rahmen eines generellen Medialisierungstrends der Wissenschaften zu betrachten. Das Münchner Fallbeispiel unterstreicht die ausdifferenzierten Medialisierungsstrategien, mit denen sich Wissenschaftler in der Öffentlichkeit positionieren.

Die im Nanodiskurs betonte Technikorientierung ist jedoch nicht automatisch gleichzusetzen mit Innovationsprozessen, die im sechsten Kapitel untersucht werden. Dies verdeutlicht die exemplarische Betrachtung von Firmenausgründungen an Münchner Universitäten.

II. Neue Technologien – alte Muster?

1. Nanovisionen und Technologiehypes

Ein Schlüssel zum Verständnis der Nanotechnologie liegt in ihrer medialen und forschungspolitischen Wahrnehmung als Zukunftstechnologie und den damit einhergehenden Erwartungshorizonten und Versprechen begründet.[1] Futuristische Bilder und technikzentrierte Narrationsformen laden diese in der medialen Öffentlichkeit auf, eröffnen neue symbolische Ressourcen und wirken auf Wissenschaft und Technikentwicklung zurück. Nanovisionen sind deshalb nicht einfach als Science-Fiction abzutun, als unwissenschaftliche „Futurologie" zu diskreditieren oder im historischen Rückblick mit der Bemerkung „das gab es früher schon" zu relativieren. Vielmehr haben solche Zukunftsvisionen eine mobilisierende Wirkung und produktive Funktion, die es näher zu untersuchen gilt.[2]

Wie Alfred Nordmann zeigte, wird der Nanokosmos in Anlehnung an Richard Feynmans Slogan „there is plenty of room at the bottom" als ein unendlicher Möglichkeitshorizont imaginiert, der sich auf molekularer und atomarer Ebene eröffnet.[3] Diese Fortschrittsmetaphorik basiert auf einem Leitmotiv amerikanischer Technologiepolitik, das Vannevar Bush mit seiner Rede „science the endless frontier" bereits am Ende des Zweiten Weltkrieges formuliert hatte.[4]

---

1 | Lösch, Antizipationen nanotechnischer Zukünfte, S. 223-242; Lösch, Andreas: Visual Dynamics. The Defuturization of the Popular „Nano-Discourse" as an Effect of Increasing Economization, In: Maasen u.a., Deliberating Future Technologies, S. 89-108; Selin, Cynthia: Expectations and the Emergence of Nanotechnology.

2 | Konrad, Kornelia: Prägende Erwartungen. Szenarien als Schrittmacher der Technikentwicklung. Berlin 2004; Van Lente, Harro: Promising Technology. The Dynamics of Expectations in Technological Development. Delft 1993; Lente, Harro van; Rip, Arie: Expectations in Technological Development. An Example of Prospective Structures to be Filled in with Agency. In: Disco/van der Meulen, Getting New Technologies Together, S. 195-220; Abele, Johannes; Barkleit, Gerhard; Hänseroth, Thomas (Hg.): Innovationskulturen und Fortschrittserwartungen im geteilten Deutschland. Köln u.a. 2001; Grunwald, Armin: Nanotechnologie als Chiffre der Zukunft. In: Nordmann/Schummer/Schwarz, Nanotechnologien im Kontext, S. 49-80; Kehrt/Schüßler/Weitze, Einleitung. Neue Technologien in der Gesellschaft, S. 15.

3 | Feynman, Richard: Plenty of Room at the Bottom. In: Engineering and Science. 23 (1960), S. 22-36; Feynman, Richard: Plenty of Room at the Bottom. In: Gilbert, Horace D. (Hg.): Miniaturization. New York 1961, S. 282-296. Vgl. Nordmann, Shaping the World Atom by Atom, S. 191-199.

4 | Bush, Vannevar: Science, the Endless Frontier. A Report to the President on a Program for Postwar Scientific Research, July 1945. Washington 1945.

Abbildung 3: Titelbild der Broschüre des amerikanischen Science and Technology Councils „shaping the world atom by atom". Zu sehen ist die mit einem Rastertunnelmikroskop abgebildete Oberfläche eines (115) Siliziumkristalls. Der hier bildlich imaginierte Nanokosmos wird gekoppelt an die unendlichen Weiten des Weltalls, um die neuen unbegrenzten technischen Potenziale dieser Zukunftstechnologie zu verdeutlichen.[5]

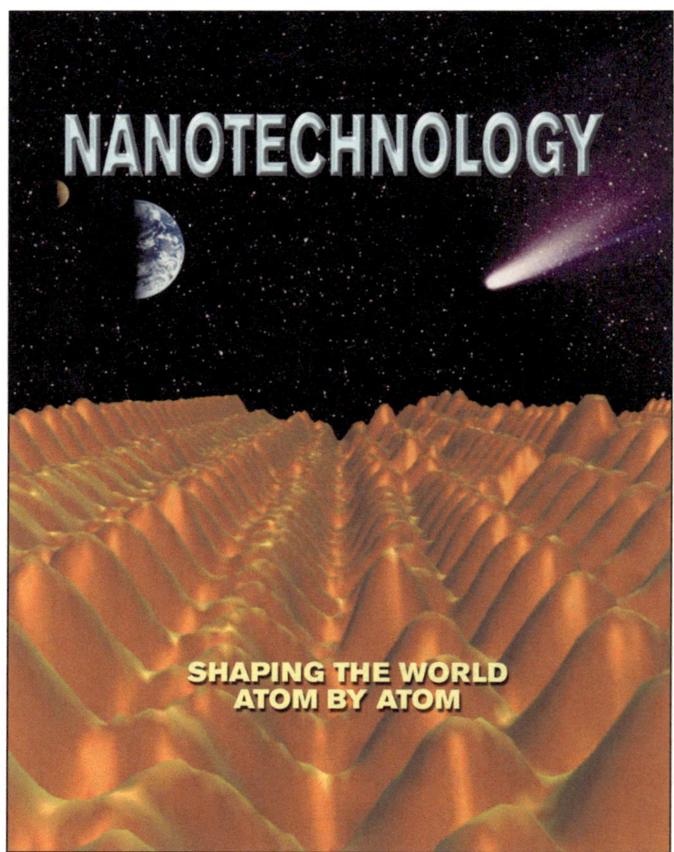

Damit schließen die Erzählungen und Bilder der Nanotechnologie an einen fortschrittsoptimistischen Technikdiskurs an, der insbesondere in den USA im

5 | Diese Verbindung von Mikro- und Makrokosmos basiert auf einer älteren Bildtradition. Vgl. Schwarke, Christian: Technik und Religion. Religiöse Deutungen und theologische Rezeption der Zweiten Industrialisierung in den USA und in Deutschland. Stuttgart 2014, S. 16ff; Schirrmacher, Arne: Einsicht in die Materie. Konjunkturen und Formen von Atombildern. In: Gall, Konstruieren, kommunizieren, präsentieren, S. 109-145.

Kalten Krieg geprägt wurde.[6] Charakteristisch ist dabei die unhinterfragte technikdeterministische Annahme, dass Wissenschaft und Technik Kernprobleme moderner Gesellschaften lösen und damit gesellschaftlicher Fortschritt auf technischen und wissenschaftlichen Neuerungen basiert.[7] Auch Gegner und Kritiker neuer Technologien teilen diese Ansicht, wenn sie diesen einen großen gesellschaftlichen Einfluss zuschreiben.

Technologiehypes treten besonders in der Frühphase neuer Technologien auf und weisen vergleichbare Muster etwa im Fall der Kernenergie, der Weltraumfahrt, der Kybernetik, der Mikroelektronik oder der Biotechnologie auf. Gerade die 1990er Jahre, in denen die Nanotechnologie als Zukunftstechnologie wahrgenommen wurde, lassen sich durch eine neue Technikfixiertheit und eine Welle weit in die Zukunft greifender Wissenschaftstrends und Technologiehypes charakterisieren – vom Human Genom Project über die Informationstechnologien bis hin zur Künstlichen Intelligenz, Gehirnforschung und Robotik.[8] In diesem Zusammenhang hat die amerikanische Technologieberatungsfirma Gartner 1995 das Konzept des „hype cycle" eingeführt.[9] Demnach verläuft die Aneignung und Realisierung neuer Technologien entlang einer S-förmigen Erwartungskurve, die in mehrere charakteristische Phasen unter-

6 | Während aufgrund der Erfahrungen des Zweiten Weltkrieges in der Bundesrepublik in den frühen 1950er Jahren ein technikkritischer Abendland-Diskurs vorherrschte, setzte sich dann in den 1960er Jahren ein technikoptimistischer Diskurs durch. Vgl. Schildt, Axel: Moderne Zeiten. Freizeit, Massenmedien und „Zeitgeist" in der Bundesrepublik der 50er Jahre. (Hamburger Beiträge zur Sozial- und Zeitgeschichte, Bd. 31) Hamburg 1995; Fraunholz, Uwe; Woschech, Anke (Hg.): Technology Fiction. Technische Utopien in der Hochmoderne. Bielefeld 2012; Corn, Joseph J. (Hg.): Imagining Tomorrow. History, Technology and the American Future. London, Cambridge, MA 1986; Segal, Howard P.: Technological Utopianism in American Culture, 20. Aufl., Syracuse, NY 2005; Teich, Al: Technology and the Future. 11. Aufl., Boston, MA 2012.

7 | Technikdeterministische Ansätze wurden von Seiten der Techniksoziologie unter Verweis auf die gesellschaftliche Konstruktion der Technik kritisiert. Vgl. Bijker, Wiebe (Hg.): The Social Construction of Technological Systems, Cambridge, Mass. u.a., 1987; Smith, Merrit R. (Hg.): Does Technology Drive History? The Dilemma of Technological Determinism. Cambridge, MA 1994.

8 | Vgl. zum Begriff des „technological fix", der gesellschaftliche Probleme mithilfe neuer Technologien zu lösen sucht und der auf die durch Big Science, Atom- und Technikeuphorie geprägten 1950er und 1960er Jahre zurückgeht Weinberg, Alvin: Can Technology Replace Social Engineering? In: Bulletin of the Atomic Scientists (Dezember 1966), S. 4-7; Rosner, Lise (Hg.): Technological Fix. How People Use Technology to Create and Solve Problems. New York 2006. Konkrete Zukunftstechnologien werden u.a. diskutiert in: Key Technologies for the 21st Century. Scientific American. A Special Issue. New York 1995; Schirrmacher, Darwin AG.

9 | Vgl. http://www.gartner.com/technology/research/methodologies/hype-cycle.jsp [zuletzt: 04.12.2014].

teilt werden kann.[10] Diese stereotypen und meist übersteigerten Hoffnungen und Hypephasen sind charakteristisch für die öffentliche Wahrnehmung neuer Technologien. Vergleichbare Erzählungen, Bilder und Hypes finden sich auch im Nanodiskurs.[11] So werden etwa auf der Basis sich selbstorganisierender Molekülcluster nahezu unbegrenzte Machbarkeitsphantasien einer vollautomatisierten und frei programmierbaren zukünftigen Nanofabrikation evoziert, die auch der Münchner Nanowissenschaftler Wolfgang M. Heckl formulierte:

„There is a vision in the distant future that one day it will be possible to create whatever we dream of, like a deus ex machina, using molecular components and atoms. We would like to have a machine: the vision is that small active units assemble themselves together. They do it in countless nanofactories without human aid. By them every desired material, every substance required would be put together atom by atom, molecule by molecule."[12]

Wissenschaftler nehmen, wie im fünften Kapitel näher gezeigt wird, aktiv und früh an der öffentlichen Debatte um die Nanotechnologie teil.[13] Die Aufladung ihrer grundlagenorientierten Forschung, die weit von der technischen Realisation dieser Visionen entfernt ist, erklärt sich durch gesellschaftliche und mediale Anforderungen und scheint insgesamt charakteristisch für eine im Spannungsfeld von Medien, Wirtschaft und Politik sich wandelnde Wissenschaftskultur.

2. Der Feynmanmythos

Mittlerweile hat sich ein Standard-Narrativ etabliert, das eine lineare Geschichte von den Visionen des Physikers Richard Feynman bis hin zu ihrer Realisierung durch das Rastertunnelmikroskop erzählt.[14] Historisierende

---

10 | Nach einem „technologischen Auslöser" folgt ein „Gipfel überzogener Erwartungen", der in ein „Tal der Enttäuschungen" mündet, bevor der eigentliche „Pfad der Entdeckungen" und das „Plateau der Produktivität" erreicht werden. Vgl. zum Hype-Cycle Konrad, Kornelia, Brennstoffzellen zwischen Euphorie und Ernüchterung. In: Kehrt/Schüßler/Weitze, Neue Technologien in der Gesellschaft, S. 158.

11 | Berube, David: Nano-Hype. The Truth Behind the Nanotechnology Buzz. New York 2005.

12 | Heckl, Wolfgang M.: Molecular Self-Assembly and Nanomanipulation – Two Key Technologies in Nanoscience and Templating. In: Advanced Engineering Materials (2005), H. 10, S. 843-847.

13 | Vgl. Kapitel V. „Medialisierungsstrategien".

14 | Auch in der sozialwissenschaftlichen Begleitforschung ist die Standard Story von Feynman bis Drexler gründlich analysiert worden. Vgl. Nordmann, Shaping the World Atom by Atom, S. 191-199.

Narrationslinien sind Teil der Popularisierungsstrategie der Nanotechnologie. Wissenschaftler erfinden Traditionen, um das neue Forschungsfeld zu legitimeren und vom symbolischen Kapital berühmter Vorläufer zu profitieren.[15] Vor allem Erik Drexler prägte seit Mitte der 1980er Jahre mit seinen Vorstellungen eines zukünftigen molekularen engineerings den Nanodiskurs.[16] Er wurde allerdings zunehmend an den Rand gedrängt und von vielen Wissenschaftlern als Phantast diskreditiert.[17] Dagegen spielt insbesondere der Bezug auf Richard Feynman eine zentrale Rolle.[18] Der Feynmanmythos ist wie das *Mooresche Gesetz* ein zentraler Referenzpunkt, wenn es um die Antizipation und Konstruktion zukünftiger Handlungschancen geht. Der Nobelpreisträger gilt nicht zuletzt dank seiner öffentlichen Auftritte und leicht verständlich geschriebenen Bücher und Vorlesungen als einer der bekanntesten Physiker des 20. Jahrhunderts.[19] Der einflussreiche und vielzitierte Nanomythos geht auf eine Rede Feynmans aus dem Jahr 1959 zurück.[20]

„I would like to describe a field, in which little has been done, but in which an enormous amount can be done in principle. This field is not quite the same as the others; it will not tell us much of fundamental physics, but it is more like solid-state physics in the sense that it might tell us much of great interest about the strange phenomena that occur in complex situations. Furthermore, a point that is most important is that it would have an enormous number of technical applications."[21]

15 | Ein Beispiel hierfür ist ebenfalls die nachträgliche Ikonisierung der Dopelhelix. Vgl. Myers, Greg: The Double Helix as Icon. In: Science as Culture 1 (1990), H. 1, S. 49-72; Heßler, Martina: Die „Mona Lisa der modernen Wissenschaften". Die Doppelhelix-Struktur als kulturelle Ikone. In: Gall, Konstruieren, kommunizieren, präsentieren, S. 291-351.

16 | Drexler, Eric: Engines of Creation. The Coming Era of Nanotechnology. New York 1986; Peterson, Chris; Pergamit, Gayle: Unbounding the Future: The Nanotechnology Revolution. New York 1991.

17 | Bueno, Otávio: The Drexler-Smalley Debate on Nanotechnology. Incommensurability at Work? In: Schummer/Baird, Nanotechnology Challenges, S. 29-48; Bensaude-Vincent, Bernadette: Two Cultures of Nanotechnology?, S. 7-28.

18 | Drexler, Nanotechnology, S. 21-27.

19 | Farmelo, Graham: Feynmania. In: Nature 401 (1999), S. 426; Forstner, Quantenmechanik im Kalten Krieg, S. 197.

20 | Sie wurde in einer Fachzeitschrift für Ingenieure sowie einem zeitgenössischen Buch über Miniaturisierungsprozesse veröffentlicht, das sich im Jahr 1961 an ein informiertes Fachpublikum richtete. Vgl. zur Publikationsgeschichte und Rezeption der Rede Feynmans. Vgl. Toumey, Christopher: Reading Feynman Into Nanotechnology: A Text for a New Science. In: Techne 12 (2008) H. 3, S. 133-168.

21 | Feynman, Richard: There is plenty of Room at the Bottom. In: Feynman, Richard: The Pleasure of Finding Things out. Cambridge, MA 1999, S. 118.

Wissenschaftler, die sich in der Öffentlichkeit als Nanotechnologen positionieren, greifen bewusst auf den Feynmanmythos zurück, um sich in das neu entstehende Feld einzuschreiben und an den damit einhergehenden Handlungschancen und Ressourcen zu partizipieren. Außerdem verbindet sich mit diesem Mythos die Möglichkeit, komplexe wissenschaftliche Zusammenhänge einer breiteren Öffentlichkeit verständlich zu machen. Unter Bezugnahme auf Feynmans Vision konnte schließlich am Ende des Jahrtausends argumentiert werden, dass diese radikalen Visionen keine utopischen Vorstellungen mehr seien, sondern kurz vor der Realisierung stünden. Auch Wolfgang Heckl beispielsweise bezieht sich im Interview auf den Feynmanmythos:

HECKL: „Aber der Beginn der Nanotechnologie, die praktische Nanotechnologie ist mit Gerd Binnigs Experiment gesetzt worden. Feynman hat sozusagen die Vision gehabt, [...] –,there's room at the bottom, an introduction to enter a new world'– und der Gerd hat gezeigt, dass es praktisch machbar ist. Er hat ein Instrument geschaffen und der Don Eigler, der hat dann,IBM' mit Atomen geschrieben, usw. Ein Instrument, mit dem ich Atome und Moleküle nicht nur sehen sondern auch manipulieren kann und das hat anfangs natürlich auch große Widerstände in der physikalischen Gemeinde ausgelöst, die auch Fragen nach der prinzipiellen Machbarkeit gestellt haben, wenn jemand mit so einem neuen Gerät diese alten, eingesessenen, traditionellen Pfade verlassen hat. Aber so waren immer die Revolutionen in der Wissenschaftsgeschichte, nicht?"[22]

In dieser Lesart wird die Nanotechnologie als radikal neuer Ansatz verstanden, der mithilfe des Rastertunnelmikroskops die alten Pfade der Physik hinter sich lässt und neue Forschungshorizonte eröffnet. Der interviewte Wissenschaftler greift bekannte Topoi des Nanodiskurses auf – Feynmans Vision, Gerd Binnigs und Heinrich Rohrers Erfindung des Rastertunnelmikroskops und schließlich Don Eiglers Schreibversuche – um damit die aus seiner Sicht revolutionäre Bedeutung des wissenschaftlichen Instruments als „praktischer Nanotechnologie" zu erläutern.[23]

Die Wissenschaftshistoriker Andreas Junk und Falk Riess haben allerdings gezeigt, dass es keinen direkten wissenschaftlichen Zusammenhang zwischen den damaligen Visionen und den heutigen nanotechnologischen Forschungskontexten gibt. Diese Rede sei vielmehr eine unbeachtete Randbemerkung des Nobelpreisträgers gewesen, die erst im Zuge des öffentlichen Nanohypes den

22 | Interview Heckl, 27.04.2007.

23 | Don Eigler gelang es im Jahr 1990, mithilfe des Rastertunnelmikroskopes „IBM" durch das Verschieben von Xenonatomen zu schreiben. Eigler, Don M; Schweizer, Erhard K.: Positioning Single Atoms with a Scanning tunneling Microscope. In: Nature 344 (1990) H. 6266, S. 524-526.Vgl. Kapitel IV. „Molekulares Lego. Zur Instrumentellen Praxis im Nanokosmos".

Status eines zentralen Referenzpunktes im Nanodiskurs erlangt habe.[24] Feynmans Visionen seien nicht allzu wörtlich zu nehmen, da dieser sich in seiner visionären „after-dinner-speech" eher auf die Science-Fiction-Vorstellungen seiner Zeit berief.[25]

Diese verschiedenen Interpretationsmöglichkeiten der Rede Feynmans verdeutlichen, wie unterschiedlich das mit der Nanotechnologie verbundene „Neue" gedeutet werden kann. Während Nanowissenschaftler historische Vorläufer konstruieren, um ihr eigenes Forschungsfeld zu legitimieren und die Realisierbarkeit ihrer Zukunftsvisionen zu untermauern, wenden sich Wissenschaftshistoriker den Entstehungszusammenhängen zu, um diesen Mythos zu kontextualisieren und letztlich auch zu kritisieren. Auch Wissenschaftler, die sich stärker in Disziplinen und Forschungstraditionen verorten, berufen sich auf historische Kontinuitäten, um den Neuigkeitsanspruch der Nanotechnologie zu relativieren und damit die Zukunftspotenziale bereits bestehender Forschungsfelder zu verteidigen.

Historische Methoden und Ansätze können im Folgenden dabei helfen, die Visionen der Nanotechnologie zu kontextualisieren und mit älteren Mustern und Pfaden zu vergleichen. Ohne die kritische Betrachtung historisierender Narrationsformen sowie die Frage nach Kontinuitäten und Wandel von Forschungsfeldern und Technologiepfaden lässt sich die soziale Konstruktion neuer Technologien nicht verstehen. Die Geschichte neuer Technologien ist damit zugleich eine Geschichte vergangener Zukunftsvorstellungen, gesellschaftlicher Imaginationsräume und teilweise überraschend weit in die Vergangenheit zurückreichender Trajektorien und Technologiepfade.[26] Der Historiker David Edgerton spricht in diesem Zusammenhang vom „Schock des Alten", der sich einstellt, wenn man realisiert, dass die meisten Zukunftstechnologien nicht nur historische Vorläufer haben, sondern bei näherer Betrachtung selbst mehr als fünfzig oder gar hundert Jahre alt sind.[27] Umso bemerkenswerter und erklärungsbedürftiger erscheint die Frische und sich erneuernde Kraft technikzentrierter Zukunftsvisionen am Ende des durch zahlreiche Kriege, Technikkatastrophen, Unfälle und Umweltproblematiken geprägten 20. Jahrhunderts.

24 | Junk, Andreas; Riess, Falk: From an Idea to a Vision. There's Plenty of Room at the Bottom. In: American Journal of Physics 74 (2006) H. 9, S. 828.

25 | Milburn, Nanotechnology in the Age of Posthuman Engineering; McCray, Will Small Be Beautiful?

26 | Vgl. Wieland, Neue Technik auf alten Pfaden; Radkau, Joachim: Das Neue in historischer Perspektive. In: Kehrt/Schüßler/Weitze, Neue Technologien in der Gesellschaft, S. 49-61.

27 | Vgl. Edgerton, David: the Shock of the Old. Technology and Global History since 1900. Oxford 2007.

3. Plädoyer für eine historische Betrachtung von Zukunftstechnologien

Jeder Versuch, die Nanotechnologie zu historisieren, muss scheitern, wenn nicht die grundlegende Offenheit und Wandelbarkeit aktueller Forschungsprozesse berücksichtigt werden. Dieses historiografische Problem hat Hans-Jörg Rheinberger deutlich gemacht: „Es gibt kein hinreichend komplexes Experimentalsystem, das seine Geschichte im Voraus erzählen könnte.“[28] Auch handelt es sich nicht um eine klassische Innovationsstudie, da sich die meisten Forschungsansätze allenfalls im Stadium der anwendungsorientierten Grundlagenforschung befinden. Dennoch möchte ich trotz aller historiografischen Dilemmata einer zeitgenössischen Wissenschaftsgeschichtsschreibung betonen, dass nur ein genauer historischer Blick die Dynamiken und Motive der Nanotechnologie begreiflich machen kann. Zudem sollte die Wissenschafts- und Technikgeschichte dieses Feld nicht allein der Soziologie oder Philosophie überlassen, sondern mit ihrer Expertise zum Verständnis aktueller Technik- und Wissenschaftsdebatten beitragen. Nicht ohne Grund gab es eine Reihe von Plädoyers für eine stärkere Berücksichtigung der historischen Dimension der Nanotechnologie.[29] Die Frage, die sich hierbei stellt, ist deshalb eher eine methodische: Wie können Historiker ihre Methoden und ihr Wissen einbringen in einem Feld, das erst im Entstehen begriffen ist und in dem es erst wenige Ergebnisse, Objekte oder Innovationen gibt, deren Geschichte bereits erzählt werden könnte?[30] Eine Antwort hierauf ist, den Akteuren zu folgen, ihre Forschung zu kontextualisieren und nach den historischen Dimensionen ihrer Arbeit zu fragen. Folglich richtet sich der Ansatz einer rezenten Wissenschafts- und Technikgeschichte nicht auf zukünftige Szenarien und Risikokonstellationen wie in der Begleitforschung zu neuen Technologien üblich, sondern auf einen sich vor dem Hintergrund historischer Erfahrungsräume, Pfade und Muster vollziehenden Wandel von Wissenschaft und Technik.[31]

---

28 | Rheinberger, Experimentalsysteme, S. 39.

29 | Nordmann, Unsichtbare Ursprünge; McCray, MBE Deserves a Place in the History Books; Johnson, Ann: The End of Pure Science. Science Policy from Bayh-Dole to the NNI. In: Baird/Nordmann/Schummer, Discovering the Nanoscale, S. 217-230; Schummer, Gestalt Switch in Molecular Image Perception.

30 | Vgl. Söderqvist, Historiography of Contemporary Science and Technology; Rheinberger, Rezente Wissenschaft.

31 | Vgl. das Plädoyer für einen Ansatz, der weniger die Frage nach dem Risiko und den Folgen dieser Technologie als vielmehr die neuartige Art und Weise der Wissensproduktion in den Mittelpunkt stellt: Wood/Geldart/Jones, Crystallizing the Nanotechnology Debate, S. 13. Vgl. zur Debatte um die Rolle der Science and Technology Studies zwischen Andrew Jamison und Alfred Nordmann: Jamison, Andrew: To Foster a Hybrid Imagination. Science and the Humanities in a

Zwar bringt eine rezente bzw. zeitgenössische Geschichtsschreibung eine Fülle von Problemen mit sich, die sich vor allem aus dem Mangel an zeitlicher Distanz und einer schlechten Aktenlage ergeben. Andererseits verlieren aktuelle Studien zu Fragen der Technikfolgenabschätzung und Risikogesellschaft an Überzeugungskraft, wenn sie darauf verzichten, die historische Entstehung dieser Konstellation und Problemlagen zu analysieren. Der Nachteil der Nähe kann sich zudem bei entsprechender methodischer Vorsicht auch als eine Erkenntnischance erweisen. Joachim Radkau hat nicht zuletzt vor dem Hintergrund seiner eigenen Erfahrungen mit der Historiografie der Kerntechnik eine stärker in die Gegenwart reichende Geschichtsschreibung gefordert: „Die bisherige technikhistorische Forschung bleibt gewöhnlich an der Schwelle zur Gegenwart stecken: aber gerade die allerneueste Zeit, für die bislang eine Populärliteratur überwiegt, die von jeglicher Erkenntniskritik unbeleckt ist und in der es zugleich um politisch brisante Fragen geht, hat einen professionellen, quellenkritischen technikhistorischen Zugang besonders nötig.“[32] Gerade auf einem zukunftsorientierten Feld bietet der unorthodoxe Blick zurück neue Erkenntnischancen.[33]

Commercial Age. In: NTM Zeitschrift für Geschichte der Wissenschaften, Technik und Medizin 16 (2008), S. 119-125; Nordmann, Alfred: Trennungsarbeit. Die Geistes- und Technowissenschaften im Zeitalter der Begleitforschung. In: NTM Zeitschrift für Geschichte der Wissenschaften, Technik und Medizin 16 (2008), S. 127-132.

32 | Radkau, Joachim: Technik in Deutschland. Vom 18. Jahrhundert bis heute. Frankfurt 2008, S. 11.

33 | Vgl. König, Wolfgang: Retrospective Technology Assessment. Technikbewertung im Rückblick. In: Technikgeschichte (1984) H. 4, S. 243-275.

III. Die Nanotechnologie als forschungspolitische Strategie

„Most importantly, visions aim to increase the chances of funding."[1]

In ihrer Auseinandersetzung über die Stärken und Schwächen des deutschen Innovationssystems diskutierten Joachim Radkau und Ulrich Wengenroth die ökonomische Bedeutung neuer Technologien.[2] Während der Bielefelder Technikhistoriker Radkau die gewachsenen Stärken der chemischen Industrie, des Maschinenbaus und der Automobilindustrie mit den dazugehörigen Facharbeiterkulturen betont und als Basis für den schnellen Aufschwung Deutschlands nach dem Zweiten Weltkrieg sieht, attestiert Wengenroth der deutschen Wirtschaft große strukturelle Defizite auf dem Gebiet neuer Technologien.[3] Galt Deutschland vor dem Ersten Weltkrieg als „Treibhaus des Neuen"[4], so habe es seine wissenschaftliche und technologische Führungsposition im Zeitalter der Weltkriege durch seine Abschottung von internationalen Märkten, Wissensbeständen und Technikentwicklungen verloren. Diese strukturelle Schwäche des deutschen Innovationssystems, wie sie Wengenroth mit seiner „Käfigthese" vertritt, wirke bis heute nach und zeige sich im verspäteten Ankommen in der Konsum- und Dienstleistungsgesellschaft sowie im verpassten Anschluss an Schlüsseltechnologien wie der Mikroelektronik oder der Biotechnologie. Diese mussten aus den USA importiert und mit großem

---

1 | Hessenbruch, Arne: Nanotechnology and the Negotiation of Novelty. In: Baird/Nordmann/Schummer, Discovering the Nanoscale, S. 142.

2 | Vgl. Wengenroth, Ulrich: Abkoppelung vom Weltmarkt brachte deutsche Industrie um Spitzenstellung. In: VDI-Nachrichten, 22.5.2009, Nr. 29; Radkau, Joachim: Von selbstgewählter Isolation der deutschen Wirtschaft kann keine Rede sein. In: VDI-Nachrichten, 22.5.2009, Nr. 29.

3 | Ulrich Wengenroth betont die stärkere Konsumorientierung der amerikanischen Wirtschaft sowie den „braindrain" durch den Nationalsozialismus, der dazu führte, dass Deutschland den Anschluss an internationale Entwicklungen in der Nachkriegszeit verpasst hat. Vgl. Wengenroth, Ulrich: Innovationspolitik und Innovationsforschung. In: Graßhoff, Gerd; Schwinges, Rainer (Hg.): Innovationskultur. Von der Wissenschaft zum Produkt. Zürich 2008, S. 61-77; Wengenroth, Ulrich: Die Flucht in den Käfig. Wissenschafts- und Innovationskultur in Deutschland 1900-1960. In: Bruch, Rüdiger vom; Kaderas, Brigitte (Hg.): Wissenschaften und Wissenschaftspolitik. Bestandsaufnahmen, zu Formationen, Brüchen und Kontinuitäten im Deutschland des 20. Jahrhunderts. Stuttgart 2002, S. 52-59.

4 | Wengenroth, Die Flucht in den Käfig, S. 53.

finanziellem Aufwand von Seiten des Staates gefördert werden.[5] Die Potenziale der Biotechnologie wurden lange nicht erkannt und erst nach dem Einstieg der Firma Höchst in den amerikanischen Biotechnologiemarkt schockartig realisiert, da die chemische Industrie auf dem Pfad der chemischen Synthese verblieb.[6] Auch auf dem Gebiet der Mikroelektronik hatte Deutschland die Entwicklung integrierter Schaltungen verpasst.[7] Vor diesem historischen Hintergrund ist die Nanotechnologieinitiative als forschungspolitische Antwort auf die von Innovationsforschern diagnostizierte Schwäche im Bereich neuer Technologien zu verstehen.[8] So stellt sich die Frage, wie sich der Prozess der Identifizierung einer Zukunftstechnologie gestaltete, welche Akteure daran beteiligt waren und welche konkreten Strategien die Nanotechnologieinitiative des Bundes beinhaltete.

1. Die vergangene Zukunft der Mikroelektronik

Ein für die Münchner Nanonetzwerke wie die Nanotechnologieforschung insgesamt zentrales Feld ist die Nanoelektronik, die neue Prinzipien für zukünftige Computer und Elektronikbauelemente erforscht. Wesentliche Elemente der nanotechnologischen Erwartungshorizonte erklären sich deshalb durch die

5 | Ebd., S. 59.

6 | Vgl. Marschall, Luitgard: Im Schatten der chemischen Synthese. Industrielle Biotechnologie in Deutschland (1900-1970). Frankfurt, New York 2000, S. 12; Bud, Robert: Wie wir das Leben nutzbar machen. Ursprung und Entwicklung der Biotechnologie. Braunschweig 1995, S. 244; Caspar, Steven: Creating Silicon Valley in Europe. Public Policy Towards New Technology Industries. Oxford 2007, S. 187; Giesecke, Susanne: Wandel in der deutschen Biotechnologie-Politik. Ist der Staat lernfähig? In: Abele/Barkleit/Hänseroth, Innovationskulturen und Fortschrittserwartungen im geteilten Deutschland, S. 165-192; Dolata, Ulrich: Politische Ökonomie der Gentechnik. Konzernstrategien, Forschungsprogramme, Technologiewettläufe. Berlin 1996, S. 113; Barben, Daniel: Politische Ökonomie der Biotechnologie. Innovation und gesellschaftlicher Wandel im internationalen Vergleich. Frankfurt, New York 2007, S. 127; Wieland, Thomas: Neue Technik auf alten Pfaden? Forschungs- und Technologiepolitik in der Bonner Republik. Eine Studie zur Pfadabhängigkeit des technischen Fortschritts. Bielefeld 2009.

7 | Trischler, Helmuth: Die „amerikanische Herausforderung" in den langen 70er Jahren. Konzeptionelle Überlegungen. In: Trischler/Ritter/Szöllösi-Janze, Antworten auf die amerikanische Herausforderung, S. 11-18; Erker, Paul: Forschung und Entwicklung in der Transistortechnologie. Entscheidungszwänge und Handlungsspielräume am Beispiel Siemens und Philips, 1947-1960. In: Technikgeschichte 60 (1993), H. 3, S. 267-284.

8 | Vgl. zum forschungspolitischen Programm „Neue Technologien" unter Gerhard Stoltenberg, Thomas Wieland: Neue Technik auf alten Pfaden. Biotechnologieförderung in der Bundesrepublik. In: Kehrt/Schüßler/Weitze, Neue Technologien in der Gesellschaft, S. 250-253.

historischen Pfade und Dynamiken der Mikroelektronik.[9] Visionen eines molekularen engineerings, die mit dem Hype um die Nanotechnologie wiederbelebt wurden, reichen weit in die wechselvolle Geschichte der Mikroelektronik zurück. Bereits im Jahr 1959 umriss der Physiker und Materialwissenschaftler Arthur von Hippel ein neues Forschungsfeld, das er als „molecular engineering" bezeichnete.[10] Auf der Basis seiner Erfahrungen auf dem Gebiet der Radarforschung im Zweiten Weltkrieg und des damit zusammenhängenden Glaubens an die wirtschaftliche und militärische Bedeutung der Wissenschaft formulierte er die Vision, völlig neuartige technische Geräte und *Bauelemente* entwickeln zu können:

„Fundamental science – in decades of quiet studies on electrons, atoms, molecules, and their concerted action in gases, liquids, and solids – has reached the stage where a more powerful approach becomes possible: ‚Molecular Engineering', the building of materials to order. We now begin to design materials with properties prescribed for the purpose in hand, we can understand, by observing the underlying molecular phenomena, why materials fail; we can build into the materials safeguards against such failures and get true criteria for ultimate performance. No longer shackled by available materials and empirical performance characteristics, we can dream up completely new devices."[11]

Von Hippel umriss eine zukünftige Elektronik, die heutigen Visionen der Nanoelektronik sehr nahe kommt. Ausgangspunkt hierfür war die Interpretation makroskopischer Gesetze unter quantenmechanischen Gesichtspunkten.[12] So werde die systematische Erforschung grundlegender Materialeigenschaften zu einer Wissenschaft der Zukunft führen. Diese wissenschaftsbasierte Vision einer molekularen Elektronik waren keine reine Utopien, die sich lediglich aus der zeitgenössischen Science-Fiction-Literatur speisten, wie Joachim Schum-

9 | Vgl. Ball, Philip; Garwin, Laura: Science at the Atomic Scale. In: Nature 355 (1992), H. 6363, S. 761. Vgl. Choi/Mody, The Long History of Molecular Electronics.

10 | Arthur Robert von Hippel studierte in Göttingen Physik und musste dann aufgrund seiner jüdischen Herkunft in die USA emigrieren. Im Zweiten Weltkrieg baute er am MIT ein führendes Labor für Isolatorenforschung auf, in dem es um die grundlegenden Wechselverhältnisse von Elektronen an Grenzflächen ging. Vgl. Wildes, Karl L.; Lindgren, Nilo A.: A Century of Electrical Engineering and Computer Science at MIT, 1882-1982. Cambridge, MA 1986, S. 166-177; Zahn, Markus: The Contributions of Arthur Robert von Hippel to Electrical Insulation Research. In: IEEE Transactions on Electrical Insulation 23 (1988), S 791-800.

11 | Hippel, Arthur R. von: Molecular Science and Molecular Engineering. New York, London 1959, S. v.

12 | Ebd., S. vi.

mer dies in Bezug auf die Leitideen der Nanotechnologie nahelegt.[13] Von Hippels Zukunftsvorstellungen basierten auf dem im Zweiten Weltkrieg neu entstandenen interdisziplinären Feld der Materialforschung und Elektrotechnik, das nicht nur die Erfindung des Transistors ermöglichte, sondern auch weitere Forschung und Entwicklung im Bereich der Miniaturisierung von Elektronikbauteilen in der Nachkriegszeit motivierte. Insbesondere das amerikanische Militär war im Kontext des Rüstungswettlaufes im Kalten Krieg an einer Miniaturisierung und Leistungssteigerung von elektronischen Schaltungen und Steuerelementen für Raketen, Flugzeuge, Satelliten, Radaranlagen und U-Boote interessiert. Neben *Silizium*, das sich als in den 1960er Jahren als Pfad für die Mikroelektronik herauskristallisierte, wurden alternative Materialien wie etwa organische Moleküle oder *Verbindungshalbleiter* der chemischen Hauptgruppe III und V in der Forschung erprobt und vom Militär gefördert. Diese verfügten über eine höhere Elektronenmobilität als Silizium, waren dafür aber aufwändiger und teurer in der Herstellung.

Die Semiconductor Roadmap und die Grenzen der Miniaturisierung

Die Frage nach den zukünftigen Möglichkeiten und Grenzen der Miniaturisierung war und ist entscheidend für die Halbleiterindustrie.[14] Von ihr hängen Entwicklungspotenziale, Investitionen und Gewinne ab. „Prophecies of doom" begleiten dieses Technologiefeld seit Ende der 1960er Jahre, als sich der dynamische Markt der *MOS*-Technologie[15] mit zahlreichen Spin-offs im Silicon Valley herausbildete und bald auf einzelne Großkonzerne wie Texasinstruments oder Fairchild Semiconductors konzentrierte.[16] Mit der stetigen Reduktion der Kosten bei gleichzeitiger Erhöhung der Komplexität und Dichte der Schaltungen ging das Bedürfnis einher, die absehbaren physikalischen und ökonomischen Grenzen dieser Entwicklung zu antizipieren und hinauszuschieben bzw. durch einen technologischen Sprung zu überwinden.

Als eine der wirkmächtigsten Zukunftsprognosen erwies sich in diesem Zusammenhang die 1965 von Gordon Moore formulierte Annahme eines exponentiellen Wachstums der Miniaturisierung.[17] Hauptziel des späteren

---

13 | Schummer, Nanotechnologie, S. 49.

14 | Schaller, Robert R.: Technological Innovation in the Semiconductor Industry. A Case Study of the International Technology Roadmap for Semiconductors (ITRS). Dissertation George Mason University 2004, S. 389.

15 | Vgl. Eckert, Schubert, Kristalle, Elektronen, Transistoren, S. 200-201.

16 | Brock, David C.: Reflections on Moore's Law. In: Brock, Understanding Moore's Law, S. 98; Bassett, To the Digital Age, S. 172; Choi/Mody, The Long History of Molecular Electronics, S. 14.

17 | Moore arbeitete zu diesem Zeitpunkt für den Halbleiterproduzenten Fairchild Semiconductors.

Gründers von Intel war es, einem breiten Publikum die Vorteile der *integrierten Schaltung* aufzuzeigen und Argumente bezüglich ihrer geringeren Kosten und hohen Leistungsfähigkeit zu verdeutlichen.[18]

Abbildung 4: Moore's Law. Die Zahl der Transistoren einer integrierten Schaltung verdoppelt sich, so die ursprüngliche Annahme, alle zwei Jahre. Die Kurve gibt das exponentielle Wachstum logarithmisch wieder.

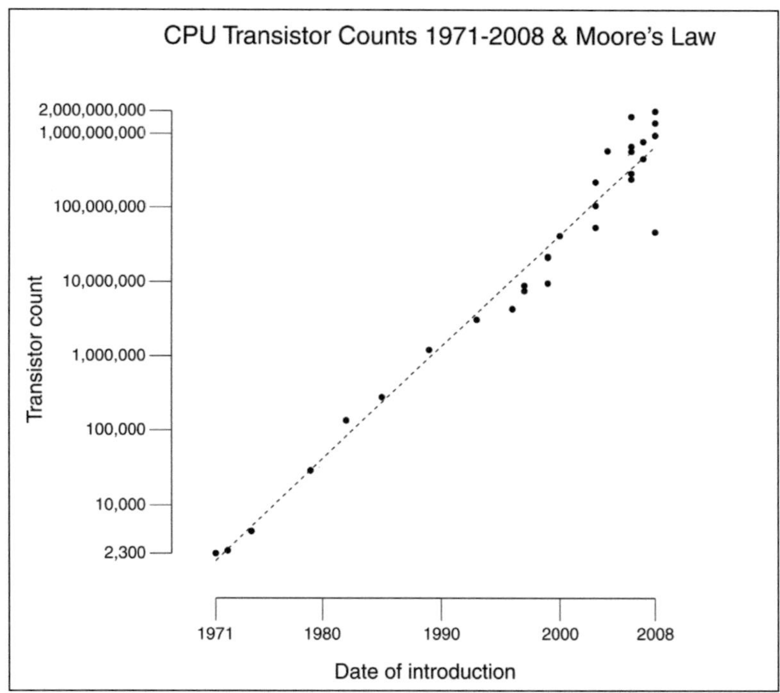

Moore's Law gilt heutzutage als Indikator für die Pfadabhängigkeiten und das rasante Tempo der *Silizium*-basierten Mikroelektronik. Charakteristisch ist hierbei die Tatsache, dass die weiteren Entwicklungen inkrementell als schrittweise Verbesserungen eines bereits existierenden Technologiepfades antizipiert werden und nicht als Sprung in eine revolutionär neue Technologie. Diese Pfadabhängigkeit erklärt sich auch durch die stofflichen Eigenschaften des Halbleiters Silizium, das sich als Einkristall in einem großen Reinheitsgrad ziehen lässt. Es kann sehr präzise in kleinsten Dimensionen mithilfe der *Planartechnologie* und der damit einhergehenden *fotolithografischen* Prozesse

18 | Brock, David C.: A Clear Voice. The Origins of Gordon Moore's 1965 Paper. In: Brock, Understanding Moore's Law, S. 34.

strukturiert und serienmäßig gefertigt werden.[19] Im historischen Rückblick zeigt sich zumindest, dass der Pfad der Siliziumhalbleiter robuster war, als viele seiner Vertreter ursprünglich angenommen hatten.

Hinter *Moore's Law* steht jedoch eine wechselvolle und umkämpfte Geschichte der Halbleiterindustrie, die sich seit Ende der 1970er Jahre in einem zunehmend globaleren Wettstreit befindet. Das Mooresche Gesetz ist deshalb weniger eine feste Größe als vielmehr eine auf Produktionszahlen basierende Trendanalyse und self-fulfilling prophecy zu verstehen, an der sich die Industrie weltweit mit der Semiconductor Roadmap orientierte.[20] Moores Vorhersage wurde in den 1970er Jahren als „Moore's Law" populär, als es um die Frage ging, inwieweit diese Entwicklungsrichtung und das Tempo der Miniaturisierung weiter verfolgt werden können, ohne an den antizipierten physikalischen Grenzen der Miniaturisierung zu scheitern.[21] Zwar änderte sich die Vorhersage, dass sich die Zahl der Transistoren auf einem Chip nicht in einem Jahr, sondern in 18 Monaten verdoppeln würde, dennoch traf seitdem diese Prognose mit nahezu gesetzesmäßiger Sicherheit zu. Zu unterscheiden ist hierbei zwischen Pessimisten, die eine baldiges Ende der Silizium-basierten Schaltungen vorhersagten, und Optimisten, die eine rosige Zukunft für diese Grundbausteine der Computerindustrie prognostizierten.[22] Dass die enormen Leistungssteigerungen von Elektronikbauteilen ein prinzipielles Ende erreichen würden, sah der kalifornische Computerwissenschaftler Carver Mead jedenfalls nicht als notwendige Entwicklung an.[23]

---

19 | Im Zusammenhang der Chipfertigung ist der entscheidende Nexus zwischen dem verwendeten Material und den damit einhergehenden technologischen Möglichkeiten zu beachten. Dabei kommt es darauf an, über die technologische Kontrolle der Materialstrukturen den Fluss der Elektronen in den Halbleiterbändern zu kontrollieren.Vgl. Seitz, Frederick: The Tangled Prelude to the Age of Silicon Electronics. In: Proceedings of the American Philosophical Society (1996), H. 3, S. 289-337; Eckert, Michael; Schubert, Helmut: Kristalle, Elektronen, Transistoren. Von der Gelehrtenstube zur Industrieforschung. Hamburg 1986, S. 200 ff.

20 | Aspray, William (Hg.): Chasing Moore's Law. Information Technology Policy in the United States: Information Technology Policy in the US. Raleigh, North Carolina 2004, S. ix; Schaller, Technological Innovation in the Semiconductor Industry, S. 391.

21 | Vor allem Carver Mead, Professor am Californian Institute of Technology, trat als ein Advokat von Moore's Law auf. Vgl. Brock, Reflections on Moore's Law, S. 100.

22 | Die physikalischen Grenzen der MOS-Technologie machte Carver Mead an jenen Grenzwerten fest, die dann bei weitergehenden Miniaturisierungen zu einem Durchbruch der Oxidschicht zwischen der leitenden und halbleitenden Schicht eines elektronischen Bauelements führen würden: Hoeneisen, Bruce; Mead, Carver: Fundamental Limitations in Microelectronics. I. MOS Technology. In: Solid State Electronics 15 (1972), S. 826.

23 | Hoeneisen/Mead, Fundamental Limitations in Microelectronics, S. 819-829. Diese optimistische Position vertrat er auch noch in den 1990er Jahren. Mead, Carver A.: Scaling MOS Tech-

In den 1980er Jahren verschärfte sich allerdings der globale Technologiewettlauf um Marktchancen, politische Führungspositionen und militärische Stärke.[24] Amerikanische Hersteller gerieten im Zuge der wachsenden Erfolge Japans in eine Krise.[25] In Japan ging das Ministry of International Trade and Industry [MITI] eine langfristige Partnerschaft mit der Industrie ein, um gezielt die Position der japanischen Halbleiterproduzenten zu verbessern.[26] Damit hatten Firmen wie Toshiba, Hitachi oder NEC Electronics im Übergang zur kostenintensiven und forschungsintensiven Generation der VLSI-Chips [Very Large Scale Integration] Anfang der 1980er Jahre einen Wettbewerbsvorteil.[27] Das MITI lancierte schließlich Ende der 1980er Jahren ein Forschungsprogramm, das auf eine *Angström*-Technologie abzielte, um die Grenzen der Miniaturisierung bis in den molekularen Bereich zu erweitern: „In Japan wurden bereits 1989 mehr als 20 Mio. Euro zur Förderung der Nanotechnologie ausgegeben. Ziel der Forschung in Japan ist es, durch totale Miniaturisierung die Grenzen des technologisch Machbaren auszureizen und die westliche Kon-

nology to Submicrometer Feature Sizes. In: Analog integrated Circuits and Signal Processing 6 (1994), S. 19.

24 | Vgl. Trischler, Die amerikanische Herausforderung, S. 11-18; Morris, Peter R.: History of the World. Semiconductor Industry. London 1990; Bassett, To the Digital Age; Braun/MacDonald, Revolution in Miniature; Saxenian, Anne Lee: Regional Advantage. Culture and Competition in Silicon Valley and Route 128. Cambridge, MA., London 1994; Lécuyer, Christophe: Making Silicon Valley. Innovation and Growth of High Tech, 1930-1970. Cambridge, MA 2006.

25 | Angel, David P.: Restructuring for Innovation. The Remaking of the U.S. Semiconductor Industry. New York, London 1994, S. 1.

26 | Im Unterschied zu den USA sind es in Japan große, vertikal integrierte Firmen, die die Transistoren und Speicherchips auch als Endprodukte für ihre eigenen Elektronikprodukte nutzen. Die innovative Dynamik des Silicon-Valley-Modells basiert dagegen auf dem Wettbewerb der vielen, kleineren und flexiblen Firmen. Das Silicon-Valley-Modell war insbesondere in der Anfangsphase neuer Technologien von Vorteil, als das lokale Knowhow der Ingenieure und Wissenschaftler und ihre Kultur schneller Firmengründungen dafür sorgten, dass Innovationen rasch umgesetzt wurden, während die großen Halbleiterproduzenten wie etwa Fairchild Semiconductors anfangs kein Interesse an der neuen Technologie der integrierten Schaltung hatten. Vgl. Lécuyer, Making Silicon Valley, S. 212; Bagger, Thomas: Strategische Technologien. Internationale Wirtschaftskonkurrenz und staatliche Intervention. Eine Analyse der Entwicklungen und Widersprüche am Beispiel der Halbleiterindustrie. Baden-Baden 1993, S. 86.

27 | Während in Japan die großen Elektronikhersteller auch ihre eigenen Chips produzieren, ist dies in den USA nicht der Fall. Vgl. Thorn, Christopher: State Involvement in the Semiconductor Industry. The Role and Importance of Consortia. An Examination of the Sematech and US Memories Projects. In: Wilke, Helmut; Krück, Carsten P.; Thorn, Christopher (Hg.): Benevolent Conspiracies. The Role of Enabling Technologies in Reframing the Welfare of Nations. The Cases of SDI, SEMATECH and EUREKA. Berlin, New York 1995, S. 146.

kurrenz zu übertreffen."[28] So konnten japanische Firmen neue Impulse für zukünftige Miniaturisierungsprozesse im *Submikron* bzw. Nanometerbereich setzen, die schließlich als „Nanotechnologie" und „Nanoelektronik" auf die forschungspolitische Agenda rückten.

Als Antwort auf diese „japanische Herausforderung" wurde 1987 das Firmenkonsortium *SEMATECH* (engl. Semiconductor Manufacturing Technology) gegründet, um die Wettbewerbschancen der amerikanischen Halbleiterproduzenten zu verbessern. 14 Firmen schlossen sich mit staatlicher Unterstützung zusammen, um die erheblichen Kosten und Risiken bei der Entwicklung neuer Chipgenerationen gemeinsam zu tragen.[29] Einzelne Firmen waren angesichts des harten Preiskampfes und enormen Tempos der Miniaturisierung kaum mehr in der Lage zu konkurrieren. Japanische Konzerne verfolgten eine Preisdumpingstrategie, die die Gewinnmargen reduzierte und nur noch geringe Handlungsspielräume gerade für längerfristig orientierte Forschung und Entwicklungen oder gar alternativen Technologieansätze zuließ.[30]

In der Begleitforschung, die sich hauptsächlich an der im Jahr 2000 unter Bill Clinton ausgerufenen Initiative der USA orientiert, wird oftmals übersehen, dass der Wettbewerb mit Japan auf dem Gebiet der Halbleitertechnologie eine entscheidende Rolle spielte. Auch die führenden Wissenschaftszeitschriften Science und Nature berichteten Anfang der 1990er Jahre, dass erste Schritte hin zu einer *Angström*- bzw. Nanotechnologie durch den japanischen Staat ermöglicht wurden.[31] Zweifelsohne war die amerikanische Nanotechnologieinitiative eine strategische Antwort auf die schwierige Wettbewerbsposition der amerikanischen Halbleiter- und Elektronikindustrie und die gleichzeitig wahrgenommenen forschungspolitischen Aktivitäten Japans.[32]

28 | Bachmann, Nanotechnologie, S. 121.

29 | Browning, Larry D.: Sematech. Saving the U.S. Semiconductor Industry. Austin, Texas 2000; Thorn, State Involvement in the Semiconductor Industry, S. 58.

30 | Das Militär hat in diesem Zusammenhang grundlegendere Ansätze, wie etwa Arbeiten zur molekularen Elektronik, gefördert.

31 | Swinbanks, David: MITI to Shake up Institutes. In: Nature 351 (1991), S. 90.

32 | Japan Starts a Big Push Toward the Small Scale. In: Science 254 (1991), S. 1304-1305; Swinbanks, David: Miti Aims at Small Research. In: Nature 349 (1991), S. 449; Johnston, Bob: Japan Builds on Global Lead in Nanotechnology. In: Nature 371 (1994), S. 276.

Die strukturelle Rückständigkeit der deutschen und europäischen Halbleiterindustrie

Deutsche Firmen hatten auf dem boomenden Markt der Mikroelektronik einen strukturellen Rückstand, der sich historisch durch die Folgen des Zweiten Weltkrieges und das Beharren auf älteren Innovationspfaden erklärt. So gab es durch den Kalten Krieg bedingt zumindest im Bereich der Mikroelektronik eine technologische Lücke, die kaum mehr aufzuholen war.[33] Im Unterschied zu den USA, die aus militärischen Interessen die Grundlagenforschung im Bereich der Mikroelektronik förderten und mit dem Silicon Valley Modell über eine dynamische Innovationskultur verfügten, hatte in Deutschland in forschungspolitischer Hinsicht der Pfad der Kerntechnik Vorrang.[34] Zudem setzte man von Seiten der Industrie nicht auf radikal neue Technologien als vielmehr auf die Konsolidierung und den Anschluss an bereits vor 1945 bestehende erfolgreiche Technologiefelder.[35]

Eine Verzögerung bei der *MOS*-Technologie, deren Entwicklung und Produktion technisch komplex und aufwändig waren, bedeutete jedoch einen strukturellen, fast nicht mehr einholbaren Rückstand: „Tatsache war, dass Siemens Ende der 60er Jahre mit seiner Halbleiter-Entwicklung, insbesondere in der neuen Technologie der integrierten Schaltkreise, nach eigener Einschätzung um 10 Jahre hinter den USA zurücklag."[36] Europäische Firmen vollzogen den Übergang zur *integrierten Schaltung* und der *Large Scale Integration* mit sehr hohen Transistorenzahlen auf einem Chip nur langsam und mithilfe von Lizenzen.[37] Dies erklärt, weshalb europäische Halbleiterproduzenten nicht mit japanischen und amerikanischen Firmen konkurrieren konnten, obwohl in den 1980er und 1990er Jahren massive europäische und nationale Förderprogramme für Forschung und Entwicklung im Bereich der Mikroelektronik und Informationstechnik aufgelegt wurden.[38] Mitten in der umkämpften Phase der Halbleitertechnologie in den 1980er Jahren veröffentlichte Hans Queisser, ei-

33 | Vgl. Kapitel II „Die Nanotechnologie als forschungspolitische Strategie". Wieland, Neue Technik auf alten Pfaden?, S. 70-80. Ritter/Trischler/Szöllösi-Janze, Antworten auf die amerikanische Herausforderung.

34 | Eckert/Osietzki, Wissenschaft für Macht und Markt, S. 202.

35 | Vgl. Radkau, Technik in Deutschland, S. 20-21.

36 | Erker, Forschung und Entwicklung in der Transistortechnologie, S. 275.

37 | Bagger, Strategische Technologien, S. 93; Dieterle, Hans: Die Aufholjagd im Kampf um den Chip. Technologiepolitik als Antwort auf die japanische Herausforderung? Konstanz 1991, S. 8, 19, 23, 30; Malerba, Franco: The Semiconductor Business. The Economics of Rapid Growth and Decline. University of Wisconsin Press 1985, S. 97 ff.

38 | Howell, Thomas R.; u.a.: The Microelectronics Race. The Impact of Government Policy on International Competition. Boulder, London 1988, S. 21.

ner der damals führenden deutschen Festkörperphysiker, ein Buch über die Situation der Mikroelektronik in Deutschland.[39] Der Leiter des Stuttgarter MPI für Festkörperforschung diagnostizierte eine drohende Bedeutungslosigkeit europäischer Firmen im Vergleich mit der amerikanischen und japanischen Konkurrenz: „Die alten Industrienationen des jetzt so überheblich-bequem erscheinenden Europa graben sich zum Schutz in die Erde ein."[40] Als „alte Industrie" bezeichnete er die Schwerindustrie mit ihren qualmenden Schloten, während die neue Technologie nicht Arbeiter im Hüttenwerk oder am Fließband als vielmehr Wissenschaftler im Labor und im *Reinraum* verkörperten.

Grund für die schlechte internationale Position deutscher Halbeiterproduzenten war allerdings nicht die Qualität des Forschungsstandortes Deutschland, die europaweit an der Spitze lag.[41] Vielmehr war es ein Versäumnis von Seiten der Industrie, die die Zukunftspotenziale neuer Technologien nicht erkannte. Hohe Kosten sowie der rasante Wettbewerb machten ein Aufholen im Bereich der Chipproduktion nahezu unmöglich. Zwar wurde die Bedeutung der Informationstechnik und Mikroelektronik Mitte der 1980er Jahre von Seiten des Forschungsministeriums erkannt und massive Forschungs- und Entwicklungsprogramme in enger Kooperation mit den wichtigsten europäischen Firmen wie Philips und Siemens initiiert.[42] Deutschlands Halbleiterindustrie war innerhalb Europas durchaus stark, obwohl es kaum über einen militärischen Markt verfügte.[43] Der Rückstand im Vergleich mit den USA und Japan war jedoch derart groß, dass sich an der schlechten Wettbewerbssituation auf dem umkämpfen Marktsegment der Speicherchips nur insofern etwas änderte, als allein Siemens mit massiver staatlicher Hilfe in den 1990er Jahren den Anschluss fand. Enorme Summen wurden im Rahmen des Mega-Projektes (1983-1986/88 320 Mio. DM) und später JESSI (Joint European Submicron Silicon Initiative 1989-1993 171 Mio. DM) im Rahmen des seit 1985 laufenden europäischen EUREKA-Programms zur Förderung der anwendungsorientierten Forschung ausgegeben.[44]

39 | Queisser, Hans: Kristallene Krisen. Mikroelektronik. Wege der Forschung, Kampf um Märkte. München, Zürich 1985. Vgl. Zur Gründungsgeschichte des Instituts für Festkörperphysik: Eckert/ Osietzki, Wissenschaft für Macht und Markt, S. 181-200.

40 | Queisser, Kristallene Krisen, S. 258.

41 | Reger, Guido; Beise, Marian; Belitz, Heike: Innovationsstandorte multinationaler Unternehmen. Internationalisierung technologischer Kompetenzen in der Pharmazeutik, Halbleiter- und Telekommunikationsindustrie. Heidelberg 1999, S. 106.

42 | Der Bundesminister für Forschung und Technologie. Informationstechnik. Bonn 1984, S. 8; Hack, Technologietransfer und Wissenstransformation, S. 72.

43 | Morris, History of the World. Semiconductor Industry, S. 128.

44 | Vgl. Hilpert, Hanns Günther u.a.: Wirtschafts- und Technologiepolitik und ihre Auswirkung auf den internationalen Wettbewerb. Das Beispiel der Halbleiterindustrie. Berlin 1994, S. 234-

Während die USA ihre Position Anfang der 1990er Jahre gegenüber Japan wieder ausbauen konnten, drohte Deutschland langfristig zurückzufallen: „Deutschland hatte 1996 bei einem Marktvolumen von etwa 7,8 Mrd. Dollar einen Anteil am gesamten Halbleiter-Weltmarkt von knapp 6 %."[45] Der internationale Boom im Bereich der Software und Informationstechnologien wie auch der Biotechnologie Mitte der 1990er Jahre führte schließlich zur Diagnose einer umfassenden deutschen Innovationskrise.[46] Das deutsche Innovationssystem geriet infolge der Wiedervereinigung in eine länger anhaltende strukturelle Krise, so der zeitgenössische Diskurs.[47] Wie Patentstatistiken und Beschäftigungszahlen jedenfalls zeigten, gingen Forschung und Entwicklung nach der Wiedervereinigung signifikant zurück:

„Gemessen am FuE-Anteil am Bruttoinlandsprodukt ist Deutschland von Rang 3 im Jahr 1991 auf Rang 9 in den Jahren 2004/2005 abgerutscht. Auch die investiven Komponenten in den FuE-Budgets forschender Unternehmen sanken in Deutschland von 11 % im Jahr 1989 auf 8 % im Jahr 2003. Der Umsatzanteil neuer Produkte sank von 31,0 % (1987) auf 27,5 % (2004)."[48]

Dieser in den 1990er Jahren sich abzeichnende Trend war aus Sicht von Innovationsforschern alarmierend, wenn man Innovationsfähigkeit mit Forschung und Entwicklung gleichsetzte und nicht in der Verbesserung bestehender Techniken, sondern in der Entwicklung völlig neuer, wissenschaftsbasierter Technologien sah.[49] Laut Bundesforschungsbericht waren über 50 Prozent der gesamten Wertschöpfung den forschungs- und wissensintensiven Bran-

---

235; Bruch, Rüdiger vom; Trischler, Helmuth: Forschung für den Markt. Geschichte der Fraunhofer-Gesellschaft. München 1999, S. 341-347; U.S. Congress, Office of Technology Assessment: Competing Economies. America, Europe, and the Pacific Rim, OTA-ITE-498 (Washington, DC: U.S. Government Printing Office, October 1991), S. 214-215; Ziegler, Nicholas J.: Technologiepolitik. Innovationsstrategien in Deutschland und Frankreich. Frankfurt 1999, S.220-236.

45 | Reger/Beise/Belitz, Innovationsstandorte multinationaler Unternehmen, S. 86ff.

46 | Caspar, Creating Silicon Valley in Europe, S. 76.

47 | Grupp, Hariolf u.a.: Knowledge Intensive and Resource Concerned Structures. Strength and Weaknesses of High-Technolgy in Germany. In: Krull/Meyer-Krahmer, Science, Technology, and Innovation in Germany, S. 53.

48 | Nusser, Michael: Wissenschaftliche Bedeutung und Wettbewerbsfähigkeit forschungs- und wissensintensiver Branchen. Innovationsreport. Handlungsoptionen zur Sicherung der internationalen Wettbewerbsfähigkeit, In: TAB-Brief Nr. 30 (2006), S. 66-67.

49 | Dieses Innovationsverständnis vertritt auch Ulrich Wengenroth in seiner eingangs zitierten Auseinandersetzung mit Joachim Radkau, die sicherlich als ein Beleg für den zeitgenössischen Diskurs um neue Technologien zu verstehen ist. Joachim Radkau oder auch David Edgerton kritisieren hingegen die Fixierung auf Hochtechnologien mit dem Verweis auf die Bedeutung und Wirk-

chen zuzurechnen und etwa 37 Prozent der Gesamtbeschäftigten in diesem Bereich tätig.[50] Gerade im Schlüsselsektor der Mikroelektronik gab es wenig Anzeichen für eine Besserung der Situation, da seit Ende der 1980er Jahre die Industrieforschung nachgelassen habe und der Aufholprozess in diesem traditionell schwachen Sektor der deutschen Volkswirtschaft nur noch geringe Erfolgsaussichten habe, so der Bundesforschungsbericht aus dem Jahr 1996: „Weder die Entwicklung der Patentanmeldungen noch die Veränderung der FuE-Aufwendungen geben gegenwärtig Anlass zur Hoffnung auf eine Trendumkehr bei mikroelektronikbestimmten Produktgruppen."[51]

Munich Valley

Die Isarmetropole versteht sich als eine der führenden Hightech-Regionen, nicht nur in nationaler, sondern auch in globaler Hinsicht.[52] Zur Charakteristik Münchens gehört ein sich überlappendes, dichtes Netzwerk an Hochtechnologie-Unternehmen, Forschungsinstitutionen, Arbeits-, Freizeit- und Bildungsmöglichkeiten, die den Standort aus wissenschaftlicher, aber auch unternehmerischer Sicht attraktiv machen.[53] Wie Martina Heßler gezeigt hat, setzte die Entwicklung Münchens von einer Haupt-, Residenz- und Kulturstadt hin zu einem Hightech-Zentrum „vergleichsweise spät ein".[54] In der Nachkriegszeit wurden das Max-Planck-Institut für Biochemie sowie das Max-Planck-Institut für Physik um die beiden Nobelpreisträger Adolf Butenandt und Werner Heisenberg aufgebaut.[55] Stephan Deutinger macht ferner das Vorhandensein zweier Universitäten für die außergewöhnliche Attraktivität der Region München und die Ansiedlung außeruniversitärer Forschungsinstitute verantwortlich.[56] Die Landespolitik hat die Einrichtung hochkarätiger For-

mächtigkeit älterer neuer Technologien und Produktionsweisen. Vgl. Radkau, Technikgeschichte; Edgerton, The Shock of the Old.

50 | Nusser, Wissenschaftliche Bedeutung und Wettbewerbsfähigkeit, S. 65.

51 | Bundesbericht Forschung 1996, Drucksache 13/4554, 8.5.1996.

52 | Sternberg/Tamásy, Munich as Germany's No.1 High Technology Region; Landeshauptstadt München, Referat für Wirtschaft und Arbeit, http://www.wirtschaft-muenchen.de/publikationen/pdfs/Stadt_des_Wissens_2005.pdf [Zuletzt 28.8.2014]; Castells/Hall, Technopoles of the World, S. 173; Heßler, Kreative Stadt, S. 67.

53 | Vgl. Sternberg/Tamásy, Munich as Germany's No. 1 High Technology Region, S. 370.

54 | Heßler, Kreative Stadt, S. 63.

55 | Vgl. Deutinger, Vom Agrarland zum High Tech Staat, S. 46ff.

56 | Ebd., S. 229.

schungsinstitute unterstützt und versucht, führende Wissenschaftler an den Standort München zu binden.[57]

Dass der lokale Schwerpunkt der nanotechnologischen Forschung auf dem Gebiet der Halbleiterphysik liegt, erklärt sich durch die große regionale Bedeutung der Mikroelektronik.[58] Mitte der 1980er Jahre waren in München etwa 2500 Mikroelektronikunternehmen ansässig, darunter auch große internationale Firmen wie Siemens, Apple, Philips, IBM, Nixdorf oder DigitalEquipment. In dieser Zeit rückten Standortfragen vor dem Hintergrund eines wachsenden Wettbewerbes um die besten Köpfe und Firmen in den Fokus regionaler Förderpolitik.[59] Auch kleinere und mittlere Unternehmen sowie anwendungsorientierte Fraunhofer-Institute sollten nun verstärkt unterstützt werden. In einer Denkschrift zur Situation der Mikroelektronik in Bayern im Jahr 1983 hieß es:

> „Ohne eine moderne Mikroelektronik kann die Industrie des Freistaats Bayern künftig kaum mehr Produkte herstellen, die am Weltmarkt konkurrenzfähig sind. [...] Bayern, insbesondere der Großraum um München, wird häufig als das SILICON-VALLEY der Bundesrepublik, ja sogar Europas bezeichnet."[60]

Vorbild für den wissenschaftlich-technischen Strukturwandel Bayerns und der Region München waren die USA mit ihrem Silicon Valley Modell, das für eine enge regionale Verzahnung von Wissenschaft und Wirtschaft steht.[61] Die-

57 | Ebd., S. 231. Diese für München charakteristischen forschungspolitischen Muster bestätigen sich auch im Falle der Nanotechnologie.

58 | Anfang der 1970er Jahre wurde das Fraunhofer-Institut für Festkörpertechnologie (IFT) in München gegründet. Hierbei ging es um Fragen der Ionendotierung von Halbleitermaterialien, wie sie bei der gezielten Herstellung von Halbleiterstrukturen zunehmend Anwendung fanden. Vgl. Gall, Alexander: Deutsche Silicon Valleys? Mikroelektronische Forschung in der Fraunhofer-Gesellschaft und die Forschungspolitik der Bundesländer in den 1980er Jahren, Arbeitspapier, 1999 (Münchner Zentrum für Wissenschafts- und Technikgeschichte), S. 7; Bruch/Trischler, Forschung für den Markt.

59 | So wurde im Rahmen des Standortwettbewerbes um die besten Köpfe im sogenannten „Chipkrieg" der Hamburger Professor Jörg Kotthaus nach München abgeworben. Vgl. Deutinger, Vom Agrarland zum High-Tech-Staat, S. 36; Sternberg, Rolf: Technologiepolitik in High-Tech Regionen. Ein internationaler Vergleich. Münster 1998; Gall, Deutsche Silicon Valleys, S. 52.

60 | WBU: Ausschuß für Forschung und Entwicklung: Mikroelektronik in Bayern 1983. Notwendige Maßnahmen der Staatsregierung zur Sicherung der Zukunft der Mikroelektronik in Bayern. München 1983, S. 3.

61 | Deutingers Studie zum Forschungsstandort Bayern konnte zeigen, dass „örtliche Kopplung zwischen wissenschaftlichem Erkenntnisgewinn und – durch dessen Umsetzung in Technik – wirtschaftlichem Aufschwung bestehen" und insbesondere die Mikroelektronik in den 1980er Jahren dazu beitrugen, dass München sich zu einer Hightechstadt verwandelte. Vgl. Deutinger, Vom Ag-

ses neue Leitbild stellt die Bedeutung der Mikroelektronik für das Land Bayern und insbesondere Münchens heraus. Anstatt Hochtechnologieprodukte zu importieren gelte es, durch die Förderung neuer Technologien Arbeitsplätze zu schaffen und alte Technologien nicht weiter zu subventionieren, um im globalen Wettlauf nicht ins Hintertreffen zu geraten.[62]

Mit ihrer ausdifferenzierten Forschungslandschaft bietet die Hightech-Region München hervorragende Beschäftigungsmöglichkeiten, insbesondere für Physiker.[63] In München hat sich um Siemens ein Netzwerk zahlreicher auch kleinerer und mittlerer forschungsintensiver Unternehmen gebildet.[64] Die Geschichte des Hauses Siemens, dessen Hauptquartier 1948 von Berlin nach München verlegt wurde, ist eng mit dem Technologiepfad der Mikroelektronik verbunden.[65] In den 1970er Jahren wurde der Standort Neuperlach im Süden Münchens als Forschungsstadt ausgebaut.[66] Siemens beschäftige eine Großzahl der Physikabsolventen der beiden großen Münchner Universitäten. 1991 arbeiteten von den insgesamt etwa 7600 Physikern in München allein bei Siemens 3100. Damit war das Unternehmen für mehr als 40 Prozent der Physiker in München der wichtigste Arbeitgeber.[67] Rechnet man die Absolventen der TU, LMU, der Universität der Bundeswehr und der Fachhochschule München zusammen, dann verfügt München sicherlich über eine der größten universitären Forschungslandschaften Deutschlands im Bereich der Physik.

---

rarland zum High-Tech-Staat, S. 15; Gall, Alexander: Von „IBM" zur „Silicon Valley". Leitbilder der Forschungspolitik zur Mikroelektronik in den siebziger und achtziger Jahren. In: Ritter/Szöllösi-Janze/Trischler, Antworten auf die amerikanische Herausforderung, S. 135-155.

62 | WBU, Mikroelektronik in Bayern, S. 8.

63 | München hat den höchsten Anteil an Wissenschaftlern im Produktionsbetrieb. 1996 betrug dieser 10%. Vgl. Sternberg/ Tamásy, Munich as Germany's No. 1. High Technolgoy Region, S. 368.

64 | Der Beitrag Siemens zur Herausbildung lokaler innovativer Milieus hat, so Sternberg, bis Mitte der 1990er Jahre kaum Aufmerksamkeit in der Forschung gefunden. Vgl. Sternberg/ Tamásy, Munich as Germany's No. 1 High Technology Region, S. 370.

65 | Siemens hatte Standorte im Halbleiterbereich in München Balanstraße, Freiman, Neuperlach. 1999 wurde der Halbleiterbereich mit der Gründung Infineons ausgegliedert.

66 | Vgl. Heßler, Kreative Stadt, S. 249-320; Sternberg/Tamásy, Munich as Germany's No. 1 High Technology Region, S. 370.

67 | Peschel, Ingo: Physik-Handbuch. Bad Honnef 1991, S. 45.

Abbildung 5: Zahl der Physiker an Hochschul- und Forschungseinrichtungen in München. Eigene Berechnungen nach Peschel, Physikhandbuch.[68]

	LMU	TU	UniBW	MPI Astrophysik	MPI Plasmaphysik
1991	47/2072	37/1829	14	194	199
1998	46/1515	45/798	26	208	166

	MPI Quantenoptik	MPI Physik	Siemens	Siemens Nixdorf	GSF
1991	37	k.A.	3100	k.A.	80
1998	40	64	2517	1171	80

	Osram	Walter Meisner Inst.	DLR Oberpfaffenhofen	IFT	Insg
1991	110	14	64	20	7618
1998	140	9	21	-	6846

Dass die Absolventen der Münchner Hochschulen vorwiegend in diesem regionalen Mikroelektronikcluster Arbeit fanden, zeigt sich auch am beruflichen Lebenslauf zahlreicher Studenten z.B. des Lehrstuhls von Professor Kotthaus. Von den 118 angeführten Alumni haben nahezu die Hälfte eine Beschäftigung in München gefunden.[69] Die Berufsfelder erstrecken sich von der Unternehmensberatung über Forschung und Entwicklung, der Tätigkeit als Patentanwälte bis hin zur akademischen Karriere. Allein 19 ehemalige Studenten sind bei Infineon in München beschäftigt. Hinzu kommen drei Mitarbeiter bei Siemens und zwei bei Quimonda.[70] Auch Gerhard Abstreiter betont die Bedeutung des Standortes München für Absolventen, die am Walter-Schottky-Institut der TU München forschten:

---

68 | Die erste Zahl gibt die Zahl der Professoren der jeweiligen Universitäten an, die zweite Zahl die der Studenten. Diese Zahlen sind nur als Annäherung zu verstehen, da nicht alle Physiker in der Industrie z.B. bei BMW, Bölkow und Blohm oder auch an der Fachhochschule München genau erfasst wurden. Vgl. Peschel, Physik-Handbuch; Peschel, Ingo; Bradshaw, Alexander M.: Physik-Handbuch. Bad Honnef 1998.

69 | http://www.nano.physik.uni-muenchen.de/ [zuletzt: 29.1.2013]

70 | Mehrere Schlüsselfiguren des lokalen nanotechnologischen Münchner Netzes hatten bereits in München studiert (Kotthaus, Abstreiter, Heckl, Gaub) und konnten auf langjährige Kontakte und informelle Beziehungen aufbauen. 9 ehemalige Studenten von Prof. Kotthaus sind in Münchner Nanotechnologie Spin-off involviert. 30 ehemalige Studenten der Halbleiterphysik sind in der akademischen Forschung an Universitäten, Fachhochschulen und Forschungsinstitutionen weltweit tätig. Zwei Studenten haben Karriere in den Münchner Nanotechnologienetzwerken gemacht. Vgl. http://www.nano.physik.uni-muenchen.de/ [zuletzt: 29.1.2013]

ABSTREITER: „Und ich würde mal sagen, dass an meinem Lehrstuhl alleine in über zwanzig Jahren etwa 80 oder 90 Doktoranden waren, von denen nun mindestens 35 oder 40 in der Industrie bei Siemens, Infineon oder Osram beschäftigt sind.“[71]

Diese enge Wechselbeziehung zwischen den Münchner Universitäten und der Industrie bestätigen im Interview Lehrstuhlinhaber der LMU und TU München ebenso wie Mitarbeiter von Siemens/Infineon. Absolventen der Lehrstühle der Professoren Koch, Abstreiter und Kotthaus sind ins Top-Management von Siemens aufgestiegen und etwa 60 Prozent der deutschen Entwickler von Infineon in München tätig.[72] Zweifelsohne gibt es in München einen histoischen gewachsenen, regionalen Schwerpunkt und eine enge Verzahnung im Bereich der Halbleiterforschung und Entwicklung. Vor dem Hintergrund eines wachsenden Globalisierungsdruckes und des Abbaus der Industrieforschung in den 1990er Jahren waren allerdings neue forschungspolitische Strategien gefragt.

2. Die prekäre Situation der Grundlagenforschung in den 1990er Jahren

Zum Wandel der Industrieforschung

In den 1990er Jahren kam es zu einer Umstrukturierung und Neuausrichtung der Forschungskapazitäten der großen, global agierenden Halbleiterproduzenten.[73] Aufgrund der gewachsenen engen Verbindungen der Münchner Universitäten, insbesondere mit Siemens, wirkte sich der Stellenabbau in der Industrieforschung auf die Arbeitsmarktsituation von Physikern aus.[74] Hierbei zeigt sich ein deutliches Dilemma der staatlichen Innovationspolitik, da die Firmen ihren Wissensfluss und ihre Ressourcen nicht mehr entlang nationalstaatlicher Grenzen organisieren.[75] Halbleiterproduzenten standen unter einem immer höheren Kostendruck und mussten sich an kurzfristigen Innovationszyklen orientieren.[76] Längerfristige Ziele, wie sie im Bereich der Grundlagen-

71 | Interview Abstreiter, 22.11.2007.

72 | Interview Infineon, 19.11.2008.

73 | Angel, Restructuring for Innovation, S. 7.

74 | Vgl. Hounshell, David: The Evolution of Industrial Research. In: Rosenbloom, R.; Spencer, W. (Hg.): Engines of Innovation: U.S. Industrial Research at the End of an Era. Boston, MA 1996, S. 13-85.

75 | Gerybadze, Alexander; Meyer-Krahmer, Frieder; Reger, Guido: Globales Management von Forschung und Innovation. Stuttgart 1997, S. 204.

76 | Angel, Restructuring for Innovation, S. 11.

forschung anvisiert werden, gingen verloren und Stellen für Forschung und Entwicklung wurden reduziert.[77] Grund hierfür waren die enormen Kosten, die für die Entwicklung der nächsten Chipgeneration verschlungen wurden. Deshalb kam es zur Bildung von firmenübergreifenden Forschungsallianzen und Konsortien, um mithilfe staatlicher Unterstützung die hohen Kosten und das Risiko zur Entwicklung der nächsten Chipgeneration zu tragen.[78]

Diese strategische Neuausrichtung der Industrieforschung auf kurze Innovationszyklen und Produkte und die damit einhergehende Streichung grundlagenwissenschaftlich orientierter Projekte bestätigten mehrere Interviewpartner, die bei Siemens und später Infineon im Bereich Forschung und Entwicklung tätig waren.[79] Dieser Rückgang der Grundlagenforschung basiert auf einem längerfristigen Trend in der Halbleiterindustrie, die Forschung und Entwicklung an prozesstechnologischen Fragen auszurichten.[80] Während die Erfindung des Transistors noch als ein Triumph der Grundlagenforschung angesehen werden kann, standen seit den 1960er Jahren eher prozesstechnologische Fragen im Vordergrund.[81] Grundlagenorientierte Forscher wanderten deshalb in Teilgebiete der Halbleiterphysik ab, die nicht unmittelbar für die Industrie relevant waren, wie z.B. organische Halbleiter oder III-V *Halbleiterheterostrukturen*.[82] Die Nobelpreisträger Klaus von Klitzing und Gerd Binnig kritisierten diese mangelnde längerfristige Orientierung und den Abbau der grundlagenwissenschaftlichen Forschung von Seiten der Industrie:[83]

„Ich kenne kein industrielles Forschungslabor in Deutschland, in dem wirklich Grundlagenforschung betrieben wird. Die einzige Ausnahme sind wir hier mit 4 IBMlern, drei Gästen und vier Studenten. Ich glaube, das kann man vernachlässigen. Man kann es verallgemeinern. Die Universitäten bekommen von europäischen Industrielabors keine Konkurrenz gemacht, in hohem Maße jedoch von der amerikanischen Industrie. Die IBM-Labore und AT&T sind gute Beispiele dafür. Hier sehe ich eher einen Notstand in der europäischen Industrie als in der Universität."[84]

77 | Gerybadze, Meyer-Krahmer, Globales Management von Forschung und Innovation, S. 7.

78 | Reger/Beise/Belitz, Innovationsstandorte multinationaler Unternehmen, S. 97; Angel, Restructuring for Innovation, S. 4.

79 | Interview Infineon, 19.11.2008.

80 | Schaller, Technological Innovation in the Semiconductor Industry, S. 384.

81 | Braun/MacDonald, Revolution in Miniature, S. 101; Morris, History of the World Semiconductor Industry, S. 85.

82 | Braun/MacDonald, Revolution in Miniature, S. 138.

83 | Hack, Technologietransfer und Wissenstransformation, S. 102.

84 | Interview Gerd Binnig. In: Süddeutsche Zeitung, 18.4.1989, „Man sollte Forschung und Lehre trennen", zit.n. Lothar Hack, Technologietransfer und Wissenstransformationen, S. 102.

Gerd Binnig, der selbst bei IBM in der Grundlagenforschung tätig war, sah Ende der 1980er Jahre zumindest in den USA eine noch stärker an Grundlagenfragen orientierte Forschungskultur. Diese Situation hat sich jedoch durch forcierte Globalisierungsprozesse in den 1990er Jahren gewandelt. Grundlagenphysikalische Ansätze, wie sie z.B. Gerhard Dorda bei Siemens Anfang der 1970er Jahre verfolgte und die schließlich auch zum Nobelpreis von Klaus von Klitzing führten, waren nach Aussagen der befragten Akteure in den 1990er Jahren nicht mehr möglich. Der Industrieforscher Gerhard Dorda bezeichnet seine grundlagenwissenschaftliche Arbeit bei Siemens als „U-Boot"-Projekte, die neben den eigentlich prozesstechnologischen Aufgaben im Verborgenen stattfanden und erst wie im Erfolgsfall des Nobelpreises von von Klitzing an die Öffentlichkeit traten.[85]

So lässt sich festhalten, dass der globale Wettbewerb und Kostendruck zur Schließung der zentralen Forschungsabteilungen bei Siemens wie auch bei Bell Labs führte und erhebliche Auswirkungen auf die Karrierechancen von Forschern, Forschungsstandorte und Kooperationen zwischen Wissenschaft und Industrie hatte. Mit dem Abbau der grundlagenwissenschaftlich orientierten Industrieforschung ist an sich die Bedeutung der universitären Forschung als möglicher strategischer Partner für die Industrie gestiegen.[86] Dem stehen jedoch die kurzfristigen Zeithorizonte der Industrie wie auch patentrechtliche Hürden entgegen, so dass im Zuge der Globalisierung die Schere zwischen der Industrieforschung und der physikalischen Grundlagenforschung an Universitäten größer geworden ist. Ferner sahen sich die Universitäten in den 1990er Jahren ebenfalls mit strukturellen Problemen konfrontiert, die sich in den zahlreichen Krisen und Reformstaus der 1990er Jahre manifestierten und neue forschungspolitische Strategien notwendig machten.

Eine Krise der Universitäten?

Anfang der 1990er Jahre diagnostizierte die Wissenschaftssoziologin Renate Mayntz einen zunehmenden Rechtfertigungsdruck für die außeruniversitäre Grundlagenforschung. Diese stehe aufgrund der eher losen Kopplung zwischen der Erkenntnisproduktion im Labor und ihrer Umsetzung in Innovationsprozessen vor dem Problem, die Nützlichkeit ihrer Forschung nicht immer nachweisen zu können: „Die fehlende Marktnachfrage ist natürlich vor allem für die Grundlagenforschung ein existenzielles Problem."[87] Die Auto-

85 | Vgl. Kapitel III. „Die Entstehung nanotechnologischer Forschungskontexte in München"; Interview Dorda, 17.6.08.

86 | Weingart, The End of Academia?, S. 36.

87 | Mayntz, Renate: Förderung und Unabhängigkeit der Grundlagenforschung im internationalen Vergleich. In: Forscher und Forschungspolitik: Der Beitrag der Forscher zur forschungspoliti-

nomie der universitären Forschung sah sie dagegen nicht in Frage gestellt. Das Münchner Fallbeispiel lässt allerdings den Rückschluss zu, dass sich externe Nutzenanforderungen und die Ökonomisierung des Wissens im Verlauf der 1990er Jahre verstärkt auch auf die universitäre Forschung auswirkten. Offensichtlich reichte im Zuge einer wachsenden Anwendungsorientierung und ökonomischen Orientierung der Wissenschaften der Verweis auf den akademischen Bildungsauftrag und die Autonomie der universitären Forschung nicht mehr aus. Die amerikanische Wissenschafts- und Technikhistorikerin Ann Johnson nimmt einen kulturellen Wandel wahr, der das Wissenschaftssystem unter die Prämisse der Nutzenorientierung stellt: „Science may be important to scientists for exposing fundamental knowledge about the world, but it is important to politicians and the public for generating products and jobs."[88] Wenn nun auch an den Universitäten die Nutzenorientierung zugenommen hat, obwohl diese ihre Grundlagenforschung leichter rechtfertigen könnte als außeruniversitäre Institutionen, dann muss ein enormer gesellschaftlicher Legitimationsdruck angenommen werden. Diesen Trend erklären Wissenschaftsforscher mit einem Wandel des sozialen Vertrages zwischen Wissenschaft und Gesellschaft, der auf die 1980er Jahre zurückgeht und auch die Universitäten unter einen stärkeren gesellschaftlichen Legitimationszwang stellte.[89]

An deutschen Universitäten machte sich in den 1990er Jahren eine tiefgreifende Krise bemerkbar, die auf einen Mangel an finanziellen und personellen Ressourcen zurückzuführen ist.[90] Die Grundausstattung der Universitäten sank zugunsten einer Erhöhung der Drittmittel und bevorzugten Förderung technischer Innovationen, so der Soziologe Richard Münch in seiner grundlegenden Kritik der deutschen Wissenschafts- und Hochschulpolitik.[91] Auch der Wissenschaftsphilosoph Jürgen Mittelstraß hatte bereits Mitte der 1990er Jahre eine Modernisierungskrise des deutschen Universitätssystems diagnostiziert: „The university slips ever deeper into an institutional moderniza-

---

schen Diskussion, Symposion der Max-Planck-Gesellschaft Schloß Ringberg/Tegernsee, Leviathan Sonderheft 20 (2001). (Max-Planck-Gesellschaft, Berichte und Mitteilungen), S. 109.

88 | Johnson, The End of Pure Science, S. 225.

89 | Martin, Ben R.; Etzkowitz, Henry: The Origin and Evolution of the University Species. In: SPRU Science and Technology Policy Research, Paper Nr. 59 (2000), S. 6-7; Johnson, The End of Pure Science; Guston, David H.: Between Science and Politics. Assuring the Productivity and Integrity of Research. Cambridge 2000.

90 | Vgl. Stölting, Erhard; Schimank, Uwe: Krise der Universitäten, Leviathan Sonderheft 20 (2001); Schimank, Uwe: Universities and Extra-university Research Institutes. Tensions Within Stable Institutional Structures. In: Krull/Meyer-Krahmer, Science and Technology in Germany, S. 116.

91 | Münch, Richard: Die akademische Elite. Zur sozialen Konstruktion wissenschaftlicher Exzellenz. Frankfurt 2007, S. 25.

tion crisis."[92] Vor diesem Hintergrund bot die Orientierung an einer neuen Zukunftstechnologie Wissenschaftlern an Universitäten die Chance, neue Ressourcen zu erschließen und ihre Forschungsbedingungen durch externe Gelder, wie sie der Bund zur Förderung der Nanotechnologie zur Verfügung stellte, zu verbessern.

Eine Krise der Physik?

Die neuen gesellschaftlichen Anforderungen und der damit einhergehende kulturelle Wandel der Wissenschaften zeigen sich besonders am Beispiel der Physik. Diese war in erheblichem Maße durch den Kalten Krieg geprägt und verstand sich nach wie vor als Leitwissenschaft.[93] Auch Physiker aus Deutschland genossen in den 1990er Jahren international einen guten Ruf, der durch die weltweit drittbeste Position in der Publikationsstatistik und die zweitbeste Position in der Zitationsstatistik unterstrichen wird.[94] Ein genauerer Blick auf die Lage der Physik in den 1990er Jahren und die damit einhergehenden Diagnosen eines Endes oder zumindest einer „ungewissen Zukunft der Physik"[95] zeigt jedoch eine gewisse Orientierungskrise an.[96] Gründe hierfür waren die größere Innovations- und Nutzenorientierung der Förderpolitik sowie

92 | Mittelstraß, Coping with Crisis, S. 105.

93 | Deutsche Physikalische Gesellschaft (Hg.): Physik. Themen, Bedeutung und Perspektiven der Forschung. Ein Bericht an Gesellschaft, Politik und Wirtschaft. Bad Honnef (3. Aufl.) 2001, S. 219; Forstner, Christian; Hoffmann, Dieter (Hg.): Physik im Kalten Krieg. Beiträge zur Physikgeschichte während des Ost-West-Konflikts. Berlin 2013; Trischler, Helmuth: Physics and Politics. Research and Research Support in Twentieth Century Germany in International Perspective. Stuttgart 2010 (= Beiträge zur Geschichte der Deutschen Forschungsgemeinschaft, Bd. 5); Kragh, Helge: Quantum Generations. A History of Physics in the Twentieth Century. Princeton, NJ 1999; Forman, Paul: Behind Quantum Electronics. National Security as Basis for Physical Research in the United States, 1940-1960. In: Historical Studies in the Physical and Biological Sciences 18 (1987), S. 149-229.

94 | Weingart, Peter; Winterhager, Matthias: Strength and Weaknesses of German Science in the Light of Publications and Citations. In: Krull/Meyer-Krahmer, Science and Technology in Germany, S. 202. Publikationsstatistiken geben erste Hinweise über die zeitgenössische Wahrnehmung der jeweiligen Forschungsfelder. Sie sind allerdings als Beurteilungskriterium wissenschaftlicher Leistung, das in der Wissenschaftsforschung Verwendung findet, durchaus problematisch, da sie den unterschiedlichen Forschungskulturen und Kontexten nicht gerecht werden und insbesondere zu forschungspolitischen Zwecken genutzt und erstellt werden. Vgl. Münch, Akademischer Kapitalismus, S. 73-160.

95 | Vgl. Urban, Martin: „Die ungewisse Zukunft der Physik". In: Süddeutsche Zeitung, Nr. 154, 7.7. 1994, S. 33.

96 | Kragh, Quantum Generations, S. 408.

das Aufkommen der Lebenswissenschaften als neuer Leitwissenschaft. Ferner zeichnete sich das Ende des forschungspolitischen Leitbildes der „Big Science" deutlich ab. In diesem Zusammenhang eröffnet die Small bzw. Little Science der Nanotechnologie mit ihren weniger aufwändigen Experimentalanordnungen neue Perspektiven, nicht nur für die eher schlecht ausgestatteten Universitäten, sondern auch für die ehemals großzügig geförderten Kernforschungszentren, die sich nach dem Ende des Kalten Krieges ebenfalls neu orientieren mussten.[97]

Dieser Wandel der physikalischen Forschungskulturen lässt sich besonders gut am Beispiel der Kernforschungszentren festmachen, deren Geschichte von den langen Linien und Zäsuren der bundesdeutschen Forschungspolitik geprägt ist. Der Begriff der Big Science wurde im Kontext der Kernforschungszentren geprägt und hat hier seine historischen Wurzeln.[98] Diese gerieten bereits in den langen 1970er Jahren in eine gesellschaftliche Rechtfertigungskrise und suchten nach neuen Strategien.[99] Die Orientierungskrise der Großforschungseinrichtungen führte zu neuen Schwerpunktsetzungen etwa der Gesellschaft für Strahlenschutzforschung [GSF] in München oder auch der Kernforschungszentren Karlsruhe und Jülich. Das Abrücken von der ehemals zentralen Kerntechnik und eine Diversifizierung der Aufgabenfelder nicht zuletzt hin zu einer größeren Innovationsorientierung lässt sich auch an der geänderten Namensgebung – von „Kernforschungszentrum Karlsruhe" zu „Forschungszentrum Karlsruhe" oder von „Gesellschaft für Strahlenschutzforschung" zu „Forschungszentrum für Umwelt und Gesundheit" – erkennen. Am Kernforschungszentrum Karlsruhe sank zwischen 1992 und 1996 der Anteil der Kernspaltung am Budget von 70 auf 15 Prozent, während andere Bereiche wie Mikrosystemtechnik, *Supraleitung*, Technologietransfer und Umweltforschung hinzukamen.[100] Das Projekt des Schnellen Brüters wurde im November 1989 eingestellt und im Zuge der Wiedervereinigung die Etats gekürzt, so dass die erste Hälfte der 1990er Jahre von Budgetkürzungen und

97 | Vgl. Baracca, Angelo: Big Science versus „Little Science" in Post-War Physics. In: De Maria/Grilli/Sebastiani, Proceedings, S. 150-161; Panofsky, Wolfgang K.H.: Big and Small Science – How Different? In: De Maria/Grilli/Sebastiani, Proceedings, S. 319-338.

98 | Szöllösi-Janze, Margit; Trischler, Helmuth (Hg.): Großforschung in Deutschland. Frankfurt 1990.

99 | Vgl. zur Geschichte der Kernforschungszentren: Rusinek, Bernd A.: Das Forschungszentrum. Eine Geschichte der KFA Jülich von ihrer Gründung bis 1980. Frankfurt 1996, S. 759 ff.; Reuter-Boysen, Christiane: Von der Strahlen- zur Umweltforschung. Geschichte der GSF 1957-1972. Frankfurt, New York 1992; Oetzel, Günther: Forschungspolitik in der Bundesrepublik Deutschland. Entstehung und Entwicklung einer Institution der Großforschung am Modell des Kernforschungszentrums Karlsruhe (KfK) 1956-1963. Frankfurt 1996.

100 | Forschungszentrum Karlsruhe: Leistungsprofil. Karlsruhe 1996, S. 8.

Stellenstreichungen geprägt war.[101] Diese machten eine Neuorientierung auf projekt- und innovationsorientierte Arbeiten notwendig. In Karlsruhe setzte man auf die Mikrosystemtechnik[102] und schließlich auf die Nanotechnologie: „Keimzelle des Programms Nanotechnologie am Forschungszentrum Karlsruhe war das Institut für Nanotechnologie, gegründet am 11.6.1998."[103]

Ausdruck findet diese sich Mitte der 1990er Jahre abzeichnende Krise der Physik auch auf dem Arbeitsmarkt. Die Deutsche Physikalische Gesellschaft machte hierfür ein ganzes Bündel verschiedener wirtschaftlicher, gesellschaftlicher und politischer Gründe verantwortlich, die sich auf die Berufschancen von Physikern auswirkten:

„Die aufgrund des begrenzten Wirtschaftswachstums und der politischen Tendenzen (Ende des Wettrüstens, Abkehr von der Kernenergie, zunehmende Technologiefeindlichkeit) seit Jahren gesättigte Arbeitsmarktsituation für Physiker und die unvermindert stark zunehmenden Absolventenzahlen haben die Berufschancen für Physiker auf ein ähnlich niedriges Niveau abfallen lassen wie bei zahlreichen anderen Akademikergruppen, deren Berufsproblematik schon seit längerer Zeit bekannt ist."[104]

Insgesamt wurde die Zahl der Physiker in Deutschland im Jahr 1998 auf 75 000 geschätzt. Etwa die Hälfte arbeitete in der Industrie und ein Drittel in der öffentlichen Forschung, davon etwa 50 Prozent an den Universitäten.[105] In den 1990er Jahren ist die Zahl der arbeitslosen Physiker von 1.300 im Jahr 1990 auf 3.310 im Jahr 1996 angestiegen.[106] Grund hierfür ist der bereits angesprochene Abbau der physikalischen Grundlagenforschung durch die Industrie:

„Als Stätte physikalischer Grundlagenforschung hat die Bedeutung der Industrie in den letzten 20 Jahren abgenommen. Der Siemens Konzern beispielsweise – einer der großen Arbeitgeber für Physiker in Deutschland – hat seine Forschungsaktivitäten noch stärker

101 | Sperling, Peter: Geschichten aus der Geschichte. 50 Jahre Forschungszentrum Karlsruhe. Bereit für die Zukunft, HG: Forschungszentrum Karlsruhe. Karlsruhe 2006, S. 64.

102 | LIGA: Von der Trenndüse zu Zahnrädern für Luxusuhren. In: Bacher, Andreas; Saile, Volker: IMT: NACHRICHTEN – Forschungszentrum Karlsruhe 38 (2006) H. 1/2, S. 84.

103 | Fabricius, Norbert: Status und Perspektiven im Programm Nanotechnologie. In: Nachrichten Forschungszentrum Karlsruhe Jg. 37, (2005) H. 2, S. 8.

104 | Deutsche Physikalische Gesellschaft: Jahresbericht 1994: Berufsfragen und wissenschaftlicher Nachwuchs. In: Physikalische Blätter 51 (1995), H. 7/8, S. 710.

105 | Peschel/Bradshaw, Physik-Handbuch, S. 47; Deutsche Physikalische Gesellschaft, Physik, S. 216-217.

106 | Peschel/Bradshaw, Physik-Handbuch, S. 57.

als in der Vergangenheit an den mittel- und langfristigen Geschäftszielen des Hauses orientiert."[107]

Dieser Wandel der Physik in den 1990er Jahren wirkte sich auch auf den Standort München aus und machte neue forschungspolitische Strategien für Physiker notwendig.[108] Da die Industrie aufgrund ihrer Orientierung an unmittelbaren Gewinnen auf längerfristige Forschungsprogramme und Investitionen verzichtete, trat der Staat vermehrt als Förderer weiter in die Zukunft reichender Technologien und Forschungsprogramme auf.[109] Zweifelsohne benötigten die unter einer Beschäftigungs- und Orientierungskrise leidenden Physiker nach dem Ende des Kalten Krieges und dem Aufkommen der Lebenswissenschaften neue Visionen und forschungspolitische Strategien, wie sie schließlich mit der Nanotechnologieinitiative formuliert wurden.

3. Die Identifizierung einer Zukunftstechnologie

Die Folgen der Wiedervereinigung und das Ende des Kalten Krieges sowie die zunehmend global agierenden Unternehmen stellten neue Herausforderungen an den Nationalstaat. Diesen neuen Anforderungen trug auch die Forschungspolitik Rechnung, indem sie von Anfang an konsequent versuchte, die in der Startphase einer neuen Technologie gegebenen Chancen zu nutzen. Die Zukunft wurde als Handlungsfeld längerfristig orientierter Forschungspolitik entdeckt.[110] Diese neue Form der Wissenschaftsförderung zeichnete sich bereits in den 1980er Jahren ab, als es darum ging, die wissenschaftliche Basis für zukünftige Innovationen zu stärken und damit ökonomisch verheißungsvolle Forschungszweige bevorzugt zu fördern. In ihrem Buch „Foresight in Science. Picking the Winners" haben Irvine und Martin die Förderung gesellschaftlich relevanter Forschungsrichtungen durch den Staat als strategische Wissenschaft beschrieben. Auch das Bundesforschungsministerium stützte sich bei seiner strategischen Neuorientierung in den 1990er Jahren auf Methoden der Zukunftsforschung. Delphi-Studien wurden in Auftrag gegeben und

107 | Deutsche Physikalische Gesellschaft, Physik, S. 223.

108 | Wie oben skizziert, waren Anfang der 1990er Jahre mehr als 7500 Physiker im Raum München beschäftigt.

109 | Hessenbruch, Nanotechnology and the Negotiation of Novelty, S. 142.

110 | Cuhls, Kerstin; Uhlhorn, Christian; Grupp, Hariolf: Foresight in Science and Technology. Future Challenges of the German S&T system. In: Krull/Meyer-Krahmer: Science, Technology, and Innovation in Germany, S. 65.

ein mehrstufiger „Foresight Prozess" durchgeführt.[111] Diese Wahrnehmung eines neuen Technologiefeldes war, so der SPD Politiker Wolf-Michael Catenhusen und damaliger Staatssekretär im BMBF[112], keine politische Erfindung, sondern ein Prozess, der in den 1990er Jahren durch professionelle Trendanalysten und Innovationsforscher gestaltet wurde, die die Nanotechnologie auf die forschungspolitische Agenda setzten:

„Das ist eigentlich ein Begriff aus der Futurologie, der aber dann in der zweiten Hälfte der 90er-Jahre sozusagen ernsthaft als strategisches Feld von Technologieentwicklung identifiziert worden ist und, sagen wir mal so, da gab's eine Explosion zwischen 1998 und 2003/2004, in der die halbe Welt Nanotechnologie als Schlüsseltechnologie identifiziert hat und Strategien entwickelt hat. Bis 2004 waren es schon 30 Länder in der Welt."[113]

Diese Identifizierung einer Schlüsseltechnologie war das Ergebnis von strategischen Prozessen und Entscheidungen, die in den Büros der Technologieberatungszentren vorbereitet und an die Politik herangetragen wurden. Gerd Bachmann vom VDI-Technologiezentrum und Hariolf Grupp vom Karlsruher ISI-Institut spielten hierbei eine wichtige Rolle. Das VDI-Technologiezentrum

111 | Diese Ansätze einer verwissenschaftlichten Herangehensweise an Fragen zukünftiger Technologien geht bis in die Anfangszeit des Kalten Krieges zurück, als insbesondere die amerikanische Rand Corporation die Regierung über das militärische Potenzial zukünftiger Technologien beriet. Vgl. Hounshell, David: The Cold War. RAND, and the Generation of Knowledge, 1946-1962. In: Historical Studies in the Physical and Biological Sciences 27 (1997), S. 237-267. Vgl. zur Geschichte der Futurologie Kreibeich, Rolf: Zukunftsforschung in der Bundesrepublik Deutschland. In: Kreibeich, Rolf; Canzler, Weert; Burmeister, Klaus: Zukunftsforschung und Politik in Deutschland, Frankreich und der Schweiz. Weinheim 1991, S. 60-98; Schmidt-Gernig, Alexander: The Cybernetic Society. Western Future Studies of the 1960s and the 1970s and their Predictions for the Year 2000. In: Cooper, Richard N.; Layard, Richard (Hg.): What the Future Holds. Insights from Social Science. Cambridge, MA 2002, S. 233-259.

112 | Wolf-Michael Catenhusen war von 1984 bis 1986 Vorsitzender der Enquête-Kommission Chancen und Risiken der Gentechnologie und von 1987 bis 1994 Vorsitzender des Ausschusses für Forschung und Technologie bzw. Forschung, Technologie und Technikfolgenabschätzung. Von 1980 bis 2002 war Catenhusen Mitglied des Deutschen Bundestages und u.a. von 1984 bis 1986 Vorsitzender des Bundestages. Er war langjähriger SPD-Bundestagsabgeordneter für den Wahlkreis Münster als Staatssekretär im BMBF und hat seit 1998 diesen politischen Prozess bis hin zur nationalen Nanotechnologiestrategie wesentlich mitgeprägt. Er konnte auf langjährige Erfahrung in der Auseinandersetzung mit der Gentechnik zurückblicken und stand in engem Kontakt mit dem neuen nanotechnologischen Kompetenzzentrum in Münster unter Harald Wolf.

113 | Interview Catenhusen, 11.12.2007.

hat im Auftrag des Bundesministeriums für Forschung und Technologie[114] mehrere Analysen und Beschreibungen des Zukunftsfeldes auf der Basis von Expertengesprächen unternommen, wie insgesamt die Bedeutung von Zukunftsprognosen in den 1990er Jahren gewachsen ist.[115] Bereits 1991 gab es Expertendiskussionen und 1992 ein erstes Förderkonzept.[116] Ausdrückliches Ziel war es, die Förderempfehlung des VDI-Technologiezentrums, das vor allem die Interessen der Berufsgruppe der Ingenieure vertrat, als Ministervorlage beim BMFT einzureichen: „Übereinstimmend wurde von den Experten die Meinung vertreten, dass eine sofortige verstärkte Fördermaßnahme notwendig ist, um im internationalen Wettbewerb konkurrenzfähig zu bestehen."[117] Die Technologie-Experten schlugen vor, im Laufe der nächsten zehn Jahre mindestens 300 Mio. Euro zu investieren. Das Interesse der Industrie sollte mit dieser 100 Prozent-Bundesförderung geweckt werden und diese sich dann in der Folge stärker beteiligen. Eine zweite VDI-Expertendiskussion fand 1993 statt. Hierbei ging es um die Zukunftspotenziale der Rastersondenverfahren, die als „besonders bedeutende Werkzeuge der Nanotechnologie" angesehen wurden.[118] Die befragten Wissenschaftler orientierten sich an einem technology push-Modell, während die Industrievertreter eher nach dem Bedarf am Markt fragten.[119] Die Anwendungsmöglichkeiten der Rastersonden-Techniken wurden folglich durchaus unterschiedlich beurteilt. Auffallend ist ferner, dass Anfang der 1990er Jahre Erik Drexlers Visionen[120] einer molekularen Nanotechnologie noch relevant waren und Visionen eine handlungsstrukturierende Funktion zugeschrieben wurde:

> „Um die weitreichenden Visionen der Nanotechnologie – von der Drexler'schen Nanomaschine für die Medizin bis zum Verfahren zur Herstellung mechanisch arbeitender Mikrocomputer – zu realisieren, ist es wichtig, dass die Visionen selbst handlungsleitend werden."[121]

---

114 | Seit 1994 Bundesministerium für Bildung, Wissenschaft, Forschung und Technologie (BMBF).

115 | Holtmannspötter, Dirk u.a.: Aktuelle Technologieprognosen im internationalen Vergleich. Übersichtsstudie. Düsseldorf 2006 (VDI-Technologiezentrum im Auftrag des BMBF), S. 205.

116 | Die Teilnehmer einer ersten VDI-Expertenbefragung kamen aus der Industrie (BASF, Jenoptik, Philips), der Wissenschaft (Universitäten Münster, Aachen, Tübingen) dem VDI und dem BMFT. Vgl. Bachmann, Innovationsschub aus dem Nanokosmos, S. 165.

117 | Bachmann, Nanotechnologie, S. 136.

118 | Ebd., S. 140.

119 | Ebd., S. 145.

120 | Drexler, Engines of Creation; Drexler/Peterson/Pergamit, Unbounding the Future; Drexler, Eric: Nanotechnology. From Feynman to Funding. In: Bulletin of Science, Technology & Society (2004) H. 1, S. 21-27. Vgl. Kapitel V. „Medialiserungsstrategien".

121 | Bachmann, Nanotechnologie, S. iv.

Mitte der 1990er Jahre begann dann die Kooperation des VDI mit dem BMFT, die beispielsweise 1996 zu einer Expertendiskussion zum Thema „Innovationsschub aus dem Nanokosmos" führte.[122] In dieser Expertenrunde sollten „wichtige Teilgebiete der Nanotechnologie mit zukünftiger industrieller Bedeutung" identifiziert werden.[123] Diese wurde als Basistechnologie der Zukunft angesehen und ihr eine maßgebliche Bedeutung für die Wettbewerbsfähigkeit Deutschlands zugeschrieben.

Auch der Innovationsforscher Hariolf Grupp hat früh zur Wahrnehmung der Nanotechnologie beigetragen. Er war Hauptautor der Berichte zur technologischen Leistungsfähigkeit Deutschlands und Vater der Delphi-Studien.[124] In einer Studie im Auftrag des Bundesministeriums für Forschung und Technologie umriss er 1993 zukünftige Erwartungshorizonte der Nanotechnologie als einer „Technologie fürs 21. Jahrhundert". Ziel der Studie war es, „Basiselemente für eine umfassende FuE-Strategie des BMFT zu erarbeiten."[125] Er kam zu dem Ergebnis, dass das im Entstehen begriffene Feld „für die Technikentwicklung der 1990er Jahre und der ersten Jahrzehnte des 21. Jahrhunderts eine Schlüsselfunktion" besäße.[126] Nanotechnologie ermögliche „Ingenieurswissenschaft auf molekularer Ebene". Er maß ihr eine große Bedeutung für den Werkstoffsektor und die Mikroelektronik zu und forderte eine verstärkte interdisziplinäre Zusammenarbeit von Elektronik, Informationstechnik, Werkstoffwissenschaften, Optik, Biochemie, Biotechnologie, Medizin und Mikromechanik. Die Nanotechnologie wurde dabei nicht als langfristige Evolution, sondern eher als revolutionäre Veränderung wahrgenommen, die innerhalb nur weniger Jahre bereits 2008 vollständig realisiert sein würde.[127]

Angesichts der für die Nanotechnologie charakteristischen frühen begleitwissenschaftlichen Aktivitäten und öffentlichen Dialoge fällt die anfängliche Nichtbeteiligung einer breiteren Öffentlichkeit an diesem Prozess der Identi-

122 | Bachmnn, Gerd: Innovationsschub aus dem Nanokosmos. VDI Technologiezentrum im Auftrag des BMBF. Düsseldorf 1998, S. 166.

123 | Ebd.

124 | Der in Karlsruhe lehrende Innovationsforscher war stellvertretender Leiter des Fraunhofer-Instituts für Systemanalyse und Innovationen und einer der maßgeblichen Experten, die mit ihren Innovationsstudien die Forschungspolitik des Bundes beeinflussen. Vgl. Grupp, Hariolf (Hg.): Technologie am Beginn des 21. Jahrhunderts. Heidelberg 1993; Grupp, Hariolf ; Dominguez-Lacasa, Iciar ; Friedrich-Nishio, Monika: Das deutsche Innovationssystem seit der Reichsgründung. Indikatoren einer nationalen Wissenschafts- und Technikgeschichte in unterschiedlichen Regierungs- und Gebietsstrukturen. Heidelberg 2002; Grupp, Hariolf: Der Delphi-Report. Innovationen für unsere Zukunft. Stuttgart 1995.

125 | Grupp, Technologie am Beginn des 21. Jahrhunderts, S. 3.

126 | Ebd., S. 65.

127 | Grupp, Delphi-Report, S. 159.

fizierung einer Zukunftstechnologie auf.[128] Die strategischen Entscheidungen und Expertendiskussionen fanden im geschlossenen Kreis der wissenschaftlichen, technischen und politischen Eliten statt.[129] Ziel war es, jene Forschungsfelder zu identifizieren, die in Aussicht stellten, zukünftige gesellschaftliche Problemstellungen zu lösen. Hierzu zählten die Nanotechnologie, Robotik, Biotechnologie, Neurophysiologie und Künstliche Intelligenzforschung sowie die Informations- und Kommunikationstechnologien, die die technikzentrierten Zukunftsvisionen der 1990er Jahre prägten.

Eine politisch motivierte Zukunftsvision aus den USA

Die Initialzündung zur staatlichen Förderung der Nanotechnologie kam schließlich aus den USA. Das Ende des Kalten Krieges sowie der enorme Wettbewerbsdruck auf das nationale Innovationssystem führten, wie oben ausgeführt, auch in den USA zu einem Wandel der Forschungspolitik.[130] Nun konnte nicht mehr die kommunistische Bedrohung als Legitimationsmuster für Grundlagenforschung dienen. Vielmehr rückte die Frage der globalen Wettbewerbsfähigkeit in den Blickpunkt der Forschungs- und Technologiepolitik.[131] Ein aktiveres Eingreifen des Staates wurde gefordert, um die Führungsposition der USA zu gewährleisten.[132] Während der Präsidentschaft Bill Clintons sanken die Verteidigungskosten, der Etat für FuE wurde erhöht und der Technologietransfer sollte erleichtert werden. Die Furcht, im Wettbewerb mit anderen Nationen zurückzufallen, war das Hauptmotiv, das zur forschungspolitischen Nanotechnologieinitiative der USA führte.

In einer Rede am 22. Juni 1999 vor dem amerikanischen Kongress verhieß der Chemie-Nobelpreisträger Richard Smalley ein neues goldenes Zeitalter der Nanotechnologie, in dem es zu radikalen Durchbrüchen, z.B. in der Krebsbekämpfung, kommen werde. Diese Art der Forschung, die nicht in großen Laboratorien, sondern durch einzelne Forschergruppen mit geringerem Aufwand durchgeführt werden könne, bezeichnete Smalley im Kontrast zu den

128 | Vgl. Kapitel V. „Medialisierungsstrategien". Schüßler, Peter: „Tools to Increase Mass Engagement for Nanotechnology". Instrumente der Öffentlichkeitsarbeit staatlicher Nanotechnologie-Initiativen. In: Kehrt/Schüßler/Weitze, Neue Technologien in der Gesellschaft, S. 335-348.

129 | Damit ist die Kommunikation von Politik und Wissenschaft mit der breiteren Öffentlichkeit als eine von oben initiierte proaktive Strategie zu verstehen, um die Innovationspotenziale dieser Zukunftstechnologie nicht wie im Falle der grünen Gentechnik durch eine allzu kritisch eingestellte öffentliche Meinung zu gefährden. Vgl. Kapitel V. „Medialisierungsstrategien".

130 | McCray, Will Small Be Beautiful?, S. 184; Johnson, The End of Pure Science, S. 217-218.

131 | McCray, Will Small Be Beautiful?, S. 185.

132 | Bis Mitte der 1980er Jahre gab es keine koordinierte und umfassende amerikanische Technologiepolitik auf dem Gebiet der Mikroelektronik. Howell, The Microelectronics Race, S. 42.

bisherigen Großforschungsprojekten als small science.[133] Bill Clinton hatte dann am California Institute of Technology [Caltech] am 21. Januar 2000 in seiner Rede zur nationalen Nanotechnologieinitiative der USA ein 500 Millionen-Dollar-Programm angekündigt, um längerfristige Innovationspotenziale zu fördern[134]:

„Just imagine, materials with 10 times the strength of steel and only a fraction of the weight; shrinking all the information at the Library of Congress into a device the size of a sugar cube; detecting cancerous tumors that are only a few cells in size. Some of these research goals will take 20 or more years to achieve. But that is why – precisely why, as Dr. Baltimore[135] said, there is such a critical role for the federal government."[136]

Die Formulierung einer neuen Zukunftsvision war auch aus deutscher Sicht ein großes forschungspolitisches Desiderat. Vor dem Hintergrund der als strukturelle Krise wahrgenommenen Veränderungen des deutschen Innovationssystems in den 1990er Jahren kann die Nanotechnologieinitiative als Versuch gedeutet werden, nicht erneut den Anschluss zu verpassen, sondern bei der Entwicklung zukunftsträchtiger Technologien von Anfang an mit dabei zu sein. Ein grundlegendes Muster deutscher Forschungs- und Technologiepolitik ist die Orientierung an den USA und die Antwort auf die „Amerikanische Herausforderung."[137] Dieses Motiv trifft auch im Falle der deutschen Nanotechnologieinitiative unter Leitung des Bundesministeriums für Bildung und Forschung zu. Maßstab und Vorbild hierfür waren, wie so oft im 20. Jahrhundert, die USA, die mit ihrer Nanoinitiative weltweite forschungspolitische Aktivitäten auslösten. Dies bestätigt auch der damalige Staatssekretär des Bundesministeriums für Forschung und Technologie, Wolf Michael Catenhusen,

133 | Vgl. McCray, Will Small Be Beautiful?, S. 187; House of Representatives Committee on Science: Nanotechnology. The State of Nanoscience and its Prospects for the next Decade. Washington, DC 1999, S. 1-2.

134 | Diese Initiative wird auch weiterhin verfolgt und massiv gefördert. Für das Jahr 2015 sehen die USA ein Budget von 1,5 Billiarden US-Dollar vor. Vgl. http://www.nano.gov/about-nni/what/funding (zuletzt: 15.9.2014); NNI Supplement to the President's 2015 Budget, http://www.nano.gov/node/1128 (zuletzt: 15.9.2014).

135 | David Baltimore war Professor an der Fakultät für Biologie von Caltech und hat 1975 den Nobelpreis in Physiologie und Medizin für die Entdeckung auf dem Gebiet der Wechselwirkungen zwischen Tumorviren und dem genetischen Material der Zelle erhalten.

136 | Clinton, William Jefferson: President Clinton's Address to Caltech on Science and Technology. White House, Office of the Press Secretary, Washington, DC. (2004) http://resolver.caltech.edu/CaltechCampusPubs:20140227-191407954 [zuletzt: 31.8.2014].

137 | Ritter/Szöllösi-Janze/Trischler, Antworten auf die amerikanische Herausforderung.

der maßgeblich an der Formulierung einer deutschen Nanotechnologiestrategie beteiligt war.

„Dann, als ich die Vorbereitung auf die NNI-Initiative von Clinton, die 2000 veröffentlicht wurde, mitkriegte und dann auch das Dokument auf dem Tisch lag, da habe ich dann gesagt im Hause: ‚Wir brauchen so etwas auch in Deutschland'. Denn wir müssen erstens diese Synergie und diese Vernetzung dieses Wissenschaftsfeldes auch im deutschen Forschungssystem nachvollziehen oder auch organisieren. Zweitens, wenn das so ein wichtiges Zukunftsfeld ist, dann brauche ich eigentlich auch eine abgestimmte Strategie aller Akteure in der Forschungspolitik und das ist die Projektförderung des BMBF, das sind die Fördermaßnahmen der DFG, das sind die Fördermaßnahmen etwa in ganz starkem Maße vom BMBF finanziert, der Fraunhofer-Gesellschaft, den Großforschungszentren und anderer Einrichtungen, das heißt brauchen wir nicht eine nationale Strategie?"[138]

In dieser Passage wird deutlich, dass sich das BMBF als Initiator der nationalen Nanotechnologiestrategie versteht.[139] Mit dem Regierungswechsel 1998 verband sich auch eine neue forschungspolitische Ausrichtung. Die 1990er Jahre wurden als eine Zeit des Reformstaus dargestellt und eine Modernisierung der Forschungspolitik gefordert: „In den 90er Jahren wurde zu wenig in die Zukunft Deutschlands investiert. Strukturreformen beim staatlich finanzierten Forschungs- und Entwicklungssystem wurden versäumt."[140] Allerdings stellt sich die Frage, ob die strukturell bedingten forschungspolitischen Maßnahmen an parteipolitischen Zäsuren festgemacht werden können. Gerade im Bereich der Forschungspolitik scheinen größere Kontinuitäten und wirtschaftliche Zusammenhänge zu dominieren. Ziel war es, das nationale Innovationssystem für den globalen Wettbewerb zu stärken.[141] SPD und CDU waren sich einig, dass der Staat neue Technologien fördern müsse, um Zukunftschancen zu wahren.

In einer Pressemitteilung zum ersten vom BMBF initiierten nationalen „NanoDe"-Kongress im Jahr 2002, auf dem über 600 Akteure aus Industrie, Politik und Forschung teilnahmen, kündigte schließlich die Ministerin für Bildung und Forschung, Edelgard Bulmahn, eine umfassende Nanotechnologiestrategie an. Rechnet man alle Fördermittel für das Jahr 2001 zusammen, so ergibt sich ein Gesamtvolumen von 217,3 Millionen Euro, die zu 70,4 Prozent von Seiten des Staates und lediglich zu knapp 30 Prozent von der Industrie bei-

138 | Interview Wolf-Michael Catenhusen, 11.12.2007 Berlin.

139 | Vgl. zur Rolle des BMBF Weingart, Peter; Taubert, Niels (Hg.): Das Wissensministerium. Ein halbes Jahrhundert Forschungs- und Bildungspolitik in Deutschland. Weilerswist 2006.

140 | BMBF: Bundesbericht Forschung 2000, S. 14.

141 | Caspar, Creating Silicon Valley in Europe, S. 76.

getragen wurden.[142] Damit stand Deutschland in der öffentlichen Förderung in Europa an der Spitze, allerdings hinter den USA (467 Mio. €) und Japan (500 Mio. €). Im Jahr 2010 lagen die Gesamtausgaben für die Nanotechnologie schätzungsweise bei 400 Millionen Euro, insgesamt gab allein das BMBF seit Förderbeginn angeblich 3,2 Milliarden Euro für die Nanotechnologie aus.[143] Allerdings sind diese Zahlen nur bedingt aussagekräftig, da sie z.T. aus bereits bestehenden Fördertöpfen herausgerechnet und der Nanotechnologie subsumiert wurden. So ergeben sich je nach Berechnung und Fokus ganz unterschiedliche Größenordnungen der staatlichen Zuwendungen.[144] Zudem sind diese Berechnungen forschungspolitisch motiviert, um ein größeres staatliches Engagement auf diesem Gebiet zu belegen.

Die große Bedeutung, die der Nanotechnologie zugesprochen wird, lässt sich auch an den Förderschwerpunkten des 7. EU Rahmenprogramms erkennen. In den Jahren 2007-2013 wurden für den Bereich „Nanowissenschaften, Nanotechnologie, Werkstoffe und neue Produktionstechnologien" 3,475 Milliarden Euro veranschlagt, für die Weltraumforschung dagegen „nur" 1.431 Milliarden Euro.[145] Dieses starke und frühe Engagement von Seiten der Politik vermag zu erklären, weshalb die Nanotechnologie als eigenständiges Techno-

142 | BMBF: Standortbestimmung Nanotechnologie in Deutschland. Bonn 2002, S. 18.

143 | Ich danke Gerd Bachmann vom VDI Technologiezentrum für Hinweise auf aktuelle Zahlen. Vgl. Drucksache 17/8885 Deutscher Bundestag – 17. Wahlperiode, 6.3.2012: Antwort der Bundesregierung auf die Kleine Anfrage der Abgeordneten Nicole Maisch, Krista Sager, Dorothea Steiner, weiterer Abgeordneter und der Fraktion BÜNDNIS 90/DIE GRÜNEN – Drucksache 17/8658 – Umgang der Bundesregierung mit den Ergebnissen und Empfehlungen der NanoKommission, S. 13-14; Wullweber, Hegemonie, Diskurs und politische Ökonomie, S. 194-195; BMBF: Aktionsplan Nanotechnologie 2015, Bonn 2011, S. 12.

144 | Auf nationaler Ebene lag laut Bundesforschungsbericht die Förderung der Nanotechnologie als eigenständiges Ressort „Nanotechnologie und Werkstofftechnologien" im Jahr 2010 bei etwa 250 Millionen Euro, während auf die Nanotechnologie lediglich 15 Mio. fielen. Vgl. Tab. 5 2/6 Ausgaben des Bundes für Wissenschaft, Forschung und Entwicklung für Projektförderung, Ressortforschung und institutionelle Förderung nach Förderbereichen und Förderschwerpunkten 1. In: BMBF: Bundesbericht Forschung und Innovation. Bonn 2012, S. 420.

145 | Der weitaus größte Anteil fällt mit über 9 Milliarden Euro auf die Informations- und Kommunikationstechnologien, während für die Geistes-, Sozial- und Wirtschaftswissenschaften mit 0,6 Milliarden Euro der geringste Anteil veranschlagt wurde. Vgl. BMBF: Bundesbericht Forschung und Innovation. Bonn 2012, S. 355: Gesamtbudget des 7. EU Rahmenprogramms 54 Mrd. Euro, davon für Schwerpunktbereiche 32,4 Mrd. Euro, Gesundheit 6,100 Mrd. Euro, Lebensmittel, Landwirtschaft, Fischerei und Biotechnologie 1,935 Mrd. Euro, Informations- und Kommunikationstechnologien 9,050 Mrd. Euro, Nanowissenschaften, Nanotechnologien, Werkstoffe und neue Produktionstechnologien 3,475 Mrd. Euro, Energie 2,350 Mrd. Euro, Umwelt (einschließlich Klimaänderung) 1,890 Mrd. Euro, Verkehr (einschließlich Luftfahrt) 4,160 Mrd. Euro, Sozial-,

logiefeld wahrgenommen wurde. Die Politik war in die Vorleistung gegangen und hatte die Nanotechnologie als Schlüsseltechnologie identifiziert. Dieser Prozess war begleitet von mehreren Überlegungen und Lernprozessen. Zum einen wollte man aus deutscher Sicht die negativen forschungspolitischen Erfahrungen mit der Mikroelektronik und auch der Biotechnologie nutzen, um diese Fehler in der Innovationsförderung nicht erneut bei der Nanotechnologie zu wiederholen. Dies bedeutete aus Sicht des Bundesministeriums für Bildung und Forschung, ein erst im Entstehen begriffenes Technologiefeld frühzeitig und umfassend auf mehreren Ebenen zu fördern, um nicht den Start in eine Schlüsseltechnologie durch mangelnde Initiative und falsche forschungspolitische Instrumente zu verpassen, wie dies der hierfür zuständige Staatssekretär im BMBF auf den Punkt brachte:

„Es ist eigentlich ein Technologiefeld, wo wir in Deutschland mit an der Spitze sind und zwar durchgehend. Das ist übrigens auch das, was ich spannend finde, ja, weil das eigentlich sich klassisch vom IT-Desaster und partiellen Desaster der Bio- und Gentechnik unterscheidet.“[146]

Das Zitat verdeutlicht, dass eine Führungsposition auf dem Gebiet neuer Technologien handlungsleitend war. Aus Sicht der Politik stellte sich damit die Nanotechnologie als eine Schlüsseltechnologie dar, die einen maßgeblichen Einfluss auf die zukünftige gesellschaftliche und vor allem wirtschaftliche Entwicklung Deutschlands haben würde. Um die neuen Chancen nicht zu verpassen, entwickelte das BMBF vor dem Hintergrund der forschungspolitischen Erfahrungen mit der Halbleiter- und der Biotechnik eine umfassende Nanostrategie, die alle beteiligten Akteure frühzeitig einbinden und fördern sollte. Ferner galt es aus den öffentlichen Debatten über neue Technologien zu lernen und so früh wie möglich die Öffentlichkeit miteinzubeziehen:

„Die [Wissenschaftler] wissen, dass das ein Feld ist, wo sie gut beraten sind so früh wie möglich umfassend mit der Gesellschaft zu kommunizieren. Was haben sich die Genforscher am Anfang einen abgebrochen, mit der Öffentlichkeit zu reden, das war ja grässlich, ja, ich habe das ja alles miterlebt.“[147]

Diese aktive Einbingung der Öffentlichkeit unterscheidet die Nanotechnologie von der Biotechnologie in Deutschland. Allerdings fand die Kommunikation mit der Öffentlichkeit erst statt, nachdem schon wesentliche strategische Ent-

---

Wirtschafts- und Geisteswissenschaften 0,623 Mrd. Euro, Weltraum 1,430 Mrd. Euro, Sicherheit 1,400 Mrd. Euro.

146 | Interview Catenhusen, 11.12.2007.

147 | Ebd.

scheidungen gefallen waren.[148] Von 2001 bis 2005 initiierte das BMBF mit dem „Forschungsdialog Futur" einen Foresight Prozess, bei dem besonders partizipative Aspekte betont wurden. Anders als bei den stark auf wissenschaftliche Expertise setzenden Delphi-Befragungen war es das Ziel bei „Futur", mit einem großen Akteurskreis aus allen Teilen der Gesellschaft Forschungsthemen zu erarbeiten, die in konkrete Forschungsfördermaßnahmen umgesetzt werden können.[149] Damit erscheint die Integration der Öffentlichkeit in die Debatte um die Nanotechnologie als eine proaktive politische Strategie, um Forschung und Innovation nicht zu gefährden.

Die Eckpunkte der forschungspolitischen Initiativen lassen sich an dem Strategiepapier „Strategische Neuausrichtung. Nanotechnologie in Deutschland" aus dem Jahr 2002 erkennen.[150] Bereits hier werden das visionäre Potenzial und zugleich die unbezweifelbare Realität der Nanotechnologie konstatiert und ihre Bedeutung mit einem Marktvolumen auf 350 Millionen Euro beziffert, ohne die genauen Hintergründe dieser Zahl zu erläutern. Da sich aus Sicht des Forschungsministeriums dieses Feld noch im Bereich der Grundlagenforschung befinde, hier Deutschland besonders gut aufgestellt sei und zudem die Markteinführung zahlreicher Produkte sich bereits ankündige, gelte es nun, die Initiative zu ergreifen: „Ziel des BMBF ist es, konkrete Anwendungsperspektiven von Grundlagenerkenntnissen zu erkennen."[151] Die Nanotechnologie eröffnete demnach die forschungspolitische Chance, dem Trend geringer Innovationsraten ebenso entgegenzuwirken wie dem allgemeinen geringen wirtschaftlichen Wachstum, hohen Arbeitslosenquoten und abnehmender Ausgaben für die Forschungspolitik:

„Die Nanotechnologie verspricht den nächsten großen Innovationsschub. Die Mehrzahl deutscher Firmen sieht in ihr einen entscheidenden Wettbewerbsfaktor mit einem Beschäftigungspotenzial von bis zu 38.000 neuen Arbeitsplätzen in den nächsten Jahren. In der Forschung zur Nanotechnologie belegt Deutschland Platz 2 hinter den USA. Das BMBF hat seine Fördermittel für diesen Bereich seit 1998 um 220 Prozent gesteigert."[152]

---

148 | Vgl. Kapitel V. „Medialisierungsstrategien". Dieser Diskurs wurde insbesondre in der FAZ in Auseinandersetzung mit den Thesen des Amerikaners Bill Joy geführt; Fleischer, Torsten; Decker, Michael; Fiedeler, Ulrich: Große Aufmerksamkeit für kleine Welten. Nanotechnologie und ihre Folgen. In: Technikfolgenabschätzung. Theorie und Praxis (2004), S. 5.

149 | Vgl. Schüler, Tools to Increase Mass Engagement for Nanotechnology.

150 | BMBF: Strategische Neuausrichtung. Nanotechnologie in Deutschland. Bonn 2002.

151 | Ebd, S. 5.

152 | BMBF, Bundesbericht-Forschung 2004, S. V.

In dieser Passage kommt das forschungspolitische Credo zum Ausdruck, dass „Spitzenforschung“ zu Innovationen im Bereich neuer Technologien führt und somit die Wettbewerbsfähigkeit des nationalen Innovationssystems stärkt. Dieser Nexus bildet auch den Ansatzpunkt für die von wissenschaftlicher Seite unternommenen forschungspolitischen Strategien und Aktivitäten, die im weiteren Verlauf dieser Arbeit anhand der beiden Nanonetzwerke CeNS und NIM untersucht werden.

Die Tendenz der Forschungs- und Technologiepolitik, nunmehr weniger konkrete Großprojekte zu fördern als vielmehr die Rahmenbedingungen von Innovationsprozessen zu verbessern, zeigt sich am Beispiel der Nanotechnologie.[153] Diese stellt eine politische Strategie dar, die deutsche Wirtschaft insgesamt in ihren Kernbereichen wettbewerbsfähig zu machen.

„Auch hierbei ist eine Konzentration auf die Stärken der deutschen Wirtschaft notwendig, damit eine möglichst große volkswirtschaftliche Hebelwirkung erzielt wird. Darüber darf die Querschnittsfunktion der Nanotechnologie für unterschiedliche Branchen wie z.B. Medizin, Elektronik oder Automobil nicht aus dem Blick geraten.“[154]

Dieser umfassende Ansatz wird damit begründet, dass die Nanotechnologie eine Querschnittstechnologie sei, die in vielen bestehenden Feldern neu zur Anwendung komme und auf diesem Weg zu Innovationen führe.[155] Gerechtfertigt ist diese Feststellung durch die Tatsache, dass Nanotechnologie insbesondere basale Eigenschaften der Materie erforscht und Materialien in allen Industriezweigen eine wichtige Rolle spielen. Inwiefern allerdings die grundlegende Erforschung von Materialeigenschaften ein eigenes Technologiefeld umfassen kann und über die eher unspektakuläre, traditionelle Werkstoffkunde hinausreicht, ist eine Frage, die dieses zur Schlüsseltechnologie aufgewertete Forschungsfeld erst noch beantworten muss.[156]

Im Jahr 2004 stellte Edelgart Bulmahn, Bundesministerin für Bildung und Forschung, schließlich die Initiative „Nanotechnologie erobert Märkte“ vor, die die vorhergehenden Förderaktivitäten in einer übergreifenden Strate-

---

153 | Vgl. Giesecke, Susanne; Reutter, Werner: Von der Forschungs- zur Innovationspolitik. Das Beispiel der Mikrosystemtechnik und aktuelle Herausforderungen an das deutsche Innovationssystem durch die Konvergenz der Spitzentechnologien. In: Weingart/Taubert: Das Wissensministerium, S. 118.

154 | BMBF, Strategische Neuausrichtung, S. 7.

155 | Vgl. BMBF: Nanotechnologie erobert Märkte. Deutsche Zukunftsinitiative für Nanotechnologie. Bonn 2004, S. 24.

156 | Vgl. zur Geschichte der Materialwissenschaften Bensaude-Vincent, The Construction of a Discipline.

gie bündelt.[157] Dieses neue Gesamtkonzept sollte verschiedene Teilfelder und Innovationsbereiche miteinander verbinden, Wissenschaft und Industrie, kleine und mittlere Unternehmen ebenso wie die allgemeine Öffentlichkeit einbinden. An dieser Stelle ist jedoch zu unterscheiden zwischen den industrienahen, inkrementellen Entwicklungen beispielsweise im Bereich der Automobiltechnik oder der chemischen Industrie und den radikalen Konzepten einer auf völlig neuartigen Materialien und Prinzipien beruhenden Chiptechnologie oder gar der Möglichkeit, die Natur ingenieursmäßig auf der Ebene elementarer Prozesse zu gestalten und zu verändern. Durch diese strategische Kombination beider Ebenen – der Faktizität schon vorhandener Produkte und die radikalen Visionen, die eher im Bereich der Grundlagenforschung angesiedelt sind – konnte sich die Grundlagenforschung als technologieorientiert ausweisen und der Staat die massiven Ausgaben in diese Zukunftstechnologie rechtfertigen.[158]

Angesichts der Integration zentraler Akteure der deutschen Wirtschaft und Wissenschaft in die Nanotechnologieinitiative stellt sich die Frage, was diese gemeinsam als Nanotechnologie charakterisiert. So führt das Bundesministerium für Forschung und Bildung in seinem Aktionsplan zur Nanoinitiative aus dem Jahr 2006 über 600 Unternehmen, 120 Großunternehmen, 480 kleine und mittlere Unternehmen und mehr als 50 000 Arbeitsplätze an, ohne diese Zahlen wirklich zu erläutern.[159] Hinzu kommen für den Bereich der Wissenschaften die Max-Planck-, Fraunhofer- und Helmholtz Gesellschaft sowie die DFG.[160] Pauschal werden nahezu alle für das deutsche Innovationssystem charakteristischen Branchen aufgeführt – von der Textilbranche, über die Feinmechanik, Optik, die Elektrotechnik, den Automobilbau, die Energie- und Umwelttechnik bis hin zur Medizin und den Life Sciences. In der Tat scheinen viele Felder zu weit voneinander entfernt und die Akteure zu unterschiedlich, als dass man diese unter einem gemeinsamen Nenner fassen könnte. Nanotechnologie stellt sich deshalb nicht als eine spezifische Technologie dar als vielmehr eine politische Strategie, bei der es insgesamt um die Stärkung des nationalen Innovationssystems geht.[161] In diesem Sinne ist Joscha Wullwebers These zuzustimmen, dass der Diskurs und die hierüber konstruierte Identität der Nanotechnologie auf machtpolitischen Motiven basieren.[162] Es wird im Folgenden jedoch im Rahmen der Münchner Fallstudie näher zu untersuchen sein, wie

157 | Vgl. BMBF, Nanotechnologie erobert Märkte.

158 | Vgl. Kap V. „Medialisierungsstrategien".

159 | BMBF: Nano-Initiative. Aktionsplan 2010. Bonn 2006, S. 13.

160 | Vgl. BMBF, Nano-Initiative. Aktionsplan 2010, S. 13-16; BMBF, Nanotechnologie erobert Märkte, S. 11; BMBF: Standortbestimmung. Nanotechnologie in Deutschland. Bonn 2002, S. 17.

161 | Schaper-Rinkel, Globale und verbindliche Standards, S. 54.

162 | Vgl. Wullweber, Hegemonie, Diskurs und Politische Ökonomie, S. 17.

sich im Einzelnen der Nanodiskurs gestaltete, wie er vor Ort angeeignet wurde und welche Motive und Strategien die beteiligten Akteure jeweils verfolgten.[163]

Standortfragen: Nanotechnologiepolitik zwischen Bonn und München

Die Wahrnehmung als Zukunftstechnologie war kein einseitiger Prozess, der allein von der Politik forciert wurde. Auch Wissenschaftler waren hierbei maßgeblich beteiligt. Erste Anzeichen eines sich formierenden nanotechnologischen Feldes gehen auf die frühen 1990er Jahre zurück.[164] Auch Münchner Wissenschaftler orientierten sich an der Nanotechnologie und gestalteten diesen Diskurs aus strategischen Gründen mit, um neue Ressourcen und Finanzierungsmöglichkeiten durch die Nanoinitiative des Bundes zu erhalten. Der Wissenschaftshistoriker Mitchel Ash hat auf die „vielfachen und sich ständig verändernden Vernetzungen dieser beiden Handlungsfelder bzw. sozialen Teilsysteme" hingewiesen und betont, dass Wissenschaftler in politischen Kontexten aktiv handeln.[165] In diesem reziproken Prozess speisen Wissenschaftler in der Frühphase der Erkennung und Förderung von Zukunftstechnologien ihr Knowhow und Expertise ein. Gleichzeitig nehmen sie am politischen Wettstreit um finanzielle Ressourcen und Handlungschancen teil. Auf diese Weise wirkt dieser politische Prozess unmittelbar auf die universitäre Forschung, Karrierechancen, finanzielle Ausstattungen und Forschungsprogramme zurück. Nachwuchswissenschaftler werden durch die Nanoinitiative gefördert und übernehmen die Technik- und Innovationsorientierung in ihrer Antragsrhetorik. Auch organisatorische Neuausrichtungen und Vernetzungen der Forscher außerhalb ihrer eigentlichen wissenschaftlichen Arbeit sowie ihr Engagement in der Öffentlichkeit stehen für eine intensivierte Beziehung von Wissenschaft, Gesellschaft und Politik.

Die Motive der an Universitäten arbeitenden experimentellen Physiker, die hier im Fokus stehen, sind jedoch nur partiell identisch mit den politischen Zielen des BMBF. Für sie geht es primär darum, neue Ressourcen für die Grundlagenforschung zu akquirieren, während die umfassende und vielschichtige Nanostrategie des Bundes auf eine langfristige Stärkung des nationalen Innovationssystems und die Generierung von Innovationen und wirtschaftlichem Wachstum abzielt. Vor dem Hintergrund der politisch initiierten

163 | Vgl. Mody, How Probe Microscopists Became Nanotechnologists, S. 132; Kehrt/Schüßler, Nanoscience is 100 Years Old, S. 37.

164 | Vgl. Kapitel III. „Die Entstehung nanotechnologischer Forschungsfelder in München".

165 | Ash, Mitchell: Wissenschaft und Politik als Ressourcen füreinander. In: Bruch, Rüdiger vom: Wissenschaften und Wissenschaftspolitik. Bestandsaufnahmen zu Formationen, Brüchen und Kontinuitäten im Deutschland des 20. Jahrhunderts. Stuttgart 2002, S. 34.

Nanotechnologiestrategie stellt sich die Frage, welche Auswirkungen diese auf den Forschungs- und Innovationsstandort München hatte. Münchner Wissenschaftler sind in zahlreichen nationalen und internationalen Gremien zur Förderung der Nanotechnologie beteiligt.[166] Die lokalen nanotechnologischen Netzwerke und Forschungsaktivitäten sind jedoch nicht allein als unmittelbare Konsequenz aus der staatlichen Politik zu deuten, sondern basieren auf Eigeninitiative und lokalen Besonderheiten, die durch längerfristig gewachsene, oftmals informelle Kooperationsformen sowie das aktive forschungspolitische Handeln der Akteure vor Ort zu erklären sind.

Auch die vom Bund forcierte Förderung der Nanotechnologie hat eine starke regional ausgerichtete Tendenz. Eine der ersten forschungspolitischen Maßnahmen war die Gründung von sechs regionalen Kompetenzzentren. Dieser Ansatz stammt aus dem Bereich der Biotechnologieförderung und wurde auf die Nanotechnologie übertragen mit der Annahme, dass bereits gewachsene Strukturen und Kooperationsformen bestehen, bzw. sich durch bessere Vernetzungen vor Ort bilden lassen, um komplexe Innovationsprozesse und die damit einhergehenden Wissenszirkulationen und Transfers zu gewährleisten.[167] Im Unterschied zu CeNS sind die nationalen Kompetenzzentren nicht auf den akademischen Sektor beschränkt, sondern schließen Großunternehmen und kleinere und mittlere Unternehmen sowie Finanzdienstleister und Verbände explizit mit ein. Deren Ziel ist es, durch einen verbesserten Technologietransfer und die Vernetzung der Akteure Innovationsprozesse zu unterstützen und den Weg von der Forschung zur Markteinführung zu verkürzen.[168] Die sechs Nanokompetenzzentren des Bundes wurden etwa zeitgleich mit dem Münchner Center for Nanoscience [CeNS] im Jahr 1998 gegründet. Dass diese bundespolitische Fördermaßnahme indirekt auch Netzwerke wie CeNS motivierte, bestätigt eine Evaluation der Kompetenzzentren: „Diese positiven und stimulierenden Effekte spiegeln sich zugleich darin wider, dass auch vom BMBF nicht geförderte Netzwerke (z.B. NanoMat und CeNS) angesichts der Aktivitäten der CCN mit eigenen Mitteln Netzwerkstrukturen aufbauen."[169] Allerdings

166 | Vgl. Heckl, Wolfgang M.: Centrum für Nanowissenschaften (CeNS) an der LMU München, NanoStart AG, Strategiekreis Nanowelten der Bundesregierung, Excellenzinitiative des Bundes und der Länder. Projekt NIM (Nanosystems Initiative Munich), acatech Konvent für Technikwissenschaften der Union der deutschen Akademien der Wissenschaften, Sprecher des Exzellenz-Networks Nanobiotechnology (ENNaB), Sprecher des BMBF-Kompetenzzentrums Nanoanalytik Deutschland, u. a.

167 | Wieland, Neue Technik auf alten Pfaden, S. 238.

168 | Weingart/Taubert, Das Wissensministerium, S. 24.

169 | Bührer, Susanne u.a.: Die Kompetenzzentren der Nanotechnologie in der Frühphase der Bundesförderung. Ein Bericht der begleitenden Evaluation, Forschungsbericht für das BMBF. Karlsruhe 2002, S. xix.

wandte sich Jörg Kotthaus mit seinem Münchner Nanonetzwerk eher gegen die von der Bundespolitik geforderten Ansätze, weil sie aus seiner Sicht zu forschungsfern und bürokratisch waren.

KOTTHAUS: „Das Projekt Nano.de [des Wissenschaftsministeriums] hatte auch wieder so eine Top-Down-Struktur. Man hat fünf Themenbereiche definiert: Oberflächen, Analytik, und so weiter, zu denen Kompetenzzentren geschaffen worden sind. Ich muss sagen, damals haben wir in München schon gelästert: ‚Das ist totaler Blödsinn, dies so aufzuteilen. Man muss die Themen zusammen bringen und nicht so auseinander dividieren.' Und somit war CeNS praktisch ein Gegenentwurf. Es war ja zeitgleich mit dieser Initiative der Bundesregierung eine Gegeninitiative zu den Kompetenzzentren. Wir haben uns halt gesagt: ‚Liebe Leute, statt delokal Kompetenzzentren zu schaffen, die fokussiert sind auf einen winzigen Teilbereich, lasst uns lokal ein Kompetenzzentrum machen, in dem all die Teilbereiche zusammen kommen.'"[170]

Trotz dieser im Interview vollzogenen Distanzierung gegenüber der vom Bund gestarteten Nanotechnologiestrategie ist die zeitgleiche Gründung eines lokalen Nanonetzwerkes kein Zufall, sondern verdankt sich den gleichen forschungspolitischen Impulsen. CeNS wurde 1998 als ein lokales Netzwerk von mehreren Professoren der Experimentalphysik der LMU gegründet, als das BMBF eine Reihe von Nano-Kompetenzzentren initiierte und in den USA die Nanoinitiative der Clinton-Regierung vorbereitet wurde. Jörg Kotthaus jedenfalls nutzte die Chance, im Kontext seiner Bleibeverhandlungen als Gründungsdirektor des Bonner Centers for Advanced European Studies and Research [CAESAR] in München ein eigenständiges wissenschaftsnahes Center für Nanoscience zu gründen.

Das forschungs- und technologiepolitische Prestigeprojekt CAESAR wurde vom BMBF als großes interdisziplinäres Zentrum im Bereich der Biotechnologie, der Halbleiterphysik, der Materialwissenschaften und Nanotechnologie Mitte der 1990er Jahre initiiert, um den neuen technologischen Herausforderungen in den 1990er Jahren zu begegnen und zudem Bonn eine gewisse Kompensation für den Verlust des Hauptstadtstatus zu gewähren.[171] Nach einem kurzen forschungspolitischen Intermezzo lehnte es Kotthaus allerdings ab, ein solch großes Institut zu führen, und bevorzugte offensichtlich die Fortsetzung seiner Tätigkeit als Universitätsprofessor in München.[172] Letztlich

170 | Interview Kotthaus, 29.1.2006.

171 | Vgl. Wissenschaftsrat: Stellungnahme zum Gründungskonzept der Stiftung CAESAR. Drucksache 3006/97, Hamburg 16.05.1997. http://www.wissenschaftsrat.de/download/archiv/3006-97.pdf [zuletzt: 11.1.2015].

172 | Gründungsdirektor wurde schließlich der Mathematiker Karl-Heinz Hoffmann, der CAESAR von 1998 bis 2007 führte.

Abbildung 6: Karikatur des führungslosen Forschungszentrums CAESAR. Nach der Absage von Jörg Kotthaus, der einen Ruf als Gründungsdirektor des mit über 90 Prozent durch den Bund finanzierten Bonner „Center of Advanced European Studies and Research“ absagte, erschien in dieser Karikatur das Großprojekt des mit 750 Millionen Euro gegründeten Forschungszentrums als „kopflos“.

nutzte er diese forschungspolitischen Zusammenhänge, um in München ein „Center for Nanoscience“ [CeNS] zu gründen.[173] Hierin sah Kotthaus eine große Chance für eine weit ausstrahlende Schwerpunktbildung der Universität München.[174] Diese war gewillt, dem Bonner Abwerbungsversuch ein bayerisches Angebot entgegenzusetzen.[175] Der Rektor der LMU bekräftigte das Ansinnen des Dekans Ulrich Schenzle, den renommierten Physiker in München zu halten.[176] Im April 1998 machte dann der Rektor der LMU Jörg Kotthaus ein Bleibeangebot, das dieser schließlich annahm und zur Gründung eines

173 | Prof. Jörg Kotthaus an den Dekan der Fakultät für Physik LMU München, 20.4.1998 [Privatbesitz Kotthaus].

174 | Ebd.

175 | Schreiben des Dekans der Fakultät für Physik an Jörg Kotthaus, 24.01. 1998 [Privatbesitz Kotthaus].

176 | Schreiben des Rektors der LMU Andreas Heldrich an Jörg P. Kotthaus, 22.01.1998 [Privatbesitz Kotthaus]; Der Rektor der LMU Andreas Heldrich an Jörg Kotthaus, 21.04.1998 [Privatbesitz Kotthaus].

neuen nanowissenschaftlichen Zentrums nutzte.[177]Auch das Land hat sich an der Ausstattung von CeNS beteiligt und die Finanzierung einer Stelle für organisatorische Aufgaben befürwortet.[178] Im Vergleich mit dem 750 Millionen DM Budget von CAESAR handelte es sich allerdings um bescheidene Summen im einstelligen Millionenbereich.[179]

Als Hauptgrund für sein Verbleiben in München nannte Kotthaus die Aussicht auf interdisziplinäre Zusammenarbeit.[180] Auch persönliche Präferenzen spielten für den international renommierten Wissenschaftler eine nicht zu unterschätzende Rolle, wenn es um die Attraktivität des Forschungsstandortes ging: „[Zum Angebot der Stiftung CAESAR] „Liebe Leute, wenn Sie mich nach Bonn haben wollen, müssen Sie mich glücklicher machen. Ich bin zu glücklich in München [lacht].“[181] Offensichtlich bevorzugte er jene Arbeits- und Organisationsformen, die eher in kleineren lokalen Netzwerken an Universitäten gegeben waren. Das letztlich erfolglose Werben um Jörg Kotthaus als Gründungsdirektor für das neue vom Bund lancierte Prestigeprojekt CAESAR knüpfte an ältere forschungspolitische Muster an, die sich bereits in den 1980er Jahren an seiner Person exemplarisch festmachen lassen. Damals galt er als einer der führenden Köpfe in Bereich der Halbleiterphysik und weckte große forschungspolitische Begehrlichkeiten im Wettstreit der Länder im Bereich der Mikroelektronik.

Bereits im Rahmen seiner Bleibeverhandlungen zwischen der Universität Hamburg und der LMU hatte Jörg Kotthaus einen Entwurf für ein zukünftiges „Nanostrukturlabor“ formuliert.[182] Die Verwendung des Präfixes „Nano“ erklärt sich in diesem Kontext durch das Erreichen der Größendimension im Bereich der Mikrostrukturierung.[183] Zu diesem Zeitpunkt im Jahr 1988 war die Größendimension „Nano“ allerdings noch nicht mit der späteren Bedeutung als Zukunftstechnologie aufgeladen und stand noch ganz im Zeichen der Mikroelektronik als Schlüsseltechnologie. Unter Verweis auf die langfristige

177 | Der Kanzler der LMU an Jörg Kotthaus, Abwendung eines an Sie ergangenen Rufes sowie Gründung eines „Center for Nanoscience“, 8.04.1998 [Privatbesitz Kotthaus].

178 | Bayerisches Staatsministerium für Unterricht und Kultus, Wissenschaft und Kunst an Prof. Kotthaus, 21.4.1998 [Privatbesitz Kotthaus].

179 | Im Zuge dieser Bleibeverhandlungen kamen auch Mängel der Arbeitsbedingungen vor Ort zur Sprache. Er kritisierte die Kürzung zweier Wissenschaftlerstellen und die Deckung der forschungsbedingt hohen Kosten für Kühlmittel. Kotthaus an den Kanzler der LMU, 05.02.1998 [Privatbesitz Kotthaus].

180 | Kotthaus an den Kanzler der LMU, 5.2.1998 [Privatbesitz Kotthaus].

181 | Interview Kotthaus, 19.1.2006.

182 | Jörg P. Kotthaus: Perspektiven der Mikrostrukturforschung in Hamburg, an den Präsidenten der Universität Hamburg P. Fischer-Appelt, 30.9.1988 [Privatbesitz Kotthaus].

183 | Ebd., S. 2.

Bedeutung dieses Forschungsfeldes für die norddeutsche Region machte Kotthaus die forschungspolitische Relevanz seiner Arbeit deutlich und benannte als Vorbild das Walter-Schottky-Institut München, das gerade im Entstehen war und über potenzielle Industriepartner wie Valvo, AEG, Siemens und Philips verfügte.[184] Damit mahnte er die Hamburger Universität an, keine Zeit zu verlieren, um nicht den Anschluss an internationale Entwicklungen im Bereich der Informationstechnologien zu verpassen.[185] Diese Forschungsansätze und Motive spielten dann auch bei der Entstehung nanotechnologischer Netzwerke in München eine wichtige Rolle. Der bereits im Rahmen des Standortwettbewerbes der Mikroelektronik begehrte Wissenschaftler avancierte zum Gründungsdirektor von CeNS und prägte die Nanoforschung in München. Mit der Formierung des neuen nanowissenschaftlichen Netzwerkes wurden die bestehenden Forschungsfelder und Aktivitäten der Wissenschaftler mit einer neuen Bedeutung aufgeladen, die sich aus der Identifizierung der Nanotechnologie als Zukunftstechnologie speiste.

Abbildung 7: Die Berufung von Jörg Kotthaus an die LMU München wird als Erfolg des Standorts München in der Öffentlichkeit gefeiert und belegt die technischen Erwartungen, die sich an die Forschungsfelder von Kotthaus knüpften.

AZ münchen

* Montag, 13. Februar 1989 Seite 13

Lieber AZ-Leser

München hat die Nase vorn

„Was macht München bloß so attraktiv!" klagt Ingo von Münch, der Wissenschaftssenator von Hamburg. Soeben hat ihn sein bester Physiker verlassen, um einen Ruf der Münchner Uni anzunehmen. Und resignierend fügt er hinzu: „Wenn's um High-Tech geht, ist München wohl uneinholbar."

Zauberwort: High-Tech. Synonym für Computer, Elektronik, Informatik. In vielen Lexika noch nicht einmal erfaßt. Ausgerechnet die Hauptstadt des konservativen Freistaats hat hier die Nase vorn. In der Forschung wie bei der Produktion sind in München, schneller als andernorts, die Zeichen der Zukunft erkannt worden.

Kaum hat die Isar-Metropole der norddeutschen Konkurrenz einen Star-Physiker abgeworben, um die eigene Spitzenstellung weiter auszubauen, kursiert schon das Gerücht eines neuen Bayern-Coups. Das 10-Milliarden-Forschungs-Projekt „Jessi" soll seinen Standpunkt in München bekommen – weil hier die besten Physiker ausgebildet werden.

Arme Nordlichter! Was machen sie bloß falsch, daß München so geliebt wird – von den Großkopferten bis zu den Geistesköpfen? Wär's da nicht gerecht, den Hanseaten wenigstens im Fußball den Vortritt zu lassen? Doch es steht zu befürchten, daß auch auf diesem Terrain der Norden nur zweiter Sieger sein wird.

Rudolf Schröck

München wird Chip-Fabrik Europas

Hamburger Physiker Kotthaus bekommt Lehrstuhl für Computer-Technologie

Holte Star-Physiker Kotthaus nach München: LMU-Chef Wulf Steinmann Foto: M. Schnetzer

Von Rudolf Schröck

München – Milliardstel von Zentimetern machen München am größten. Denn der Mann, der als internationale Kapazität für Mikrostruktur-Forschung gilt, hat soeben einen Professoren-Vertrag an der Münchner Ludwig-Maximilians-Universität (LMU) unterschrieben: Professor Jörg Peter Kotthaus (Hamburg). Der Star-Physiker aus dem Norden ist Garant für eine neue Dimension in der Chip- und Computer-Technologie: München wird Europas High-Tech-Hauptstadt werden.

In letzter Minute hatte der Hamburger Senat noch versucht, den Wechsel des Professors von der Elbe an die Isar zu verhindern. Doch Kotthaus lehnte ab: „In München kann ich besser arbeiten."

Ende letzter Woche machte LMU-Präsident Wulf Steinmann alles klar: „Kotthaus übernimmt ab August den neugeschaffenen Lehrstuhl für Halbleiter-Physik. Prof. Kotthaus erforscht kleinste elektronische Strukturen, die in der Informations-Technologie als Mikro-Chips auf den Markt gebracht werden.

In Kooperation mit dem Garchinger Walter-Schottky-Institut sollen jetzt neue Mikro-Maßstäbe gesetzt werden. Schottky-Chef Professor Gerhard Abstreiter zur AZ: „Zusammen mit Kotthaus werden wir Münchens führende Hig-Tech-Position weiter ausbauen."

Damit könnte die Isar-Stadt den nächsten Coup landen: Das geplante europäische Mikro-Chip-Institut „Jessi" für 10 Milliarden Mark hat noch keinen Standort. Hamburgs Wissenschaftssenator Ingo von Münch blickt bereits neidisch gen Süden: „Ich fürchte, München macht auch hier das Rennen."

Fazit

Der Schlüssel zum Verständnis der Nanotechnologie liegt in forschungspolitischen Motiven begründet. Experten vom VDI-Technologiezentrum und des Karlsruher Fraunhofer-Instituts für System- und Innovationsforschung wurden früh auf die Nanotechnologie aufmerksam und identifizierten diese als zukünftige Schlüsseltechnologie. Zu dieser auf einem Expertenkreis basieren-

184 | Die Berufung Kotthaus an die LMU stand in unmittelbarem Zusammenhang mit der Gründung des WSI und dem Versuch, diesen technologienahen Forschungsschwerpunkt in München auszubauen.

185 | Kotthaus, Perspektiven der Mikrostrukturforschung in Hamburg, S. 11.

den Wahrnehmung eines neuen wissenschaftlichen und technischen Feldes kam die amerikanische Initiative als Initialzündung hinzu. Die im Wesentlichen vom Staat geförderte Nanotechnologieinitiative erklärt sich durch die forschungspolitischen Erfahrungen mit der Biotechnologie und der Mikroelektronik. Diese bildeten den Erfahrungsraum, der dann die neuen Erwartungen an die Nanotechnologieinitiative motivierte.

In den 1990er Jahren geriet die Grundlagenforschung aus mehreren Gründen unter Rechtfertigungsdruck. Zum einen baute die Industrie ihre grundlagenwissenschaftlich orientieren Forschungskapazitäten im Zuge eines wachsenden globalen Wettbewerbes ab. Zum anderen wuchs auch für akademische Wissenschaftler der Druck, die gesellschaftliche Relevanz ihrer Forschung zu rechtfertigen. Grund hierfür war die Wahrnehmung einer strukturellen Krise der deutschen Universitäten, die sich an mangelnden Ressourcen und schlechteren Karrierechancen festmachen lässt. Die Bezugnahme auf die Nanotechnologie ermöglichte es grundlagenorientierten Wissenschaftlern, die Anwendungsrelevanz ihrer Arbeit nach außen hin zu verdeutlichen, um zugleich weiterhin frei mit Molekülen zu spielen und neue Erkenntnisse zu produzieren. Diese forschungspolitisch motiverte Orientierung an einer Zukunftstechnologie stellt damit einen nahezu idealtypischen Fall einer strategischen, durch Zukunftsprognosen geprägten Wissenschaft dar, wie sie Irvine und Martin bereits Mitte der 1980er Jahre beschrieben hatten.[186]

Der Wandel der Forschungs- und Technologiepolitik hin zu stärker innovationsorientierten Ansätzen und eine insgesamt größere Interdependenz von Wissenschaft, Politik und Wirtschaft sind auch am Fallbeispiel Münchens nachweisbar. Die forschungspolitischen Begehrlichkeiten um Jörg Kotthaus und die Gründung des Münchner Centers für Nanoscience verdeutlichen den unmittelbaren Zusammenhang zwischen der nationalen Nanotechnologieinitiative und einer lokalen Netzwerkbildung. Ferner belegt es den in dieser Arbeit betonten engen Zusammenhang zwischen dem Pfad der Mikroelektronik und der damit einhergehenden Grundlagenforschung und der Nanotechnologieinitiative in den 1990er Jahren. Während die 1980er Jahre im Zeichen der Mikroelektronik standen, wurden diese Forschungstraditionen dann als Nanotechnologie neu erfunden, so dass Jörg Kotthaus nun als ein führender Nanowissenschaftler wahrgenommen wurde. Münchner Wissenschaftler erkannten die neuen forschungspolitischen Chancen und gründeten durch eigene Initiativen ein Zentrum für Nanowissenschaften, das neue forschungspolitische, mediale, aber auch wissenschaftliche Handlungsmöglichkeiten eröffnete, die im Folgenden näher betrachtet werden.

186 | Irvine/Martin, Foresight in Science, S. 1-11; Martin, Ben R.: The Origins of the Concept of ‚Foresight' in Science and Technology. An Insider's Perspective. In: Technological Forecasting & Social Change 77 (2010), S. 1438-1447.

IV. Die Entstehung nanotechnologischer Forschungsfelder in München

1. Von der Halbleiterphysik zur Nanoelektronik

> „Given the hype surrounding nano-technology (NT), few people realize that some of us have been practicing nanotechnology for over 30 years – we just didn't call it nano-technology."[1]

Zur Analyse der lokalen nanotechnologischen Forschungskontexte ist ein Blick auf die Geschichte der Münchner Wissenschaftslandschaft erforderlich.[2] Auf der Basis von Experteninterviews und bibliometrischen Studien wird untersucht, wie nanotechnologische Forschungsfelder entstanden und aus welchen Gründen sich einzelne Wissenschaftler den Nanotechnologiediskurs aktiv aneigneten und mitgestalteten, während andere dem Hype um diese neue Technologie skeptisch gegenüber standen. Die Karriere der in München lehrenden Professoren im Bereich der Nanowissenschaften zeigt, dass wichtige Fragestellungen und Ansätze auf die frühen 1970er Jahren zurückgehen, als quantenphysikalische Phänomene in Halbleiterstrukturen erforscht wurden.[3] Als signifikant neu erweist sich allerdings die Öffnung der Halbleiterphysik hin zu den Lebenswissenschaften. Auch im Bereich der Biophysik gibt es in München Forschungstraditionen, die dann in den 1990er Jahren als Nanotechnologie identifiziert wurden.

---

1 | Krömer, Herbert: Nano-whatever. Do We Really Know Where We Are Heading? In: Physica Status Solidi (a), 202 (2005) H. 6, S. 959.

2 | Teilergebnisse dieses Kapitels wurden bereits veröffentlicht. Vgl. Kehrt, Christian: From Do-it-yourself Quantum Mechanics to Nanotechnology? The History of Experimental Semiconductor Physics, 1970-2000. In: Katzir, Shaul; Lehner, Christopher (Hg.): Proceedings of the Third International Conference on the History of Quantum Mechanics (Max Planck Research Library for the History and Development of Knowledge). Berlin 2013, S. 309-340.

3 | Vgl. die Interviews mit Klaus Ploog, Gerhard Abstreiter, Günther Weimann und Frederick Koch.

Das Feld der Festkörperphysik

Die grundlegenden Eigenschaften von Halbleitern, ihre elektrische Leitfähigkeit, Temperatur- und Lichtempfindlichkeit, ihre gleichrichtenden Eigenschaften und Abhängigkeit von Verunreinigungen sind bereits seit dem 19. Jahrhundert bekannt.[4] Eine theoretische Fundierung erhielten diese Phänomene aber erst mit der Quantenmechanik, die sich in den 1920er und 1930er Jahren entwickelte.[5] Die optischen und elektrischen Eigenschaften eines Festkörpers erklären sich durch seine *Bandstruktur.* Die Verteilung der Elektronen im Kristallgitter erfolgt hierbei aufgrund verschiedener Energieniveaus, die die Elektronen einnehmen und die ihre Leitfähigkeit und Beweglichkeit bestimmten. Die Bändertheorie von Festkörpern vereint das heterogene Feld der Festkörperphysik und ermöglicht, das Verhalten von Elektronen in Festkörpern zu erklären.[6] Sie war theoretisch motiviert und verdankt sich den Grundlagendebatten der Atomphysik in der Zwischenkriegszeit. Dagegen galt die empirische Erforschung der Materialeigenschaften von Halbleitern als „schmutzig“ und weniger prestigeträchtig.[7]

Physiker in Deutschland waren anfangs sowohl an der theoretischen als auch an der empirischen Halbleiterforschung und Festkörperphysik maßgeblich beteiligt. Zu nennen sind hier die Schule des Göttinger Experimentalphysikers Robert Pohl sowie theoretische Arbeiten im Umfeld Arnold Sommerfelds.[8] Sein Assistent Heinrich Welker befasste sich mit der quantenmechanisch begründeten Elektronentheorie von Metallen und Phänomenen der *Supraleitung.* Im Zweiten Weltkrieg trieb er die Entwicklung von Germanium-Detektoren zur U-Bootortung voran.[9] Durch die kriegsbedingte Förderung der Forschung

---

4 | Eckert/Schubert, Kristalle, Elektronen, Transistoren, S. 61 ff.

5 | Weaire, Denis L.: Semiconductors. In: Weaire, Solid State Science, S. 144.

6 | Vgl. Braun, Ernest: Introduction. In: Weaire, Solid State Science, S. 2; Vgl. Seitz, Frederick: The Modern Theory of Solids. Mineola 1987; Braun, Ernest: Selected Topics from the History of Semiconductor Physics and its Applications. In: Hoddeson u.a., Out of the Crystal Maze, S. 448; Handel, Anfänge der Halbleiterforschung und Entwicklung. S. 11; Eckert, Michael: Arnold Sommerfeld. Atomphysiker und Kulturbote. 1868- 1951. Eine Biografie (= Abhandlungen und Berichte, Deutsches Museum, Bd. 29). Göttingen 2013.

7 | Vgl. Weart, Spencer R.: The Solid Community. In: Hoddeson, Out of the Crystal Maze, S. 656; Braun, Ernest: Introduction. In: Weaire, Solid State Science; Kragh, Quantum Generations, S. 373; Hoddeson, Lillian; Riordan, Michael: Crystal Fire. The Birth of the Information Age. New York 1997, S. 71-87; Hacking, Representing and Intervening, S. 151.

8 | Vgl. zu Sommerfeld grundlegend: Eckert, Arnold Sommerfeld.

9 | Vgl. zur Kriegsforschung der Kaiser-Wilhelm-Institute Maier, Helmut: Forschung als Waffe. Rüstungsforschung in der Kaiser-Wilhelm-Gesellschaft und das Kaiser-Wilhelm-Institut für Metallforschung 1900 bis 1945/48. Göttingen 2007 (= Geschichte der Kaiser-Wilhelm-Gesellschaft

und Entwicklung, insbesondere zum Bau neuer Radaranlagen, erhielt dieses Feld einen enormen Schub, der dann die Grundlage für die mikroelektronische Revolution in den 1950er und 1960er Jahren bildete.[10] Allerdings dominierte die *Elektronenröhre* noch bis in die 1960er Jahre den Massenmarkt der Unterhaltungselektronik und Nachrichtentechnik.[11] Das amerikanische Militär setzte jedoch früh auf neue Halbleitermaterialien für immer kleinere und leistungsstärkere elektronische *Bauelemente* für Raketen, Flugzeuge und U-Boote, um ihre militärische Überlegenheit zu sichern. Die Halbleiterphysik erlebte im Kalten Krieg einen enormen Boom. Zwar entwickelten die beiden während des Krieges bei Telefunken forschenden Heinrich Welker und Herbert Mataré im Jahr 1948 als Mitarbeiter der französischen Firma Freins et Signaux Westinghouse eine „europäische Variante" des *Punktkontakttransistors.* Ferner lassen sich aus deutscher Sicht die Erfindung des *Zonenziehverfahrens* für hochreines *Silizium* im Siemenslabor in Pretzfeld bei Nürnberg sowie die frühen Arbeiten Welkers mit III-V *Verbindungshalbleitern* nennen.[12] Dennoch hatte die deutsche und auch europäische Industrieforschung den Anschluss an die mikroelektronische Revolution in den USA verloren.[13]

Im Laufe der 1960er Jahren wurde auf forschungspolitischer Ebene erkannt, dass auf dem Gebiet der Mikroelektronik ein großer Rückstand der deutschen Forschung im Vergleich mit Japan und den USA bestand. Führende Wissenschaftler wie Hans-Joachim Queisser, der von 1959 bis 1966 selbst in den USA arbeitete und forschte, forderten in einer DFG-Denkschrift die Förderung der Halbleiterphysik durch die Gründung eines zentralen Instituts, das

---

im Nationalsozialismus, Bd. 16); Maier, Helmut (Hg.): Gemeinschaftsforschung, Bevollmächtigte und der Wissenstransfer. Die Rolle der Kaiser-Wilhelm-Gesellschaft im System kriegsrelevanter Forschung des Nationalsozialismus. Göttingen 2007 (= Geschichte der Kaiser-Wilhelm-Gesellschaft im Nationalsozialismus, Bd. 17).

10 | Eckert/Osietzki, Wissenschaft für Macht und Markt, S. 180.

11 | Vgl. Kaiser, Walter: Die Technisierung des Lebens seit 1945. In: Braun, Hans-Joachim; Kaiser, Walter: Energiewirtschaft, Automatisierung, Information seit 1945. Berlin 1997 (=Propyläen Technikgeschichte, Bd. 5), S. 341; Hoddeson/Riordan, Crystal Fire.

12 | Vgl. Serchinger, Reinhard W.: Wirtschaftswunder in Pretzfeld, upper Franconia. Interactions Between Science, Technology, and Corporate Strategies in Siemens Semiconductor Rectifier Research & Development, 1945-1956. In: History and Technology 16 (2000) H. 4, S. 335-381; Erker, Forschung und Entwicklung in der Transistortechnologie; Handel, Anfänge der Halbleiterforschung und Entwicklung.

13 | Kai Handel behauptet unter Bezugnahme auf die Transistorentwicklung hingegen, dass die deutsche Industrie den Anschluss in den 1950er Jahren geschafft hätte. Seine Studie nimmt allerdings die dynamische Entwicklung des Feldes der Halbleiterphysik in der Nachkriegszeit in den USA nicht mehr wirklich in den Blick. Vgl. Braun, in: Hoddeson u.a., Out of the Crystal Maze, S. 464; Handel, Anfänge der Halbleiterforschung und Entwicklung, S. 23-26, u. 75-99.

schließlich mit dem Max-Planck-Institut für Festkörperforschung in Stuttgart im Jahr 1969 realisiert wurde.[14] Auch in München unternahm die Technische Hochschule konkrete Schritte, dieses Forschungsfeld zu stärken.[15] Ein Meilenstein stellt in diesem Zusammenhang die Einführung der Departmentstruktur nach amerikanischem Vorbild Mitte der 1960er Jahre dar. Das Physikalische Institut, das Institut für Technische Physik und das Institut für Theoretische Physik wurden zu einem großen Physikdepartement mit flachen Hierarchien unter Führung des Kernphysikers Heinz Maier-Leibnitz zusammengeführt. Die Reform sollte nicht nur die Expansion des Physikdepartments, sondern kleine und flexible Forschungsgruppen sowie den Anschluss an die internationale Forschung gewährleisten. Auslöser waren die Bemühungen von Heinz Maier-Leibnitz, seinen ehemaligen Studenten und Nobelpreisträger Rudolf Mößbauer, der mittlerweile am Caltech in den USA forschte, nach München zurückzuholen, da dieser eine solche Reform zur Bedingung für seine Rückkehr machte.[16]

In dieser Zeit herrschte eine Aufbruchsstimmung, so Jörg Kotthaus, der damals in München Physik studierte:

KOTTHAUS: „Ich bin dann 1965 [von der Uni Bonn] nach München gegangen. Damals war ja dort eine Aufbruchsstimmung. Das Physik-Department an der TU München war das erste, das in Deutschland keine Lehrstühle hatte, sondern Teilinstitute, an denen man eine Department-Struktur geschaffen hatte. Das war auch wiederum transferiert aus den USA, das war ja eine der Bedingungen von Mößbauer, um zurück zu kommen. Mößbauer war aus meiner Sicht so eine Art Kühlerfigur, der wirkliche Motor, der dahinter stand, war der Maier-Leibnitz, der gesagt hat: ‚Okay, da haben wir jetzt eine Kühlerfigur, der hat einen Nobelpreis bekommen und jetzt können wir damit erreichen, dass

14 | Geist, Dietrich; Landwehr, Gottfried; Queisser, Hans-Joachim: Denkschrift zum gegenwärtigen Rückstand der Halbleiter-Physik in der Bundesrepublik, 1966 (Akten Queisser MPI Festkörperforschung Stuttgart), zit.n. Eckert/Osietzki, Wissenschaft für Macht und Markt, S. 191.

15 | Vgl. Archiv Physik Department der TUM, 1. Entwurf eines Vorschlages einer physikalischen Abteilung an der Technischen Hochschule München mit gemeinsamem Institut, München 28.12.1961, zit. nach Herrmann, Technische Universität München, S. 505.

16 | Rudolf Mößbauer studierte Physik an der TU München bei Heinz Maier-Leibnitz und erhielt den Nobelpreis im Jahr 1961 für die Entdeckung des nach ihm benannten Mößbauereffektes. Als Doktorand befasste er sich mit dem Phänomen der Resonanzfluoreszenz von Atomen und entdeckte 1958 in seinem kernphysikalischen Experiment zur Emission und Absorption von Gammastrahlen in Festkörpern, dass diese ohne Energieverlust rückstoßfrei zurückgestrahlt werden. Der Effekt findet als Mößbauerspektroskopie Anwendung in der Chemie, Festkörperphysik und Materialforschung zur Bestimmung der Eigenschaften und Zusammensetzung verschiedener Stoffe mithilfe von Gammastrahlen und der daraus resultierenden spezifischen Spektra.

wir vielleicht in der Forschungslandschaft neue Strukturen einführen können.' So ist das Physik-Department entstanden."[17]

In den 1960er Jahren wurden jedoch nicht nur kernphysikalische Forschungsarbeiten massiv gefördert.[18] Auch Phänomene, die sich an den Ober- und Grenzflächen von Halbleitern abspielten, waren für die Herstellung neuer Halbleiterbauelemente relevant.[19] Einen Durchbruch in technischer Hinsicht bedeutete die Erfindung des Silizium-*MOSFET* [engl. metal-oxide-semiconductor field-effect transistor] in den 1960er Jahren, der die Miniaturisierung und Digitalisierung von Elektronikbauteilen im Bereich der Luft- und Weltraumfahrt, der Rundfunk- und vor allem der Computertechnik ermöglichte.[20] Im Unterschied zum Transistor[21], der sich im Wesentlichen theoretischen Einsichten und Herangehensweisen verdankte, basierten der *MOSFET* und die darauf aufbauenden *integrierten Schaltungen* weniger auf grundlagenphysikalischen Einsichten als vielmehr auf der konsequenten Umsetzung technologischer Prozessinnovationen, die auf die technische Kontrolle der empfindlichen Halbleiteroberflächen und die Massenproduktion elektronischer *Bauelemente* abzielten.[22]

Wichtige Impulse kamen aus der Industrieforschung und den dort auftretenden konkreten Fragen nach der Beherrschbarkeit von Halbleitermaterialien, deren Eigenschaften ausschlaggebend für Innovationen im Bereich der Mikroelektronik waren.[23] Die großen internationalen Laboratorien wie Bell Labs, IBM, Fujitsu, Hitachi oder auch Siemens beeinflussten die Entwicklung dieses Feldes maßgeblich.[24] Diese aus der Industrieforschung stammenden technischen Entwicklungen und *Bauelemente* ließen gleichwohl Raum für weiterge-

---

17 | Interview Prof. Kotthaus, 19.1.2006.

18 | Vgl. zur Geschichte der Kernforschungszentren und den Bau des Versuchsreaktors in München Garching: Rusinek, Das Forschungszentrum; Oetzel, Forschungspolitik; Heßler, Kreative Stadt, S. 71ff; Deutinger, Vom Agrarland zum Hightech Staat, S. 214ff.

Forschungszentrum Karlsruhe, Leistungsprofil, S. 8.

19 | Eckert, Schubert, Kristalle, Elektronen, Transistoren, S. 200.

20 | Vgl. Kaiser, Technisierung des Lebens, S. 343-352; Hoddeson/Riordan, Crystal Fire, S. 254-275; Bassett, To the Digital Age.

21 | Vgl. Braun/MacDonald, Revolution in Miniature, S. 2 u. 138; Collett, John Peter: The History of Electronics. From Vacuumtubes to Transistors. In: Krige, John; Pestre, Dominique (Hg.): Companion to Science in the Twentieth Century. New York 2007, S. 267.

22 | Vgl. Handel, Anfänge der Halbleiterforschung und Entwicklung, S. 208.

23 | Weaire, Solid State Science, S. 9; Hoddeson u.a., Out of the Crystal Maze, S. xvi.; Interview Prof. Frederick Koch, 15.6.2009.

24 | Braun, Introduction, S. 9.

hende grundlagenphysikalische Fragestellungen.[25] 1966 wiesen die in den Bell Laboratorien arbeitenden Physiker Frank F. Fang, Phillip J. Stilles und Alan B. Fowler das quantisierte Verhalten eines zweidimensionalen Elektronengases nach, das sich an der Oberfläche von ultradünnen Halbleiterstrukturen im Nanometerbereich bildete.[26] Damit eröffneten sie ein fruchtbares Forschungsfeld, das sich mit neuartigen elektronischen Transportphänomenen und Quanteneffekten befasste und eine große Dynamik in den 1970er und 1980er Jahren entfaltete.

WEIMANN: „Ich meine, Quantenfilme oder Quantenbrunnen oder Quantentröge oder wie immer, Potenzialtöpfe haben wir sie eigentlich früher genannt. Die hat man in den 30er-Jahren schon gerechnet. Das kam auf, nachdem man die Quantisierung eingeführt und sich an diese gewöhnt hatte. Das gab ja die Modelle, aber immer nur als Gedankenmodelle. Hier konnten wir das jetzt wirklich im Bauelement, im Halbleiter ausnutzen, herstellen und tatsächlich auch sehen, dass man sehr viel bessere Bauelementeeigenschaften bekommen hat […].“[27]

Im Zentrum standen *Halbleiterheterostrukturen* und Silizium-*MOSFETs* mit einer hohen Elektronenmobilität, mit denen sich Quantisierungseffekte im Hochvakuum aber auch bei Zimmertemperatur erforschen ließen.[28] Hierbei wird die Beweglichkeit von Elektronen in Halbleitern so eingeschränkt, dass nur noch zwei Dimensionen offen stehen und quantenphysikalische Effekte zum Tragen kommen. Dies geschieht z.B. in einem *MOSFET,* wenn sich unterhalb der Oxidschicht eine Inversionsschicht bildet, in der sich Ladungsträger anreichern, deren Beweglichkeit durch quantenphysikalische Gesetzmäßigkeiten bestimmt ist. In *Halbleiterheterostrukturen* mit unterschiedlicher *Bandlücke* kommt es ebenfalls zu diesem Phänomen. Quantisierungsphänomene in zweidimensionalen Elektronengasen in Halbleiterstrukturen wurden theoretisch bereits im Jahr 1957 von John Robert Schrieffer vorhergesagt, der zusammen mit John Bardeen und Leon N. Cooper die *BCS-Theorie* der *Supraleitung* begründete.[29] Dieses zweidimensionale Elektronengas und die mit der eingeschränkten Beweglichkeit der Elektronen einhergehenden Quantenphänomene in Potenzialtöpfen bzw. Quantentrögen wurden zum Untersuchungs-

25 | Koch, Frederick J.: The Dynamics of Conduction Electrons in Surface Space Charge Layers. In: Festkörperprobleme 15 (1975), S. 79.

26 | Fowler, Alan B. u.a.: Magneto-Oscilery Conductance in Silicon Surfaces. In: Physical Review Letters 16 (1966), S. 901.

27 | Interview Weimann, 20.2.2008.

28 | Vgl. Landwehr, Gottfried: Quantum Transport in Silicon Inversion Layers. In: Advances in Solid State Physics 15 (1975), S. 50.

29 | Ebd.

gegenstand der niedrigdimensionalen experimentellen Halbleiterforschung: „Engineering of less than three-dimensional semiconductors began in earnest during the early 1970s, when groups at AT&T and Bell Laboratories and IBM made the first two-dimensional ‚*quantum wells*'."[30] Voraussetzung für diese Art der Forschung waren Fortschritte in der Materialtechnologie, wie z.B. die bei den Bell Laboratorien entwickelte *Molekularstrahlepitaxie*, Ultrahochvakuum-, Tieftemperatur- und Reinraumtechniken.[31] Aufgrund der Möglichkeit einer atomar präzisen Herstellung von Kristallschichten konnten nun beispielsweise jene Strukturen entwickelt werden, die Leo Esaki mit seiner Theorie des *Übergitters* und der damit einhergehenden *Tunneleffekte* angekündigt hatte. 1970 schlugen die beiden IBM-Mitarbeiter Leo Esaki und Raphael Tsu das Konzept des superlattice, eines künstlich hergestellten Übergitters vor, in dem quantenphysikalische Phänomene den Elektronentransport bestimmen: „It should be possible to obtain a novel class of man-made semiconductor materials, at least as far as electronic properties are concerned, and one expects the properties to depend not only on band parameters of the host crystal, but also on the characteristics of the superlattice."[32] Übergitter bestehen aus vielen, nur wenige Nanometer dünnen und periodisch angeordneten Halbleiterschichten, z.B. *Galliumarsenid* und Aluminium-Galliumarsenid, die mithilfe von Aufdampfungsverfahren hergestellt werden.[33] Diese künstlichen Halbleiterstrukturen ermöglichten eine Kontrolle der *Bänderstrukturen* und neuartige Transporteigenschaften. Beim Tunneleffekt können Elektronen eine sehr große energetische Barriere überwinden, so dass auch kleinste Stromflüsse zwischen zwei an sich getrennten Bereichen auftreten können, die sich durch die Wahrscheinlichkeitsannahmen der Quantenmechanik erklären. Esaki und Tsu verstanden die experimentelle Realisierung des quantenmechanischen Tunneleffektes als eine glänzende Bestätigung der Quantentheorie: „The subsequent experimental manifestations of this concept can be regarded as one of the early triumphs of the quantum theory."[34] Damit eröffneten sie ein neues Forschungsfeld, das sich den quantenmechanischen Transporteigenschaften widmete und hohes Anwendungspotenzial verhieß. Für seine wegweisenden

30 | Reed, Mark: Quantum Dots. In: Scientific American (Januar 1993), S. 118. Vgl. Glossar *Quantentopf.*

31 | Vgl. Kapitel IV. „Molekulares Lego. Zur instrumentellen Praxis im Nanokosmos".

32 | Esaki, Leo; Tsu, Raphael: Superlattice and Negative Differential Conductivity in Semiconductors. In: IBM Journal of Research and Development 14 (1979), S. 61.

33 | Vgl. zur Molekularstrahlepitaxie Kapitel IV. „Molekulares Lego. Zur instrumentellen Praxis im Nanokosmos".

34 | Esaki, Leo: Long Journey Into Tunneling. Nobel Lecture. In: Science 183 (1974), Nr. 4130, S. 1149-1155; http://nobelprize.org/nobel_prizes/physics/laureates/1973/esaki-lecture.pdf, S. 116 [zuletzt: 31.8.2014].

Arbeiten erhielt Leo Esaki zusammen mit Ivar Giaever im Jahr 1973 den Nobelpreis für Physik.

Diese neuartigen Forschungsarbeiten zu quantenphysikalischen Phänomenen in Halbleiterstrukturen Anfang der 1970er Jahre wurden auch in München mit großer Begeisterung aufgenommen und im Rückblick der interviewten Wissenschaftler als ein Vorläufer der heutigen Nanotechnologie angesehen:

KOCH: „Epitaxie, das ist, wenn man eine Schichtstruktur aufbaute. Und das geht jetzt auch einher mit wichtigen Dingen, die Esaki gemacht hat. Ich war in den USA dabei. Leo Esaki war einer der ersten, der davon träumte, Halbleiter in solchen Dimensionen zu wachsen, dass sich was tun würde, weil er auch die langwelligen Elektronen erkannte. Und wenn ich solche Elektronen in Nanostrukturen einbaue oder habe und die Elektronen erscheinen dadurch, dass man sie injiziert oder irgendwas macht, dass ein Elektron da ist, und wenn dann ein Elektron in solchen Dimensionen sozusagen beherbergt ist, eingesperrt ist, dann ändern sich seine Eigenschaften."
KEHRT: „Und das ist spannend?"
KOCH: „Das ist absolut spannend. Das ist ganz grundlegende Physik. Das ist die Wellenmechanik der 30er-Jahre, da hat man das erkannt. Das sind Heisenberg und Sommerfeld. Sommerfeld nicht so richtig, aber Heisenberg und Max Planck usw. Also die ganze Quantenphysik der Elektronen kommt da zum Tragen."[35]

Die Berufung des Amerikaners Frederick C. Koch an die Technische Universität München im Jahr 1972 sollte in diesem Zusammenhang dazu beitragen, die Münchner Halbleiterphysik international konkurrenzfähig zu machen. Dieser promovierte 1962 an der University of California Berkeley über elektronische Transportphänomene in Metalloberflächen und war seit 1963 Professor an der University of Maryland. Von 1962 bis 1972 arbeitete er mithilfe der *Mikrowellenspektroskopie* an dem Problem der durch magnetische Felder an die Oberfläche von Metallen und Halbmetallen gebundenen Elektronen.[36] Da in diesem Experimentalsystem die Problematik vergleichbar ist mit der *MOSFET*-Physik, in der Elektronen ebenfalls durch elektrische Kräfte in Oberflächenschichten gebunden sind, konnte er seinen Ansatz auf siliziumbasierte *MOSFETs* übertragen.[37] Sein Interesse an Quanteneffekten in Halbleitern wurde durch eine,

35 | Interview Koch, 15.6.2009.

36 | Koch, Frederick J.; Stradling, Robert A.; Kip, Arthur F.: Some New Aspects of Cyclotron Resonance in Copper, in: Physical Review A 133 (1964), S. 240.

37 | Koch: „Bei IBM und Esaki war man sich bewusst, dass meine ‚surface magnetic levels' genau das magnetische Analgon der von Schrieffer beschriebenen elektrischen Zustände sind. Ich war oft dort zu Besuch und wurde auch deshalb zu der legendären Konferenz in Hawai geladen. Für

so Koch, „legendäre Konferenz in Hawaii" im Jahr 1972 motiviert.[38] Dort traf er den Siemensforscher Gerhard Dorda, der ihm die Möglichkeit eröffnete, in München eng mit Siemens zusammenzuarbeiten und diese neuen Forschungsfragen über Quantenzustände in Halbleiterstrukturen zu verfolgen.[39] Koch erhielt noch im gleichen Jahr einen Ruf an die TU München:

KOCH: „Also mir sind die Augen aufgegangen. Als ich sah, Siemens [ist] hier vor der Haustür. Ich hatte die Siemens-Leute getroffen: ‚Wir beschaffen euch die Proben.' In den USA konnte ich ja nicht mit IBM und Bell Labs konkurrieren. Die hatten ihre eigenen Forscherteams. Und ich sah diese Chance hier in München, wo es null Komma nichts an Halbleiterphysik gab. Das ganze Department war auf Kernphysik, kernphysikalische Methoden [ausgerichtet], Mößbauer, Maier-Leibnitz, der Reaktor da drüben. In der Festkörperphysik waren so kleine Ansätze da, aber eine ordentliche Halbleiterphysik gab es hier nicht. Und das habe ich gewittert. Dass ich gesagt habe, wenn ich hier einsteige, dann bin ich nicht das fünfte Rad am Wagen, wie bei Bell Labs oder bei IBM."[40]

Für die Entwicklung der Halbleiterphysik in München spielte der enge Kontakt der universitären Forschungsgruppen zu Siemens eine entscheidende Rolle.[41] Die Universitäten verfügten zu dieser Zeit nicht über die notwendigen technischen Voraussetzungen, um solch hochreine Strukturen in entsprechender Qualität für quantenphysikalische Experimente herzustellen und waren auf die Kooperationen mit der Industrie angewiesen. Diese Innovationskultur, die grundlagenwissenschaftliche Ansätze tolerierte oder gar förderte, war lange Zeit charakteristisch für die großen Industrieforschungszentren bei Siemens, Bell Labs oder IBM. Andererseits war der Spielraum der Industrieforschung nicht groß genug, um tatsächlich grundlegende physikalische Fragen ins Zentrum zu stellen und mit hohem Risiko über einen längeren Zeitraum zu verfolgen.[42]

---

mich war genau das der Einstieg in die MOS Experimente an Silzium in München." Interview Koch, 15.6.2009.

38 | Teilnehmer des Symposiums über Quantisierung in Halbleiter- und Metalloberflächen auf Hawaii, 1972 waren S. Kawaji, G. Baraff, F. Stern, Y. Uemura, A. Fowler, T. Sugano, J. Zemel, H. Ezawa, G. Dorda, S. Tanuma. H. Sakaki, Y. Matsumat, Y. Takeishi, T. Ando, C.T. Sah, M. Kobayashi, F. Koch. E. Brown, P. Stiles, D. Prange, B. Wheeler. Vgl. Gossner, Harald: Quanten- und Gedankensprünge. Ein Interview mit Gerhard Dorda, In: Scriptum (2008), S. 1.

39 | Vgl. Abstreiter, Gerhard u.a.: Cyclotron Resonance of Electrons in an Inversion Layer on Si. In: Physical Review Letters 32 (1974), S. 104; Abstreiter, Gerhard u.a.: Cyclotron Resonance of Electrons in Surface Space-Charge Layers on Silicon. In: Physical Review B 14 (1976), S. 2480.

40 | Interview Koch, 15.6.2009.

41 | Vgl. Hack, Technologietransfer und Wissenstransformationen.

42 | Vgl. Kapitel II. „Die Nanotechnologie als forschungspolitische Strategie".

Ein Beispiel hierfür ist Gerhard Dorda, der bei Siemens bereits Anfang der 1970er Jahre Quantisierungseffekte in Halbleiterbauelementen erforschte.[43]

DORDA: „Herr Dr. Zerbst leitete damals die Abteilung der MOS-Bauelemente. Es war meine Aufgabe, die MOS-Transistoren auf ihre Eignung als Mikrophon zu untersuchen. Dies führte mich zum piezoelektrischen Effekt an Halbleitern. Zur Erklärung der Beobachtungen entwickelte ich mehrere Theorien. Letztlich erwies sich nur eine Interpretation, basierend auf einer Oberflächenquantisierung der *MOSFETs*, als tragfähig. Da hiermit zum ersten Mal die Oberflächen-Quantisierung in MOSFETs bei Raumtemperatur gezeigt wurde, erregte diese Entdeckung einiges Aufsehen."[44]

Dieses Zitat belegt den für dieses Forschungsfeld charakteristischen fließenden Übergang zwischen Anwendung und Grundlagenforschung, die dem Idealtypus der anwendungsorientierten Grundlagenforschung entspricht. Neue Forschungsfragen wurden im Bereich der Industrieforschung aus unmittelbaren praktischen Problemstellungen entwickelt, konnten jedoch zu weitergehenden grundlagenphysikalischen Phänomenen und zu völlig neuen wissenschaftlichen Erkenntnissen führen.

Um die Transporteigenschaften von Elektronen in den Inversionsschichten unterhalb der Oberfläche von *MOSFETs* zu erklären, konnte Dorda nicht auf das *Bändermodell* zurückgreifen, das die Eigenschaften des gesamten Halbleiters erklärt. Er musste vielmehr Quantisierungseffekte für dieses Verhalten annehmen.[45] Diese Forschungen zu Quantisierungseffekten bei Raumtemperatur unternahm Dorda in enger Kooperation mit den Universitäten Würzburg und München und beschritt einen Weg, der letztlich zum Nobelpreis durch Klaus von Klitzing führte.[46] Seine Forschungen bezeichnete der Siemensmitarbeiter als eine Art „U-Boot-Tätigkeit", die zwar ansatzweise toleriert, aber nur bei einem so großen Erfolg wie dem eines Nobelpreises öffentlich verkündet wurde.

DORDA: „Das ist mein inneres Bestreben, immer die Grundlagenfragen in der Physik zu erörtern. Ich habe das neben der üblichen Aufgaben betrieben, und das vor allem über die Universitäten. Und im Forschungslaboratorium von Siemens wurde diese Nebentätigkeit anerkannt, insofern dass sie sagten, na ja, ich bin der typische Forscher. Man

43 | Dorda, Gerhard: Surface Quantization in Semiconductors. In: Festkörperprobleme 12 (1973), S. 215-239; Gossner, Quanten- und Gedankensprünge, S. 1.

44 | Gossner, Quanten- und Gedankensprünge, S. 1.

45 | Dorda, Gerhard: Piezoresistance in Quantized Conduction Bands in Silicon Inversion Layers. In: Journal of Applied Physics 42 (1971) H. 5, S. 2053.

46 | Gerhard Dorda, der diese Forschungsrichtung bei Siemens Anfang der 1970er Jahre mit einer grundlegenden frühen Arbeit verfolgte, hat dann die MOSFET-Bauelemente für Klitzings entscheidende Versuche zum Quanten-Hall-Effekt im Hochfeld-Magnetlabor in Grenoble geliefert.

nennt das U-Boot-Tätigkeit[47], also im Untergrund tätig, ohne dass jemand was wusste, weil es nicht gebilligt war. Und wenn ich dann erfolgreich war, bin ich wieder sozusagen aufgetaucht. Und die Leitung des Forschungslaboratoriums meinte, wenn man das so macht, ist es okay. Es ist also tolerierbar. Und ich bin ein typischer Forscher dieser Art, haben sie gesagt. Und dann, also nach der Zuerkennung des Nobel-Preises an Klaus von Klitzing, habe ich die absolute Freiheit bekommen. Ich konnte dann quasi machen, was ich wollte. Ich war der Letzte. Sie sagten mir, ich bin der letzte Mohikaner bei Siemens, weil noch vor dieser Zeit, als sie bei Siemens angefangen haben, mit Halbleitern zu arbeiten, da wurde noch Grundlagenforschung betrieben. Siemens hat ja die III-V-Halbleiter entdeckt. Das war in Erlangen."[48]

In dieser Passage spielt Dorda auf das Ende einer stärker grundlagenorientierten Forschungskultur in der Industrie an, die in den 1950er Jahren Heinrich Welker mit seinen wegweisenden Arbeiten zu III-V Halbleitern noch verfolgen konnte. Diese Form der an sich nicht unmittelbar an Innovationen gebundenen Industrieforschung konnte nur nebenbei und im Verborgenen als „U-Boot-Tätigkeit" betrieben werden, war aber nicht wirklich erwünscht von Seiten der zentralen Leitung. Vermutlich suchte der Siemensforscher auch aus diesem Grund den Kontakt zu universitären Forschungsgruppen, da diese mehr Freiheiten hatten, grundlegendere Fragestellungen über Quantisierungseffekte zu untersuchen.

Das Beispiel der engen Kooperation der Forschungsgruppe um Frederick Koch an der TU München mit Gerhard Dorda von Siemens zeigt, dass sich Anfang der 1970er Jahre in München wie auch in den führenden Industrielabors weltweit ein Forschungsfeld herausgebildet hatte, das sich mit quantenphysikalischen Transportphänomenen in Halbleiterstrukturen befasste. In dieser Zeit wurde jene Generation von Physikern ausgebildet, die dann in den 1990er Jahren die Weichenstellung in Richtung Nanotechnologie vollzog.[49] Jörg Kotthaus sieht rückblickend in dieser Entwicklung den eigentlichen Beginn der Nanotechnologie, wenn es um die Erforschung von Quantenphänomenen wie etwa das Tunneln von Elektronen in *Übergittern* geht.

KOTTHAUS: „Ja, das war ungewöhnlich früh, aber andererseits hat Leo Esaki bei IBM die *Molekularstrahlepitaxie* Anfang der 1970er Jahre angefangen. Und das ist auch das,

47 | Die Bezeichnung der „U-Bootforschung" war offensichtlich charakteristisch für diese Art der grundlagenwissenschaftlich orientierten Arbeit bei Siemens ohne unmittelbaren Nutzen und wird ebenfalls von Prof. Fromherz zur Charakterisierung der Forschung bei Siemens verwendet. Vgl. Interview Fromherz, 13.06.08.

48 | Interview Dorda, 17.6.2008.

49 | Jörg Kotthaus, der bereits mit Mikrowellenspektroskopie gearbeitet hatte, wurde sein Assistent, Gerhard Abstreiter sein erster Doktorand.

was mich völlig fasziniert hat, dass schon damals Wissenschaftler künstliche Festkörper gebaut haben durch Atomlagen genaue Schichtung verschiedener Materialien. Und das war auch im Grunde genommen der Beginn der Nanowissenschaften im experimentellen Bereich, also, wenn man Feynman mal außen vor lässt.“[50]

Auch Gerhard Abstreiter datiert vor dem Hintergrund seiner eigenen wissenschaftlichen Vita, die eng mit der Geschichte der Halbleiterphysik in München verknüpft ist, die Anfänge der Nanowissenschaften in den 1970er Jahren. In dieser Zeit wurde, so der spätere Leiter des Walter-Schottky-Instituts, ein langjähriger Sonderforschungsbereich aufgebaut, der als unmittelbarer Vorläufer der Nanotechnologie betrachtet werden kann:

ABSTREITER: „Ich war in dem Sonderforschungsbereich[51] der erste Doktorand am Lehrstuhl von Professor Koch, der 1973 neu aufgebaut wurde. Man kann sagen, dass dieser Sonderforschungsbereich eine Art Vorläufer der Nanowissenschaften in München war.“[52]

Dieser Sonderforschungsbereich untersuchte grundlegende zweidimensionale physikalische Phänomene an Ober- und Grenzflächen von Festkörpern.[53] In seinem Rahmen wurde auch das erste Rastertunnelmikroskop in München in der Projektgruppe des späteren Nobelpreisträger Gerhard Ertl durch Jürgen Behm verwendet.[54] Dieses in den 1970er Jahren sich formierende Forschungsfeld bildete dann jene Kontinuitätslinien und Forschungstraditionen aus, die in den 1990er Jahren als Nanotechnologie bezeichnet wurden.[55] Allerdings muss an dieser Stelle deutlich unterschieden werden zwischen den hier beschriebenen Kontinuitäten im Bereich der niedrigdimensionalen Physik, die seit den 1970er Jahren zu zunehmend komplexeren Experimenten mit Nanostrukturen wie Quantentrögen und Ende der 1980er Jahre mit Quantenkabeln und -Punkten führten, einerseits und der forschungspolitischen Neuausrichtung dieser Experimentalkulturen andererseits. Diese vollzog sich erst im Laufe der 1990er Jahre im Rahmen des Nanodiskurses und erklärt, weshalb im Rückblick diese Forschungstraditionen als Nanotechnologie neu erfunden wurden.

50 | Interview Kotthaus, 19.1.2006.

51 | SFB 128 Elementare Prozesse an Ober- und Grenzflächen von Festkörpern.

52 | Interview Abstreiter, 22.11.2007.

53 | Der Kristallograf Heinz Jagodzinski, der Chemiker Gerhard Ertl, Klaus von Klitzing und Gerhard Abstreiter waren an diesem interdisziplinären SFB beteiligt. SFB 128 Elementare Anregungen an Oberflächen, Finanzierungsantrag für die Haushaltsjahre 1983-85.

54 | Interview Behm 16.12.2008; Vgl. Kapitel IV. „Molekulares Lego. Zur instrumentellen Praxis im Nanokosmos“.

55 | Vgl. Mody, Crafting the Tools of Knowledge, S. 364ff.

Die Entdeckung des Quanten-Hall-Effekts

„On the night of 4-5 February at approximately 2:00 a.m. I made several runs which exhibited distinct Hall steps and I realized that while the magneto-resistance and the behavior of the Hall resistance on the plateaus appeared to be unexpectedly constant and reproducible."[56]

Die Entdeckung des *Quanten-Hall-Effektes* durch Klaus von Klitzing im Frühjahr 1980 stellt neben dem Nobelpreis für Leo Esaki einen der Meilensteine auf dem Gebiet der experimentellen Halbleiterphysik dar und steht in unmittelbarem Zusammenhang mit den seit den frühen 1970er Jahren intensivierten Arbeiten auf dem Feld des quantisierten Elektronentransports in niedrigdimensionalen physikalischen Systemen.[57] Dieses Forschungsfeld wurde jedoch nicht allein in München oder Würzburg etabliert. Weltweit interessierten sich Forschungsgruppen für Quantisierungseffekte in Halbleiterstrukturen; insbesondere japanische und amerikanische Forscher waren hier führend. Auch Gottfried Landwehr, der Doktorvater Klaus von Klitzings, verfolgte diese Forschungsrichtung in den 1970er Jahre in Würzburg und schloss dabei an Arbeiten von Alan B. Fowler und Frank F. Fang an. Klaus von Klitzing erhielt bei Messungen des Elektronentransports in starken Magnetfeldern bereits 1974 erste Anzeichen des *Quanten-Hall-Effektes*.[58] Es dauerte allerdings mehrere Jahre, bis es schließlich zu der von niemand erwarteten Entdeckung des *Quanten-Hall-Effektes* kam.[59]

Die Voraussetzung für diese Präzisionsmessungen waren hochreine und speziell designte *MOSFETs* mit einer hohen Elektronenmobilität. Das Team um Gottfried Landwehr und Klaus von Klitzing kooperierte deshalb eng mit der Industrie.[60] Auch hier war es Gerhard Dorda, der die Zusammenarbeit mit der Universität Würzburg suchte: „Gerhard Dorda's visit was the beginning of an intense and fruitful cooperation lasting for many years."[61] Der Siemensmann war aber nicht allein „Materiallieferant" für die später nobelpreiswürdi-

56 | Klitzing, Klaus von: Foreword. Some Remarks on the Discovery of the Quantum Hall Effect. In: Prange, Richard E.; Girvin, Steven M. (Hg.): The Quantum Hall Effect. New York 1987, S. v.

57 | Landwehr, Gottfried: 25 Years Quantum Hall Effect. How It All Came About. In: Physica E 20 (2003), S. 2.

58 | Landwehr, 25 Years of Quantum Hall Effect, S. 2; Klitzing, Foreword. Some Remarks on the Discovery of the Quantum Hall Effect, S. v.

59 | Vgl. Klitzing, Klaus von: The Quantized Hall Effect. In: Reviews of Modern Physics 58 (1986) H. 3, S. 519-531.

60 | Landwehr, 25 Years Quantum Hall Effect, S. 2.

61 | Ebd., S. 3.

gen Experimente, sondern einer jener Forscher, die dieses neue Feld, wie oben bereits beschrieben, von Seiten der Industrieforschung mitgeprägt haben.

Zwar forschten weltweit verschiedene Gruppen zum Elektronentransport in Halbleitern. Plateaus in den Hall-Kurven wurden bereits von japanischen Wissenschaftlern gemessen. Auch an der TU München wurden solche Forschungsfragen in enger Kooperation mit Siemens durchgeführt, das die *Bauelemente* für solche Präzisionsmessungen lieferte.[62] Es gab jedoch keine theoretische Vorhersage eines solchen Effektes.[63] 1977 war der japanische Theoretiker Tsuneya Ando als Gastwissenschaftler an der TU München und hat das Team um Frederick C. Koch darauf hingewiesen, dass man in Japan *MOS*-Proben mit einer Multikontaktgeometrie gefertigt hatte. Ando zeigte auch Daten von Shinji Kawaji, bei denen neben dem longitudinalen Widerstand auch der transversale sogenannte *Hall-Widerstand* mit den heute berühmten von Klitzing-Stufen gemessen wurde. Diese Informationen bewegten das Team um Frederick C. Koch dazu, ebenfalls solche Proben zu entwerfen und durch Siemens fertigen zu lassen. „Wir haben die Masken entworfen und für die Lithografie bei Siemens hergestellt. Es sind daraus die Proben entstanden, die für die Messungen in Grenoble eingesetzt wurden."[64]

Die *Hall-bar-Struktur*, die von von Klitzing später in Grenoble untersucht wurde, wurde an der TUM u.a. durch Jörg Kotthaus konzipiert, gezeichnet und bei Siemens gefertigt.[65] Wer letztendlich die entscheidenden Anstöße und Beiträge für den späteren Nobelpreis lieferte, die Würzburg-Gruppe um Landwehr, Gerhard Dorda von Siemens oder Frederick C. Kochs Team, und nicht zuletzt Klaus von Klitzing selbst, ist für die Frage nach den Charakteristika dieses neuen Forschungsfeldes zweitrangig. Festzuhalten bleibt, dass durch die enge Kooperation zwischen Siemens und Physikern in München und Würzburg und Japan letztlich die Voraussetzungen für die Messungen von Klitzings geschaffen wurden.

Tsuneya Ando hat in seinen Vorträgen in München immer wieder über den Zusammenhang des Lokalisierungsphänomens und den Stufen gesprochen, so Frederick C. Koch im Interview:

62 | Interview Koch, 15.6.2009.

63 | Landwehr, 25 Years Quantum Hall Effect, S. 1.

64 | Interview Koch, 15.6.2009.

65 | Die Hall-bar-Struktur ist eine Probenkonfiguration, die es erlaubt, verschiedene Komponenten des Leitfähigkeitstensors zu messen. Für die MOS-Proben bedeutet das neben den üblichen Source-Drain Kontakten, die vergleichbar sind mit den FET am Anfang und Ende eines länglichen Rechtecks (Barren), vier weitere Kontakte an den langen Seiten. Man misst damit den elektrischen Widerstand und die Hall-Spannung.

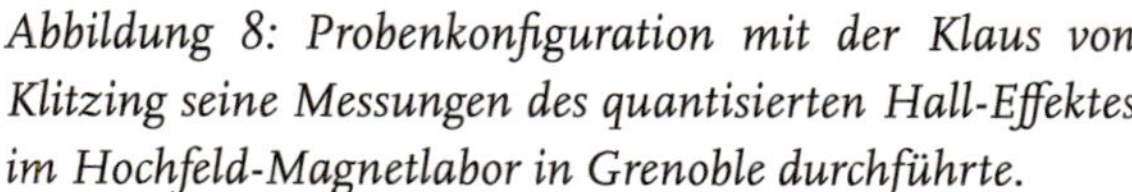

Abbildung 8: Probenkonfiguration mit der Klaus von Klitzing seine Messungen des quantisierten Hall-Effektes im Hochfeld-Magnetlabor in Grenoble durchführte.

KOCH: „Ich erinnere mich deutlich, dass er in den Hallwiderstandsstufen ein in der Lokalisierung begründetes mathematisches Faktum sah und sie deshalb nur näherungsweise als exakte Quantenwerte betrachtete. Viele der frühen Diskussionen über die Hallsteps waren so orientiert.“[66]

Es war jedoch das Verdienst Klaus von Klitzings, erkannt zu haben, dass diese Plateaus auf einer stufenweisen Quantisierung basieren und derart präzise sind, dass sie zur Definition einer Naturkonstante dienen können, die unabhängig vom Material der jeweiligen Probe ist.[67] Fließt ein Strom durch ein Ma-

66 | Interview Koch, 15.6.2009.

67 | Klitzing, Klaus von; Dorda, Gerhard; Pepper, Michael: New Method for High Accuracy Determination of the Fine Structure Constant Based on Quantized Hall Resistance. In: Physical Review Letters 45 (1980) H. 6, S. 494; Thouless, David: Theory of Quantized Hall Effect. In: Surface Science 142 (1984), S. 147; Landwehr, 25 Years Quantum Hall Effect, S. 9.

gnetfeld, übt dieses eine trennende Kraft auf die Ladungsträger aus, so dass sich ein elektrisches Feld aufbaut, das senkrecht zum Magnetfeld und der jeweiligen Richtung des Stromflusses steht. Wird nun dieser bereits 1879 von Edwin Hall entdeckte Effekt in einem zweidimensionalen Halbleiter bei Tieftemperaturen und starken Magnetfeldern gemessen, dann zeigt sich nicht ein stetiger, sondern ein stufenweiser Anstieg des *Hall-Widerstandes.*

Abbildung 9: Die entscheidende Messung des Quanten-Hall-Effektes durch Klaus von Klitzing erfolgte im Hochfeld-Magnetlabor in Grenoble am 5. Februar 1980 bei Tieftemperaturen und Anlegen eines starken Magnetfeldes. Die Kurve weist die entsprechenden Plateaus auf, die von Klitzing dann als Quanteneffekt interpretierte und zur Festlegung des elektrischen Widerstandes nutzte. Der Hall-Widerstand (ρ xy) und der elektrische Widerstand (ρxx) werden bei tiefen Temperaturen über der magnetischen Induktion B in Vielfachen der Einheit T (=Tesla) gemessen.

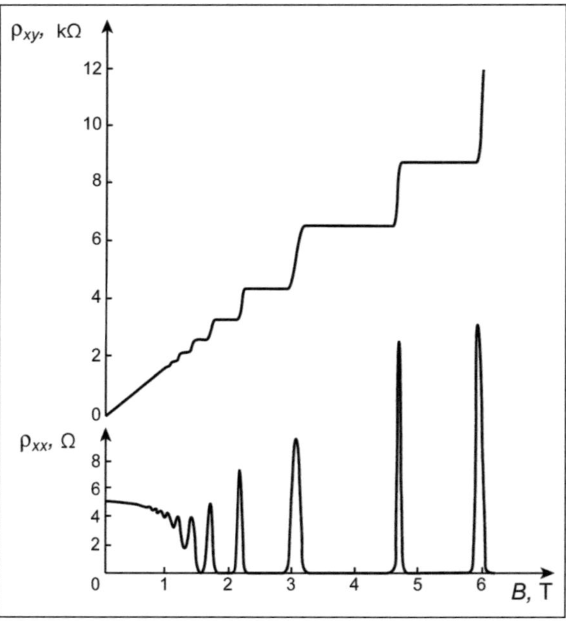

Die Entdeckung des *Quanten-Hall-Effekts* ermöglichte die Etablierung einer neuen Metrologie, mit deren Hilfe der elektrische Widerstand exakt definiert werden kann. Der Erfolg Klaus von Klitzings wurde wie bereits Esakis Nobelpreis als ein Triumph der experimentellen Halbleiterphysik gewertet.[68] Nicht anwendungsorientierte Forschung, sondern Grundlagenforschung habe, so der Doktorvater von Klitzings, zur substanziellen Verbesserung der Genauigkeit des elektrischen Widerstand-Standards geführt.[69] Allerdings wurde die erste Fassung des entscheidenden Aufsatzes für Physical Review Letters nicht anerkannt, da dem Gutachter offensichtlich die theoretische Ausrichtung fehlte.[70] Von Klitzings Entdeckung basierte auf dem Wissen über die Herstellung sehr reiner Proben und auf genauen Messverfahren. Das Beispiel steht für eine Wissenschaftskultur, die in enger Wechselwirkung mit der Industrie ihre Experimente durchführt, aber nicht auf unmittelbare Anwendungen abzielt, sondern vor allem auf neue Erkenntnisse und wissenschaftliche Prinzipien für spätere Anwendungen.[71]

Verpasste Innovation. Zur Geschichte des HEMT-Transistors

Während grundlagenwissenschaftliche Erfolge und Nobelpreise das Prestige der experimentellen Halbleiterphysik erhöhten, wurden quantenphysikalische Phänomene auch in technischer Hinsicht zunehmend relevant und belegten den fließenden Übergang von der Grundlagenforschung zur Anwendung. Hierbei standen vor allem neuartige sogenannte *Verbindungshalbleiter* im Fous.[72] *Galliumarsenid*-Strukturen verhießen aufgrund der guten Transporteigenschaften und der damit einhergehenden Leistungssteigerungen, den Pfad der Silizium-basierten Halbleiter zu überwinden und die *Bauelemente* der Zukunft zu entwickeln.[73] Dies bestätigt im Rückblick auch Günther Weimann, der am Walter-Schottky-Institut von 1988 bis 1995 für die *Molekularstrahlepitaxie*-Anlagen und den Bau von *Halbleiterheterostrukturen* verantwortlich war. Allerdings fällt seine Antwort im Interview zögerlich aus. Er verwendet mehrfach das Wort „vielleicht", da nach wie vor der Siliziumpfad die Bauelemente-Entwicklung der Mikroelektronik prägte:

68 | Landwehr, Gottfried: The Quantum Hall Effect. After 20 Years Still a Challenge for Theory and Experiment. In: Advances in Solid State Physics 40 (2000), S. 10-11; Landwehr, Gottfried: 25 Years Quantum Hall Effect, S. 11; Thouless, Theory of Quantized Hall Effect, S. 147.

69 | Landwehr, 25 Years Quantum Hall Effect, S. 12.

70 | Ebd., S. 15.

71 | Klitzing, Foreword. Some Remarks on the Discovery of the Quantum Hall Effect, S. 12.

72 | Vgl. Zur Bedeutung dieses Forschungsfeldes Trischler, Verteidigungsforschung und ziviles Innovationssystem in der Bundesrepublik, S. 202-207.

73 | Mimura, Takashi: The Early History of the High Electron Mobility Transistor (HEMT). In: IEEE Transactions on Microwave Theory and Techniques 50 (2002) H. 3, S. 780.

WEIMANN: „[...] Die Verbindungshalbleiter, die hatten so viele phantastische Eigenschaften, dass man vielleicht, vielleicht sage ich mal, geglaubt hat, man kann das Silizium eines Tages ersetzen."
KEHRT: „War das ausgesprochen?"
WEIMANN: „Nein, das war die Hoffnung und jeder, der dann irgendwo einen Vortrag hielt, der sich mit dem Zeug beschäftigt hat, der hat dann immer die Vorteile erzählt: bessere Transporteigenschaften, es ist ein Lichtemitter - das kann Silizium noch immer nicht - und dann gab es den schönen Spruch: Galliumarsenid ist der Werkstoff der Zukunft und wird es immer bleiben. Denn das Silizium hat einen unschätzbaren Vorteil gehabt, vom Preis und allem abgesehen: Die Siliziumdioxid-Oberfläche, die ist etwas, was der liebe Gott gewollt hat, offensichtlich, und nicht der Teufel. Denn dass mit so wenig Oberflächenzuständen so perfekt eine Grenzfläche abgesättigt werden kann, das ist eigentlich auch das große Geheimnis der CMOS-Technologie und der heutigen Siliziumtechnologie. Ich glaube, man sieht es heute viel, viel realistischer. Verbindungshalbleiter für die Optoelektronik, ja. In der Mikroelektronik wird Silizium in vielen Punkten nicht zu schlagen sein. Einige, nicht unbedingt Nischenmärkte, aber Anwendungen, wo man über die Siliziumeigenschaften hinaus muss, z.B. in der Leistungselektronik oder für höchste Frequenzen, werden das Feld der Verbindungshalbleiter sein."[74]

Die Erfindung des *HEMT*-Transistors [High Electron Mobility Transistor] ist ein Beispiel für die Industrienähe dieses Forschungsfeldes, in dem u.a. Klaus Ploog (MPI für Festkörperforschung), Günther Weimann (Walter-Schottky-Institut) und Gerhard Abstreiter (Walter-Schottky-Institut) arbeiteten. Es belegt zudem, aus Sicht der beteiligten Wissenschaftler, die unabhängig voneinander diese Geschichte im Interview anführten, die mangelnde Bereitschaft des Industriepartners Siemens bei der Realisierung wegweisender neuer Erkenntnisse und damit das an sich vorhandene große innovatorische Potenzial ihrer Forschung.

Bereits Ende der 1970er Jahre hatten Gerhard Abstreiter und Klaus Ploog ein Patent[75] für einen *HEMT*-Transistor mit hohen Ladungsträgerbeweglichkeiten eingereicht und Kontakt zu Siemens aufgenommen.[76] Ziel war es, die Beweglichkeit der Ladungsträger zu erhöhen und bessere Transporteigenschaften zu ermöglichen.[77] *HEMT*-Bauelemente werden für die Radioastrono-

74 | Interview Weimann, 20.2.2008.

75 | Patent DE 29 13 068 A 1 2.4.1979 (Anmeldetag) Erfinder: Gerhard Abstreiter, Klaus Ploog, Albrecht Fischer: Heterostruktur-Halbleiterkörper und Verwendung hierfür.

76 | Brief Ploog an Zschauer, 4.9.1980 [Privatbesitz Ploog].

77 | Mimura, Takashi u.a.: HEMT Technology. Potentials and Advances. In: Surface Science 174 (1986), S. 343.

mie und Satellitenkommunikation verwendet.[78] Die an der TU München und dem MPI für Festkörperforschung in Stuttgart gemachte Erfindung wurde jedoch nicht von Siemens weiterentwickelt und produziert.

PLOOG: „Wir haben Mitte der 70er-Jahre zusammen gearbeitet mit Herrn Abstreiter, dabei ging es um solche genau strukturierten Halbleiter, Galliumarsenid, Aluminium-Galliumarsenid, wo man ein zweidimensionales Elektronengas erzeugen kann. Wir haben dann in einer Veröffentlichung geschrieben, dass man ein Elektronengas an der Grenzfläche erzeugen kann, das sich auch verarmen lässt, das also ideal für einen Transistor geeignet ist. Ich habe das dann ein halbes Jahr später der Firma Siemens angeboten; ob wir nicht für sie solche Strukturen machen könnten, damit die daraus Transistoren bauen können. Ich habe auf das Schreiben ein halbes Jahr keine Antwort gekriegt, und dann hieß es einfach nach einem telefonischen Rückruf, dass sie daran nicht interessiert sind. Und diese Strukturen waren der Ausgangspunkt dann für Fujitsu, die dann 1982 und folgende Jahre daraus die ersten Transistoren gebaut haben, diesen High Electron Mobility Transistor (HEMT).“[79]

In dieser Passage wird die mangelnde Bereitschaft der Industrie kritisiert, grundlegend neue Entwicklungen im Bereich der Forschung nicht zu erkennen bzw. nicht hinreichend zu fördern. So steht das Beispiel des *HEMT*-Transistors aus deutscher Perspektive für eine verpasste Innovationschance, da Siemens zu spät diese Prototypen gebaut hat und die Patente von Abstreiter und Ploog nicht nutzte. Zwar gab es in den 1990er Jahren Kooperationen mit Infineon. Auch das Fraunhofer Institut für Angewandte Festkörperphysik, das vor allem militärische Auftragsforschung betrieb, orientierte sich unter Leitung des 1995 nach Freiburg gewechselten Günther Weimanns in diese Richtung. Dieser machte sich, wie Helmuth Trischler anhand der Geschichte des Instituts aufgezeigt hat, für eine Öffnung zur zivilen Forschung stark und forcierte die Orientierung auf *Galliumarsenid*-Bauelemente, die in enger Kooperation mit Siemens produziert werden sollten.[80] Die *Galliumarsenid*-Linie ist dann aber an die amerikanische Firma TriQuint verkauft worden, die Verstärker für Handys bauen: „TriQuint verdient viel Geld damit, mit Transistoren, die hier mit Siemens gemeinsam entwickelt wurden.“[81] Während für deutsche Wissenschaftler diese Geschichte eines von vielen Beispielen für die gescheiterte Umsetzung wissenschaftlicher Erkenntnisse durch die Industrie darstellt,

78 | Abe, Masayuki: Ultrahigh-Speed HEMT LSI Technology for Supercomputer. In: IEEE Journal of Solid State Circuits 26 (1991) H. 10, S. 1337.

79 | Interview Ploog, 7.1.2008.

80 | Vgl. Trischler, Verteidigungsforschung und ziviles Innovationssystem, S. 206-207; Trischler, Das Fraunhofer-Institut für Angewandte Festkörperphysik, S. 29-35.

81 | Interview Weimann, 20.2.2008.

stilisieren japanische Forscher ihrerseits die erfolgreiche Entwicklung des *HEMT*-Transistors zum Symbol nationaler Stärke, nicht mehr nur Innovationen zu imitieren, sondern genuine Entwicklungen anstoßen zu können.[82]

Das Walter-Schottky-Institut zwischen Industrie und Wissenschaft

Die Gründung des Walter-Schottky-Instituts ist vor dem Hintergrund des Wettbewerbs um die besten Köpfe und Standortvorteile im Bereich der Mikroelektronik in den 1980er Jahren zu betrachten und macht deutlich, welch große forschungspolitische Erwartungen sich mit dem industrienahen Feld der Halbleiterphysik verbanden.[83] Insbesondere in den USA kam es zur Gründung interdisziplinärer Zentren, um den Wissensfluss zwischen Forschung und Markt zu erleichtern. Auch das WSI sollte die Kooperation zwischen Universität und Wirtschaft befördern und im Unterschied zur Industrie längerfristige Forschungsziele verfolgen und die Wissensgrundlage für Innovationen und neuartige *Bauelemente*, Laser und Anwendungen im Bereich der Hochfrequenztechnologie bilden.[84] Diese Ausrichtung lässt sich an einem internen Diskussionspapier „Vorschlag zur Verbesserung der Mikrostrukturmaterialforschung und der Entwicklung neuartiger Bauelemente" erkennen, das Gerhard Abstreiter im Februar 1985 verfasst und an Vertreter der TUM, Siemens und des Bayerischen Kultusministeriums geschickt hatte.[85] Die Idee zur Gründung des WSI entstand in Diskussionen Gerhard Abstreiters mit Klaus Ploog vom MPI für Festkörperforschung.

ABSTREITER: „Es ist dann die Idee zur Gründung eines neuen Instituts entstanden, zu einer Zeit, als in Japan sehr viel im Bereich der Halbleiter-Heteroepitaxie aufgebaut wurde. Ich war 1983 und 1984 ein paar Monate in Japan und habe mit einem Kollegen [Klaus H. Ploog] lange darüber diskutiert. Anfang 1985 schrieb ich dann in einem ersten Memorandum, dass wir in München mehr Halbleitertechnologie brauchen, um die Hetero-Nanostrukturen auch von der Materialseite her besser zu beherrschen. Das Proposal habe ich dann an den damaligen Kultusminister, Herrn Maier,[86] geschickt, an den Chef des Siemens-Forschungslabors, Herrn Beckurts, der ja leider zwei Jahre später von RAF-Terroristen ermordet wurde, und an die Präsidenten der TU München. Ich habe in diesem Zusammenhang den Vorschlag gemacht, dass wir, um international konkurrenzfähig zu sein, auf dem Gebiet der Halbleiter-Hetero-Nanostrukturen eine zentrale

82 | Mimura, The Early History of the High Electron Mobility Transistor, S. 780-782.

83 | Abstreiter, Gerhard: Vorschlag zur Verbesserung der Mikrostrukturmaterialforschung und der Entwicklung neuartiger Bauelemente, Februar 1985, S. 2 [Privatbesitz Abstreiter].

84 | Ebd., S. 5.

85 | Ebd.

86 | Hans Maier war von 1970 bis 1986 bayerischer Kultusminister.

Einrichtung brauchen, die Materialtechnologie auf international konkurrenzfähigem Niveau betreibt.“[87]

Diese Interviewpassage skizziert – nicht zuletzt durch die mehrfache Verwendung des Adjektivs „konkurrenzfähig“ – die forschungspolitischen Zusammenhänge, die schließlich dazu führten, dass das WSI in enger Kooperation zwischen dem Land Bayern, der TU München und Siemens gegründet wurde.[88] Wenn Abstreiter hier von „Nanostrukturen“ spricht, so ist deren Bedeutung im Rahmen der oben skizzierten Forschungsfelder der Halbleiterphysik zu verstehen: „Insbesondere die Verwendung von elektronischen Eigenschaften, die auf Quanteneffekten beruhen, eröffnen Perspektiven für neuartige *Bauelemente*.“[89] Ziel war es, nach dem Vorbild Japans die Forschung im Bereich der niedrigdimensionalen experimentellen Physik zu fördern und dabei eine enge Verbindung von Physik und Technologie anzustreben. Durch die Schaffung mehrerer neuer Professuren sollte das materialtechnisch ausgerichtete disziplinenüberschreitende Institut international konkurrenzfähig sein. Die Gründung des WSI erklärt sich durch die neuen gesellschaftlichen Anforderungen an Wissenschaft im forcierten globalen Wettstreit um Standortvorteile im hart umkämpften Bereich der Mikroelektronik. Zweifelsohne waren bei der Gründung des WSI Wirtschaft (Siemens) und Politik (Bayerisches Kultusministerium) maßgeblich beteiligt und strategisches Interesse an der Förderung dieses interdisziplinären Wissensfeldes ausschlaggebend.

Eine wichtige Rolle spielte in der Gründungsphase der Leiter der Zentralen Forschung bei Siemens, Karl-Heinz Beckurts[90], an den sich Gerhard Abstreiter mit einem persönlichen Schreiben wandte, um die Bedeutung solch eines neuartigen Instituts zu betonen, das über den bisherigen universitären Rahmen durch seine größere Nähe zur Industrie, aber auch über die Industrieforschung aufgrund seiner längerfristigen zeitlichen Zielvorgaben hinausgehe.[91] Beckurts habe, so Abstreiter, im Unterschied zur Politik und

87 | Interview Abstreiter, 22.11.2007.

88 | Vgl. Interview Ploog, 7.1.2008.

89 | Interview Abstreiter, 22.11.2007.

90 | Karl-Heinz Beckurts hat an der Universität Göttingen von 1949-1954 Physik studiert und war von 1970 bis 1980 in leitender Position am Kernforschungszentrum Jülich tätig, bevor er dann bis zu seinem gewaltsamen Tod durch ein RAF-Attentat bei Siemens die Forschungsabteilung leitete. Er zählte zu diesem Zeitpunkt zweifelsohne zur technischen Elite der Bundesrepublik und hatte einen großen technologiepolitischen Einfluss. Vgl. Beckurts, Karl-Heinz: Technischer Fortschritt. Herausforderung und Erwartung. Vorträge, Aufsätze, Interviews 1980-1986, München: Siemens AG.

91 | Schreiben Dr. Gerhard Abstreiter an Prof. Dr. Beckurts, 28.2.85 [Privatbesitz Abstreiter].

Universitätsleitung schnell und mit großem Interesse reagiert.[92] Dass es schnell zu handeln gelte, war auch Tenor der Briefwechsel zwischen dem Kultusministerium und Gerhard Abstreiter.[93] Siemens sagte seine finanzielle Unterstützung bei der Errichtung des Gebäudes und jährliche Zuwendungen von 700.000 DM zu.[94] Der Schwerpunkt Frederick C. Kochs sollte ausgebaut und Klaus von Klitzing, der im gleichen Jahr den Nobelpreis erhielt, zurück nach München geholt werden.[95] Hintergrund war hier der Standortwettbewerb im Bereich der Mikroelektronik zwischen Bayern und Baden-Württemberg, der dazu führte, dass von Klitzing als Direktor an das Max-Planck-Institut für Festkörperforschung berufen wurde.

Im Zentrum standen jene mittels *Molekularstrahlepitaxie* hergestellten nanometerdünnen Schichten aus III-V *Verbindungshalbleitern.*[96] Dabei ging es im Wesentlichen um materialtechnologische Fragen, da die Forschungen mit quantenphysikalischen Phänomenen die Herstellung hochreiner, ultradünner Materialien und Schichtsysteme erforderten. Zur Mikrostrukturierung sollte das zukünftige Institut mit den für die Mikroelektronikforschung charakteristischen *Reinraum-* und Hochvakuumtechnologien sowie Lithografieverfahren ausgestattet werden. Aber auch die Verwendung der neuen „Tunnelmikroskopie" war zu diesem Zeitpunkt bereits im Gespräch als eine von vielen Analyse-Möglichkeiten neben der *Elektronenmikroskopie*, der optischen *Spektroskopie*

---

92 | Schreiben Prof. Dr. K.H. Beckurts an Dr. Gerhard Abstreiter, 14.3.1985 [Privatbesitz Abstreiter].

93 | Am 17.12.1985 kam es dann zu einer Besprechung im Bayerischen Staatsministerium für Unterricht und Kultus.

94 | Niederschrift über die Besprechung zur Gründung eines Physikalischen Forschungsinstituts für Halbleiterelektronik an der Technischen Universität München am 17.12.1985 im Bayerischen Staatsministerium für Unterricht und Kultus, 17.12.1985 [Privatbesitz Abstreiter; vgl. http://www.wsi.tum.de/Institute/HistoryofWSI/tabid/54/Default.aspx (zuletzt: 16.9.2014)]. Siemens hat dann zur schnellen Errichtung des Gebäudes beigetragen, so dass das WSI bereits 1988 seinen Betrieb aufnehmen konnte. Der Reinraum umfasst 250 Quadratmeter. Die Gebäudekosten von 16,4 Millionen DM wurden ursprünglich von Siemens gedeckt, TUM kaufte das Institut dann im Jahr 1992. Das Land Bayern hat 15 Millionen DM für die Ausstattung und drei Professuren beigesteuert: (Halbleitertechnik: Günter Weimann 1988 bis 1995, seit 1997 Christian Amman, Experimentelle Halbleiterphysik I Gerhard Abstreiter seit 1987; Experimentelle Halbleiterphysik Erich Gornik 1988 bis 1993, Martin Stutzmann seit 1993. Vgl. The History of the WSI, http://www.wsi.tum.de/Institute/HistoryofWSI/tabid/54/Default.aspx [zuletzt 1.9.2014].

95 | Aber auch Horst Störmer von den Bell Labs, E. Gornik von der Universität Innsbruck, Günter Weimann vom FTZ Darmstadt und Jörg Kotthaus, der zu diesem Zeitpunkt eine Professur in Hamburg inne hatte, standen auf der Liste. Kotthaus und Weimann sind dann tatsächlich nach München berufen worden, während von Klitzing in Stuttgart blieb und Abstreiter Leiter des WSI wurde.

96 | Vgl. Kapitel IV. „Molekulares Lego. Zur instrumentellen Praxis im Nanokosmos".

oder der Röntgenstrukturanalyse. Insgesamt waren Investitionsmittel von 30 Millionen DM vorgesehen.

Trotz der Industrienähe des Forschungsfeldes ist das WSI nicht unmittelbar auf Innovationen ausgerichtet. Vielmehr sollte es durch anwendungsorientierte Grundlagenforschung die Wissensbasis für mittel- und langfristige Innovationsprozesse bilden. Damit nimmt dieses Institut eine strategische Mittlerposition zwischen Grundlagenforschung und Technikentwicklung ein.

HAUSER: „Aber was Sie hier machen, das ist Naturwissenschaft, keine engineering science?"
ABSTREITER: „Das ist zwischendrin. Wir haben auch engineering, aber nicht in dem Sinn des klassischen engineerings, sondern wir orientieren uns wirklich an neuen Prinzipien."[97]

Ausdrücklich betont Gerhard Abstreiter im Interview, dass trotz der Innovationspotenziale seiner Forschung, Anwendungen nicht die eigentliche Zielsetzung seiner stärker grundlagenorientierten physikalischen Forschung darstellen.

ASTREITER: Und so ein Laser, wenn man ihn besser machen kann als andere, bietet sich für eine Firmenausgründung an, wenn diese Laser für bestimmte Anwendungen gebraucht werden. Solche Innovationen sind auch ein Aspekt des Instituts. Das ist nicht so sehr mein Schwerpunkt. Bei mir sind Anwendungen immer im Hinterkopf, aber doch irgendwo in der Ferne. Die Frage, ob man etwas auch anwenden könnte, spielt sicherlich eine Rolle, aber es ist nicht der eigentliche Schwerpunkt meiner Arbeit.
HAUSER: Nicht die primäre Motivation Ihrer Arbeit?
ABSTREITER: Nein, eigentlich nicht. Ich möchte immer auch einfach etwas Neues ausprobieren und verstehen."[98]

Die Orientierung an grundlagenwissenschaftlich motivierten Fragestellungen, das Experimentieren mit Elektronen und Quanteneffekten schließt allerdings nicht aus, dass dieses neue Wissen nicht auch in Patente überführt würde oder dass das WSI mit Firmen und größeren Industriepartnern wie Wacker, Fujitsu oder Siemens Kooperationen einginge. Vielmehr ist es ein charakteristischer Grundzug dieser experimentellen, auf Materialfragen aufbauenden Grundlagenforschung, dass dieses Wissen für die Industrie von großer Bedeutung sein kann und dass die Karrierewege dieser Wissenschaftler durch den engen Kontakt zur Halbleiterindustrie geprägt waren. In den 1970er und 1980er Jahren war die Kooperation zwischen Siemens und der TU München

97 | Interview Abstreiter, 22.11.2007.
98 | Ebd.

sehr eng, nicht zuletzt durch das auf beiden Seiten vorherrschende Interesse an neuen Entwicklungen im Bereich der Mikroelektronik.

KOCH: „Also ich als altes Eisen habe immer nahe an der Mikroelektronik arbeiten wollen. Wir haben Arbeiten gemacht über sehr praktische Dinge. Wir wollten mikroskopisch wissen, was passiert, wenn ein Transistor geschädigt ist. Was ist das physikalisch? Welche Zustände sind das? Wie entwickelt sich das Rauschen? Wie entwickeln sich Dinge? Und an solchen Dingen war immer großes Interesse bei Siemens. Die haben ihre eigenen Forscher gehabt. Aber das war dann relativ nahe. Und Schottky ist abgewandert in visionäre, also viel, viel weiter vorausschauende Dinge, die ich am Lehrstuhl nicht mehr gemacht habe."
KEHRT: „Also quasi Postsilizium?"
KOCH: „Postsilizium, ja, einfach neue, ganz neue, also sie haben das *Quantencomputing* und Dinge, auch ganz neue Materialien, die in der Mikroelektronik keine Rolle spielen."
KEHRT: „D.h. es gibt so eine Wegorientierung von der Mikroelektronik als Schlüsseltechnologie?"
KOCH: „Ja."
KEHRT: „In diesen Forschungsfeldern, die vorher näher an der Mikroelektronik dran waren?"
KOCH: „So ist es. Ganz richtig. Also das, was Abstreiter und ich und Kotthaus in den frühen 70er-Jahren machten und in die 80er hinein. Mitte der 80er fing das an zu divergieren. Und dann in den 90ern, als die Firmen sich zurückziehen, dann haben solche Nanoforschungsinstitute ganz andere Dinge [verfolgt], die weit weg sind von der wirklichen Anwendung."[99]

Der Interviewte skizziert hier einen Wandel seines Forschungsfeldes. Die Reduktion der längerfristig und grundlagenorientierten Industrieforschung in den 1990er Jahren und die Fokussierung auf kurzfristige Innovationszyklen, die Auslagerung der Halbleiterproduktion nach Südostasien beeinflussten auch die Forschung am Walter-Schottky-Institut. Wichtige Kontakte zur Industrie, insbesondere zu Siemens, lockerten sich und die Jobchancen für Universitätsabsolventen im Großraum München sanken. Die Nanotechnologieinitiative Ende der 1990er versprach in diesem Zusammenhang, neue Ressourcen zu erschließen, zu einem Zeitpunkt, als sich die Potenziale auf dem Gebiet der Mikroelektronik für Grundlagenforscher offensichtlich erschöpften und zugleich die Lebenswissenschaften zunehmend attraktiver und stärker gefördert wurden.

Auch heute, mehr als 25 Jahre nach seiner Gründung im Jahr 1987 fungiert das WSI als Mittler zwischen Industrie und Universität und trägt mit grundlagenorientierter Forschung mittelfristig zur Entwicklung neuer Technologien

99 | Interview Koch, 15.6.2009.

bei.[100] Weiterhin geht es um die Herstellung ultradünner Vielschichtsysteme zur Erforschung neuartiger physikalischer Phänomene, die Potenziale für die Technikentwicklung in der längerfristigen Perspektive zeitigen. Auch die Stärkung des lokalen Forschungsstandortes, nicht zuletzt durch die Ausbildung hochqualifizierter Wissenschaftler, war bereits in der Gründungsphase des WSI entscheidend. Im Unterschied zur Festschrift zum 25-jährigen Jubiläum war in der Schrift zum zehnjährigen Jubiliäum im Jahr 1997 noch kein Bezug zur Nanotechnologie zu erkennen. Das WSI führte noch den programmatischen Untertitel „Zentralinstitut für Phyikalische Grundlagen der Halbleiterelektronik", der die Orientierung an der Mikroelektronik und Halbleitertechnologie anzeigt.[101]

Neu ist dann allerdings die forschungspolitische Ausrichtung an der Nanotechnologie, die nun auch im Untertitel des Instituts geführt wird als „Zentrum für Nanotechnologie und Nanomaterialien" [ZNN]. Auch Siemens ist kein privilegierter Partner mehr, sondern reiht sich in eine Liste potenzieller Industriepartner ein. Das WSI ist damit ein gutes Beispiel, wie sich ein an sich renommiertes und gut etabliertes wissenschaftliches Forschungszentrum im Zuge der forschungspolitischen Nanotechnologieinitiative neu erfindet und wandelt.[102] So nutzte das WSI die neuen forschungspolitischen Möglichkeiten der Nanotechnologie, um sich u.a. stärker in Richtung der aufkommenden Lebenswissenschaften zu orientieren.[103] Diese Erweiterung eines Instituts der „klassischen Halbleiterphysik" hin zu lebenswissenschaftlichen Disziplinen und biologischen Materialien bestimmte allerdings nicht allein die Antragsrhetorik, sondern wird durch die WSI-Professuren für biomolekulare Nanotechnologie (Prof. Dietz) sowie für Bionanotechnologie und Bioelektronik (Prof. Simmel) systematisch erforscht. Die strategische Neuausrichtung der Münchner Halbleiterphysik und Orientierung an den Lebenswissenschaften führte, wie im Folgenden gezeigt wird, zu neuen Forschungsansätzen, die die Grenzen der bestehenden physikalischen Forschungsfelder erweiterten und die Erwartung weckten, neue Anwendungen im Bereich der Medizintechnik, Nanobiotechnologie und Bioelektronik zu ermöglichen.

---

100 | Vgl. Walter Schottky Institut (Hg.): Das Walter-Schottky-Institut. München TUM 2008.

101 | Technische Universität München: Walter-Schottky-Institut. Zentralinstitut für Physikalische Grundlagen der Halbleiterelektronik. 10 Jahre Walter-Schottky-Institut. Jahresbericht 1997.

102 | Der Erweiterungsbau des WSI wird über Mittel der Exzellenzinitiative finanziert und auch Gelder von NIM fließen hier ein. Siemens hat sich im Unterschied zur Gründungsgeschichte nicht mehr an der Finanzierung beteiligt.

103 | Forschungszentrum für Nanotechnologie und Nanomaterialien, Entwurf 8.8.2007, S. 8 [Privatbesitz Gerhard Abstreiter].

2. Das Feld der Nanowissenschaften

Die Wahrnehmung der Nanotechnologie als wissenschaftliches Feld mit großem technologischem Potenzial begann Ende der 1980er Jahre. Wesentliche Elemente dessen, was in der Öffentlichkeit und auch im innerwissenschaftlichen Diskurs als „Nanotechnologie" vorgestellt, vermarktet und gefördert wurde, finden sich in einem Science Sonderheft „Engineering a small world" aus dem Jahr 1991.[104] Hier sind all jene Narrationslinien und Topoi versammelt, die im Weiteren den Nanotechnologiediskurs prägen sollten: die Idee eines engineerings auf molekularer Ebene, die Visionen Richard Feynmans und Eric Drexlers, die Erforschung molekularer *Selbstassemblierung* für technologische Zwecke, die technologische Nutzung biologischer Materialien sowie die Verwendung des Rastertunnelmikroskops als „nanotechnologisches" Instrument. Zweifelsohne waren Anfang der 1990er Jahre nanotechnologische Ideen und Forschungsansätze innerhalb der Scientific Community virulent. Neben den neuen Forschungs- und Manipulationsmöglichkeiten im Nanometerbereich durch das Rastertunnelmikroskop rief auf dem Feld der Halbleiterphysik das Experimentieren mit sogenannten *Quantum Dots, Nanowires* und *Nanotubes* großes Interesse hervor.[105] Neue Materialtechniken und Methoden aus Fertigungstechnik ermöglichten zunehmend komplexere und kleinere Strukturen wie *Quantenkabel* und *-Punkte* zu bauen und Experimente mit einzelnen Molekülen und Elektronen durchzuführen.

Auch in München gab es in dieser Zeit Forschungsansätze im „Nanometerbereich", die einige Jahre später explizit als Nanotechnologie identifiziert wurden. Der 1991 an der TU angesiedelte SFB 348 „Nanometer-Halbleiterbauelemente" befasste sich mit Nanostrukturen im Zeitraum 1991 bis 2003. Die Erforschung nanostrukturierter Materialsysteme sollte die Grundlagen zur Entwicklung zukünftiger Informationstechnologien schaffen. Im Antragstext des SFB stellt sich das Forschungsfeld als kontinuierliche Weiterentwicklung der Halbleiterphysik in niedrigdimensionalen Systemen dar. Der gezielte Eingriff und die Manipulation von Materie im atomaren Maßstab sollten zur Entwicklung neuer Technologien, insbesondere zu *Bauelementen* in der Mikro- und Optoelektronik auf der Grundlage von Quanteneffekten führen.[106] Auffällig ist die Betonung der Anwendungsorientierung, die für einen von der DFG geförderten grundlagenwissenschaftlichen Sonderforschungsbereich ungewöhnlich erscheint.[107] Zudem sollte der Standort München gestärkt wer-

104 | Engineering a Small World. From Atomic Manipulation to Microfabrication. In: Science 254 (1991), S. 1300-1335.

105 | Corcoran, Elisabeth: Nanotechnik. In: Spektrum der Wissenschaften (Januar1991), S. 78.

106 | SFB 348 Nanometer-Halbleiterbauelemente, S. 11.

107 | Ebd., S. 16.

den:[108] Dieser SFB steht noch ganz in den bereits skizzierten Forschungstraditionen, die sich im Bereich der Halbleiterphysik und Mikroelektronik in den 1970er Jahren ausgeprägt hatten. Eine Öffnung zur Biologie, wie sie sich gegen Ende der 1990er Jahre abzeichnete, ist noch nicht zu erkennen.[109]

Bibliometrische Methoden erlauben es, nanotechnologische Forschungsfelder zu skizzieren.[110] Demnach weist das neue Feld der Nanotechnologie seit Anfang der 1990er Jahre ein exponentielles Wachstum auf.[111] Dies bestätigen mehrere internationale bibliometrische Arbeiten sowie eigene Erhebungen zum Münchner Feld der Nanowissenschaften.[112] Vergleicht man das Gesamtvolumen der Veröffentlichungen in München mit den jeweiligen „Nanopublikationen“, dann zeigt sich zumindest, dass die Zahl der Aufsätze mit Nanokomposita im Titel oder Abstract in den 1990er Jahren signifikant anstieg.

Für den Wissenschaftshistoriker David Kaiser kommen als mögliche Gründe für dieses exponentielle Wachstum neues Personal, neue Instrumente, neue wissenschaftliche Entdeckungen oder das relabeling eines bereits bestehenden Feldes in Betracht.[113] In der Tat gab es neue Instrumente (AFM, STM) und teilweise intensive Diskussionen, z.B. über die Sichtbarmachung von DNA und Atomen. Zudem war dies die Zeit, als Nanovisionäre wie Eric Drexler großes öffentliches Interesse auslösten und Don Eigler populäre Schreibversuche auf atomarer Ebene mit dem STM unternahm. Allerdings stammen, wie auch Kaiser feststellt, viele einflussreiche und oft zitierte Papers aus dem Bereich der längst etablierten Oberflächenwissenschaften (Surface Sciences).[114] Aus diesem Grund spricht vieles dafür, dass es sich eher um ein relabeling bereits

108 | Ebd., S. 20.

109 | Vgl. hierzu die stärker an den Lebenswissenschaften orientieren SFB 563 „Bioorganische Funktionssysteme auf Festkörpern“ (2000-2007) und den SFB 486 „Manipulation von Materie auf der Nanometerskala“ (2000-2009).

110 | Eine der ersten Studien, die den Präfix „nano“ in wissenschaftlichen Zeitschriften als Grundlage für die Erhebung nahm, attestierte dem Feld der Nanotechnologie eine exponentielle Wachstumsrate mit einer Verdopplung alle 1.6 Jahre: Braun, Tibor; Schubert, Andràs; Zsindely, Sàndor: Nanoscience and Nanotechnology on the Balance. In: Scientometrics 2 (1997), S. 322.

111 | Allerdings muss berücksichtigt werden, dass in den 1990er Jahren insgesamt durch ein gewandeltes Zitationsverhalten und elektronische Datenbanken viele wissenschaftliche Felder exponentiell anwachsen und daraus per se kein Spezifikum der Nanotechnologie abzuleiten ist, solange diese nicht in Relation zu anderen Feldern oder den Gesamtpublikationen gesetzt werden.

112 | Vgl. Kostoff, Ronald N. u.a.: Global Nanotechnology Research Metrics. In: Scientometrics 70 (2007), H. 3, S. 569; Heinze, Die Kopplung von Wissenschaft und Wirtschaft, S. 108.

113 | Kaiser, David: Notes Toward a Nanotech Timeline. In: OSTI Working Paper 5.6. 2006, S. 3, http://www.osti.gov/innovation/research/diffusion/nanotechdiscussionDK.pdf), [zuletzt 5.3.2013]

114 | Ebd., S. 7.

Abbildung 10: Nanowissenschaftliche Veröffentlichungen im Raum München im Vergleich mit Veröffentlichungen im Raum München insgesamt, eigene Berechnung.

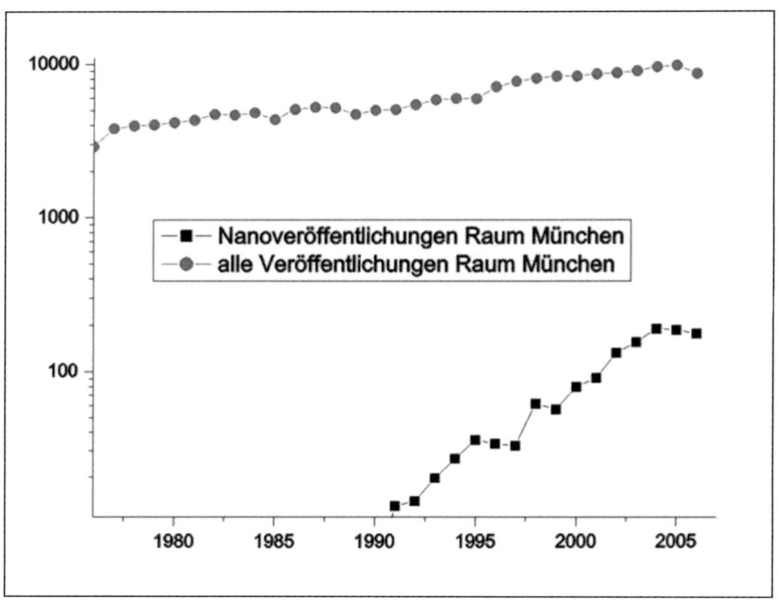

bestehender Forschungsfelder handelt, da Umbenennungen mit geringerem Aufwand, hohem Gewinn für die beteiligten Akteure und ohne zeitliche Verzögerungen durch Lern- und Umstellungsprozesse einhergehen.[115] Auch Cyrus Mody kommt in seiner Studie zur Entstehungsgeschichte des Rastertunnelmikroskops zu einem ähnlichen Ergebnis: „By the time Drexler popularized „nanotechnology" in the late 80s, those working in the avant-garde of this miniaturization effort had begun to substitute the prefix „nano" for „micro in much of their rhetoric."[116] Dieser Befund eines aus vorwiegend forschungspolitischen und marketingtechnischen Gründen unternommenen relabelings bestehender Forschungsrichtungen wirft erste Zweifel gegenüber dem Bestehen eines neuen und eigenständigen Feldes der Nanowissenschaften auf. Ein genauerer Blick auf die 100 meistzitierten deutschen „Nanoaufsätze" macht deutlich, dass diese keinesfalls ein gemeinsames Wissensgebiet umfassen. Die ersten Plätze nehmen Beiträge ein, die sich mit molekularbiologischen Fragestellungen befassen. Diese Statistik zeigt aber auch, dass Münchner Akteure wie etwa der

115 | Ebd., S. 8-9.

116 | Mody, Crafting the Tools of Knowledge, S. 360. In der Buchfassung hat sich Mody dann von dieser These verabschiedet und behauptet nun, dass Nano mehr als nur ein Label sei. Vgl. Mody, Instrumental Community, S. 178.

Biophysiker Matthias Rief mit seiner Arbeit über das „Proteinzupfen" mithilfe des *Rasterkraftmikroskops* eine durchaus führende Position auf nationaler Ebene einnehmen, ohne dass damit ein wirkliches Kriterium zur Abgrenzung der einzelnen Disziplinen und Forschungskontexte bereits gegeben wäre.[117] Auch ein Blick auf den hier im Fokus stehenden Raum Münchens bestätigt den bibliometrischen Befund, dass kein einheitliches Feld „der Nanotechnologie" angenommen werden kann, da die meistzitierten wissenschaftlichen Beiträge aus sehr unterschiedlichen Forschungs- und Zitationskulturen stammen – von der Chemie, Physik, über die materialwissenschaftliche bis hin zu biophysikalischen, molekularbiologischen oder gar medizinischen Forschung etc.[118]

Wie lassen sich diese bibliometrischen Befunde zur Entstehung nanotechnologischer Forschungskontexte in den 1990er Jahren im internationalen Rahmen einordnen? Nanotechnologische Forschung ist ein internationales Phänomen und findet vor allem in den USA, Europa, China und dem südostasiatischen Raum statt. Während die USA mit 40 Prozent die meisten Publikationen weltweit zu verzeichnen haben, ist insbesondere der sprunghafte Anstieg Chinas in den 1990er Jahren bemerkenswert.[119] Auch deutsche Wissenschaftler haben einen weltweit hohen Anteil an nanotechnologischen

117 | Die ersten 5 Plätze der im Web of Science 100 meistzitierten deutschen Nano-Papers (Stand 2007): Shevchenko Andrej u.a.: Mass Spectrometric Sequencing of Proteins from Silver Stained Polyacrylamide Gels. In: Analytical Chemistry 68 (1996) H 5, S. 850-858, Zitationen: 2817; Muzio, M. u.a.: FLICE, a Novel FADD-Homologous ICE/CED-3-like Protease, Is Recruited to the CD95 (Fas/APO-1) Death-inducing signaling Complex. In: Cell 85 (1996) H 6, S. 817-827, Zitationen: 2123; Gleiter, Herbert: Nanocrystallin Materials. In: Progress in Materials Science 33 (1989) (4), S. 223-315; Zitationen: 1646; Caruso Frank, Caruso RA, Möhwald, Helmuth: Nanoengineering of Inorganic and Hybrid Hollow Spheres by Colloidal Templating, In: Science (1998) 282 (5391), S. 1111-1114; Rief, Matthias u.a.: Reversible Unfolding of Individual Titin Immunoglobulin Domains by AFM . In: Science 276 (1997) H. 5315, S. 1109-1112, Zitationen: 933.

118 | Die ersten 5 Plätze der 100 meistzitierten Münchner Nanopaper, Stand 2007: Rief, Matthias u.a.: Reversible Unfolding of Individual Titin Immunoglobulin Domains by AFM . In: Science 276 (1997), H. 5315, S. 1109-1112; Zitationen: 933; Ebbesen, Thomas u.a.: Title: Electrical Conductivity of Individual Carbon Nanotubes. In : Nature 382 (1996) H. 6586, S. 54-56, Zitationen: 500; Veprek, S.: The Search for Novel, Superhard Material. In: Journal of Vacuum Science and Technology A 17 (1999), H. 5, S. 2401-2420, Zitationen: 418; Ekimov, Alexey I. u.a.: Absorption and Intensity Dependent Photolumiescence Measurements on CDS Quantum Dots. Assignments of the 1st Electronic-Transitions. In: Journal of the Optical Society of America B-Optical Physics 10 (1993) H. 1, S. 100-107, Zitationen: 311; Warburton, Richard J. u.a.: Optical Emission From a Charge-tunable Quantum Ring. In: Nature 405 (2000), H. 6789, S. 926-929, Zitationen: 301.

119 | Kostoff,. u.a.: Global Nanotechnology Research Metrics, S. 587. Allerdings sind hier Unterschiede im Publikationsverhalten zu berücksichtigen. Chinesische Autoren publizieren meist in Zeitschriften mit geringerem Impact Faktor.

Papers. Wenn man nicht die absolute Zahl der Nanopublikationen, sondern die Zitationshäufigkeit in den beiden international führenden Zeitschriften Science und Nature als Kriterium nimmt, so steht Deutschland hinter den USA weltweit auf dem zweiten Rang.[120] Auch auf nationaler Ebene lässt sich anhand der Publikationen in Science und Nature nachweisen, dass München eine führende Position einnimmt und damit ein gutes Fallbeispiel für die Nanotechnologie im nationalen wie auch internationalen Maßstab darstellt.

Abbildung 11: Publikationen mit dem Präfix „Nano" im Titel oder Abstract von Science oder Nature im regionalen Vergleich, 1991-2007, eigene Berechnung.[121]

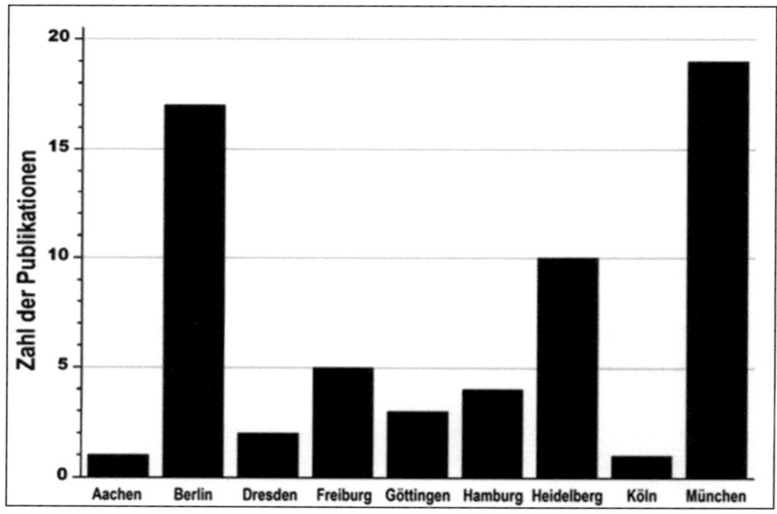

Dieses Ergebnis bestätigt Thomas Heinze, der mit bibliometrischen Methoden Forschungsfelder der Nanotechnologie auf nationaler Ebene untersuchte und damit einen Vergleichsrahmen zur Einordnung der Münchner Befunde eröffnet.[122] Rechnet man die TU und LMU zusammen, so standen beide Universitäten innerhalb Deutschlands an führender Stelle.[123]

120 | Kostoff u.a., Global Nanotechnology Research Metrics, S. 600.

121 | Kehrt, Mit Molekülen spielen, S. 326.

122 | Heinze bleibt auf der Ebene der Bibliometrie stehen und deutet seine Ergebnisse mithilfe eines systemtheoretischen Ansatzes, ohne seine Befunde an konkrete Akteure und Forschungskontexte rückzubinden. Auch die methodischen Grenzen der Bibliometrie werden nicht hinreichend reflektiert. Vgl. Heinze, Die Kopplung von Wissenschaft und Wirtschaft.

123 | In den Jahren 1991-1995 belegten die TU und LMU den ersten Platz mit (268 Publikationen), danach kommt das FZ Jülich mit 160. In den Jahren 1996-2000 hat sich dieser Stellenwert

Bibliometrische Studien belegen ferner, dass zwei Drittel der nanotechnologischen Forschung weltweit an Universitäten betrieben wird.[124] Dieser Befund bestätigt sich auch im Falle der Münchner Wissenschaftslandschaft (vgl. Abbildung 12). Im Raum München dominieren die beiden Universitäten der LMU und TU die Nanopublikationen, während lediglich 6 Prozent aus dem Bereich der Industrieforschung stammen.[125]

Abbildung 12: Münchner Institutionen mit Publikationen, die den Präfix Nano im Titel oder Abstract führen, eigene Berechnung. Die Suche im Science Citation Index wurde auf den Zeitraum [1997-2006] auf insgesamt 1358 Veröffentlichungen beschränkt, die im Titel oder im Text Komposita mit dem Bestandteil „nano" tragen und die im Großraum München (München, Garching, Martinsried, Freising oder Weihenstephan) publiziert wurden.[126]

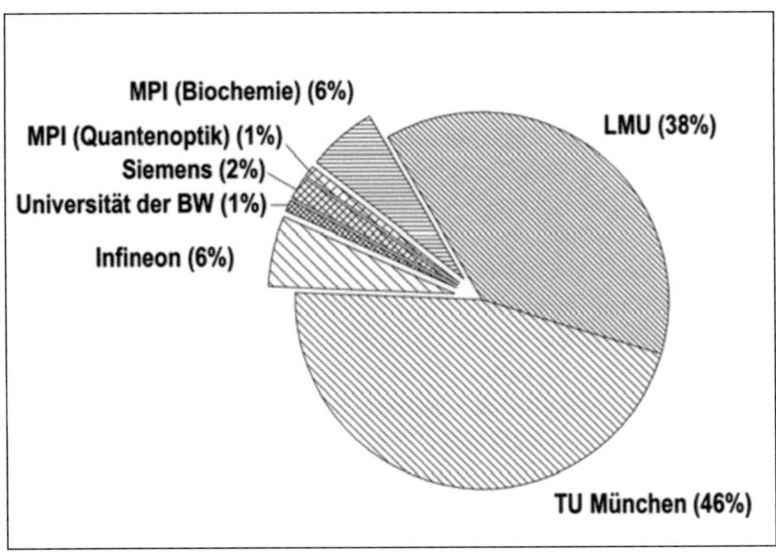

Auch auf nationaler Ebene steht eindeutig der grundlagenwissenschaftliche Charakter im Vordergrund. Nur 13 Prozent fallen in den Bereich der Inge-

bestätigt, mit der TU (310) LMU (240) und dem FZ Jülich mit 349. Vgl. Heinze, Die Kopplung von Wissenschaft und Wirtschaft, S. 292-293.

124 | Kostoff u.a., Global Nanotechnology Research Metrics, S. 576.

125 | Ein Grund hierfür kann allerdings auch an dem Geheimhaltungsgebot der Industrieforschung liegen. Vgl. Tabelle 5.

126 | Kehrt, Mit Molekülen spielen, S. 327.

nieurs- und Technikwissenschaften, 47 Prozent sind reine Grundlagenforschung und 39 Prozent anwendungsorientierte Grundlagenforschung.[127]

Trotz der interpretativen Flexibilität der Nanotechnologie, die sehr heterogene Akteure miteinander verbindet, lässt sich bereits anhand der Publikationsstatistiken eine gewisse Dominanz der Physik, vor allem der experimentellen Halbleiterphysik feststellen. Im weltweiten Vergleich der Nano-Publikationen ist die Physik vor der Chemie und den Materialwissenschaften führend.[128] Die USA sind auf diesem Feld der Halbleiterforschung mit nahezu 50% aller Artikel vertreten, und die Autoren stammen aus einem sehr vielschichtigen Feld privater Firmen, großer Universitäten und Forschungsinstitutionen. Nimmt man die Zahl der weltweit am häufigsten publizierenden Autoren, so zählt Gerhard Abstreiter als Leiter des Walter-Schottky-Instituts international zu den Top fünf der Halbleiterforschung.[129]

Die Orientierung der Halbleiterphysik an nanotechnologischen Fragestellungen lässt sich anhand der Zeitschrift Advances in Solid State Physics verfolgen. Die Zeitschrift ist international orientiert, fasst jedoch primär die Arbeiten deutscher Festkörperphysiker der letzten 50 Jahre zusammen. Sie ist deshalb geeignet, langfristige Entwicklungen ebenso zu betrachten wie neue Trends und Moden.[130] Eine Datenbankrecherche aller Nanokomposita, die im

127 | Die durchaus problematische Kategorisierung der untersuchten Zeitschriften in die vier Bereiche „reine Grundlagenforschung", „anwendungsorientierte Grundlagenforschung", „Ingenieur- und Technikwissenschaften" sowie angewandte Technologie" hat Thomas Heinze qualitativ aufgrund der Beurteilung durch Experten vorgenommen. Vgl. Heinze, Die Kopplung von Wissenschaft und Wirtschaft, S. 113, FN 62.

128 | Die meisten Nanopapers werden in Physikzeitschriften publiziert: Applied Physics Letters ist im Bereich der Nanotechnologie führend mit 2332 Aufsätzen, während neuere Zeitschriften wie Nanotechnology (655) oder Nano Letters (473) weit dahinter liegen. In der Reihenfolge: Applied Physics Letters, Physical Review B, Journal of Applied Physics, Journal of Physical Chemistry B, Langmuir, Thin Solid Films; vgl. Kostoff u.a., Global Nanotechnology Research Metrics, S. 575.

129 | Die drei Top-Institutionen sind AT%T, UC, NTT corp., Japan. An siebter Stelle steht die Technische Universität Berlin und an 14. das MPI für Festkörperforschung in Stuttgart. Münchner Institutionen tauchen in diesem Ranking nicht auf. Vgl. Ming-Yueh Tsay; Shio-Jen Jou; Sheau-Shin Ma: A Bibliometric Study of Semiconductor Literature, 1978-1997. In: Scientometrics 49 (2000), H. 3, S. 505.

130 | Die Zeitschrift „Halbleiterprobleme" wurde von Walter Schottky 1954 begründet und sollte den Anschluss an die internationalen Entwicklungen ermöglichen. Es fasst die Ergebnisse der Jahrestagung des Festkörperausschusses zusammen. 1962 erweitere sich der Fokus auf Festkörperprobleme, um der Interdisziplinarität und Weite des Themengebietes gerecht zu werden, das aus sehr unterschiedlichen Bereichen sich befruchtete. Dieser Wechsel zeigt sich an der Umbenennung der Fachzeitschrift von „Halbleiterprobleme" in „Festkörperprobleme". Die Zeitschrift publiziert die Vorträge der jährlichen Hauptversammlung des Arbeitskreises Festkörperphysik der

Titel oder Abstract der Zeitschriftenbeiträge geführt werden, ergab, dass der Begriff „Nanotechnologie" frühestens 1999[131] auftaucht, während Komposita mit dem Wort „nano" häufiger und früher festzustellen sind. Diese beziehen sich auf *Quantenpunkte*, Phänomene in *Halbleiterheterostrukturen* der III-V Elemente und Arbeiten mit dem *Rastertunnelmikroskop*. Im Jahr 2001 stellt der Herausgeber der Zeitschrift Advances in Solid State Physics fest, dass alle Diskussionen des jährlichen Meetings der Festkörperphysiker sich um nanostrukturierte Festkörper drehten und verortet diese neue Forschungsrichtung in einer 100-jährigen Tradition der Halbleiterphysik.[132] Der Jahrgang 2005 wird dann vom Herausgeber explizit als nanotechnologischer angesprochen: „It is ‚nanoscience', namely the physics of quantum dots and wires, electrical transport, optical properties, spin transport in nanostructures, and magnetism on the nanoscale, that is of central interest to the physics community."[133] Mehrere Beiträge stammen zudem aus dem Bereich der Biophysik, die sich mit organischen Materialien und Biomembranen befassen. So eröffnet das „Nanolabel" und der damit einhergehende Interpretationsspielraum nicht nur die Möglichkeit, lange Traditionslinien zu skizzieren, sondern durchaus auch neue Trends und interdisziplinäre Ansätze in ein bereits lange bestehendes Feld zu integrieren.

Bibliometrische Methoden ermöglichen erste quantitative Beschreibungen der Nanotechnologie und stellen eine wichtige methodische Ergänzung gegenüber den Selbstaussagen der Wissenschaftler im Interview dar. Allerdings sind diese ersten bibliometrischen Ergebnisse nur bedingt aussagekräftig, wenn sie nicht rückgebunden werden an konkrete Fallstudien, Akteure und Forschungskontexte. So ist der exponentielle Anstieg der Nanotechnologie in den 1990er Jahren kritisch zu hinterfragen, da in dieser Zeit aufgrund des Wandels des Zitationsverhaltens durch Internet und elektronische Datenbanken zahlreiche Wissenschaftsfelder ein exponentielles Wachstum aufweisen. Zudem ist die Häufung des Präfixes „Nano", der eine Größendimension angibt, nicht notwendigerweise gleichbedeutend mit einer Orientierung an den Visionen der Nanotechnologie. Diese methodischen Probleme wiegen umso gravierender, als gerade die augenfälligen bibliometrischen Ergebnisse zu wissenschaftspolitischen Zwecken verwandt werden, um die Bedeutung der Nanotechnologie für die jeweiligen Nationalstaaten zu unterstreichen. Die Frage, ob nun die Nanotechnologie ein relabeling der Halbleiterforschung darstellt oder ob

---

DPG und dokumentiert die aktuellsten Entwicklungen, da die eingeladenen Redner meist aus jungen Nachwuchswissenschaftlern bestehen und sich an zukünftigen Entwicklungen orientieren.

131 | Blick, Robert H. u.a.: Nanomechanical Resonators Operating in the Radio Frequency Regime as Single Charge Detectors. In: Advances in Solid State Physics 39 (1999), S. 120-130.

132 | Kramer, Bernhard: Preface. In: Advances in Solid State Physics 41 (2001).

133 | Kramer, Bernhard: Preface. In: Advances in Solid State Physics 45 (2005).

sich mit dem Nanotechnologiediskurs tatsächlich ein signifikanter Wandel der Forschungspraxis abzeichnet, lässt sich nur bei konkreter Betrachtung der jeweiligen Forschungskontexte und Traditionen feststellen. Im Folgenden wird deshalb am Beispiel der Halbleiterphysik untersucht, wie sich diese vor dem Hintergrund ihrer eigenen langjährigen Forschungstraditionen in den 1990er Jahren an der Nanotechnologie orientierten, um neue Forschungsfelder zu eröffnen und das Überschreiten disziplinärer Grenzen zu ermöglichen. Dabei ist die Forschung mit Nanostrukturen und Quanteneffekten, die bis in die 1970er Jahre zurückreicht, zu unterscheiden von der gesellschaftlichen und forschungspolitischen Wahrnehmung der Nanotechnologie als Zukunftstechnologie, die erst in den 1990er Jahren stattfindet.

CeNS: Neuer Spaß an der Wissenschaft in Zeiten der Ressourcenknappheit

Das 1998 gegründete Münchner Center for Nanoscience ist an der LMU angesiedelt und umfasst etwa 80 ordentliche und außerordentliche Mitglieder und mit den assoziierten Forschungsgruppen und Doktoranden insgesamt etwa 300 Wissenschaftler.[134] Die 20 Gründungsmitglieder entstammen im Wesentlichen dem Umfeld der Experimentalphysik an der LMU.[135] Das Münchner Nanonetzwerk wurde mit einer recht bescheidenen finanziellen Ausstattung und schlanker Infrastruktur aufgestellt, da keine wissenschaftlichen Stellen oder Forschungsprojekte finanziert wurden. Ein wissenschaftlicher Koordinator sollte die „interne wissenschaftliche Zusammenarbeit ebenso wie die Wechselwirkung mit der Industrie und dem lokalen und internationalen wissenschaftlichen und technologischen Umfeld" organisieren.[136] CeNS ist eine Organisationsform, die versucht, den neuen forschungspolitschen und medialen Anforderungen an Wissenschaft gerecht zu werden. Hierfür bedurfte es anfangs keiner großartigen finanziellen Ausstattungen als vielmehr der Vernetzung und verbesserten Außendarstellung der bereits vorhandenen Forschung.

KEHRT: „Es ist also so ein Netzwerk, aber ohne Institute?"
THALHAMMER: „Es ist Netzwerk. Es ist ohne ein übergeordnetes Institut, aber das ist ja das Schöne daran!"
KEHRT: „Es ist kein Nanoinstitut?"

134 | Vgl. CeNS: Annual Report 2006, S. 7; http://www.cens.de/about-cens/ (zuletzt: 17.9.2014).

135 | 73 Prozent dieser Mitglieder sind an der LMU tätig, sechs Prozent an der TU, fünf Prozent an der Universität Augsburg und fünf Prozent am MPI für Biochemie. Vgl. CeNS: Annual Report. München 2006, S. 7.

136 | Prof. Kotthaus an den Kanzler der LMU, 5.2.1998 [Privatbesitz Kotthaus].

THALHAMMER: „Es sind nur drei Mitarbeiter bei CeNS beschäftigt – eine Geschäftsführerin und zwei Mitarbeiterinnen."[137]

Die Gründung von CeNS ist vor dem Hintergrund zu betrachten, dass die aktuellen Rahmenbedingungen der Universitäten mit ihrer disziplinären Ausrichtung die Freiheit der Wissenschaftler einschränkten und insbesondere für interdisziplinäre Forschungsansätze eine flexiblere, offenere Organisationsform gefragt war. Aus diesem Grund spricht Kotthaus in Bezug auf CeNS auch von einer durchaus subversiven Struktur, die sich gegen die Bürokratisierung der Forschung wendet:

KOTTHAUS: „All diese Flexibilität ist im Grunde genommen durch unsere Förderinstrumente sehr stark eingeengt. Die Flexibilität zu kommunizieren, Leute zusammen zu bringen, spontan Dinge zu machen. Und daraus entstand dann die Idee: Wie können wir eine Struktur schaffen, die eben gerade so ein spontanes, über die Fachgrenzen hinaus gehendes Instrument sein kann und jetzt nicht sofort Widerspruch hervorruft? Wenn Sie interdisziplinär arbeiten wollen, ist zunächst mal das größte Problem, dass es Disziplinen gibt. Die Disziplinen landen dann in Strukturen, da gibt's eine Fakultät für Physik, eine Fakultät für Chemie, eine Fakultät für Biologie, eine Fakultät für Medizin. Und wenn Sie jetzt versuchen, diese Strukturen zu ändern, da landen Sie alsbald in einem Wald von Machtansprüchen, in dem Sie im Grunde genommen, aus meiner Erfahrung sehr bald, ja genauso erstarren in Organisationsformen, die ineffektiv sind."[138]

In dieser Passage betont der Mitbegründer von CeNS eine Neuausrichtung der Physik jenseits der Disziplinen. Dies verspricht nicht nur neue Kooperationsmöglichkeiten im Forschungsalltag, sondern wird vor allem einem neuen forschungspolitischen Leitbild gerecht, das Inter- und Transdisziplinarität höher bewertet.[139] Das Bild, das Jörg Kotthaus von der deutschen Wissenschaftslandschaft zeichnet, ist das einer erstarrten und überalterten Akademie. Nicht Nobelpreisträger, sondern junge und hungrige Forscher sind die Adressaten der Münchner Nanoinitiative, bei der es darum gehe „Spaß zu haben" und frei zu forschen. Zudem äußerte er ein gewisses Unbehagen gegen politisch von oben initiierte, forschungsfremde und im Grunde auch Innovationsprozesse nicht unbedingt fördernde Strukturen.

KOTTHAUS: „Programmforschung ist meines Erachtens der Tod für die Innovation. Weil, Programmforschung heißt ja, man schreibt ein Programm. Und das heißt, man weiß im Grunde genommen schon, was hinten raus kommen soll. Aus meiner Sicht ist wirkliche

137 | Interview Thalhammer, 7.12.2006.

138 | Interview Kotthaus, 19.1.2006.

139 | Forman, On the Historical Forms of Knowledge Production.

Innovation nicht planbar und ist eher zufällig und kann nur dadurch geschaffen werden, dass man effektive Randbedingungen schafft, also Spielwiesen, Sandkästen für erwachsene Wissenschaftler."[140]

In diesem Zusammenhang wird das für Grundlagenforschung charakteristische Motiv des freien und ungesteuerten Spiels angesprochen. Letztlich kommt damit zum Ausdruck, dass Wissenschaft am besten ohne allzu große Vorgaben aus Gesellschaft und Politik funktioniert. Allerdings werden damit auch die bereits in Kapitel II beschriebenen forschungspolitischen Motive und Strategien, die die Gründung eines solchen Netzwerkes motivierten, ausgeblendet. Als Gegenbild nennt Kotthaus die aus seiner Sicht erstarrten Großforschungsinstitutionen und veralteten Akademien, in denen Nachwuchswissenschaftler nur schwer zum Zuge kommen. CeNS dagegen sei ein flexibles, forschungszentriertes Netzwerk mit flachen Hierarchien und freiwillig assoziierten Akteuren, ohne verpflichtende Programme, ohne Kampf um Ressourcen. Es gehe darum, Nischen und Freiräume zur Erschließung wissenschaftlichen Neulandes zu schaffen. Flexibilität, unbürokratisches Vorgehen und Spaß an der Wissenschaft waren dabei ausschlaggebend, so der Tenor der interviewten Gründungsmitglieder. Hierzu bedarf es weniger der Ausstattung mit Großgeräten als vielmehr jener Bedingungen, die für Wissenschaftler wichtig sind: Freude an der Forschung, eine angenehme Atmosphäre und Neugierde, über die eigenen Fachgrenzen hinauszugehen.

CeNS sollte den Ideenaustausch vor Ort und die Erschließung wissenschaftlichen Neulandes erleichtern. So ging es offensichtlich auch darum, die lokalen Ressourcen und Potenziale der LMU zu nutzen, um bestehende Forschungsgruppen verschiedener Fachbereiche und Disziplinen besser miteinander ins Gespräch zu bringen. Hintergrund hierfür ist die oftmals auch unliebsame räumliche Trennung der Wissenschaftler über das ganze Stadtgebiet, die einen lockeren und informellen Ideenaustausch zwischen Garching, Martinsried und der Innenstadt erschwert.[141] CeNS stellt sich so als ein Netzwerk dar, das mit geringen infrastrukturellen Mitteln neuartige Kooperationsformen und Allianzen und eine vor allem hohe mediale Außenwirkung entfaltet, die trotz der engen Verwurzelung an der Universität diese Grenzen erweitert und neue Kontakte, Identitäten und Freiräume für kreative Arbeit eröffnet. Daraus folgt im Umkehrschluss, dass es über die bestehende Struktur der Universität offensichtlich nicht in hinreichendem Maße möglich war, Anschluss an internationale Trends zu halten, die quer zu den Disziplinengrenzen liegen. Zugleich entspricht diese Betonung der Inter- und Transdisziplinarität den

140 | Interview Kotthaus, 19.1.2006.

141 | Vgl. Heßler, Kreative Stadt.

neuen forschungspolitischen Prämissen, mit denen die nanowissenschaftlichen Akteure in München ihre Handlungs- und Förderchancen erhöhen.

Die Idee für CeNS stammt aus den USA. Pate stand das amerikanische Zentrum QUEST [Center for Quantum Electronic Structures], das Jörg Kotthaus durch seine langjährigen Kontakte zur University of California, Santa Barbara, unmittelbar kannte.[142]

KOTTHAUS: „[...] Die Idee, so etwas wie das Center for NanoScience (CeNS) mitzugestalten, ehrlich gesagt, hat mich an sich seit Anfang der 80er-Jahre bewegt, als ich gesehen habe, wie in den USA solche Zentren [entstanden sind]. Eine Vorbildfunktion hat für mich das QUEST gehabt. Das QUEST hieß eben ‚Quantum-Electronic Structures' und war eine Zusammenarbeit von Wissenschaftlern in Santa Barbara, die wirklich auf gemeinsamen Interessen beruhte. Ich war damals praktisch jeden Sommer ein bis zwei Monate in Santa Barbara, das hatte natürlich auch andere Gründe."[143]

Das Modell solcher Wissenschaftszentren hat sich unter der Bush-Regierung in den 1980er Jahren durchgesetzt und reflektiert einen internationalen Trend, anwendungs- und problemorientierte, interdisziplinäre Forschung zu stärken, der die disziplinär ausgerichteten Organisationsstrukturen der Universitäten offensichtlich nicht mehr gerecht werden können.[144] Charakteristisch für diese Organisationsform ist dabei ihr Zwittercharakter. Einerseits sind sie an der Universität angesiedelt, anderseits orientieren sie sich stärker nach außen.[145]

So lässt sich die Gründung von CeNS als eine wissenschaftsnahe Organisationsform mit schlankem Überbau, geringer apparativer Ausstattung, aber großer Außenwirkung verstehen, die vor allem die Arbeit der Wissenschaftler selbst in den Vordergrund stellt. Diese neuen Netzwerke sollten auch den gewandelten medialen Voraussetzungen ihrer Arbeit gerecht werden und wissenschaftliche Aktivitäten einer größeren Öffentlichkeit präsentieren.[146]

THALHAMMER: „Hauptsächlich auch wegen der Identität. Sie werden viele Institute finden, auch an der Universität, bei denen das Wort ‚Nano' noch nicht im Schriftzug erkennbar ist. Das CeNS ist eine Bottom-Up-Geschichte, um auch die Außenpräsenz primär zu erhöhen."[147]

142 | Jörg Kotthaus promovierte 1973 an der University of California, Santa Barbara.

143 | Interview Kotthaus, 19.1.2006.

144 | Thompson Klein, Julie: Crossing Boundaries. Knowledge, Disciplinarities and Interdisciplinarities. Charlottesville, London 1996, S. 31-32; Stokes, Pasteurs Quadrant, S. 67.

145 | Thompson-Klein, Crossing Boundaries, S. 36.

146 | Vgl. Kapitel V „Medialisierungsstrategien".

147 | Interview Thalhammer, 7.12.2006.

In diesem Zusammenhang ist auch die öffentliche Betonung der Innovationspotenziale dieser Forschungskulturen zu verorten. Dass Innovationen zum Maßstab und Leitbild der grundlagenwissenschaftlich orientierten universitären Forschungsarbeiten avancierten, zeigt sich an der Außendarstellung von CeNS und auch NIM.

FELDMANN: „Der Begriff ‚Nano' wird heutzutage in vielen Bereichen verwendet, von der Schuhcreme bis zur Elektronik. Bei unserem Exzellenzcluster ‚Nanosystems Initiative Munich (NIM)' beschäftigen wir uns vorrangig mit den Nanowissenschaften und weniger mit der Nanotechnologie. Es geht um neuartige Nanosysteme mit speziellen Funktionen, die sich nach dem Vorbild der Natur oft von selbst aufbauen können. Diese Nanosysteme können Anwendungen in der Medizin finden, aber auch bei sensorischen und elektronischen *Bauelementen*. So haben sich in den letzten Jahren einige Nano-Ausgründungen, speziell im Bereich Life-Sciences, zu schlagkräftigen Firmen entwickelt. So wird aus Nanowissenschaft letztlich Nanotechnologie."[148]

Für Physiker an der Universität bietet die Verortung im Nanodiskurs somit die Chance, ihre Technik- und Innovationsorientierung zu betonen, obwohl sie weniger anwendungsorientiert arbeiten als die Studenten und Professoren an ingenieurwissenschaftlichen Fakultäten. Entscheidend ist hierbei nicht die Innovation als solche, sondern der Nachweis, dass hier eine neuartige strategische Form der Wissensproduktion stattfindet, die potenziell auch Innovationen zeitigen kann und so der forschungspolitischen Forderung nach exzellenter und anwendungsorientierter Wissenschaft nachkommt. Diese Form der strategischen Wissenschaft schafft ein Reservoir an Wissen für mögliche Innovationen im lokalen und regionalen Umfeld, ohne notwendigerweise unmittelbar in Innovationsprozesse involviert zu sein.[149] Der wissenschaftliche Schwerpunkt zeigt sich deutlich im Vergleich mit den Kompetenzzentren des BMBF.[150] CeNS ist ein primär wissenschaftliches Netzwerk, dessen Ziel die Vernetzung und Förderung der universitären Forschung darstellt. Dieses flexible, wissenschaftsnahe und an neuen Forschungstrend orientierte Nanonetzwerk steht für den Wandel der universitären Forschung. Mediale und gesellschaftliche Erwartungen werden leichter und schneller bedient und insbesondere jene Forschungsrichtungen gestärkt, die den gesellschaftlichen Erwartungen an zukünftige Innovationen gerecht werden.

---

148 | Interview Feldmann, 14.1.2009.

149 | Vgl. Rip, Regional Innovation Systems and the Advent of Strategic Science. Vgl. Kapitel VI. „Spin-off. Innovationsprozesse im universitären Kontext".

150 | Bührer u.a., Die Kompetenzzentren der Nanotechnologie, S. 81; vgl. Kapitel II. „Die Nanotechnologie als forschungspolitische Strategie".

Lokale Exzellenz und internationales Renommee: Nanosystems Initiative Munich

Das im Rahmen der Exzellenzinitiative eingeworbene Exzellenzcluster NIM basiert auf den Ansätzen, Akteuren und Strukturen von CeNS.[151] Entscheidend für die Herausbildung des Exzellenzclusters waren jene informellen Verbindungen und Kooperationen, die sich in der Münchner Wissenschaftslandschaft über lange Jahre hinweg herausgebildet hatten. Dies zeigt sich auch daran, dass Jörg Kotthaus Gründungsdirektor von NIM war und 70 Prozent der NIM-Mitglieder bereits in CeNS assoziiert waren.[152] Die Geschäftsstellen von CeNS und von NIM befinden sich in unmittelbarer Nähe zu den Lehrstühlen von Hermann Gaub, Jörg Kotthaus oder Jochen Feldmann.

Deutlicher noch als bei CeNS ist neben dem Prestige der Exzellenzinitiative und den größeren finanziellen und forschungspolitischen Möglichkeiten auch die inhaltliche Orientierung in Richtung Nanobiotechnologie. Gerade letztere hat Jochen Feldmann als Sprecher von NIM als ein besonderes Charakteristikum des Münchner Standortes ausgemacht.[153] NIM verfügt über größere finanzielle Ressourcen als CeNS, um teure Instrumente zu finanzieren sowie gezielt neue Professuren für Nachwuchswissenschaftler zu schaffen. So konnten mehrere in München ausgebildete Wissenschaftler gehalten oder zurückgeholt und auf diesem Weg der Forschungsstandort gestärkt werden.[154]

151 | Vgl. zur sozialwissenschaftlichen Analyse und Kritik der Exzellenzinitiative: Münch, Die akademische Elite. Insgesamt standen für die Exzellenzinitiative bis ins Jahr 2011 1,9 Milliarden Euro zur Verfügung. Die LMU und TU erhielten den prestigeträchtigen Status einer „Eliteuniversität" und haben insgesamt erfolgreich abgeschnitten. Vgl. die Presseinformation: Entscheidung im Exzellenz-Wettbewerb: LMU ist Spitzenuniversität, LMU Presseinformation 13.10.2006. Bei der Begutachtung spielten die Kriterien der internationalen Wahrnehmung, der wissenschaftlichen Exzellenz sowie der Interdisziplinarität eine große Rolle. Dem Exzellenzcluster Nanosystems Initiative Munich [NIM] geht es um die Stärkung des regionalen Wissensraumes Bayern als auch um eine Konkurrenzfähigkeit mit international führenden Universitäten, insbesondere in den USA. Vgl. LMU 2020. Optimierungskonzept der Ludwig-Maximilians-Universität München, 13.5.2005; Expertenkommission Wissenschaftsland Bayern 2020, Mittelstraß, Jürgen (Vorsitzender): Wissenschaftsland Bayern 2020, März 2005.

152 | CeNS: Annual Report. München 2006, S. 2.

153 | Auch Wolfgang Heckl bestätigt dies im Interview. Interview Heckl, 20.11.2006.

154 | Als Beispiel kann hier Alexander Holleitner genannt werden, der am Lehrstuhl Kotthaus studierte und dann im Rahmen der Exzellenzinitiatve an das WSI berufen wurde. Auch der Aufbau der Forschungsgruppe von Friedrich Simmel wurde mit NIM-Geldern finanziert. Friedrich Simmel, der ebenfalls bei Kotthaus studiert hat, erhielt dann eine Professur an der TUM. Ein ähnliches Muster greift bei Joachim Rädler, der an der TU bei Sackmann 1993 promovierte und dann als Professor an die LMU berufen wurde. Der Biophysiker Ulrich Gerland, der in München ein Emmy-Noether-

Die Stärke des Forschungsstandortes hängt eng damit zusammen, dass zwei große Universitäten und dadurch ein großes Forschungsfeld im Bereich der Physik und damit auch bessere Karrieremöglichkeiten vorhanden sind. Dies erklärt auch, weshalb einige der führenden Münchner Nanowissenschaftler im Laufe ihrer Karriere an der TU studiert und dann an der LMU Stellen angenommen haben und vice versa.[155] Ferner kooperieren die beiden großen Universitäten auch im Rahmen mehrerer Sonderforschungsbereiche. Während auf der forschungspolitischen Ebene das Profil der beiden Universitäten oftmals in Konkurrenz zueinander definiert wird, zeigt sich auf der Ebene der Forschungspraxis, aber auch an den Karrieren einzelner Wissenschaftler, ein großer lokaler Zusammenhang. Auch der Schwerpunkt der Mikroelektronik mit seinen guten Jobaussichten im Umfeld Münchens sowie ein gutes Freizeitangebot zeichnen den Standort aus. Jörg Kotthaus bringt die Relevanz lokaler Faktoren und das damit einhergehende Selbstverständnis der Münchner Akteure im Interview zum Ausdruck:

KOTTHAUS: „Ich meine, wenn Sie es schaffen wollen, diejenigen anzuziehen, die besonders kreativ sind, dann sind Sie ja immer im Wettbewerb mit anderen Institutionen. Wenn jetzt ein junger Wissenschaftler, der gut ist, die Möglichkeit hat, ans Forschungszentrum Karlsruhe zu gehen, nach Jülich, ans Hahn-Meitner-Institut in Berlin oder nach München, möchte ich wetten, dann wird er zu 90 Prozent, wenn er nicht irgendwie leicht hirngeschädigt ist, nach München gehen."
HAUSER: „Besonders nach der Exzellenzinitiative."
KOTTHAUS: „Ja, natürlich. Was meinen Sie, allein wie viele Emails ich bekomme, seit die Exzellenzinitiative bewilligt ist, von wirklich guten Doktorandenbewerbern aus Europa oder gar weltweit? Das hat ganz drastisch zugenommen, weil die Leute aufmerksam geworden sind, dass man in München sogar exzellente Wissenschaft machen kann. Ich meine, das Oktoberfest kennt jeder in der Welt? Aber, dass man an dem Ort, wo das Oktoberfest stattfindet und wo man Skifahren kann, auch noch gute Wissenschaft machen kann, ist ja nun eine Situation, die attraktiv ist."[156]

Diese Passage verdeutlicht die forschungspolitische Orientierung an „Spitzenforschung" und den damit einhergehenden Standortwettbewerb. Insgesamt zeigt die Analyse der Münchner Nanonetzwerke, mit welch neuen Anforde-

---

Stipendium hatte, wurde als „NIM-Professor" aus Köln zurückgeholt. Lukas Schmidt-Mende und Christian Scheu waren zuvor nicht in München tätig.

155 | Zu nennen sind hier im Bereich der Nanowissenschaften u.a. Hermann Gaub, Jörg Kotthaus, Wolfgang Heckl, Joachim Rädler, Fritz Simmel, Alexander Hohleitner, die an der TU studiert und dann an der LMU Professor geworden sind und vice versa. Auch Gerhard Abstreiter hat in München studiert und ist hier zum Professor ernannt worden.

156 | Interview Kotthaus, 19.1.2006.

rungen sich Wissenschaftler um die Jahrtausendwende konfrontiert sahen. Der Erfolg dieses Netzwerkes erklärt sich folglich nicht allein durch die Öffnung wissenschaftlicher Teilgebiete in Richtung einer größeren Interdisziplinarität. Es sind vor allem neue mediale und forschungspolitische Strategien, die hierbei zum Tragen kommen. CeNS und NIM können auf neue Weise die Forschungsleistung der beteiligten Akteure gegenüber einer breiteren Öffentlichkeit als auch gegenüber der Forschungspolitik darstellen. Dies wird unterstützt durch die mit dem Nanohype einhergehende hohe öffentliche Aufmerksamkeit auf dieses Feld. Die beiden Münchner Nanonetzwerke kommen damit den gewandelten gesellschaftlichen Anforderungen an Wissenschaft entgegen, indem sie eine Plattform bilden, um stärkeren Bezug auf Politik und Öffentlichkeit zu nehmen. Insofern können CeNS und NIM als Netzwerke verstanden werden, in dem es erfahrene und versierte Wissenschaftler mit forschungspolitischem Gespür verstanden haben, neue Strategien zu entwickeln, die den neuen Rahmenbedingungen für Forschung besser entsprechen als die bestehenden universitären Organisationsstrukturen. Das für 2017 in universitätsnaher Lage am Englischen Garten geplanten Nanoinstitut setzt die hier beschriebenen forschungspolitischen Aktivitäten fort und trägt letztlich zur Institutionalisierung und dauerhaften Förderung der Nanotechnologie bei.[157]

3. Neue Formen der Interdisziplinarität?

Nanowissenschaftliche Forschungskontexte werden vor allem mit neuen Formen der Interdisziplinarität gleichgesetzt.[158] Während bis dato vor allem die Spezialisierung der eigenen Forschungszweige im Vordergrund stand, kam nun „frische Luft“ und Belebung in die Wissenschaften dadurch, dass man neue und durchaus ungewöhnliche Gesprächspartner außerhalb der eigenen Forschungsgebiete suchte. Die Hauptaufgabe des Münchner Center for Nanoscience liegt, wie ein Blick auf die Satzung zeigt, in der Förderung interdisziplinärer Forschungsansätze.[159] Auch bei NIM steht, wie schon bei CeNS, die Motivation im Vordergrund, das Überschreiten disziplinärer Grenzen gerade zwischen den Lebenswissenschaften und Informationstechnologien zu erleichtern und zu befördern.[160] Zweifelsohne haben es die Initiatoren von CeNS

157 | Der Neubau für ein Nanoinstitut der LMU in Höhe von mehr als 33 Millionen Euro wird durch das Bayerische Wissenschaftsministerium finanziert. Bayerisches Staatsministerium für Bildung und Kultus, Wissenschaft und Kunst: „Wissenschaft auf höchstem Niveau im Herzen der Stadt“, Pressemitteilung 440/2014, 3. Dezember 2014.

158 | Vgl. zu den Begriffen „Inter-, Trans- und Multidisziplinarität“ die Einleitung.

159 | Statuten von CENS, http://www.cens.de/about-cens/statute.html, [zuletzt: 12.9.2014].

160 | Vgl. http://www.nano-initiative-munich.de/about-nim/, [zuletzt: 12.9.2014].

verstanden, Synergien zu schaffen und den Ideenaustausch durch gemeinsame Tagungen und Workshops zu befördern.[161] Die Bereiche der Molekularbiologie, Festkörperphysik, Computerwissenschaften und supramolekularen Chemie sollten in das neue Feld der Nanowissenschaften einfließen und konvergieren.[162] Dennoch stellt sich die Frage, inwiefern sich tatsächlich signifikant neue Formen der Trans- bzw. Interdisziplinarität feststellen lassen oder ob man gar von einem sich abzeichnenden Disziplinenbildungsprozess der Nanotechnologie sprechen kann.

Die Problematik, dass die universitäre Forschung aufgrund ihrer im Laufe der Zeit erstarrten disziplinären Strukturen zu langsam auf neue Forschungstrends reagiert, hat bereits Rudolf Stichweh in seiner klassischen Abhandlung über wissenschaftliche Disziplinen herausgestellt.[163] Der Wissenschaftssoziologe definiert eine Disziplin durch die Kommunikationszusammenhänge einer Scientific Community, einen Korpus wissenschaftlichen Wissens, problemorientierte Fragestellungen, ein Set von Forschungsmethoden und paradigmatischen Problemlösungen, eine disziplinenspezifische Karrierestruktur und institutionalisierte Sozialisationsprozesse des wissenschaftlichen Nachwuchses.[164] Folgt man diesem Merkmalskatalog, so lassen sich durchaus Anzeichen eines Disziplinenbildungsprozesses feststellen. Es gibt zahlreiche nanowissenschaftliche Zeitschriften[165] und auch Lehr- und Handbücher der Nanotechnologie. Das *Rastertunnelmikroskop* könnte als eine genuine nanotechnologische Methode verstanden und das Erforschen des zwischenmolekularen Bereiches als ein Spezifikum der Nanotechnologie bezeichnet werden. Zudem basieren erste wissenschaftliche Karrieren auf Netzwerken und dem symbolischen Kapital, das mit dem Nanodiskurs einhergeht. Dennoch wäre es zu früh, bereits von einem Disziplinenbildungsprozess, einem homogenisierten Wissenskorpus oder gar einer abgrenzbaren wissenschaftlichen Community „der Nanotechnologie“ auszugehen. Dafür sind die involvierten Wissenschaftskulturen und Fächer zu heterogen. Ferner verbleiben bei näherer Betrachtung die Akteure der Nanowissenschaften weiterhin ihren ange-

161 | Ein Beispiel hierfür ist ein Workshop in Venedig, bei dem Nachwuchswissenschaftler die Möglichkeit hatten, das neue Feld der Nanowissenschaften und international renommierte Wissenschaftler und Nobelpreisträger kennenzulernen. Vgl. http://www.cens.de/calendar/past-workshops-events/venice-2014/ [zuletzt 12.01.2015]

162 | Vgl. SFB 486 Manipulation von Materie auf der Nanometerskala. Vgl. http://gepris.dfg.de/gepris/OCTOPUS/?context=projekt&id=5483795&module=gepris&task=showDetail [zuletzt: 3.5.2013].

163 | Stichweh, Rudolf: Differenzierung der Wissenschaft. In: Zeitschrift für Soziologe (1979), H. 1, S. 84-85.

164 | Stichweh, Differenzierung der Wissenschaft, S. 83.

165 | Vgl. die Zeitschriften „Nanotechnology“, „small“, „Nature Nanotechnology“ etc.

stammten Mutterdisziplinen verbunden. Auch gibt es kein wirklich zentrales wissenschaftliches Problem, kein abgrenzbares Feld oder eine spezifische Methode „der Nanotechnologie". Zu vielfältig sind die Ansätze, Fragestellungen und Methoden, als dass man tatsächlich von einer Disziplin oder einem einheitlichen nanowissenschaftlichen Feld sprechen könnte.

Die Frage, welche Disziplinen das Feld der Nanowissenschaften prägen und inwiefern es sich hier um neue Formen der Interdisziplinarität handelt, werden auch in der quantitativen sozialwissenschaftlichen Begleitforschung durchaus kontrovers diskutiert.[166] Martin Meyer attestiert dem Feld einen hohen Grad an Interdisziplinarität.[167] Dagegen geht Joachim Schummer davon aus, dass das Feld der Nanotechnologie keinesfalls signifikant neue Formen der Interdisziplinarität aufweist:

„In sum, current nanoscale research is neither particularly interdisciplinary nor particularly multidisciplinary, because there is not one field of nanoscale research but several different fields of nano-physics, nano-chemistry, nano-electrical engineering, etc., which are quite unrelated to each other."[168]

Nach Thomas Heinze sind die Nanowissenschaften trotz eines Anteils von 38 Prozent „interdisziplinärer" Kopublikationen zu 60 Prozent „innerdisziplinär" organisiert und zeigen, „dass wissenschaftliches Wissen selbst in einem für Interdisziplinarität so prädestinierten Feld auch stark disziplinär organisiert ist".[169]

Die Frage, inwieweit nun die neu gegründeten Nanonetzwerke besser auf disziplinenübergreifende Forschungstrends reagieren können, lässt sich allerdings nur bei näherer Betrachtung der beteiligten Akteure und der Entwicklung ihrer Forschungsfelder beantworten. Bibliometrische Analysen allein helfen hier nicht weiter, sondern müssen durch die Betrachtung konkreter Forschungskontexte und -kulturen überprüft werden. Im Unterschied zu Joachim Schummer gehe ich aber nicht davon aus, dass die nanotechnologische Forschung aufgrund unterschiedlicher metaphysischer Konzepte und technologischer Paradigmen zu scheitern droht.[170] Vielmehr zeigt die folgende exemplarische Analyse des Überganges der Halbleiterphysik zu den Lebens-

166 | Vgl. die Einleitung zur Definition von Inter-, Trans- und Multidisziplinarität.

167 | Meyer, Martin: Nanotechnology – Interdisciplinarity, Patterns of Collaboration and Differences in Application. In: Scientometrics 42 (1998), H. 2, S. 203.

168 | Schummer, Multidisciplinarity, Interdisciplinarity, S. 461.

169 | Heinze, Die Kopplung von Wissenschaft und Wirtschaft, S. 111.

170 | Schummer erklärt dies mit der Unvereinbarkeit des Bottom-up-Ansatzes, der auf Selbstorganisationsprozessen basiert, mit dem Top-down-Ansatz der Manipulation der Materie z.B. durch Lithografieverfahren. Vgl. Schummer, Interdisciplinary Issues in Nanoscale Research, S. 18.

wissenschaften, dass insbesondere institutionelle und karrieretechnische Gründe einer interdisziplinären Kooperation Grenzen setzen. Möglichkeiten und Grenzen interdisziplinärer Kooperationsformen lassen sich besonders gut an der neuen Schnittstelle zwischen der Halbleiterphysik und den Lebenswissenschaften aufzeigen, da sich die beiden Experimentalkulturen stark unterscheiden und zudem innerhalb der Münchner Forschungslandschaft in beiden Feldern ausgeprägte Traditionslinien bestehen.[171]

Nanobiotechnologien: Die Öffnung zu den Lebenswissenschaften

Erich Sackmann ist einer der Wegbereiter der modernen Biophysik in Deutschland.[172] Er hat sich insbesondere mit dem Aufbau von Zellmembranen und Transportmechanismen befasst.[173] Eine der wesentlichen Aufgaben der Biophysik ist die Einführung einer breiten Palette physikalischer Messmethoden in die Biologie – vom *Elektronenmikroskop* über die *Röntgenbeugung* bis hin zur Neutronenquelle und dem *Rasterkraftmikroskop*. Zudem imitiert sie natürliche Systeme in reduzierter Komplexität mit vereinfachten Modellen. Ziel ist hierbei ein besseres Verständnis hochkomplexer Systeme und zugleich die Möglichkeit, auch neue technische Anwendungen durch artifizielle oder hybride Systeme an der Schnittstelle von Natur und Technik zu entwickeln. Erich Sackmann hat beispielsweise auf dem Feld der *Flüssigkristalle* geforscht, das erhebliche Bedeutung sowohl für die Grundlagenforschung als auch z.B. für die Entwicklung von Flachbildschirmen und Displays hatte.[174]

Diese in München etablierte Schule der Biophysik bildete dann eine jener Schnittstellen, die für nanobiotechnologische Forschungsansätze relevant wurde. Dies zeigt sich an jenen Schülern und Nachfolgern Erich Sackmanns, die in Feldern forschten, die in den 1990er Jahren schließlich als „Nanotechnologie" wahrgenommen wurden. Wolfgang Heckls Analyse und Manipulation von DNA-Strukturen mit dem *Rastertunnel-* und *Rasterkraftmikroskop*,

171 | In München hat sich in Martinsried ein Biotechnologie-Cluster herausgebildet. Vgl. Heßler, Kreative Stadt, S. 226-247.

172 | Erich Sackmann hat Physik in München und Stuttgart studiert, an der TU Stuttgart promoviert und war nach seiner Promotion wissenschaftlicher Mitarbeiter bei den Bell Laboratories. Dort arbeitete er mit einer für ihn weiterführenden Fragestellung der Flüssigkristalle und lernte einen amerikanischen Forschungsstil kennen, der sich durch seine Fokussierung auf die experimentelle Praxis auszeichnet. Interview Sackmann, 19.6.2008.

173 | Sackmann, Erich: Biomembranen. Physikalische Prinzipien der Selbstorganisation und Funktion als integrierte Systeme zur Signalerkennung, -verstärkung und Übertragung auf molekularer Ebene. Opladen 1988.

174 | Meier, Gerhard; Sackmann, Erich; Grabmeier, Josef G.: (Hg.): Applications of Liquid Crystals. Berlin, Heidelberg, New York 1975.

Hermann Gaubs „molekulare Maschinen", Friedrich Simmels „Nanoorigami", aber auch Peter Fromherz neuronale Chips stehen für diese Öffnung der experimentellen Physik zu den Lebenswissenschaften. Die interviewten Schlüsselakteure der Münchner Nanowissenschaften sehen es als eine Stärke ihres Forschungsstandortes an, dass die Schnittstelle zu den Lebenswissenschaften ausgeprägt ist und Kooperationsmöglichkeiten für Forschungsvorhaben über die eigenen Fächergrenzen hinaus bestehen. Wolfgang Heckl verbindet mit den neuartigen, interdisziplinären Ansätzen der Nanobiotechnologie zugleich den Nachweis wissenschaftlicher Leistungsstärke und „Exzellenz":

HECKL: „Also das hat es eben vor 20 Jahren nicht gegeben, dass jemand wie Prof. Kotthaus, der ein Halbleiterphysiker mit Reinraumlabor ist, plötzlich eine DNA anlangt. Das hätte der nie gemacht früher. Der hätte gesagt: ‚Meine Kammer wird verunreinigt durch so ein organisches Gezeugse.' Also, da ist schon viel passiert auch, aber gerade auch bei uns in München zum Beispiel mit der Gründung vom CeNS, und das ist mit Sicherheit auch ein Grund, warum wir in München zwei Exzellenzuniversitäten haben. Weil in vielen Feldern sich Ungeheueres bewegt hat."[175]

Auch der Leiter des nanowissenschaftlichen Exzellenzclusters NIM, der an sich im Bereich der Halbleiterphysik und Optoelektronik arbeitet, sieht in der Kombination von Halbleiterphysik und Lebenswissenschaften und der Fokussierung auf biologischen Materialien und Experimentalsysteme ein Spezifikum der Münchner Forschungslandschaft: „Die Münchner Bio-Szene wirkt sehr inspirierend auf die Nanowissenschaften. Insbesondere biophysikalische Gruppen profitieren von den starken Forschungsaktivitäten im Bereich „Life-Sciences".[176] Demnach ließe sich das Münchner Feld der Nanowissenschaften am ehesten über die Öffnung der Halbleiterphysik zu den Lebenswissenschaften und das Arbeiten mit neuen Experimentalsystemen charakterisieren, die für einen klassischen Halbleiterphysiker anfangs fremd und ungewöhnlich waren.

Diese Neuorientierung zeichnete sich um die Jahrtausendwende ab, als beispielsweise der SFB 563 „bioorganische Funktionssysteme auf Festkörpern" und der SFB 486 „Manipulation von Materie auf der Nanometerskala" auf diesem Gebiet arbeiteten. Am SFB 563 waren u.a. der Biophysiker Erich Sackmann, Peter Frommherz sowie Gerhard Abstreiter beteiligt. In diesem SFB wurde erstmals systematisch die komplexe Schnittstelle zwischen Biologie und Festkörperphysik erforscht.[177] Diese neue Forschungsrichtung, die sich mit Fragen der Biofunktionalisierung und Hybridisierung von belebter und

175 | Interview Heckl, 20.11.2006.

176 | Interview Feldmann, 14.1.2009.

177 | SFB 563 (1800) Bioorganische Funktionssysteme auf Festkörpern, Finanzierungsantrag 2000-2003, S. 1.

unbelebter Natur befasste, erforderte eine wissenschaftliche Umorientierung und erhebliche Lernprozesse.[178] Der ebenfalls im Jahr 2000 unter Leitung des Biophysikers Hermann Gaub gestartete SFB 486 „Manipulation von Materie auf der Nanometerskala" forschte ebenfalls im Grenzbereich von supramolekularer Chemie, Festkörperphysik, Computerwissenschaften und Molekularbiologie.

Exemplarisch lässt sich die Öffnung der Halbleiterphysik zur Nanobiotechnologie an der Karriere Friedrich Simmels verfolgen. Dieser orientierte sich im Laufe seines Studiums von seinem anfänglichen Interesse für chaostheoretische Probleme zur experimentellen Halbleiterphysik und promovierte bei Jörg Kotthaus mit einer Arbeit zu *Quantendots*.[179] Diese Ausrichtung stand noch ganz in der Tradition der niedrigdimensionalen Halbleiterphysik. Als Postdoktorand forschte er dann im Rahmen eines Forschungsaufenthalts bei den Bell Labs an der Schnittstelle zu den Lebenswissenschaften und veröffentlichte zusammen mit dem Amerikaner Bernard Yurke und dessen Team ein einflussreiches Paper über sogenannte DNA-Nanotweezers [*Nanozangen*, Nanopinzette].[180]

SIMMEL: „Ich muss sagen, dass mir die Produktion der Halbleiterchips nach ein paar Jahren keinen Spaß mehr gemacht hat. [...], ich mag die Reinraumarbeit nicht besonders, glaube ich. Und dann wurden im Jahr 1998 Arbeiten veröffentlicht, von Uri Sivan z.B., in denen die Idee vorgebracht wurde, dass man vielleicht ganz neue Produktionsmethoden nutzen könnte, die auf Selbstorganisation und biologischem Material basieren. Das hat mich fasziniert, und ich habe mir gedacht, wenn ich überhaupt in dem Feld bleibe, dann möchte ich in diese biologische Selbstorganisationsrichtung."[181]

Charakteristisch für Friedrich Simmels und auch Bernard Yurkes Arbeit ist der Wechsel des Experimentalsystems, vom *Reinraum* in die Welt der Lebenswissenschaften mit ihren gänzlich andere Methoden und Herangehensweisen.[182]

---

178 | Ebd., S. 9.

179 | Simmel, Friedrich: Transporteigenschaften von Quantenpunkten, Dissertation LMU München. Berlin 1999.

180 | Yurke, Bernard u.a.: A DNA Fueled Molecular Machine Made of DNA. In: Nature 402 (2000), S. 605-608; Simmel, Friedrich C.: DNA Nanodevices. Prototypes and Applications. In: Kumar, Challar (Hg): Nanodevices for the Life Sciences. Weinheim 2006; Simmel, Friedrich C.; Yurke, Bernard: DNA-based Nanodevices. In: Nalwa, H. S. (Hg.): Encyclopedia of Nanoscience and Nanotechnology. American Scientific Publishers, Stevenson Ranch 2004, S. 495-504.

181 | Interview Simmel, 30.9.2008.

182 | Bernard Yurke, der mittlerweile im Feld der „DNA-Nanotechnologie" forscht, begann seine Karriere mit einer Promotion auf dem Gebiet der experimentellen Tieftemperaturphysik an der Cornell Universität.

Friedrich Simmel arbeitet nun nicht mehr wie noch als Doktorand im Bereich der niedrigdimensionalen Physik über Transporteigenschaften von *Quantenpunkten*, sondern hat seinen Lehrstuhl am Physikdepartment der TUM und Walter-Schottky-Institut daraufhin orientiert, Wissen aus der Biochemie und der Molekularbiologie zu inkorporieren, um sich an der Schnittstelle zur synthetischen Biologie zu bewegen. Dabei geht es um Visionen des in vivo computings und die Herstellung molekularer Maschinen, die neue nanobiotechnologische Perspektiven eröffnen.

Zweifelsohne sind in München durch die Einrichtung von Sonderforschungsbereichen, informelle lokale Netzwerke und persönliche Kontakte sowie die stark ausgeprägten Forschungstraditionen der Biophysik, Gentechnik, Molekularbiologie, Medizin und Biochemie die Rahmenbedingungen gegeben, um neue Wege im Grenzbereich von Physik Chemie und Lebenswissenschaften zu gehen.[183] Allerdings verdanken sich die programmatischen Aussagen zur Interdisziplinarität der Nanotechnologie vor allem forschungspolitischen Kalkülen. Die im Interview von Schlüsselakteuren der Münchner Nanowissenschaften betonte Interdisziplinarität und die damit einhergehende Wahrnehmung des Münchner Forschungsstandortes als „innovativ“ und „exzellent“ erklärt sich nicht allein aus wissenschaftsimmanenten Motiven und entspricht nicht notwendigerweise dem Forschungsalltag, sondern basiert letztlich auf jenen Kriterien, die u.a. im Rahmen der Exzellenzinitiative eingefordert wurden. „Interdisziplinarität“ bestimmt die Agenden der nanowissenschaftlichen Netzwerke CeNS und NIM, ohne dass damit schon im Einzelfall gesagt wäre, dass jene in CeNS und NIM organisierten Wissenschaftler tatsächlich interdisziplinär arbeiten.

Möglichkeiten und Grenzen der Interdisziplinarität

Wie das Beispiel Münchens zeigt, gibt es ausgeprägte Forschungsinteressen an der Schnittstelle zu den Lebenswissenschaften. Dennoch stellt sich die Frage, inwiefern man hier von signifikant neuen Formen der Inter- oder Transdisziplinarität sprechen kann. Die interviewten Physiker verfolgen durchaus neue Fragestellungen, und gemessen an ihren klassischen Arbeitsgebieten forschen sie mit neuen Materialien und Experimentalsystemen an der Schnittstelle zu den Lebenswissenschaften. Bei näherer Betrachtung zeigt sich allerdings, dass

183 | Ein Beispiel hierfür sind auch die Arbeiten von Christoph Bräuchle oder Thomas Bein im Bereich der Physikalischen Chemie mit Nanosystemen und einzelnen Molekülen. Vgl. beispielsweise Lebold, Timo u.a.: Tuning Single-Molecule Dynamics in Functionalized Mesoporous Silica: In: Chemistry. A European Journal 15 (2009), S. 1661-1672; Sauer, Anna M. u.a.: Role of Endosomal Escape for Disulfide-Based Drug Delivery from Colloidal Mesoporous Silica Evaluated by Live-Cell Imaging: In: Nano Letters 10 (2010), S. 3684-369.

es kaum wirklich interdisziplinäre Projekte mit Biochemikern oder Molekularbiologen gibt. Gerade jene am meisten sich in Richtung Biochemie und Molekularbiologie bewegenden Physiker stellen fest, dass ihre Kollegen aus Biologie und Chemie nicht immer an dieser Form der Zusammenarbeit interessiert sind, so dass der Wissensfluss sich recht einseitig gestalten kann.

SIMMEL: „Ich glaube, dass in München der Einfluss der Biophysik sehr wichtig war, da die Biophysik von der Anlage her interdisziplinär ist, und sie war ja auch bei CeNS und dann später bei NIM ein sehr wichtiger Einfluss bei der Themenwahl. Die Biophysik arbeitet zwangsläufig an der Grenze zur Biochemie, im Gegensatz dazu ist aber aus der Biochemie selber oder auch der Biologie kaum ein Einfluss auf die Entwicklung der Nanotechnologie hier in München zu spüren gewesen, soweit ich das sehen kann.
KEHRT: „Stark physikorientiert?"
SIMMEL: „Ja."
KEHRT: „Die Physik öffnet sich, während die Chemie in ihren klassischen Strukturen bleibt."
SIMMEL: „Man hatte zunächst auch bei NIM und CeNS fast keine Beteiligung von Seiten der Chemie und so gut wie gar keine von der Biologie. [...] Insofern ist es gerade hier in München relativ physiklastig geblieben, vielleicht weil es eben in der Physik auch eher akzeptiert wird, dass man ein bisschen herumspielt, ohne ganz klare Zielrichtung. Ich muss aber sagen, dass es im Gegensatz dazu in den USA anders ist, da arbeiten meine Kollegen fast immer in interdisziplinären Zentren, an denen die Biochemie und die Chemie sehr stark beteiligt sind, was ganz kurios ist."[184]

Friedrich Simmel, der an der TUM den Lehrstuhl für Bioelektronik inne hat, verwendet hier das Motiv des Spiels, um eine Wissenschaftskultur zu beschreiben, die nicht mehr durch disziplinäre Strukturen bestimmt ist. Grund für das Verbleiben innerhalb festgefügter disziplinärer Grenzen sind Forschungstraditionen und karrieretechnische Motive, so zumindest die Feststellung im Interview. Zwar forschen Physiker in neuer und ungewohnter Weise mit lebenswissenschaftlichen Experimentalsystemen, die zahlreiche Hürden und Schwierigkeiten nicht zuletzt auch für den wissenschaftlichen Nachwuchs und die Alltagsarbeit im Labor mit sich bringen. So zögern gerade Nachwuchswissenschaftler aus den angrenzenden Lebenswissenschaften und der Chemie, zumindest in den in Deutschland noch stärker disziplinär geprägten Forschungskulturen, ihre angestammten Karrierewege und Disziplin zu verlassen.

Auch Peter Fromherz, der am Max-Planck-Institut für Biochemie in München arbeitete und der durch seine Forschung zu Nervenzellen auf Halbleiter-

184 | Interview Simmel, 30.9.2008.

schaltungen öffentliche Aufmerksamkeit erfahren hat, bestätigt im Interview, dass solch einem interdisziplinären Forschungsansatz Grenzen gesetzt waren:

FROMHERZ: „Der erste Neurochip auf der Basis der industriellen Standard-CMOS-Technologie wurde von Siemens für uns ganz ohne Kosten hergestellt als ‚Unterseebootprojekt‘ – mit vollem Einverständnis von ganz Oben, aber doch als Quasi-Freiwilligen-Job eines interessierten Mitarbeiters. Einerseits konnte mit dieser Konstruktion rasch und ohne Bürokratie etwas ganz Neues gestartet werden. Andrerseits stand aber nicht das volle Know-how von Siemens dahinter, und als Folge davon hatte der Chip dann schaltungstechnische Mängel. Mein Doktorand in diesem Projekt wurde im letzten Moment gerettet, als ein Siemens-Schaltungsexperte zufällig von dem Problem hörte und eine improvisierte Notlösung fand. Allerdings durften wir dann die hübschen Messungen mit diesem Ur-CMOS-*Neurochip* nicht publizieren.“[185]

In diesem Zusammenhang tritt im Interview erneut jenes Schlagwort der „U-Boot-Tätigkeit“ auf, das auch der Siemensforscher Gerhard Dorda verwendet hat, um diese von Siemens zwar geduldete, aber nicht aktiv geförderte Grundlagenforschung zu charakterisieren.

Wenn man nach den Bedingungen und Möglichkeiten für solch neuartige Kooperationen und Wissenszirkulationen fragt, so lassen sich diese auf der forschungspraktischen Ebene an der Inkorporation labortechnischer Einrichtungen aus anderen Fachbereichen und dem damit einhergehenden Wissen und Know-how festmachen. Im alltäglichen Laborbetrieb sorgen vor allem Labortechniken dafür, dass Physiker mit DNA experimentieren und damit neue Wege in die Lebenswissenschaften und Chemie gehen können.[186] Die betrachteten Beispiele belegen, dass sich Physiker den Lebenswissenschaften und auch der Chemie öffnen, aber aufgrund des eher zögernden Verhaltens von Seiten der Chemie oder Molekularbiologie keine wirklich interdisziplinären Kooperationen stattfinden. Aus Sicht der Nachbardisziplinen ist eine Öffnung hin zu physikalischen und technischen Fragestellungen weniger attraktiv, da dieser Schritt karrieretechnisch nicht förderlich und auch auf der Ebene der Forschung oftmals nicht wirklich notwendig erscheint.[187]

185 | Interview Fromherz, 13.6.2008.

186 | Für diese Arbeit ist ein in labortechnischer Hinsicht ausgebildeter Mittelbau erforderlich. Dieser stellt das Knowhow und Wissensbasis zur Realisierung interdisziplinärer Projekte zur Verfügung.

187 | Dem entspricht auch die am Fallbeispiel Münchens beobachtete defensive Haltung jener Wissenschaftler, die zwar im Nanometerbereich forschen, sich aber stärker in ihren angestammten Disziplinen und Forschungstraditionen verorten. Vgl. zur defensiven Aneignung des Nanodiskurses Kehrt/Schüßler, Nanotechnology Is 100 Years Old; sowie Kapitel IV. und V.

Fazit

Die Analyse nanotechnologischer Forschungsfelder erfolgte am Beispiel der experimentellen Festkörper- und Halbleiterphysik. Große Kontinuitäten bestehen im Bereich der niedrigdimensionalen Physik, die seit den 1970er mit „Nanostrukturen" und quantenphysikalischen Phänomenen experimentiert. Dies verdeutlichen nicht zuletzt die Karrierewege jener Wissenschaftler, die in den 1990er Jahren die Nanoinitiativen in München maßgeblich gestalteten und deren Karriere durch den engen Bezug zur Schlüsseltechnologie der Mikroelektronik und Halbleiterindustrie geprägt war. Das industrienahe Forschungsfeld der Halbleiterphysik hat seine Bedeutung immer aus der engen Kooperation mit der Industrie geschöpft. In den 1990er Jahren ging jedoch der unmittelbare Bezug zur Mikroelektronikindustrie verloren. Neue Strategien und Orientierungen waren nötig, um die gesellschaftliche Relevanz dieses Forschungsfeldes zu betonen und den Anschluss an die aufstrebenden Lebenswissenschaften nicht zu verpassen.

Die Diskurse und Visionen der Nanotechnologie eröffneten neue Möglichkeiten, über etablierte Disziplinen- und Fächergrenzen hinaus zu gehen und neue Forschungsfragen, z.B. zur Leitfähigkeit und Formbarkeit von DNA-Strängen, zu verfolgen. Bei näherer Betrachtung der Forschungskontexte lässt sich nachweisen, dass erstens Messmethoden und Instrumente aus der experimentellen Physik wie z.B. das *Rastertunnel-* oder *Rasterkraftmikroskop* in chemischen, biochemischen und lebenswissenschaftlichen Forschungskontexten Verwendung finden. Dies ist jedoch für die hier untersuchten Wissenschaftskulturen der experimentellen Physik ein durchaus üblicher Transferprozess. Zweitens integrieren auch physikalische Forschungskulturen Methoden und Materialien aus der Chemie und Biologie, um neue Forschungsfragen zum Verhalten einzelner Moleküle und Nanosysteme zu verfolgen. Dennoch sind diesen Wissensflüssen nach wie vor disziplinäre und kulturelle Grenzen gesetzt. Die Integration von Methoden, Fragestellungen und Wissensbeständen aus anderen Disziplinen bzw. den Export von Instrumenten in andere Forschungskontexe ist zudem kein Beleg für eine neue transdisziplinäre Wissenschaftskultur.

Der Bezug nanotechnologischer Forschungskulturen auf gesellschaftliche Problemstellungen ist eher strategischer Art und bestimmt nicht unmittelbar die Forschungsfragen. Die intensivierten und für die Nanowissenschaften charakteristischen forschungspolitischen und medialen Strategien unterstreichen zwar, dass die Wissenschaftler darauf abzielen, sozial robustes Wissen zu produzieren, das von der Gesellschaft akzeptiert werden kann. Dass sie jedoch Wissen schaffen, das zur Lösung konkreter, außerwissenschaftlicher Problemstellungen benötigt wird, lässt sich anhand des Münchner Fallbeispiels nur in wenigen Fällen belegen, so dass man hier allenfalls von einer schwachen Form der Transdisziplinarität ausgehen kann. Transdisziplinär scheinen vor allem jene Forschungskontexte zu sein, die sich direkt mit Fragen der Energieversorgung oder des Risikos von Nanopartikeln für die menschliche Gesundheit befassen. Ein Beispiel hierfür wäre die Adressierung medizinischer Fragestellungen im Bereich der Krebsbekämpfung oder toxikologischer Risiken.[188] Auch die Erforschung der physikalischen Grundlagen der Fotovoltaik[189] und Fotokatalyse[190] weisen in eine transdisziplinäre Richtung. Diese Zusammenhänge spielten in der Anfangsphase der hier untersuchten Netzwerke und Forschungskontexte jedoch keine entscheidende Rolle.

188 | Vgl. hierzu die Einzelmolekülforschung des physikalischen Chemikers Christoph Bräuchle: Strobel, Claudia u.a.: Effects of the Physicochemical Properties of Titanium Dioxide Nanoparticles, Commonly Used as Sun Protection Agents, on Microvascular Endothelial Cells. In: Journal of Nanoparticle Research 6 (2014) H. 1, S. 2130.

189 | Vgl. die Arbeiten der Chemikerin Bettina Lotsch: Stegbauer, Linus; Schwinghammer, Katharina; Lotsch, Bettina V.: A Hydrazone-Based Covalent Organic Framework for Photocatalytic Hydrogen Production. In: Chemical Science (2014) 5, S. 2789-2793.

190 | Vgl. Lukas Schmidt-Mende, der von 2007 bis 20011 Professor an der LMU war: Schmidt-Mende, Lukas: Self-Organized Discotic Liquid Crystals for High-Efficiency Organic. In: Photovoltaics Science 293 (2001), S. 1119-1122; Auch der Chemiker Thomas Bein forscht an der LMU auf diesem Gebiet: Szeifert, Johann M. u.a. „Brick and Mortar" Strategy for the Formation of Highly Crystalline Mesoporous Titania Films from Nanocrystalline Building Blocks: In: Chemistry of Materials 21 (2009), S. 1260-1265.

V. Molekulares Lego. Zur instrumentellen Praxis im Nanokosmos

Standen eingangs Fragen der Forschungspolitik sowie die Entstehung nanowissenschaftlicher Forschungsfelder im Blickpunkt, werden nun exemplarisch die Forschungspraxis im Nanokosmos, das „Spielen" mit einzelnen Molekülen und die hierbei sich ausprägenden Experimentalkulturen betrachtet. Dabei geht es um die Rolle wissenschaftlicher Instrumente, Präparationstechniken sowie die im Labor konstituierten Nanoobjekte. Solch ein Ansatz ist erforderlich, um die meist strategischen Positionierungen der Akteure im öffentlichen Diskurs mit ihrer tatsächlichen Forschungspraxis vergleichen zu können. Vor allem begleitwissenschaftliche Studien zur Nanotechnologie haben bislang diese Ebene vernachlässigt und stützen sich vorwiegend auf programmatische und forschungspolitisch motivierte Aussagen.

Im Folgenden werden nanotechnologische Forschungskontexte am Beispiel der *Molekularstrahlepitaxie*, des *Rastertunnelmikroskops* sowie der experimentellen Verwendung von DNA-Molekülen als Bausteine artifizieller Nanosysteme behandelt. Die Auswahl dieser drei Beispiele begründet sich durch ihre Bedeutung für die hier im Fokus stehenden Wissenschaftskulturen. Sie kann aufgrund der Fülle der hier in Frage kommenden Labortechniken, Messmethoden und auch Forschungsansätze jedoch nur exemplarisch erfolgen. Die hier betrachteten Experimentalsysteme hängen stark von materialtechnischen Voraussetzungen und instrumentellen Praktiken ab. Sie können jedoch nicht auf die technische Kontrolle einzelner Moleküle oder komplexerer Nanosysteme reduziert werden, sondern zielen auf die Erschließung grundlegender, auch theoretisch motivierter Wissenshorizonte.

Neuere wissenschaftshistoriografische Ansätze haben die Bedeutung von Technik und handwerklichen Fertigkeiten in der Laborforschung betont.[1] Alfred Nordmann und Bernadette Bensaude-Vincent sehen im Fall der Nanotechnologie ihre jeweilige Auffassung von Technoscience bestätigt, bei der sich die Grenzen zwischen Natur und Technik, Manipulation und Erkenntnis, Wissenschaft und Gesellschaft untrennbar verwischen.[2] In der Tat finden sich zahlreiche Beispiele, die die technische Metaphorik eines „molekularen Legos" im Nanokosmos belegen. Dies trifft insbesondere auf die Halbleiterphysik und

---

1 | Vgl. Rheinberger, Experimentalsysteme; Pickering, Science as Practice and Culture; Pickering, The Mangle of Practice.

2 | Nordmann, Was ist TechnoWissenschaft?, S. 209-218; Bensaude-Vincent, Les Vertiges de la Technoscience.

Oberflächenwissenschaften zu, die im Ultrahochvakuum und bei Tieftemperaturen arbeiten und auf die Herstellung zukünftiger *Bauelemente* abzielen.[3] Auch die experimentelle Verwendung von DNA-Strängen als Bausteine völlig neuartiger artifizieller Systeme mit zukünftigen Anwendungspotenzialen in der Bioelektronik oder Pharmazie geht in diese Richtung. Allerdings ist das technische Manipulieren von Atomen und Molekülen durchaus charakteristisch für die Kultur der experimentellen Laborforschung, so dass damit keineswegs grundlegend neue Naturerkenntnisse oder auch theoretische Entwicklungen und Einsichten ausgeschlossen sind.[4] Mit Hans-Jörg Rheinberger möchte ich deshalb im Unterschied zur Auffassung dieser Wissenschaftskulturen als Technoscience Wissenschaft und Technik analytisch trennen.[5] Die im Labor technisch hergestellten und manipulierten Nanoobjekte sind demnach epistemische Dinge, die im bastelnd spielerischen Experimentieren erprobt und untersucht werden, um Antworten auf neue wissenschaftliche Fragen zu geben und nicht gleichzusetzen mit den hierfür notwendigen technischen Fertigkeiten und Versuchsanordnungen:

> „Das Experimentalspiel lebt vom Generieren von Überraschungen. Ich denke daher, dass wir gute Gründe haben, die Unterscheidung zwischen Wissenschaft und Technologie nicht ganz fallen zu lassen. Wir sollten eher versuchen, ihre wechselseitigen Kohärenzen und Inkohärenzen zu verstehen"[6]

1. Die Molekularstrahlepitaxie. Maßgeschneiderte Strukturen und Quanteneffekte

Zur Herstellung ultradünner Schichten und extrem reiner Oberflächen im atomaren Maßstab gibt es eine Reihe wissenschaftlicher Instrumente und technischer Verfahren. Vor allem Reinraumtechniken und das Arbeiten im Ultrahochvakuum bei Tieftemperaturen haben nicht nur neue, auf quantenmechanischen Prinzipien beruhende Innovationen wie etwa den *Halbleiterlaser*, sondern auch grundlegend neue Erkenntnisse über die Natur gezeitigt. In diesem Zusammenhang spielt die *Molekularstrahlepitaxie* [engl. Molecular Beam Epitaxy, MBE] eine wichtige Rolle. Ihre Bedeutung als wissenschaftliches Instrument an der Schnittstelle verschiedener Forschungs- und Technologiefelder wurde von Seiten der Wissenschaftsgeschichte bislang kaum beachtet. Erst

3 | Vgl. Nordmann, Was ist TechnoWissenschaft?, S. 217.

4 | Vgl. Kapitel III. „Die Entstehung nanotechnologischer Forschungsfelder in München"; Schiemann, Kein Weg vorbei an der Natur.

5 | Rheinberger, Experimentalsysteme, S. 31-34.

6 | Ebd., S. 288.

mit dem öffentlichen Interesse an der Nanotechnologie und der Frage nach ihren historischen Vorläufern ist sie in den Blickpunkt der Wissenschafts- und Technikforschung gerückt.[7] Auch die Frage nach der historischen Rolle sogenannter „Forschungstechnologien" hat neues Interesse an der Geschichte der MBE geweckt.[8]

Die MBE ermöglicht die gezielte Herstellung atomar dünner Schichten von Halbleitermaterialen und eröffnet neue Wege sowohl in der Grundlagenforschung als auch in der Materialforschung und der Bauelementeentwicklung.[9] Während Fernsehantennen, Handys und CD-Spieler einen breiten Markt gefunden haben, bleibt der materialtechnische Ausgangspunkt der hier verwendeten *Halbleiterlaser* und Hochleistungstransistoren weithin unbekannt. Im Vergleich mit der siliziumbasierten *integrierten Schaltung* ermöglicht die MBE den Bau leistungsstärkerer *Bauelemente* mit einer höheren Elektronenmobilität. *Halbleiterheterostrukturen* sind jedoch aufwändiger in der Produktion, so dass die Halbleiterindustrie den Siliziumpfad nicht verlassen hat.[10] *Halbleiterheterostrukturen* sind Ausgangspunkt zahlreicher experimenteller Forschungsansätze über Quanteneffekte und stehen im Zentrum eines sich seit den 1970er Jahren dynamisch entwickelnden Feldes der niedrigdimensionalen Physik, die die Beweglichkeit von Ladungsträgern gezielt einschränkt und damit neue optische und elektrische Phänomene erforscht. Die MBE ist zudem eines von mehreren Verfahren zur Herstellung von *Quantenpunkten*,

---

7 | Vgl. McCray, MBE Deserves a Place in the History Books.

8 | Christina Diblitz forscht derzeit an der Universität Stuttgart zu den Anfängen der Molekularstrahlepitaxie am Beispiel der Beiträge von Klaus Ploog und seiner Arbeitsgruppe am MPI für Festkörperforschung in Stuttgart 1974-1983. Die Arbeit wird von Klaus Hentschel betreut. Vgl. Hentschel, Klaus (Hg.): Zur Geschichte von Forschungstechnologien. Generizität, Interstitialität & Transfer, Diepholz u.a 2012; Shinn, Terry: New Sources of Radical Innovation. Research Technologies, Transversality, and Distributed Learning in a Post-industrial Order. In: Hage, Jerald; Meeusg, Marius (Hg.): Innovation, Science, and Institutional Change. Oxford u.a. 2006, S. 313-333.

9 | Hermann, Hans; Herzer, Heinz; Sirtl, Erhard: Modern Silicon Technology. In: Advances in Solid State Physics 15 (1975), S. 279-316.

10 | Grund hierfür ist auch die Verbesserung optisch-lithografischer Techniken in der Chipherstellung, die es ermöglichen, auch unterhalb der Wellenlänge des Lichts laterale Strukturen im Bereich unter 100 nm herzustellen. Vgl. Interview Weimann, 20.3.2008; Kapitel II. Die Nanotechnologie als forschungspolitische Strategie; Lüth, Hans: Halbleiterheterostrukturen: Große Möglichkeiten für die Mikroelektronik und die Grundlagenforschung. In: Gleiter, Herbert; Lüth, Hans (Hg.): Nordrhein-Westfälische Akademie der Wissenschaften. Natur-, Ingenieur- und Wirtschaftswissenschaften. Vorträge N 400. Opladen 1993, S. 45-74; Hoefflinger, Bernd: From Microelectronics to Nanoelectronics, in: Hoefflinger, Bernd (Hg.): Chips 2020. The Frontiers Collection. Berlin, Heidelberg 2012, S. 32-33.

die Ende der 1980er Jahre zunehmend komplexere *Nanostrukturen* sowie die Realisierung von *Einzelelektronentransistoren* ermöglichte.[11]

Definiert man Nanotechnologie als die Kontrolle physikalischer Effekte im atomaren Maßstab sowie die Herstellung neuartiger Funktionalitäten, dann könnte die *Molekularstrahlepitaxie* als eine genuine „Nanotechnologie" verstanden werden. Es wäre jedoch eine historische Fehlinterpretation, wollte man ex post die *Molekularstrahlepitaxie* zur Vorläuferin der Nanotechnologie erklären. Denn dieses Instrument stand seit den 1970er Jahren im Zentrum grundlegender Forschungs- und Entwicklungsarbeiten im Bereich der III-V *Halbleiterheterostrukturen* und *Übergitter* und der damit einhergehenden quantenphysikalischen Forschung.[12] Dies bestätigen die Aussagen der interviewten Wissenschaftler, die in den 1970er und 1980er Jahren mit der *Molekularstrahlepitaxie* arbeiteten. Aus wissenschaftshistorischer Sicht teile ich daher die Skepsis jener Festkörperphysiker und Oberflächenwissenschaftler, die den Nanotechnologiediskurs defensiv aneignen und sich stärker in ihren angestammten Forschungstraditionen verorten.[13] Zumindest das Beispiel der *Molekularstrahlepitaxie* und auch die damit in Verbindung stehenden Forschungsfelder relativieren den Anspruch, dass die Nanotechnologie ein genuin neues Forschungs- und Innovationsfeld darstellt. Vielmehr zeigt gerade die historische Betrachtung, dass es sich bei der Nanotechnologie um ein forschungspolitisch motiviertes relabeling bestehender Forschungsfelder und Praktiken handelt. Dies bestätigt Günter Weimann im Interview: „Also ich würde mal sagen, die Nanotechnologie, das machen wir schon ewig. Die Mikroelektronik macht schon seit zwanzig Jahren eigentlich eine Nanoelektronik."[14] In diesem Zusammenhang eröffnen die Experteninterviews eine Perspektive, die im öffentlichen Nanodiskurs nicht dominant vertreten ist und die den radikalen Innovationsanspruch der Nanotechnologie unter Verweis auf ältere Kontinuitätslinien und Forschungstraditionen relativiert.

11 | Vgl. Fulton, Theodore A.; Dolan, Gerald J.: Observation of Single-electron Charging Effects in Small Tunnel Junctions. In: Physical Review Letters 59 (1987), S. 109-112, Kotthaus, Jörg: Aufbruch in den Nanokosmos. In: Deutsches Museum (Hg.): Von Zwergen und Quanten – Struktur und Technik des Kleinsten. München 2002 (Deutsches Museum Wissenschaft für jedermann, Bd. 2), S. 100; Simmel, Transporteigenschaften von Quantenpunkten, S. 2.

12 | Vgl. Lüth, Hans; Ibach, Harald: Festkörperphysik. Einführung in die Grundlagen (7. Aufl). Berlin u.a. 2009, S. 443ff.; Lüth, Halbleiterheterostrukturen.

13 | Vgl. Kehrt/Schüßler, Nanoscience is 100 Years Old.

14 | Interview Weimann 20.2.2008. Vgl. Kapitel III. „Die Entstehung nanotechnologischer Forschungsfelder in München".

Abbildung 13: Klaus Ploog (rechts) im Gespräch mit einem theoretischen Physiker am Max-Planck-Institut für Festkörperforschung in Stuttgart, um 1980.

Klaus Ploog, der in München Chemie studiert hatte, gelang es Mitte der 1970er Jahre erstmals in Deutschland eine MBE-Anlage eigenständig aufzubauen.[15] Er hat sein Know-how durch mühsame Entwicklungsarbeit in einem kleinen Team am Max-Planck-Institut für Festkörperforschung in Stuttgart erworben. Ausschlaggebend war hier die gute Zusammenarbeit mit einem Ingenieur, der ihm mit seinem Wissen über Kältetechnik und Ultrahochvakuumtechnologie beim Aufbau der Anlage half und es ermöglichte, die einzelnen Komponenten so weiterzuentwickeln, dass schließlich nach drei Jahren die ersten Ergebnisse publizierbar waren. Standen anfangs vor allem technische Fragen des Instrumentenbaus im Vordergrund, ging es dann um die Herstellung neuer Strukturen und die Erforschung neuer physikalischer Effekte und Fragestellungen. Klaus Ploog verstand sich dabei nicht als reiner „Instrumentenbauer“, sondern als Wissenschaftler, der damit neue Fragen der Halbleiterphysik und Oberflächenwissenschaften verfolgte.

Ausgangspunkt der *Molekularstrahlepitaxie* sind die sogenannten III-V Halbleiter, bestehend aus den Elementen der dritten und fünften Gruppe des Periodensystem, wie etwa Verbindungen aus Gallium-Arsenid, Aluminium-Arsenid

15 | Er hatte während der Gründungsphase des Walter-Schottky-Instituts engen Kontakt zu Gerhard Abstreiter in München. Vgl. Kapitel III. „Die Entstehung nanotechnologischer Forschungsfelder in München“.

und Indium-Arsenid, deren Kombination die Herstellung von Halbleiterstrukturen mit einer hohen Elektronenmobilität ermöglicht. Die Gruppe-III-Elemente werden in Tiegeln auf bis zu 1000 Grad erhitzt, die Gruppe-V-Elemente auf etwa 300 Grad und zum Verdampfen gebracht.[16] Dabei handelt es sich um einen über die Kinetik der gasförmig verdampften Materialien gesteuerten Wachstumsprozess von Kristallstrukturen. Durch die Kontrolle der Temperatur und die Kombination verschiedener Materialien können auf diese Weise genau definierte, nur wenige Nanometer dicke Schichten hergestellt werden. Ziel ist es, möglichst perfekte, nahe an die theoretische Idealvorstellung heranreichende atomar-dünne Schichten zu produzieren. Durch die Variation der Schichtbreiten ebenso wie die Kombination verschiedener Materialien können die Eigenschaften dieser künstlich hergestellten Strukturen gezielt verändert und auch grundlegend neue physikalische Effekte entdeckt werden.

WEIMANN: „Und das Besondere an der Molekularstrahlepitaxie war eigentlich, dass es sich um ein Verfahren handelt, das relativ weit weg vom thermodynamischen Gleichgewicht abläuft, d.h. man kann also Schichten abscheiden, die sehr scharf gegen eine andere Molekularstrahlepitaxie-Schicht abgegrenzt sind. Es findet kaum Durchmischung statt. Das zeichnet die Molekularstrahlepitaxie aus. Und dann war man sehr schnell bei der Situation, wo man ganz dünne Schichten [...] jetzt sage ich mal, ganz dünn, in der Größenordnung von 10 nm, machen konnte. Und dort war man in dem Bereich eigentlich, wo man neue Effekte und neue Funktionen oder Funktionalitäten gefunden hat. Ich denke da an so etwas wie den Potenzialtopflaser, wir nennen die Dinger Quantenfilme, Quantendrähte, *Quantenpunkte*."[17]

Der interviewte Günther Weimann hatte in Darmstadt am Forschungszentrum für Fernmeldetechnik gearbeitet und dann am neugegründeten Walter-Schottky-Institut in München die Molekularstahlepitaxieanlagen betreut. Später wechselte er als Direktor an das Freiburger Fraunhofer-Institut für Angewandte Festkörperphysik, an dem die *MBE* auch zu Zwecken der Forschung und Entwicklung von militärischer Leistungselektronik Verwendung findet.[18] Zweifelsohne hatte diese im Kalten Krieg eine große Bedeutung. Auch der Nobelpreisträger Herbert Krömer bekam seine Anlage vom Militär finanziert. Molekularstrahepitaxieanlagen finden sich weltweit in der Industrieforschung ebenso wie an Universitäten und außeruniversitären Forschungseinrichtungen. Für die Nobelpreisträger Herbert Krömer, Horst Störmer oder Leo Esaki

16 | Die Schmelztiegel, eine Unterlage zum Aufdampfen der Materialschichten sowie Messgeräte zur Kontrolle des Wachstumsprozesses befinden sich in einer Ultrahochvakuumkammer.

17 | Interview Weimann, 20.2.2008.

18 | Vgl. Trischler, Das Fraunhofer-Institut für Angewandte Festkörperphysik; Trischler, Verteidigungsforschung und ziviles Innovationssystem in der Bundesrepublik.

war dieses technische Verfahren eine wichtige Voraussetzung für ihre physikalischen Experimente und Theorien.

Die Molekularstrahlepitaxie als Technowissenschaft?

Die mithilfe der MBE hergestellten *Halbleiterheterostrukturen* können in ihrem Wachstum so kontrolliert werden, dass quasi maßgeschneiderte „Nanostrukturen" entstehen, die Experimente mit quantenphysikalischen Phänomenen möglich machen. Einige Wissenschaftler sprechen von „do-it-yourself quantum mechanics", „band gap engineering"[19] oder „maßgeschneiderten Eigenschaften"[20]. Dieses technologische „Maßschneidern" mittels ultrapräziser Herstellungsverfahren im Nanometer- bzw. Angströmbereich könnte als ein Fall von Technoscience interpretiert werden, da hier Eigenschaften designed, getrimmt und perfektioniert werden bis zu einem Punkt, an dem diese künstlich geschaffenen Strukturen an sich nicht mehr in der Natur vorkommen.[21] Dennoch geht es hier nicht ausschließlich um handwerkliches Können oder das Herstellen neuer Strukturen, Objekte und Fertigkeiten, sondern auch um neue, grundlegende Erkenntnisse über das quantenphysikalische Verhalten einzelner Elektronen. Leo Esaki spricht im Kontext dieser *Übergitter* von einem „Triumph der frühen Quantentheorie"[22], und auch Günther Weimann und andere in diesem Feld arbeitenden Wissenschaftler nehmen direkt Bezug zur Theorie der Quantenmechanik, deren Erkenntnisse überprüft, bestätigt, verfeinert und weiterentwickelt werden.

Die Tatsache, dass in Deutschland die experimentelle Forschung weiter von der Theorie entfernt war als in den USA, erklären sowohl Ploog als auch Abstreiter durch kulturelle und historische Unterschiede. Dies zeige sich an der abwertenden Bezeichnung „Ingenieurtheorie", die für die Bedürfnisse der experimentellen Physik entwickelt wurde.

ABSTREITER: „Die Theorie vor 20 oder 30 Jahren in Deutschland war so, dass jeder Theoretiker, der mit dem Bereich der Angewandten Physik zusammengearbeitet hat, als ‚Ingenieurtheoretiker' bezeichnet wurde."
HAUSER: „Ich kann mich an die Zeiten noch erinnern."
ABSTREITER: „Und man hat eigentlich die Theorie ganz anders gesehen. Das hat sich mittlerweile radikal geändert. Z.T. durch den Nanobereich, zum Beispiel die Berufungen,

19 | Capasso, Federico; Cho, Alfred Y.: Bandgab Engineering of Semiconductor Heterostructures by Molecular Beam Epitaxy. Physics and Applications. In: Surface Science 299/300 (1994), S. 878-891.

20 | Lüth, Halbleiterheterostrukturen, S. 49.

21 | Chang, Leroy L.; Esaki, Leo: Electronic Properties of InAs-GSb Superlattices. In: Surface Science 98 (1980), S. 70.

22 | Esaki, Long Journey into Tunneling, S. 116.

die kürzlich durchgeführt wurden, wie von Roland Netz[23] hier am Physik Department im Bereich der Theorie, oder Erwin Frey[24] an der LMU, der ursprünglich von der TU kommt und der jetzt von Berlin an die LMU berufen wurde. Das sind soft-matter-Theoretiker, die ständig mit den Experimentalphysikern reden und mit diesen gemeinsam veröffentlichen. [...] Das war früher fast undenkbar. Das begann hier mit Peter Vogl[25], den wir hier hergeholt haben, da haben wir schon Anfang der 1990er Jahre gemeinsam veröffentlicht. Peter Vogl hat dann theoretische tools entwickelt, die wir brauchen konnten. Dass aber nur diese tools entwickelt werden, das wurde in Deutschland lange nicht sehr hoch in der Theorie angesehen. [...] Früher haben das die sog. reinen Theoretiker ‚Ingenieurtheorien' genannt. Das ist in den USA ganz anders, da arbeiten die Theoretiker viel enger mit den Experimentalphysikern zusammen und das war auch hier am WSI eines der Vorbilder. Ich habe das vor allem bei Bell Labs gesehen. Wenn sie neue Materialien hergestellt oder einen neuen Effekt gefunden haben, dann gab es immer schon einen Theoretiker, der die dazugehörige Theorie hatte – und umgekehrt."
HAUSER: „Also, es ist schon auch ein Stück weit ein Transfer aus der angelsächsischen Welt, dass das Verhältnis von experimenteller und theoretischer Physik sich geändert hat?"
ABSTREITER: „Ja, natürlich."[26]

Die in dieser Interviewpassage gelieferte Erklärung der Rolle von Theorie in der experimentellen Halbleiterforschung in Analogie zu einem ingenieurwissenschaftlichen Theorieverständnis könnte man im Sinne Nordmanns als Technoscience interpretieren. So geht dieser davon aus, dass das Wissen der Quantenmechanik noch vorausgesetzt wird, selbst aber nicht mehr auf eine Erweiterung und Überprüfung dieser theoretischen Grundlagen abzielt, sondern auf die Ge-

23 | Roland Netz war von 2004 bis 20011 Professor für Theoretische Physik an der TU München und wechselte dann an die FU Berlin.

24 | Erwin Frey ist Professor für Theoretische Physik. Er promovierte an der TU München und hat einen Lehrstuhl zur statistischen und biologischen Physik an der LMU inne.

25 | Peter Vogl war von 1990 bis 1993 außerordentlicher Universitätsprofessor am Physik-Department der TU München und ist seit 1993 Ordinarius für Theoretische Physik am Walter-Schottky-Institut. Vgl. Wegscheider, Werner u.a.: Highly Strained-Sn/Ge Superlattices. New Man-made Semiconductors. In: Anastassakis, E.M.; Joannopoulos, J. D. (Hg.): Proc. of the 20th Int.Conf. on the Physics of Semiconductors, Thessaloniki, Aug. 6-10. Singapur 1990, S. 1685-1688; Vogl, Peter u.a.: Electronic Structure and Optical Properties of Short-period ? SnnGen Superlattices. In: Surface Science 267 (1992), S. 83-86; Olajos, J. u.a.: Infrared Optical Properties and Band Structure of Sn/Ge Superlattices on Ge Substrates. In: Physical Review Letters 67 (1991) H. 22, S. 3164-3167; Vogl, Peter u.a.: How to Convert Group-IV Semiconductors into Light Emitters. In: Physica Scripta T49 (1993), S. 476-482; Abstreiter, Gerhard u.a.: Properties of Sn/Ge Superlattices. In: Semicond. Sci. Technol. 8 (1993), S. 6-8.

26 | Interview Abstreiter, 22.11.2007.

staltung und Manipulation von Objekten im Nanometerbereich und technische Fertigkeiten im Umgang mit diesen Nanoobjekten. Demnach eröffnet das im Stadium der Grundlagenforschung produzierte technowissenschaftliche Wissen einen neuen Handlungs- und Gestaltungsraum, der nicht mehr an grundlegend neue Theoriebildung gebunden ist. Diese Auffassung Nordmanns, vor allem die Annahme eines epochalen Wandels, kann allerdings weder durch die Physikgeschichte, noch durch das Fallbeispiel Münchens bestätigt werden. So werden gerade im Bereich der Nano- und auch Mesophysik die Theorien und Interpretationen der Quantenmechanik anhand künstlich hergestellter *Heterostrukturen* in Aussicht gestellt. Am Arnold-Sommerfeld-Zentrum für Theoretische Physik der LMU München gibt es eine Gruppe um Ulrich Schollwöck zur theoretischen Nanophysik. Hier werden neue theoretische Fragen der Quantenphysik in enger Rückbindung an die experimentelle Forschung bearbeitet. Auch der Leiter des Walter-Schottky-Instituts, geht davon aus, dass sich der Austausch zwischen Experimentalforschung und Theoriebildung eher intensiviert hat.

Diese experimentelle Wissenschaftskultur kann daher nicht auf eine quasi blinde, theoriefreie technische Kontrolle reduziert werden, sondern ist um ein theoretisch fundiertes Verständnis dieser im Nanometermaßstab beobachteten Molekülstrukturen, physikalischen Effekte und Prozesse bemüht.[27] Um z.B. ein niedrigdimensionales quantenphysikalisches System zu erforschen, bedarf es zahlreicher technischer Zurüstungen und Fertigkeiten. Die Erforschung eines solchen Systems geht jedoch darüber hinaus und zielt auf das Verständnis dieser Systeme selbst, nicht allein auf ihre technische Kontrolle und Gestaltung. Das Wissenspotenzial der experimentellen Physik liegt eher darin, dass oftmals neue Phänomene beobachtet und entdeckt werden, die nicht durch bestehende theoretische Vorhersagen gedeckt oder antizipiert wurden und somit neue Herausforderungen für die Theoriebildung darstellen. Umgekehrt wurden Phänomene, wie etwa der *Halbleiterlaser*, basierend auf einer *Heterostruktur* lange vor seiner wirklichen Umsetzung durch Herbert Krömer theoretisch begründet und erst später durch die experimentelle Forschung realisiert und nachgewiesen. Ähnliche Muster finden sich z.B. bei der Entdeckung des *Josephson-Effektes*, der einen Tunnelstrom zwischen zwei Supraleitern annahm und damit eine grundlegend neue, nobelpreiswürdige theoretische Einsicht formulierte, so dass man von einem offenen und dynamischen Wechselverhältnis von Theoriebildung und experimenteller Forschungspraxis ausgehen muss.[28]

---

27 | Vgl. Koch, The Dynamics of Conduction Electrons in Surface Space Charge Layers, S. 79; Abstreiter, Gerhard: Electronic Properties of the two-dimensional System at GaAs/AlxGa1-xAs Interfaces. In: Surface Science 98 (1980), S. 117. Vgl. Kapitel III „Die Entstehung nanotechnologischer Forschungsfelder in München".

28 | Stokes, Pasteurs Quadrant, S. 22.

2. Das Rastertunnelmikroskop – ein Nanowerkzeug?

Wie kaum ein anderes wissenschaftliches Instrument symbolisiert das Rastertunnelmikroskop (engl. Scanning Tunneling Microscopy, STM) die neuen Möglichkeitshorizonte der Nanotechnologie. Kann man hier tatsächlich von einem Nanowerkzeug oder gar einer Nanotechnologie sprechen, die neue Erkenntnisse oder gar utopisch anmutende Technikentwicklungen im Nanometermaßstab verspricht? München ist neben Rüschlikon, Stanford, Basel, Jülich oder Münster einer der Standorte weltweit, an denen das STM weiterentwickelt und in verschiedenen Forschungskontexten erprobt wurde. Im Folgenden stehen die lokalen Kontexte und die mit der Nutzung dieses Instruments einhergehenden Forschungskulturen im Bereich der *Kristallografie*, Oberflächenwissenschaften und Biologie im Fokus.

Das Rastertunnelmikroskop wurde durch Gerd Binnig, Heinrich Rohrer und Christoph Gerber im IBM-Forschungszentrum bei Rüschlikon in der Schweiz Anfang der 1980er Jahre entwickelt.[29] Damals unternahm IBM einen mit vielen Hoffnungen und großem finanziellem Aufwand begleiteten Versuch, einen neuen Supercomputer auf der Basis von supraleitenden Josephson-Schaltungen zu bauen.[30] Der bei tiefen Temperaturen auftretende quantenmechanische Effekt, dass Elektronen zwischen zwei Supraleitern tunneln, wurde bereits 1962 von Brian D. Josephson theoretisch vorhergesagt und sollte die Grundlage völlig neuartiger, extrem schneller Supercomputer bilden, die IBM in den 1970er und frühen 1980er Jahren entwickeln wollte.[31] Gerd Binnig und Heinrich Rohrer kamen in diesem Zusammenhang auf die ungewöhnliche wie faszinierende Idee, den quantenmechanischen *Tunneleffekt* zur Charakterisierung von Oberflächen und Lokalisation von Störstellen in Halbleiterbauelementen zu nutzen. Bei diesem von vielen anfangs nicht für möglich gehaltenen Ansatz handelt es sich um Grundlagenforschung, die weit entfernt von Kosten-Nutzenrechnungen bei Rüschlikon ermöglicht wurde. Trotz aller

29 | Gerd Binnig promovierte 1978 an der Universität Frankfurt mit einer Arbeit zur Supraleitung und wurde aufgrund des damaligen Interesses an der Supraleitung für die Computertechnologie bei IBM eingestellt. Vgl. http://www.nobelprize.org/nobel_prizes/physics/laureates/1986/binnig-lecture.pdf [zuletzt: 2.9.2014].

30 | Vgl. Anacker, Wilhelm: Josephson Computer Technology. An IBM Research Project. In: IBM Journal of Research and Development 24 (1980), H. 2, S. 107.

31 | Vgl. Hennig, Bildpraxis, S. 33; Mody, Instrumental Community, S. 45. Dieser Hype ging bei IBM allerdings bereits 1983 zu Ende. Die Entdeckung der Supraleitung bei Hochtemperaturen im Jahr 1986 durch Johannes Georg Bedorz und Karl Alexander Müller, ebenfalls bei IBM in Rüschlikon, belebte allerdings erneut die Idee eines Supercomputers auf der Basis der Supraleitung. Vgl. Nowotny, Helga; Felt, Ulrike: After the Breakthrough. The Emergence of High Temperature Superconductivity as a Research Field. Cambridge 1997.

Anfangsschwierigkeiten genossen Binnig und Rohrer über einen längeren Zeitraum – von 1980 bis zum Nobelpreis im Jahr 1986 – weitgehende Freiheiten der Forschung, selbst nachdem das *Josephson-Computerprojekt* längst eingestellt worden war.[32] Diese Kultur einer längerfristig orientierten Grundlagenforschung war in den Industrielaboratorien von Bell Labs, IBM oder auch Siemens in den 1980er Jahren noch integraler Bestandteil der Industrieforschung.[33]

Binnig und Rohrer wollten im Bereich unter 100 *Angström* lokale Defekte und Störstellen untersuchen.[34] Voraussetzung hierfür waren die zwischen einer Halbleiteroberfläche und einer Messspitze auftretenden Tunnelströme, deren Signal gemessen und in ein Bild der gescannten Oberflächentopografie übersetzt wurde.[35] Trotz aller Skepsis und anfänglichen Schwierigkeiten gelang es ihnen, die neue faszinierende Welt „atomarer Landschaften" und Topografien „sichtbar" zu machen.[36] Da Atome nicht sichtbar sind, handelt es sich genau genommen um eine Übersetzung der gemessenen Tunnelströme in ein Bild der Atomstrukturen.

32 | Vgl. Mody, Instrumental Community, S. 44-58;

33 | Mody sieht hierin allerdings ein Spezifikum von Rüschlikon, das bei IBM in Yorktown bei NY in den USA so nicht möglich gewesen wäre, da dort ein strafferes, unmittelbar an Verwertung des Wissens und bestimmten vorgegebenen Zielen orientiertes Management die Grundlagenforschung von Binnig und Rohrer nicht akzeptiert hätte. In den 1990er Jahren wurde jedoch insgesamt die Grundlagenforschung im Bereich der Mikroelektronik eingeschränkt. Diese Reduktion der Grundlagenforschung in der Industrie traf vor allem an neuen Erkenntnissen und Phänomenen interessierte Wissenschaftler wie Gerd Binnig oder auch Klaus von Klitzing wie auch ihre Kollegen an den Universitäten, die mit der Industrie kooperierten. Vgl. Interview Koch, 15.6.2009; Interview Dorda 16.06.2008. Vgl. Kapitel III. „Die Entstehung nanotechnologischer Forschungsfelder in München".

34 | Anfangs dachte man nicht an ein Mikroskop sondern an Spektroskopie zur Charakterisierung dieser Oberflächen. http://www.nobelprize.org/nobel_prizes/physics/laureates/1986/binnig-lecture.pdf, S. 395ff. [zuletzt: 27.3.2015].

35 | Je nach Messvorgang konnte entweder der Abstand der Messspitze zur gemessenen Oberfläche konstant gehalten werden und so die je nach Oberflächenstruktur variierenden Tunnelströme in ein Bild der Oberflächentopografie übersetzt werden. Oder ein Feedbacksystem regelte den Messvorgang so, dass der Tunnelstrom konstant gehalten wird, so dass die Oberflächentopografie aus der unterschiedlichen Distanz der Messnadel zur Oberfläche übersetzt wird. Vgl. Hennig, Bildpraxis, S. 31ff.

36 | Vgl. Hennig, Bildpraxis, S. 11, 45, 57.

Abbildung 14: Ein in Münchner Forschungskontexten gebräuchliches Rastertunnelmikroskop. Es wurde von Christoph Stadler im Rahmen seiner Diplomarbeit in der AG Heckl, Kristallographie, im Jahre 2000 gebaut und ist eine Weiterentwicklung eines von Michael Reiter 1993 am Lehrstuhl von Professor Theodor Hänsch entworfenen Systems.[37] *Die Konstruktion leitet sich in seiner Vibrationsisolation vom „Pocket-Size"-STM ab.*[38] *Bezüglich der Scan-Einheit entspricht es einem „single-tube scanner".*[39] *Die Pulomoll-Dose dient als Abschirmung (Faraday-Käfig) des in ihr enthaltenen Vorverstärkers/Strom-Spannungs-Wandlers, damit das Signal der Messung nicht durch elektromagnetische Felder von außen gestört wird. Als Backup-System wird es von Frank Trixler und in der AG Lackinger neben zahlreichen kompletten Neuentwicklungen weiterhin genutzt.*

37 | Vgl. Stadler, Christoph: Planung und Bau eines „Pocket-Size" Rastertunnelmikroskops und Analyse der Adsorbatverteilung in gesizzelten STM- Proben. Diplomarbeit an der LMU München, Institut für Kristallographie und angewandte Mineralogie, AG Heckl, 2000; Reiter, Michael M.: Rastertunnelmikroskopie an DNA- Molekülen. Diplomarbeit der Fakultät für Physik am Lehrstuhl Prof. Hänsch, LMU München, 1993.

38 | Gerber, Christoph u.a.: Scanning Tunneling Microscope Combined with a Scanning Electron Microscope. In: Rev. Sci. Instrum. 57 (1986) H. 2, S. 221-224.

39 | Binnig, Gerd.; Smith, Douglas P. E.: Single-tube Three-dimensional Scanner for Scanning Tunneling Microscopy. In: Rev. Sci. Instrum. 57 (1986), S. 1688-1689.

Abbildung 15: Messspitze-Oberfläche-Tunnelstrom. Die Elektronen tunneln ohne Berührung zwischen Messspitze und Oberfläche. Dabei nimmt der Tunnelstrom im Vakuum um einen Faktor 10 je Angström zwischen Spitze und Oberfläche ab.

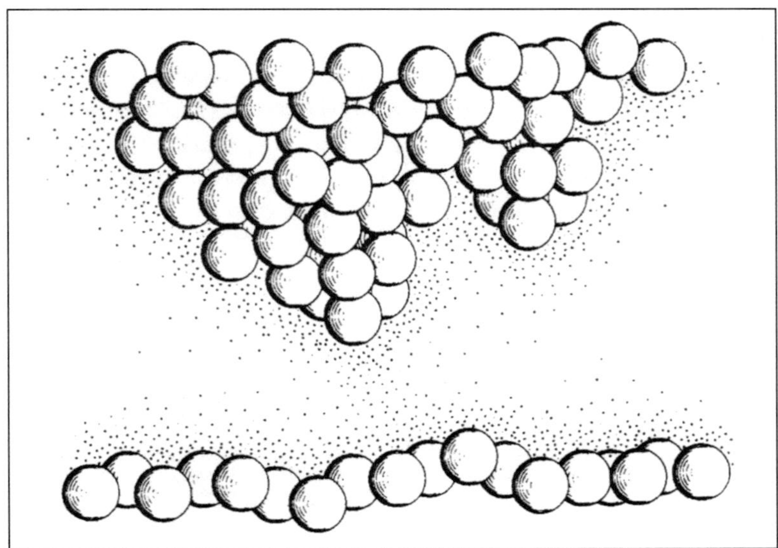

Die ersten STM-Bilder eröffneten einen neuen Zugang zur Welt der Moleküle und Atome: „We were absolutely enchanted by the beauty of the pattern. I could not stop looking at the images. It was like entering a new world. This appeared to me as the unsurpassable highlight of my scientific career and therefore in a way its end."[40] Allerdings dauerte es, bis das STM anerkannt und Forschungsgruppen weltweit damit arbeiteten. Das Instrument war anfangs noch recht unhandlich und die Messergebnisse nur schwer reproduzierbar. Zudem standen die faszinierenden Bilder von Molekülоberflächen in atomarer Auflösung unter Verdacht, lediglich Computersimulationen zu sein.[41] Deshalb verzichtete Gerd Binnig auf Software, um dem Vorwurf zu begegnen, künstliche Bilder oder gar Artefakte allein durch die Software zu produzieren. In diesem Zusammenhang spielten Praktiken des Hörens der Signale und auch des Plottens von Grafen beim Messvorgang eine wichtige Rolle.[42]

40 | Binnig, Nobel Lecture. Scanning Tunneling Microscopy. From Birth to Adolescence. Nobelprize.org. 8 Feb 2013 http://www.nobelprize.org/nobel_prizes/physics/laureates/1986/binnig-lecture.html, S. 399. [zuletzt 27.3.2015].

41 | Ebd., S. 401.

42 | Vgl. Soentgen, Jens: Atome sehen, Atome hören. In: Nordmann/Schummer/Schwarz: Nanotechnologien im Kontext. Berlin 2006, S. 97-113.

Abbildung 16: Funktionsprinzip des Nanomanipulators. Die Nadel eines Rastertunnelmikroskops „schreibt" das Logo des Münchner Center for Nanoscience entsprechend vorher im Computer mittels eines Vektorgrafikprogramms festgelegter Vektoren. Aus einer einlagigen Schicht von PTCDA [Perylentetracarbonsäuredianhydrid] Molekülen, die auf einer Grafit-Oberfläche adsorbiert sind, werden einzelne Moleküle durch das Nähern der Spitze an die Moleküloberfläche entlang der Bewegungsvektoren extrahiert. Das Pigment PTCDA findet u.a. in der Farbenindustrie, vor allem als hochwertiger Industrielack im KFZ-Bereich, Verwendung und ist ein organischer Halbleiter, der sich z.B. zur Herstellung organischer Feldeffekt-Transistoren eignet. Ziel des Versuches war es, neue Prinzipien für das Speichern von Daten im Nanometermaßstab zu erproben.

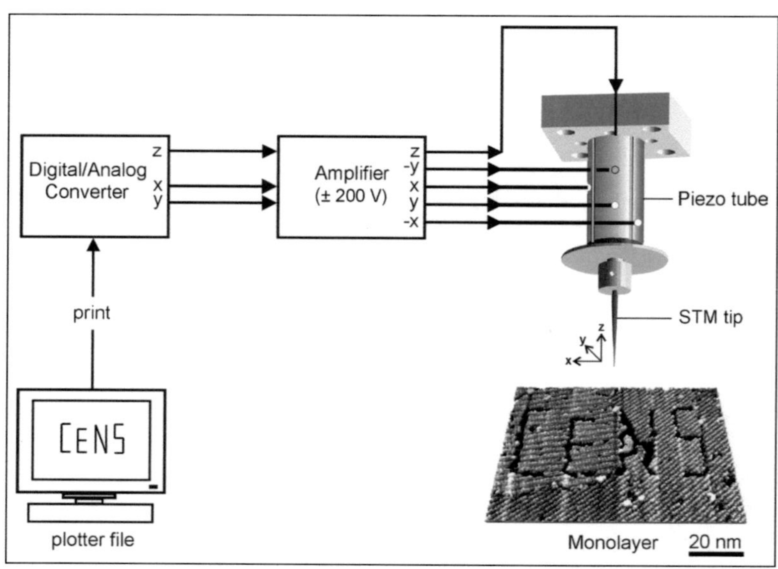

Basierten die anfänglichen instabilen Instrumente auf komplexen selbstgebastelten und nur schwer nachbaubaren Dämpfungsvorrichtungen, gelang es schließlich, durch eine starre, schwingungsresistente Bauweise ein recht handliches Instrument für den empfindlichen Messvorgang zu entwickeln, das in großer Zahl durch Firmen wie Digital Instruments vertrieben wurde. Auch in Deutschland gab es Weiterentwicklungen, z.B. durch den Instrumentenbauer Karl Besocke in Jülich, dessen kompaktes Design von zahlreichen Forschungsgruppen auch in München übernommen wurde.[43] Die nach dem Nobelpreis für Binnig und Rohrer 1986 rasch einsetzende Verbreitung des Ins-

43 | Vgl. Hennig, Bildpraxis, S. 167ff.

truments hängt auch mit seiner Stabilisierung und Weiterentwicklung – der Verbesserung der mit dem Messvorgang einhergehenden Problematiken der Präparation der zu messenden Objekte bis hin zur Herstellung einer für diese Messungen notwendigen, möglichst wenige Atome umfassenden Messspitze sowie der theoretischen Erklärung des Messvorgangs selbst – zusammen.

Es war die Zeit, als weltweit Forschungsgruppen mit dem neuen Instrument aus dem Boden schossen und eine gewisse Euphorie darüber herrschte, dass das „Sehen von Atomen" im Realraum keine Fiktion, sondern mit recht einfachen Mitteln auch für kleine, universitäre Forschungsgruppen realisierbar war. Das STM war im wörtlichen Sinne small science, da es erlaubte, mit eigenständigen Versuchsanordnungen recht schnell zu neuen Forschungsergebnissen zu kommen und damit in einem Bereich zu agieren, der unabhängig blieb von den üblichen großen Budgets und Wartezeiten für Großgeräte der Big Science-Einrichtungen wie etwa dem Hochfeld-Magnetlabor in Grenoble oder dem Beschleuniger DESY [Deutsches Elektronen Synchrotron] bei Hamburg. Das Motiv, nicht in Großforschungskontexten, sondern in kleineren, universitären Forschungsgruppen zu arbeiten, betonen sowohl Wolfgang Heckl als auch Jörg Kotthaus im Interview.[44] Es steht im Kontrast zur Big Science-Kultur der Physik im Kalten Krieg. Auch in den Science and Technology Studies wurde eine gewisse Rückkehr von der Big Science-Kultur der Physik hin zu einer mit geringerem finanziellem und personellem Aufwand am Labortisch betriebenene Forschung festgestellt.[45]

Die Geschichte des STMS ist mit dem Feld der Oberflächenphysik verknüpft. Wissenschaftler nutzten die neue Methode als Ergänzung ihres bisherigen Methodenarsenals zur Charakterisierung einzelner Molekülcluster und Oberflächen von Festkörpern. Wichtig im Prozess der Anerkennung des STM war die Rekonstruktion einer bis dato unbekannten 7x7 Oberflächenstruktur des *Siliziums*, eine Substanz die auf großes Interesse im Feld der Oberflächenwissenschaften stieß.[46] Dabei handelte es sich um ein reines Testobjekt ohne Anwendungsbezüge. In Ergänzung zur Elektronenbeugung *LEED* [Low Energy Electron Diffraction], die in den Oberflächenwissenschaften und der *Kristallografie* Verwendung findet und ein Bild der Kristalloberfläche mittelt, konn-

44 | Vgl. Interview Kotthaus, 29.1.2006; Interview Heckl, 20.11.2006.

45 | Vgl. Hacking, Ian: Another New World Is Being Constructed Right Now. The Ultracold. In: Max-Planck-Institut für Wissenschaftsgeschichte: The Shape of Experiments. Berlin 2005, S. 15-45. http://www.mpiwg-berlin.mpg.de/Preprints/P318.PDF [Zuletzt: 25.8.2014]; Buchwald, Jed Z.: Scientific Practice. Theories and Stories of Doing Physics. Chicago 1995.

46 | Binnig, Gerd u.a.: 7 × 7 Reconstruction on Si(111) Resolved in Real Space. In: Physical Review Letters 50 (1983), H. 2, S. 120-123; Binnig, Gerd u.a.: Tunneling Through a Controllable Vacuum Gap. In: Applied Physics Letters. 40 (1982), H. 2, S. 178-180; Binnig, Gerd u.a.: Surface Studies by Scanning Tunneling Microscopy. In: Physical Review Letters 49 (1982), H. 1, S. 57-61.

te man nun einzelne Moleküle im Realraum lokalisieren und Prozesse der Selbstorganisation und Auflösung von Molekülclustern beobachten.[47] Auch in München fand das erste Rastertunnelmikroskop im Rahmen oberflächenwissenschaftlicher Forschungskontexte Verwendung. Der Sonderforschungsbereich 128 befasste sich seit Mitte der 1970er Jahre mit „elementaren Prozessen an Ober- und Grenzflächen von Festkörpern" im interdisziplinären Bereich der *Kristallografie,* Oberflächenphysik und Oberflächenchemie.[48] In diesem Kontext wurde 1984 das Rastertunnelmikroskop als „Sonderprojekt" im Arbeitsbereich des Oberflächenchemikers und späteren Nobelpreisträgers Gerhard Ertl eingeführt.[49] Dessen Mitarbeiter Jürgen Behm hatte Anfang der 1980er Jahre mit LEED zu Adsorptionsprozessen an Kristalloberflächen geforscht. Er fing nach einer Postdocstelle bei IBM in San José, USA, 1984 in München an, das erste Münchner STM im Keller der *Kristallografie*[50] aufzubauen und recht schnell publizierbare Messdaten zu produzieren. Dabei halfen auch direkte Kontakte zu Gerd Binnig und Christoph Gerber, die mit ihrer Expertise die Münchner Forschungsgruppen unterstützten und den Wissensfluss zwischen München und Rüschlikon beförderten.[51] Zudem verfügte die *Kristallografie* in München über eine feinmechanische Werkstatt, die das Arbeiten und Basteln mit dem noch nicht serienreif vorliegenden Instrument erleichterte.

BEHM: „Also wir hatten schon eine klar definierte Fragestellung, auf die wir hinaus wollten. Die war natürlich auch so, dass man sagt: Okay, das ist etwas, das müsste man eigentlich gut sehen können. Und da waren eben, wie gesagt, die ersten Messungen. Ich glaube, die erste erfolgreiche Messung, das war ein Abend, da war auch Gerd Binnig da, wo wir zu dritt vor der Apparatur saßen. Und damals ging das ja nicht mit einem Rechner, sondern mit einem Schreiber, einem X-Y-Schreiber, und der fährt dann so über das Papier. Der fing auf einmal an zu rattern. Wenn sie jetzt auf das Bild sehen, dann

47 | Während einzelne Atome bereits durch das Feldionenmikroskop und das Elektronenmikroskop sichtbar gemacht werden konnten, erlaubte nun der einfache Aufbau und das Funktionsprinzip des STM, dass auch im Bereich der universitären Grundlagenforschung mit recht einfachen Mitteln zahlreiche unterschiedliche Strukturen untersucht werden konnten. Vgl. Hennig, Bildpraxis, S. 69 ff.

48 | In diesem SFB forschten mehrere Wissenschaftler, die später die Münchner Nanoinitiative geprägt haben, insbesondere Gerhard Abstreiter und Jörg Kotthaus. Abstreiter bezeichnet diesen SFB als Beginn der Nanowissenschaften in München und unterstreicht damit die Kontinuität seines Forschungsfeldes.

49 | Gerhard Ertl erhielt im Jahr 2007 den Nobelpreis für Chemie für seine Forschungen zur heterogenen Katalyse an Festkörperoberflächen.

50 | Kristallografie des Fachbereiches Geowissenschaften und Mineralogie der LMU München in der Theresienstraße.

51 | Interview Behm, 16.12.2008.

sehen sie hier so ein ganz feines Rauf und Runter. Das war das Rattern des Schreibers und Gerd Binnig sagte: Da ist es, das Signal. Das waren also die ersten Daten und von da waren es dann noch mal ein paar Monate oder so, bis wir dann veröffentlichungsfähige Daten hatten. Und das sind diese ersten Publikationen [...].“[52]

Behm verwendete zu diesem Zeitpunkt noch keine Software zur Produktion digitaler Bilder, sondern nutzte aus pragmatischen Gründen einen Plotter und Schreiber, der die Messdaten in einer X-, Y- und Z-Achse auftrug. Kommerzielle Interessen oder bildkritische Argumente spielten dabei, so Behm im Interview, keine Rolle. Behm und Ertl verstanden das STM als Ergänzung ihres bestehenden Methodenarsenals im Bereich der Oberflächenchemie und wollten es für Fragestellungen ihres eigenen Forschungsfeldes verwenden.[53] Zwar wurde zu diesem Zeitpunkt innerhalb der *Kristallografie* an der LMU München Oberflächen*röntgenbeugung* genutzt, die Auskunft über die Position der Ionenrümpfe oder Atomkerne im Kristallgitter gab. Diese Informationen waren jedoch für Chemiker, die an Reaktionen und Prozessen orientiert sind, weniger interessant:

BEHM: „Den Chemiker interessiert, wo gibt es Reaktivität. Das sind Valenzelektronen, Bindungselektronen. Das ist also nicht das Innere des Atoms, sondern das ist das, was ganz außen ist. Die Rastertunnelmikroskopie detektiert eben genau die Verteilung der Bindungselektronen auf der Oberfläche, also sie ist eigentlich gar nicht so gut geeignet, um die Position der Atomkerne oder der inneren Ionenrümpfe zu bestimmen, sondern mehr die Atomverteilung. Und das war natürlich interessant für die Chemie.“[54]

Ziel war es, mithilfe des STM lokale Details einer allgemein bekannten Oberflächenstruktur genauer verstehen zu können, da man hier zusätzliche Ansammlungen von Atomen in der obersten Schicht vermutete, aber mit LEED nicht erkennen konnte. Zweifelsohne eröffnete das Rastertunnelmikroskop neue Erkenntnismöglichkeiten. Aber auch Jürgen Behm, der sich innerhalb seiner eigenen Forschungstraditionen und Disziplin verortet, nahm eher eine distanzierte Einstellung gegenüber dem Nanohype ein.[55] Mit seinem Weggang an die Universität Ulm übernahm der Biophysiker Wolfgang Heckl seine

52 | Interview Behm, 16.12.2008. Erste Daten kamen dann Ende 1984 Anfang 1985. Vgl. Behm, Rolf-Jürgen; Ritter, E.; Binnig, Gerd: Correlation between Domain Boundaries and Surface Steps. A Scanning Tunneling Microscopy Study on Reconstructed Pt (100). In: Physical Review Letters 56 (1986), S. 228-231.

53 | Sonderforschungsbereich 128 München. Elementare Anregungen an Oberflächen, Finanzierungsantrag für 1.7.1986-31-12.1988, S. 101-105; Vgl. Interview Behm, 16.12.2008.

54 | Interview Behm, 16.12.2008.

55 | Ebd.

Stelle in der *Kristallografie* und baute eine STM-Gruppe auf, die sich u.a. für die Selbstorganisation von Molekülen an Oberflächen sowie für biologische Materialien interessierte. Im Unterschied zu Jürgen Behm identifiziert sich Wolfgang Heckl explizit mit der Idee der Nanotechnologie und gestaltet aktiv den Nanodiskurs.[56] Seine Forschung findet an der Schnittstelle zu den Lebenswissenschaften statt und kann als Nanobiotechnologie bezeichnet werden.

„Lebendes Gezeugse"[57]. Das STM an der Schnittstelle zur Biologie

Anfang der 1990er Jahre fand das STM in verschiedenen Wissenschaftskulturen Verbreitung. Es war die Zeit, als sich die Entschlüsselung des menschlichen Genoms als Megaprojekt abzeichnete und die DNA als Schlüsselobjekt zunehmend in den Fokus rückte. Konnte man mithilfe des STM DNA-Strukturen sichtbar machen oder gar einen Beitrag zu Sequenzierung des menschlichen Genoms leisten?[58] Physiker, die an der Schnittstelle zu den Lebenswissenschaften arbeiteten, versuchten nun das STM wie vorher auch andere mikroskopische Techniken zur Sichtbarmachung von Zellen und Proteinstrukturen zu verwenden und fokussierten sich auf das neue Schlüsselobjekt DNA. Auch am Max-Planck-Institut für Biochemie in München-Martinsried wurde man Mitte der 1980er Jahre auf die Möglichkeiten des STM aufmerksam und versuchte, dieses Instrument zur Analyse biologischer Materialien zu verwenden.[59] Das MPI verfügt über eine längere Forschungstradition und eine gut ausgestattete Werkstatt im Bereich der *Elektronenmikroskopie*. Reinhard Guckenberger, der hier an der Weiterentwicklung der *Elektronenmikroskopie* in der Forschungsabteilung von Wolfgang Baumeister arbeitete, war einer der ersten Wissenschaftler, der in München bis zu einem gewissen Grad erfolgreich versuchte, das STM für die Biologie nutzbar zu machen.

Der Vorteil des STM gegenüber dem *Elektronenmikroskop* schien die in situ-Beobachtung zu sein, vorausgesetzt es gelang, die Probe so zu präparieren, dass ein Tunnelstrom messbar war.[60] Allerdings gab es Probleme mit den bio-

---

56 | Vgl. Kapitel V. „Medialisierungsstrategien".

57 | Interview Heckl, 20.11.2006.

58 | Heckl, Wolfgang M.: Scanning the Thread of Life. DNA under the Microscope. In: Fischer, Ernst Peter; Klose, Sigmar (Hg.): The Diagnostic Challenge. The Human Genome. München, Zürich 1995, S. 99-146.

59 | Baumeister, Wolfgang: Tip Microscopy – Top Microscopy? An Introduction. In: Ultramicroscopy 25 (1988), S. 103-106.

60 | „Das biologische Molekül musste auf einer möglichst glatten, leitfähigen Unterlage präpariert werden, die den Tunnelstrom ableiten kann. Deswegen wählten die meisten Forscher Grafit als Präparationsunterlage. Guckenberger verwendete einen sehr dünnen, auf Glas aufgedampften Metallfilm als Präparationsunterlage. Das biologische Objekt musste nicht leitfähig sein, wenn es

logischen Makromolekülen, da man nicht wusste, wie diese den Tunnelstrom beeinflussen.[61] Wie mussten biologische Proben präpariert werden, damit sie für den Stromfluss des STM empfindlich waren und zugleich nicht zerstört wurden? Welche Aussage würde der Stromfluss über die Struktur der Probe geben? Guckenberger hat erkannt, dass niedrigere Ströme für die Untersuchung biologischer Proben mit ihrer geringen Leitfähigkeit besser geeignet waren. Durch den Einbau eines Vorverstärkers konnte er den Stromfluss um den Faktor Hundert reduzieren und veränderte damit den Betriebsbereich des Instruments. Ferner befeuchtete er das biologische Material mit Wasserdampf. Dadurch wollte er die Leitfähigkeit erhöhen, bis er mehr oder weniger durch Zufall herausfand, dass auch feuchte Luft ausreicht, um eine Probe entsprechend zu präparieren und messen zu können:

GUCKENBERGER: „Ich hatte ein biologisches Präparat auf dünnem Metallfilm auf Glas (einseitig metallbedampft) untersucht. Das STM-Bild sah aber sehr untypisch aus. Es war zu glatt, es waren keine Strukturen zu erkennen. Und dann kam ich drauf, ich hatte das Glasplättchen verkehrt herum reingelegt. D.h. ich habe getunnelt auf bloßem Glas, das ja eigentlich keine Leitfähigkeit besitzt. Die Luftfeuchtigkeit reicht also aus, um auf Glas einen sehr dünnen Wasserfilm (Dicke 0,5 nm und weniger) zu erzeugen, der leitfähig genug ist, um diese kleinen Tunnelströme, die ich verwendet habe, abzuleiten. Das war schon meine Spezialität mit diesen kleinen Tunnelströmen. Ein solcher dünner Wasserfilm bildet sich auch an der Oberfläche von hydrophilen biologischen Objekten. Und das sind dann diese Bilder. [...] Jetzt haben wir doch mal DNA angeschaut. Das ist jetzt auf Glimmer. DNA in dieser Qualität mit einem Tunnelmikroskop zu sehen, das wurde damals schon sehr beachtet.“[62]

Anfangs waren die Erwartungen hoch, mit dem neuen Instrument auch Grundfragen der Lebenswissenschaften zu lösen. In dieser Phase der überbor-

---

dünn genug war (kleiner als ca. 2 nm). Dickere Objekte benötigen jedoch eine eigene Leitfähigkeit. Da nur eine geringe Leitfähigkeit der biologischen Objekte zu erwarten war, wurde ein sehr empfindlicher Vorverstärker eingebaut, der es erlaubte, bei um einen Faktor 100 kleineren Tunnelströmen zu arbeiten als sonst üblich.“ [Emailauskunft Reinhard Guckenberger, 22.4.2014]. Vgl. Guckenberger, Reinhard u.a.: A Scanning Tunneling Microscope (STM) for Biological Applications. Design and Performance. In: Ultramicroscopy 25 (1988), H. 2, S. 111-121; Guckenberger, Reinhard u.a.: The Use of STM for Biological Purposes, in: Ultramicroscopy, 31 (1989), H. 4, S. 465; Heim, Manfred u.a.: Scanning Tunneling Microscopy of Insulators and Biological Specimens Based on Lateral Conductivity of Ultrathin Water Films. In: Science 266 (1994), S. 1538-1540.

61 | Die meisten biologischen Moleküle sind selber nicht leitfähig, aber man konnte eventuell durch die biologischen Moleküle hindurch tunneln. [Emailauskunft Reinhard Guckenberger, 22.4.2014].

62 | Interview Guckenberger, 10.6.2007.

denden Euphorie gab es einen regelrechten Bilderkrieg, als sich herausstellte, dass oftmals nicht DNA, sondern die auf manchen Bildern zum Verwechseln ähnlichen Strukturen der Grafitunterlage abgebildet wurden.[63] Guckenberger stellte schließlich Mitte der 1990er Jahre die Experimente mit DNA ein, da die erreichte Auflösung nicht zur Klärung biologischer Fragestellungen ausreichte. Er bedauert im Nachhinein, dass die Anfangserfolge ihn von einer schnelleren Aneignung des nun vermehrt in den Fokus rückenden *Rasterkraftmikroskops* [engl. Atomic Force Microscope, AFM] abgehalten hatten.[64] Auch der Leiter der Mikroskopieabteilung, Wolfgang Baumeister, betonte früh, dass das STM nicht unbedingt neue Einsichten im Vergleich zu bereits etablierten Techniken der Mikroskopie brachte und dass aus seiner disziplinären Sichtweise der Biologie die neue Community der mit dem STM arbeitenden Wissenschaftler oftmals den Stand der Dinge in der biomolekularen *Elektronenmikroskopie* ignorierten.[65] Damit zeichneten sich unterschiedliche Verwendungsweisen und Bedeutungen des Instruments ab. So lässt sich festhalten, dass die anfänglichen „Instrumentenbauer" und Entwickler des Rastertunnelmikroskops meist aus der Kultur der experimentellen Physik stammten, während Wissenschaftler, die stärker in wissenschaftlichen Disziplinen und Forschungsgebieten verortet waren, je nach Fragstellung auf verschiedene Methoden und instrumentelle Techniken zurückgriffen, sich nicht notwendigerweise als Nanotechnologen verstanden.

Das STM im Nanodiskurs

Das STM stand anfangs in keinem unmittelbaren Zusammenhang mit der Nanotechnologie, als im Jahr 1986 dieses Instrument im Zuge des Nobelpreises für Gerd Binnig und Heinrich Rohrer durch eine größere Öffentlichkeit wahrgenommen wurde. Dieser Medialisierungsprozess setzte erst Anfang der 1990er Jahre ein. Erste Nanokonferenzen fanden statt, und Don Eigler verdeutlichte medienwirksam sein technologisches Potenzial, indem er den Namen „IBM" mithilfe des Rastertunnelmikroskopes durch das Verschieben von Xenonatomen „schrieb" und damit die Möglichkeit völlig neuer Bauelemente im atomaren Maßstab in Aussicht stellte: „The prospect of atomic-scale logic

63 | Hennig, Bildpraxis, S. 171 ff.

64 | Das AFM, das von Gerd Binnig , Christoph Gerber und Calvin Quate entwickelt wurde, basiert nicht wie das STM auf einem Tunnelstrom, sondern den mechanischen, atomaren Kräften, die beim Abtasten der Oberfläche mit einer beweglichen Blattfeder als Messspitze auftreten. Es eignet sich besonders zur Analyse biologischer Materialien, findet aber in zahlreichen Feldern u.a. auch in der Oberflächenphysik und Halbleiterforschung Verwendung.

65 | Baumeister, Tip Microscopy – top Microscopy?, S. 103.

circuits and other devices is a little less remote."[66] Nun wurden Feynmans Visionen aus den 1960er Jahren wiederentdeckt, um öffentlich zu verdeutlichen, dass die Möglichkeit, neue Technologien auf atomarer Skala zu entwickeln, nicht mehr ins Reich der Science-Fiction gehört.[67] Vor allem in medialen und forschungspolitischen Kontexten diente das STM als Beleg für die großen Innovations- und Erkenntnischancen der Nanotechnologie. Die Analyse der Forschungspraxis und Felder der Nanotechnologie zeigt jedoch, dass Wissenschaftler, die mit dem Rastertunnelmikroskop arbeiten, sich nicht notwendigerweise als Nanowissenschaftler verstehen oder mit der Idee der Nanotechnologie identifizieren. So belegt das Münchner Fallbeispiel, dass im Bereich der *Kristallografie*, Oberflächenchemie, Biologie und auch Halbleiterphysik Wissenschaftler, die mit dem STM arbeiten, den Bezug zur Nanotechnologie jedoch aufgrund einer stärkeren Verortung in disziplinären Kontexten explizit ablehnen. Dies zeigte sich auch im Interview mit Jürgen Behm oder dem Mikroskopieexperten Reinhard Guckenberger:

KEHRT: „Ich hätte noch eine Frage, ich frage mich, welche Rolle der Begriff der Nanotechnologie in ihrer Geschichte spielt."
GUCKENBERGER: „Ja gut, wenn man Mikroskopie auf der fast atomaren Skala betreibt, dann ist man automatisch im Nanobereich und Elektronenmikroskopie ist auch Nanotechnologie in dem Sinne, wir haben es aber bisher im Wesentlichen immer zum einfach Abbilden, Anschauen verwendet. Also wir haben, ich habe jetzt nicht dran gearbeitet, irgendwie Strukturen extra zu erzeugen, zu bearbeiten. Also jetzt kann man sich drüber streiten, ist das dann Nanotechnologie?"
KEHRT: „Also das spielte für Sie keine Rolle?"
GUCKENBERGER: „Es spielte für uns keine Rolle, außer dass es ein Schlagwort ist und damit Fördergelder leichter zu kriegen sind."[68]

Trotz der in der Öffentlichkeit vollzogenen Gleichsetzung des Rastertunnelmikroskops mit der Nanotechnologie findet dieses Instrument in vielen wissenschaftlichen Teilbereichen Verwendung, ohne dass diese sich mit der Nanotechnologie identifizierten.[69] Ferner arbeiten Wissenschaftler, die sich explizit hinter die Ideen der Nanotechnologie stellen, nicht nur mit dem Rastertunnelmikroskop, sondern mit einem ausdifferenzierten Methodenarsenal, das sich in den letzten 30 bis 40 Jahren in der Biochemie, Molekularbiologie und

66 | Eigler/Schweizer, Positioning single Atoms, S. 526.

67 | Vgl. Kapitel V. „Medialisierungsstrategien".

68 | Interview Guckenberger, 10.6.2007.

69 | Dies bezeichne ich zusammen mit Peter Schüßler als „defensive Aneignung des Nanodiskurses", während Akteure wie Wolfgang M. Heckl aus strategischen Interessen aktiv den Nanodiskurs nutzen und gestalten. Vgl. Kapitel V. „Medialisierungsstrategien".

Halbleiterphysik entwickelte. Auch die technologische Aufladung dieses wissenschaftlichen Instruments erscheint angesichts seiner primär wissenschaftlichen Verwendung als überzogen. Die Wissenschaftler sind, abgesehen von der Weiterentwicklung des Instruments selbst, nicht wirklich an basalen Innovationsprozessen beteiligt, die etwa auf dem Prinzip der *Selbstassemblierung* von Molekülen basieren, wie diese der Nanodiskurs mit der Redeweise von *bottom up*-Technologien nahelegt. So sah sich der für seine atomaren Schreibversuche mit dem STM bekannte Don Eigler dazu veranlasst, gegenüber allzu euphorischen öffentlichen Erwartungen radikaler Technologieschübe zu warnen und die Schwierigkeiten bei der Realisation solch neuartiger Technologien zu betonen.[70]

3. Nanoorigami. DNA als Forschungsobjekt der Nanobiotechnologie

Im Nanokosmos wimmelt es an Maschinen, Werkzeugen und technischen Bauteilen –*„Nanozangen"*, *„molekularen Motoren"*[71], „Fabriken"[72], „Klingeln", „Uhren", „Gerüsten", „Atomschiebern", dem „kleinsten Auto der Welt"[73] oder dem „Werkzeugkasten der Natur"[74]. Insbesondere im Bereich der Biophysik und Nanobiotechnologie ist eine mechanistische Auffassung biologischer Prozesse weit verbreitet.[75] „Eine Maschine muss nicht notwendigerweise aus Stahl und mit Öl geschmiert sein, sondern kann aus Polymeren, Proteinen, Lipiden und Liposomen und ähnlichem bestehen. Die Natur ist voll von Nanomaschinen, jede Zelle hat Milliarden in sich."[76] So lässt sich beispielsweise die Aufga-

70 | Eigler, Don M.; Lutz, C.P.; Rudge, W.E.: An Atomic Switch Realized with the Scanning Tunneling Microscope. In: Nature 352 (1991), S. 603.

71 | Gaub, Hermann E.; Hugel, Thorsten; Seitz, Markus: Ein lichtgetriebener Molekülmotor. In: Spektrum der Wissenschaft 10/2002; Klick und Klack. Molekülmaschine mit Licht gesteuert. In: Süddeutsche Zeitung, 14.5.2002, Wissenschaft, Nr.110, S. V2/13.

72 | Simmel, Friedrich C.: DNA-Nanotechnologie – Nanostrukturen und molekulare Maschinen aus DNA. In: Lifis-online (26.2.2014), http://www.leibniz-institut.de/archiv/simmel_26_01_14.pdf (zuletzt: 25.10.2014), S. 1.

73 | Das ist das kleinste Auto der Welt mit Antrieb. In: Die Welt, 9.11.2011 http://www.welt.de/wissenschaft/article13707264/Das-ist-das-kleinste-Auto-der-Welt-mit-Antrieb.html [zuletzt: 24.1.2014].

74 | Rögener, Wiebke: Der Werkzeugkasten der Natur. In: Süddeutsche Zeitung, 6.11.2001, 255, Wissenschaft, S. V2/12.

75 | Vgl. Nordmann, Die Welt als Baukastensystem, S. 22.

76 | Im Legoland der Moleküle: Interview Prof. Heckls mit Annett Wiedeking. In: Süddeutsche Zeitung 6.7.2004.

be von Zellorganellen bei der Kontraktion von Muskeln mithilfe maschineller Metaphern beschreiben.[77] Neben ihrer epistemologischen Funktion dienen technische Metaphern vor allem zur Kommunikation mit einer breiten Öffentlichkeit, um den Technikbezug dieser Forschungsrichtung zu betonen.

Folgt man den Aussagen der Wissenschaftler, dann öffnet sich auf der Ebene der Atome und Moleküle eine schöne neue Technikwelt mit scheinbar unendlichen Möglichkeiten, die derzeit in der nanobiotechnologischen Grundlagenforschung erprobt und angebahnt werden: „Eine Vision ist, mit Nano-Assemblierungsmaschinen aus einzelnen Atomen und Molekülen jede gewünschte Substanz oder Struktur technologisch herzustellen [...]. Wir werden in der Lage sein, Dinge zu tun, die bislang exklusiv der Natur vorbehalten sind."[78] Der nanobiotechnologische Forschungsansatz entspricht einer Kernvision der Nanotechnologie, wonach auf der Basis der *Selbstassemblierung* von Molekülen *bottom up* eine völlig neue technische Welt geschaffen werden soll. Ziel ist es, so zumindest die programmatischen und strategisch motivierten Aussagen der Wissenschaftler, die Grundlagen für den Bau und die Entwicklung zukünftiger Biosensoren, elektrischer Schaltungen oder ganzer technischer Systeme und Computerarchitekturen zu erforschen.

Visionen des DNA-Computings

Die weit in die Zukunft gerichtete Idee eines *DNA-Computers* basiert auf der Tatsache, dass Polymere sich selbst assemblieren und DNA Informationen speichern, vervielfältigen und transportieren kann. Zudem ermöglicht das Erbmolekül aufgrund seiner geringen Größe[79] Bindungseigenschaften und Kombinationsmöglichkeiten die Erforschung hybrider und zunehmend komplexerer Nanosysteme.[80] Visionen des DNA-Computings entstanden in den

77 | Brandt, Christina: Metapher und Experiment. Von der Virusforschung zum genetischen Code. Göttingen 2004; Brandt, Christina: Genetic Code, Text, and Scripture. Metaphors and Narration in German Molecular Biology. In: Science in Context 18 (2005) H. 4, S. 629-648.

78 | Im Legoland der Moleküle, Interview Prof. Heckls mit Annett Wiedeking, Süddeutsche Zeitung 6.7.2004.

79 | Die Doppelhelix hat einen Durchmesser von 2 nm und einen Basenabstand von ungefähr 0,34 nm. Vgl., Simmel, DNA-Nanotechnologie, S. 2.

80 | An dieser Stelle ist die Redeweise vom Biochip als potentiellem Halbleiterbauelement aus organischen Molekülen, die mithilfe von Dünnschichttechnologien wie Langmuir-Blodgett-Filmen hergestellt werden, nicht zu verwechseln mit der heutigen Auffassung eines Biochips, die als Microarrays für gentechnische Diagnostik und medizinische Anwendungen z.B. als Lab-on-a-Chip gedacht werden. Solch ein Projekt wird von Stefan Thalhammer verfolgt. Es ist ein nanomedizinischer, in die Diagnostik und Biotechnologie reichender Ansatz, der keinesfalls verwechselt werden sollte mit der informationstechnischen Idee des „Biochip", der die halbleitenden Eigen-

1980er Jahren, als man dachte, in einer Zeitspanne von etwa zwanzig Jahren erste DNA-basierte Rechner zu realisieren und so die zu erwartenden zukünftigen Grenzen der Mikroelektronik zu überwinden.[81] Beim DNA-Computing werden Daten in Form einzelner Moleküle eingelesen, verrechnet und ausgegeben. Ziel ist es, eine Art flüssigen Supercomputer im Reagenzglas zu bauen, der mithilfe chemischer Reaktionen millionenfache Operationen gleichzeitig ausführen kann.[82] Voraussetzung hierfür sind neue Materialien, Techniken und Herstellungsverfahren aus der Biotechnologie, die in grundlagenwissenschaftlichen Ansätzen erforscht werden.

Der amerikanische Professor für Computerwissenschaften und Molekularbiologie, Leonard Adleman, hat 1994 mit einem Experiment für weltweites Aufsehen gesorgt, als er mithilfe von DNA-Molekülen im Reagenzglas das mathematische Problem des Travelling Salesman löste, bei dem der kürzeste Weg zwischen verschiedenen Punkten errechnet werden sollte.[83] Der an der University of Southern California forschende Wissenschaftler verstand die DNA und ihre Funktionalitäten im Rahmen informationstechnischer Prozesse und Zeichen, so dass mathematische Operationen z.B. mithilfe des Einfügens oder Entfernens von DNA-Teilstücken ausgeführt werden konnten[84] Dieser vielbeachtete Versuch eröffnete ein interdisziplinäres Forschungsfeld, auf dem mittlerweile einige hundert Wissenschaftler arbeiten. Allerdings werden von Seiten der Industrie diese Ansätze eher skeptisch betrachtet. Die anfängliche Euphorie, *Silizium* als Ausgangsmaterial ablösen zu können, ist angesichts zahlreicher Komplexitäten, die in der experimentellen Forschung auftraten, geschwunden, so dass nach wie vor der Pfad der siliziumbasierten Computertechnologien die Zukunftsvisionen der Halbleiterindustrie bestimmt.[85] Aus ingenieurwissenschaftlicher und elektrotechnischer Sicht, so eine Delphi-Studie im Jahr 2003, besteht kein großer Forschungsbedarf, da der „potenzielle Beitrag, den das DNA-Computing in der Elektronik der Zukunft leisten

schaften organischer Moleküle als Bausteine zukünftiger Elektronikarchitekturen nutzen will. Vgl. Interview Thalhammer, 7.12.2006.

81 | Van Brunt, Jennifer: Biochips. The Ultimate Computer. In Nature Biotechnology 3 (1985), S. 209; Bennet, Charles C.; Landauer, Rolf: The Fundamental Limits of Computation. In: Scientific American (1985), S. 38-46; Hinze, Thomas; Sturm, Monika: Rechnen mit DNA. Eine Einführung in Theorie und Praxis. München, Wien 2004, S. 1.

82 | Pool, Robert: A Boom in Plans for DNA Computing. In: Science 268 (1995), S. 499; Hinze/Sturm, Rechnen mit DNA, S. 2.

83 | Adleman, Leonard: Molecular Computation of Solutions to Combinatorial Problem. In: Science 266 (1994), S. 1021-1024.

84 | Hinze/Sturm, Rechnen mit DNA, S. 8.

85 | Parker, Jack: Computing with DNA. In: European Molecular Biology Organization. Reports 4 (2003) H. 1, S. 9.

kann", als sehr gering eingeschätzt wurde."[86] Aus Sicht der auf diesem Gebiet arbeitenden Wissenschaftler geht es jedoch primär um grundlegend neue Forschungsfragen.

DNA als technisches und epistemisches Ding

Die Forschungsrichtung der DNA-Nanotechnologie wird auch von experimentellen Physikern in München verfolgt, die an der interdisziplinären Schnittstelle der Biophysik, Biotechnologie und Halbleiterphysik arbeiten.[87] Friedrich Simmels Forschungsgruppe beispielsweise interessiert sich für „die physikalischen Eigenschaften von natürlichen und künstlichen biomolekularen Systemen und deren bionanotechnologischen Anwendungen."[88] Voraussetzung hierfür ist eine disziplinenübergreifende Experimentalkultur, die DNA auf neuartige Art und Weise in den Fokus nimmt. DNA fungiert hier zum einen als technisches Ding, das die materielle Voraussetzung zur Erforschung neuer artifizieller Systeme und Kombinationsmöglichkeiten mit anderen Objekten und Materialen darstellt. So verwendeten Wendy Dittmer und Friedrich Simmel beispielsweise Desoxyribonukleinsäure-Moleküle als Grundlage (template), um daraus ein halbleitendes Hybrid aus Kupfersulfid zu bauen.[89] Von Vorteil für diese Forschungsrichtung ist das große Wissen über die physikalischen, mechanischen und biochemischen Eigenschaften von DNA. Mithilfe automatisierter Synthesemethoden lassen sich mittlerweile Desoxyribonukleinsäure-Sequenzen relativ leicht herstellen und per Katalog bestellen.[90]

Zugleich ist DNA in diesen Experimentalsystemen ein epistemisches Ding im Rheinbergerschen Sinne, das völlig neuartige Fragestellungen und überraschende Effekte und Phänomene zeitigt, die über ihre technische Kontrolle und Handhabung hinausreichen. Insbesondere die Möglichkeit, nun kurze und lange DNA-Stränge so miteinander zu kombinieren, dass daraus stabile, nahezu beliebige Muster und mehrdimensionale Strukturen entstehen, die

86 | Hofknecht, Andreas: Elektronik der Zukunft. Mini Delphi – Technikanalyse. Düsseldorf 2003, S. 78.

87 | Interview Thalhammer, 7.12.06, Interview Rant 25.4.07; Interview Simmel, 30.9.2008; Vgl. Beyer, Stefan: DNA-based Molecular Templates and Devices Diss. München 2005 bei Kotthaus und Rädler; Liedl, Tim: Towards autonomous DNA-based Nanodevices, München 2007; Simmel, Friedrich C.; Dittmer, Wendy: DNA Nanodevices. In: Small 1 (2005) H. 3, S. 284-299.

88 | Vgl. zur Forschung des „Simmel Lab": http://www.e14.ph.tum.de/de/forschung/ (zuletzt: 25.10.2014).

89 | Vgl. Dittmer, Wendy U.; Simmel, Friedrich C.: Chains of Semiconductor Nanoparticles templated on DNA. In: Applied Physics Letters 85 (2004) H. 4, S. 633-635.

90 | Vgl. Simmel, DNA-Nanotechnologie, S. 4; Vgl. zur Funktion standardisierter Modellorganismen und Wissensbestände als technische Dinge: Rheinberger, Experimentalsysteme, S. 29.

mit anderen Materialien und Funktionen gekoppelt werden können, eröffnet neuartige experimentelle Forschungshorizonte.

Diese Forschungsrichtung basiert auf den Arbeiten des amerikanischen Biochemikers Ned Seeman, der DNA-Moleküle in artifiziellen Modellsystemen untersucht und die Forschungsrichtung der strukturellen DNA-Technologie geprägt hat.[91] Seeman nutzt Eigenschaften der DNA, die über ihre *Doppelhelix*-Struktur und die Funktion, Informationen zu speichern, hinausgehen.[92] Die Selbstorganisations- und Bindungsfähigkeit der DNA bezeichnet er als ein „neues Kapitel in der Geschichte des Moleküls“[93], da sie völlig neue, hybride und künstliche Nanosysteme mit radikal neuen technischen Anwendungsmöglichkeiten eröffnet:

> „For the past half-century, DNA has been almost exclusively the province of biologists and biologically oriented physical scientists, who have studied its biological impact and molecular properties. During the next 50 years, it is likely they will be joined by materials scientists, nanotechnologists and computer engineers, who will exploit DNA's chemical properties in a non-biological context.“[94]

Die Anfänge dieser Forschungsrichtung verortet er in den frühen 1970er Jahren, als die Technik der gentechnischen Manipulation in vitro Moleküle mit *„klebrigen Enden“* zusammenpacken konnte.[95] Die ersten neuartigen, künstlichen DNA-Strukturen baute er schließlich Anfang der 1990er Jahre.[96] Ziel war es, mithilfe der programmierbaren *klebrigen Enden* (engl. „sticky ends“), neue DNA-Muster zu schaffen. Seeman schlug vor, diese *Bottom-up*-Technologie in Systemen zu implementieren und hybride Technologien in Kombination mit bestehenden *Top-down*-Ansätzen zu entwickeln. Enge Verbindungen sah er zum Feld des DNA-Computings.[97] Dass diese Forschungsrichtung den weit in die

91 | Seeman, Nadrian C.: From Genes to Machines. DNA Nanomechanical Devices: in Biochemical Sciences Vol 30 (2005) H. 3, S. 119; Seeman, Nadrian C.: DNA in a Material World. In: Nature 421, (2003), S. 427-431; Seeman, Nadrian C.: DNA Nanotechnology. In: Nature Biotechnology (1999), S. 11.

92 | Nadrian C. Seeman: It started with Watson and Crick, But It Sure Didn't End There. Pitfalls and Possibilities Beyond the Classic Double Helix. In: Natural Computing 1 (2002), S. 53-84.

93 | Seeman, DNA in a Material World, S. 427.

94 | Ebd., S. 431.

95 | Ebd., S. 427.

96 | Seeman, Nadrian; Chen, J.: The Synthesis from DNA of a Molecule with the Connectivity of a cube, in: Nature 350 (1991), S. 631-633.

97 | Vgl. Seeman, DNA in a Material World, S. 430; Robinson, Bruce H.; Seeman, Nadrian C.: The Design of a Biochip. A Self-assembling Molecular-scale Memory Device, in: Protein Engineering 1 (1987), S. 295-300; Winfree, Eric: On the Computational Power of DNA Annealing and Ligation. In:

Zukunft reichenden öffentlichen Visionen einer *Bottom-up*-Nanotechnologie entspricht, zeigt sich auch an der Verleihung des „Richard-Feynman-Preises für Nanotechnologie" durch das Foresight-Institute Eric Drexlers im Jahr 1995.[98]

Im Jahr 2006 gelang es schließlich Paul Rothemund, längere DNA-Stränge mit kürzeren zu verweben und damit die experimentelle Grundlage für komplexe, nahezu beliebige zwei- und dreidimensionale Teppiche und Strukturen zu bilden.[99] Der an der disziplinenübergreifenden Schnittstelle der Computerwissenschaften, Biologie und Chemie forschende Wissenschaftler konnte DNA-Moleküle so programmieren, dass im Größenbereich von etwa 100 Nanometern Figuren wie Sterne, Smileys oder Dreiecke möglich wurden. Rothemund versteht diese Arbeit als Designprozess, durch den komplexe DNA-Strukturen gezielt programmiert und hergestellt werden können.[100]

Abbildung 17: Nano-Origami.

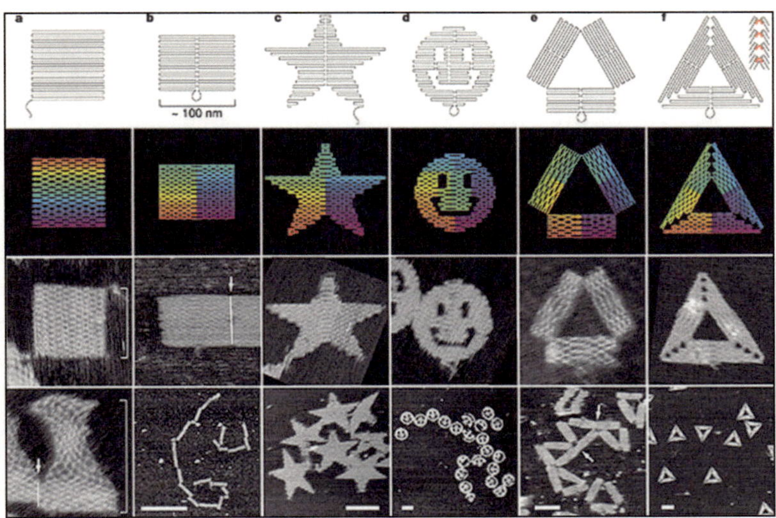

Lipton, Richard J.; Baum, Eric B: (Hg.): DNA Based Computers 1 (=Series in Discrete Mathematics and Theoretical Computer Science, Bd. 27). Princeton 1996, S. 199-219.

98 | http://www.foresight.org/about/2013Feynman.html (zuletzt: 25.10.2014); Vgl. zur öffentlichen Wahrnehmung der Nanotechnologie Kapitel V. „Medialisierungsstrategien".

99 | Der am Caltech forschende Wissenschaftler bezieht sich unter anderem auf Nadrian Seemann und auch die im Rahmen dieser Fallstudie im Fokus stehenden Münchner Nanowissenschaftler Tim Liedl und Friedrich Simmel, die mit den Ansätzen Rothermunds weiter arbeiten. Vgl. http://www.dna.caltech.edu/~pwkr/ [zuletzt: 27.3.2015]; Rothemund, Paul W.K.: Folding DNA to create nanoscale shapes and patterns. In: Nature 440 (2006), S. 297-302; Sandersol, Katharine: Bioengineering: What to Make with DNA Origami. In: Nature 464 (2010), S. 158-159; Vgl. Simmel, DNA-Nanotechnologie – Nanostrukturen und molekulare Maschinen aus DNA.

100 | Rothemund, Folding DNA, S. 302.

Zwar könnte dieses *DNA-Origami* im Sinne Alfred Nordmanns als ein Einüben von Fertigkeiten zur Herstellung neuartiger technowissenschaftlicher Nanoobjekte interpretiert werden. Desoxyribonukleinsäure wird im Experimentalsystem zum „Schalter", zur „Zange" oder auch zum Baumaterial für Teppiche und funktionale Gitter. Sie kann rechnen, an Proteine andocken und möglicherweise mit anderen funktionalen Molekülen und Elementen kombiniert werden, so dass DNA als ein Molekül mit gewissen elektrischen und optischen Eigenschaften angesehen und dem entsprechend technisch, aber auch experimentell zur Beantwortung neuer Forschungsfragen genutzt werden kann.[101] Diese artifiziellen Nanosysteme gehen über ein reines Naturverständnis hinaus und scheinen die Auffassung dieser Wissenschaftskultur als Technoscience idealtypisch zu bestätigen, da hier bereits im Stadium der Grundlagenforschung neue technische Fertigkeiten in der gezielten Herstellung und Kontrolle von Nanoobjekten entwickelt werden.

Allerdings läuft solch eine Auffassung Gefahr, die epistemologische Funktion dieser technischen Metaphorik und damit die grundlegenden, erkenntnisoffenen Charakteristika dieser experimentellen Forschungskultur, die durchaus auf neues Wissen im Umgang mit DNA abzielt, zu unterschätzen.[102] Wenn Wissenschaftler Metaphern wie „Zange", „Läufer" oder „Motor" benutzten, geht es ihnen nicht allein um technische Fragestellungen, sondern um neues Wissen, das durch diese Experimentalsysteme ermöglicht wird. Dies bestätigt ein Blick auf jene Münchner Akteure, die sich im Kontext der Nanobiotechnologie verorten. Die z.B. mithilfe der Methode des *DNA-Origami* und fluoreszierender Moleküle von Friedrich Simmel entwickelten „Nano-Lineale" dienen zur Kalibrierung hochauflösender Mikroskope, die unterhalb der Wellenlänge des Lichts von 200 Nanometern arbeiten.[103] Damit können basale molekulare Prozesse, die Bewegung *molekularer Motoren* und die Struktur von Proteinen untersucht werden. Diese neuartigen Verwendungsmöglichkeiten von DNA in experimentellen Forschungskontexten wird dann als Endergebnis mühsamer experimenteller Forschung zur „Labortechnik" und kann als technisches Ding im Sinne Rheinbergers wiederum dazu beitragen, fundamentale biologische Fragen zu untersuchen.[104] So war es eines der ursprünglichen Ziele Seemans, mithilfe künstlicher DNA-Gitter die Struktur von Proteinen genauer zu bestimmen.[105] Bis zur Realisierung solch eines weitreichenden grundlagenwis-

101 | Simmel, DNA Nanodevices, S. 189.

102 | Vgl. Brandt, Genetic Code, Text, and Scripture, S. 629.

103 | Vgl. Sandersol: Bioengineering, S. 158; Steinhauer, C. u.a.: DNA Origami as a Nanoscopic Ruler for Super-resolution microscopy. In: Zeitschrift für Angewandte Chemie. International Edition, 48 (2009), S. 8870-8873.

104 | Vgl. Simmel, DNA-Nanotechnologie, S. 4.

105 | Ebd.

senschaftlichen Ziels waren allerdings mehrere Jahrzehnte ergebnisoffener experimenteller Forschung über die Kombinationsmöglichkeiten von DNA-Strängen notwendig, so dass das Erbmolekül in diesem Forschungskontext als ein epistemisches Ding verstanden werden muss, das zahlreiche grundlegende Fragen aufwarf. Entscheidend ist, dass diese experimentellen Forschungskontexte nicht einfach als Realisierung eines vorgegebenen technischen oder wissenschaftlichen Zieles verstanden werden können, sondern als wissenschaftliche Erkundung unbekannter Gebiete und neuer Forschungshorizonte, die mit zahlreichen Umwegen und unvorhergesehenen Entwicklungen einhergehen, wie sie für experimentalwissenschaftliche Forschungskulturen charakteristisch sind. Hans-Jörg Rheinberger veranschaulicht dies mit einem Verweis auf eine Feststellung Michel Serres, wonach ein Wissenschaftler den „Rechner von Übermorgen" nicht dreißig Jahre vor seiner Realisierung vorhersehen kann, auch wenn der oberflächliche historische Rückblick solch eine lineare Erzählung von der Grundlagenforschung zur Anwendung suggerieren mag.[106]

Wenn Friedrich Simmel im Kontext des *DNA-Origami* von „Läufern", „Zangen" oder „Schaltern" spricht, so geht es ihm vor allem um neue wissenschaftliche Fragestellungen, die über die notwendige technische Kontrolle dieser Experimentalordnungen hinausgehen. Auch grundlegende Erkenntnisinteressen und Fragestellungen von theoretischer Tragweite etwa über den Ursprung des Lebens oder den Verlauf der Evolution können in solchen experimentellen Forschungsansätzen verfolgt und auf neuartige Weise betrachtet werden. Aus Sicht der auf diesem Gebiet arbeitenden experimentellen Wissenschaftler ist die Frage nach „Technik oder Wissenschaft?" ohnehin kaum von Bedeutung, da im Rahmen ihrer Experimentalsysteme stets beides möglich ist.[107] Eine Reduktion dieser Wissenschaftskultur auf rein technische und ingenieurmäßige Ansätze oder gar die Annahme eines grundlegenden Wandels hin zu einer Technoscience scheint jedoch nicht gerechtfertigt.

Bernadette Bensaude-Vincent unterstreicht in ihrem Essay über die schwindelerregenden[108] Grenzverschiebungen der Technosciences den technischen Charakter der experimentellen Forschung, z.B. der Chemie, die stets auf Kontrolle und Veränderung der untersuchten Objekte abzielte. Die Annahme einer ausschließlich auf Naturerkenntnis ausgerichteten „reinen" Wissenschaft versteht sie als „ideologisches Konstrukt".[109] Damit kritisiert sie im Sinne Bruno Latours die für die Moderne charakteristische Trennung und

106 | Rheinberger, Experimentalsysteme, S. 28. Vgl. Serres, Michel (Hg.): Elemente einer Geschichte der Wissenschaften. Frankfurt 1994.

107 | Simmel, Friedrich C.: DNA Origami – Art, Science, and Engineering. In: Frontiers in Life Science 6 (2012) H. 1/2, S. 8.

108 | Schwindel [franz. „les vertiges"].

109 | Bensaude-Vincent, Les Vertiges de la Technoscience, S. 51.

Reinigung der Begriffe „Wissenschaft“ und „Technik“, „Natur“ und „Gesellschaft“. Ist mit einer hybriden und verwickelten Kultur der Laborforschung aber auch ihr genuines Erkenntnisinteresse verloren gegangen, so dass es nur noch um die Herstellung und Produktion künstlich designter Objekte geht? Wie Bernadette Bensaude-Vincent mit zwei Beispielen jüngeren Datums verdeutlicht, können auch künstliche, im Labor geschaffene Objekte und Modelle dazu beitragen, fundamentale Vorgänge der Natur zu verstehen. Sie illustriert dies anhand des *„molekularen Motors“*, der letztlich basale biologische Prozesse zu verstehen hilft.[110] Ihr fulminanter, historisch-kritischer Essay über das Zeitalter der Technoscience betont vor allem den weitreichenden gesellschaftlichen Wandel, der sich an der Kommerzialisierung und Politisierung des Wissens und einer Umgestaltung der Gesellschaft durch das Einreißen bestehender Grenzen zwischen Natur und Technik festmachen lässt. In ihrer Auffassung bedeutet Technoscience keinesfalls das Ende der Grundlagenforschung [franz. recherche fondamentale], vielmehr stellt sie damit die Autonomie der Wissenschaften in Bezug auf Wirtschaft und Gesellschaft in Frage – ein Befund, der sich auch am Münchner Fallbeispiel anhand der strategischen Orientierung der nanotechnologischen Grundlagenforschung am Begriff der Technik nachweisen lässt.[111]

Die funktionalistische Auffassung der Natur als Konstrukteur und die Beschreibung biologischer Prozesse mit dem Handwerkszeug der Biophysik als „Motoren“ und „Maschinen“ ist zudem kein Novum der Nanobiotechnologie, sondern durchaus charakteristisch für die Biotechnologie und auch Biophysik, wie sie in München durch Erich Sackmann seit den 1980er Jahren gelehrt wird.[112] Sein Lehrbuch der Biophysik ist ein guter Beleg dafür, dass Natur mit technischen Metaphern begriffen und als „Konstrukteur“ verstanden werden kann, dass die Biophysik jedoch durchaus auf ein Verständnis basaler Prozesse des Lebens wie etwa die Entwicklung vom befruchteten Ei zum Lebewesen abzielt.[113] Auch weitere Beispiele im Bereich der Nanobiotechnologie und Biophysik unterstreichen, dass mit den neuen experimentellen Ansätzen und artifiziellen Systemen sowohl technische Möglichkeiten als auch grundlegende Erkenntnisse über die Natur angestrebt werden. Dies gilt auch für hybride und artifizielle Nanosysteme, da auch hier neues experimentelles Wissen generiert wird, unabhängig von der Frage, ob es sich um „die Natur“ oder „künstliche Systeme“ handelt. Ein Beispiel hierfür ist die Arbeit Dieter Brauns, Professor für Biophysik an der LMU, der in der experimentellen Forschung neue biologische Systeme erkundet und imitiert: „Is it possible to recreate molecular

110 | Ebd., S. 132.

111 | Ebd., S. 37.

112 | Vgl. Dolata, Politische Ökonomie der Gentechnik, S. 17.

113 | Sackmann, Erich; Merkel, Rudolf: Lehrbuch der Biophysik. Weinheim 2010, S. 3.

evolution in the lab?"[114] Dieser Forschungsansatz einer „synthetischen Evolution" schafft neue Objekte im Labor und bildet die Wissensgrundlagen für zukünftige Technikentwicklungen. Aber auch diese hybriden Nanosysteme und künstlichen Strukturen sind im Sinne Rheinbergers vor allem epistemische Dinge, die neue wissenschaftliche Fragen aufwerfen. Zudem eröffnen sie Erkenntnismöglichkeiten über die Evolution des Lebens, so dass dieser Ansatz nicht im Sinne einer Technoscience verstanden werden kann, die ausschließlich noch auf technische Fertigkeiten zur Manipulation und Herstellung artifizieller Nanoobjekte abzielt.[115] Auch die Forschungsrichtung Wolfgang Heckls über die *Selbstassemblierung* von Molekülclustern möchte basale Naturprozesse verstehen. Auf der Basis seiner experimentellen Forschung zu Prozessen der Selbstassemblierung von Molekülen mithilfe des Rastertunnelmikroskops hat er eine Theorie über den „Ursprung des Lebens" vorgelegt[116] und betont neben dem weit in der Ferne liegenden technischen Potenzial zugleich sein genuines Erkenntnisinteresse: „Erkenntnis ist das, was mich umtreibt."[117]

Fazit

Das Anfang der 1980er Jahre von Gerd Binnig und Heinrich Rohrer bei IBM entwickelte Rastertunnelmikroskop ermöglichte Experimente zur Selbstorganisation von Molekülclustern in unterschiedlichen Forschungszweigen – von der *Kristallografie* über die Biochemie bis hin zur Festkörperphysik und Oberflächenchemie – und verkörperte die weitreichenden technischen und wissenschaftlichen Möglichkeiten der Nanotechnologie. Ein genauerer Blick auf konkrete Forschungskontexte relativiert jedoch zahlreiche, mit dem Nanohype einhergehende Topoi und zeigt, dass die in der Öffentlichkeit vollzogene Identifizierung des Instrumentes mit der Nanotechnologie zu kurz greift.

---

114 | http://www.biosystems.physik.uni-muenchen.de/ [zuletzt: 15.2.2014] Vgl. Mast, Christof; Möller, Friederike M.; Braun, Dieter: Lebendiges Nichtgleichgewicht. Unter welchen physikalischen Randbedingungen kann Leben entstehen? In: Physik Journal 12 (2013), H. 10, S. 29-35.

115 | Vgl. Nordmann, Was wissen die Technowissenschaften?

116 | Heckl, Wolfgang M. u.a.: Chiral Symmetry Breaking During the Self-Assembly of Monolayers from Achiral Purine Molecules. In Journal of Molecular Evolution 43 (1996), S. 419-424; Heckl, Wolfgang M. u.a.: Self-programmable, Self-assembling, Two dimensional Genetic Matter. In: Origins of Life and Evolution of the Biosphere 30 (2000), S. 81-99; Heckl, Wolfgang M. u.a.: Differential Adsorption of Nucleic Acid Bases. Relevance to the Origin of Life. In Proceedings of the National Academy of Sciences 98 (2001) H. 3, S. 820-822.

117 | Heckl, Wolfgang. M.: Faszination und Zukunfstgedanken. Interview mit Marianne Oesterreicher. In: Oesterreicher, Highlights aus der Nano-Welt, S. 199.

Ein in diesem Zusammenhang lange übersehenes, insbesondere in der Industrieforschung verbreitetes Verfahren ist die *Molekularstrahlepitaxie*. Diese dient seit den 1970er Jahren der Herstellung von *Nanostrukturen* und weist große Kontinuitäten zu jenen Forschungsansätzen, die heute als Nanoelektronik bezeichnet werden. Hierbei geht es jedoch nicht allein um die technische Zurüstung und Gestaltung der Materialien und Objekte. Gerade die Forschungspraxis der experimentellen Halbleiterphysik zeigt, dass technische Voraussetzungen, wie z.B. speziell designte *Nanostrukturen*, Computerchips und technisch aufwändige Versuchsbedingungen im *Reinraum* und bei Tieftemperaturen, Ausgangspunkt neuen physikalischen Wissens sind. Darüber hinaus spielen auch strategische Motive eine Rolle, um die Technologierelevanz dieser tatsächlich weit von konkreten Innovationsprozessen entfernten Forschungsansätze mithilfe technischer Metaphern und Visionen zu unterstreichen.

Dies bestätigt sich auch im Bereich der Nanobiotechnologie, die im Vergleich zu den großen Kontinuitätslinien der niedrigdimensionalen Physik einen neuartigen Forschungsansatz darstellt und DNA als Grundlage für zukünftige technische Anwendungen z.B. im Bereich der Nanoelektronik erforscht. Um mit dem gesellschaftlich aufgeladenen Schlüsselobjekt der DNA neue Fragestellungen zu verfolgen und experimentieren zu können, ist ein Wissensfluss zwischen Physik, Biochemie und Gentechnik über die jeweiligen Disziplinengrenzen hinweg notwendig, so dass sich hier eine neue Forschungskultur ausgeprägt hat, die insbesondere von experimentellen Physikern verfolgt wird. Aber auch das technische Gestalten und Manipulieren von DNA-Strängen im Labor ist ein experimentelles Spiel, das nicht auf rein technische Dimensionen und Zielsetzungen reduziert werden kann. Durch diese Experimentalsysteme wird neues Wissen generiert, das für zukünftige Technikentwicklungen ebenso relevant sein kann wie für neue Einsichten über den Ursprung des Lebens.

VI. Medialisierungsstrategien

Die öffentliche Wahrnehmung der Nanotechnologie ist geprägt von Metaphern und Visionen, die aus der Science-Fiction-Literatur zu stammen scheinen.[1] So sieht man in dem Film „Das Nanoschnitzel“ den heutigen Generaldirektor des Deutschen Museums, Wolfgang Heckl, durch die bayerischen Alpen wandern und nahezu die gesamte alpenländische Natur — Berge, Bäume, Flüsse, Wasserflöhe, Kühe und die daraus gewonnenen Schnitzel — als Vorbild einer zukünftigen Nanotechnologie entdecken.[2] Der ausgebildete Biophysiker, der selbst zum Ursprung des Lebens geforscht hat, rührt im Labor mit großer Geste und charmantem Augenzwinkern einen Brei aus Kohlenstoff, Spurenelementen und Wasser an, der als Grundlage eines sich in Zukunft selbstorganisierenden „Schnitzels“ dienen könnte. Auch der Nobelpreisträger Gerd Binnig tritt in diesem Film des Bayerischen Rundfunks als Vertreter der Nanotechnologie auf und erklärt, dass einmal der Computer den Menschen überholen könnte. Diese an Stanislaw Lems Novelle Golem erinnernde Vision eines Supercomputers, der über das Ende der Menschheit doziert, wird zumindest als Möglichkeit erwogen.[3] Gerd Binnig und Wolfgang Heckl sind prominente Wissenschaftler, die die Notwendigkeit erkannt haben, dass über radikale neue technische Entwicklungsmöglichkeiten, die sich in der Grundlagenforschung abzeichnen, frühzeitig mit einer breiten Öffentlichkeit kommuniziert werden muss.

Die Nanotechnologie ist ein ausgeprägtes Beispiel für einen generellen Medialisierungstrend der Wissenschaften. Medien und Bilder haben in den letzten Jahren große Aufmerksamkeit in der Wissenschaftsforschung gefunden.[4]

---

1 | Vgl. Schummer, Nanotechnologie, S. 49 ff.

2 | Bayerischer Rundfunk: Das Nanoschnitzel. Vision und Wirklichkeit in der Nanotechnologie. Fernsehdokumentation, 2003.

3 | Lem, Stanislaw: Also sprach Golem (Polnische Originalausgabe 1973). Frankfurt 2014.

4 | Nikolow, Sybilla; Bluma, Lars (Hg.): Bilder zwischen Öffentlichkeit und wissenschaftlicher Praxis. Neue Perspektiven für die Geschichte der Medizin, Naturwissenschaften und Technik. In: NTM Zeitschrift für Geschichte der Wissenschaften, Technik und Medizin 2002 10 (2002), H. 4, S. 201-208; Heßler, Martina: Bilder zwischen Kunst und Wissenschaft. Neue Herausforderungen für die Forschung. In: Geschichte und Gesellschaft 31 (2005), S. 266-292; Heßler, Martina: Konstruierte Sichtbarkeiten. Wissenschafts- und Technikbilder seit der Frühen Neuzeit. München 2006; Hüppauf, Frosch und Frankenstein; Gall, Alexander: Konstruieren, kommunizieren, präsentieren. Bilder von Wissenschaft und Technik. Göttingen 2007 (= Abhandlungen und Berichte / Deutsches Museum, Bd. 23); Nikolow, Sybilla; Schirrmacher, Arne (Hg.): Wissenschaft und Öffentlichkeit als Ressourcen füreinander. Studien zur Wissenschaftsgeschichte im 20. Jahrhundert. Frankfurt

Die Frage allerdings, welche Medialisierungsstrategien die Wissenschaftler selbst verfolgen, wurde bis dato eher selten betrachtet.[5] Der Wissenschaftshistoriker Mitchell Ash plädiert dafür, das Beziehungsgeflecht zwischen Wissenschaft und Öffentlichkeit auf seine wechselseitigen Verschiebungen zu untersuchen.[6] In diesem Zusammenhang erlaubt eine Fallstudie, Medialisierungsprozesse und ihre Rückwirkung auf die Forschung genauer in den Blick zu nehmen. Die Münchner Nanonetzwerke bieten hierfür eine besonders gute Ausgangslage, da die lokalen Nanonetzwerke verschiedene inner- und außerwissenschaftliche Teilöffentlichkeiten adressieren und Wolfgang Heckl als ausgewiesener Wissenschaftskommunikator die Schnittstelle zur Öffentlichkeit aktiv gestaltet. Ferner entstand mit dem Zentrum für Neue Technologien am Deutschen Museum ein neuer medialer Raum, der die Nanotechnologie in Form einer Dauerausstellung der breiten Öffentlichkeit zugänglich macht.[7]

1. Das fragile Verhältnis von Wissenschaft und Öffentlichkeit

Wissenschaftler wenden sich aktiv und frühzeitig an eine breitere Öffentlichkeit und beziehen Fragen der Technikfolgenabschätzung und Risikokommunikation als integrales Moment in ihre forschungspolitischen Strategien mit ein. Grund hierfür ist die zunehmende Medialisierung ihrer Arbeit, die über die Akzeptanz neuer Technologien und damit auch über die Verteilung von Forschungsgeldern und Handlungschancen entscheidet. Der Einfluss der Medien ist im Falle der Nanotechnologie derart hoch, dass sich im Umkehrschluss die Frage stellt, was von „der Nanotechnologie" bleibt, wenn man ihre öffentlichen Bilder und Diskurse ausblendet. Aufgrund der zunehmenden Verflechtung von Politik, Wissenschaft und Öffentlichkeit können sich Forscher nicht länger auf die Autonomie der Wissenschaft berufen oder die öffentliche Darstellung ihrer Arbeit Journalisten überlassen. Sie müssen mit der Öffentlichkeit kommunizieren, nicht um ihr Wissen an die Bevölkerung

---

2007; Bredekamp, Horst (Hg.): Das technische Bild. Kompendium zu einer Stilgeschichte wissenschaftlicher Bilder. Berlin 2008.

5 | Hüppauf/Weingart, Frosch und Frankenstein, S. 13.

6 | Ash, Mitchell G.: Wissenschaft(en) und Öffentlichkeit(en) als Ressourcen füreinander. Weiterführende Bemerkungen zur Beziehungsgeschichte. In: Nikolow/Schirrmacher, Wissenschaft und Öffentlichkeit, S. 352.

7 | Breitsameter, Florian u.a. (Hg.): Nano- und Biotechnologie im Zentrum Neue Technologien. München 2009.

weiterzugeben und diese „aufzuklären“, sondern primär, um für Vertrauen in ihre Tätigkeit zu werben.[8]

Wie die Wissenschaftshistoriker Arne Schirrmacher und Sybilla Nikolow feststellen, war es für Wissenschaftler im 20. Jahrhundert nicht mehr möglich, sich „vom Informationsbedürfnis einer kritischen Öffentlichkeit abzuschotten.“[9] Gesellschaftliche Debatten um neue Technologien wie die Kernenergie, die Mikroelektronik oder die Gentechnik haben insbesondere in Deutschland das Vertrauen in die Wissenschaften sinken lassen.[10] So hat im Jahr 1977 der damalige Bundeskanzler Helmut Schmidt auf der Jahresversammlung der DFG von einer „Bringschuld der Wissenschaften“ gesprochen, die gegenüber der Gesellschaft öffentlich über die mit ihrer Arbeit einhergehenden Risiken kommunizieren sollten:

„Ich sehe Schwierigkeiten für manche Wissenschaftler und Forscher, sich richtig darauf einzustellen, dass der ‚Mann auf der Straße‘ – allgemeiner: die Gesellschaft, in der er lebt, die ihn finanziert, wirklich auch sein Gesprächspartner sein muss.[...] In einer demokratischen Gesellschaft ist Durchsichtigkeit, ist Transparenz von Wissenschaft und Forschung eine Bringschuld! Nicht Holschuld für 60 Millionen Bürger, sondern Bringschuld der Wissenschaft selbst.“[11]

Auch der Präsident der Max-Planck-Gesellschaft, Hans Zacher, diagnostizierte Anfang der 1990er Jahre insbesondere für die Grundlagenforschung ein Rechtfertigungsproblem, da diese den Nachweis eines gesellschaftlichen Nutzens nicht immer erbringen und zudem potenzielle Risiken nicht a prio-

8 | Felt, Ulrike: Why Should the Public „Understand“ Science? In: Dierkes, Meinolf; Grote, Claudia von (Hg.): Between Understanding and Trust. The Public, Science and Technology. Amsterdam 2000, S. 31.

9 | Nikolow, Sybilla; Schirrmacher, Arne: Das Verhältnis von Wissenschaft und Öffentlichkeit als Beziehungsgeschichte. Historiografische und systematische Perspektiven. In: Nikolow/Schirrmacher, Wissenschaft und Öffentlichkeit, S. 15.

10 | Noelle-Neumann, Elisabeth: Foreword. In: Dierkes/Grote, Between Understanding and Trust., S. x; Felt, Why Should the Public „Understand“ Science?, S. 18; Hampel, Jürgen: Die europäische Öffentlichkeit und die Gentechnik. Einstellungen zur Gentechnik im Internationalen Vergleich. Stuttgart 2000; Gaskell, George; Bauer, Martin W. (Hg.): Biotechnology. 1996-2000. The Years of Controversy. London 2001; Salem, Samia: Die Öffentliche Wahrnehmung der Gentechnik in der Bundesrepublik Deutschland seit den 1960er Jahren. Stuttgart 2013; Kepplinger, Hans Mathias: Künstliche Horizonte. Folgen, Darstellung und Akzeptanz von Technik in der Bundesrepublik Deutschland. Frankfurt, New York 1989.

11 | DFG Mitteilungen, 1977/3, Exkurs.

ri ausschließen könne.[12] Wissenschaftssoziologen haben diese grundlegende Problematik behandelt. Demnach bedarf Wissenschaft „gesellschaftlicher Ressourcen aber entzieht sich zugleich der Kontrolle ihrer Verwendung“ und befindet sich deshalb auf eine prekäre Weise in Distanz zur Gesellschaft, so Peter Weingart.[13] Jeder Versuch, diese Distanz zu überbrücken, geht mit dem Problem einher, die wissenschaftsinternen Kriterien und Ermöglichungsbedingungen von Wissenschaft aufzugeben, wenn Wissenschaftler den medialen Logiken der Aufmerksamkeitsproduktion folgen. Rudolf Stichweh und Peter Weingart sprechen an dieser Stelle kritisch von der Gefahr der „Korruption“ der Wissenschaften durch das System der Medien.[14] Auch Nanowissenschaftler stehen vor dem Dilemma, dass sie einerseits ihre Forschungsarbeit von grob vereinfachenden Darstellungen der Nanotechnologie in den Medien abgrenzen müssen. Andererseits bleiben sie auf diese angewiesen, da die Teilhabe an einer medialen Öffentlichkeit und die damit einhergehenden Medialisierungsprozesse auf das System der Wissenschaften zurückwirken, wenn es um die Betonung des gesellschaftlichen Nutzens der Forschung und die daran gebundene Verteilung von Drittmitteln geht.

Die mit der Nanotechnologie verbundenen teils stark überbordenden Erwartungen verdeutlicht auch ein Wissenschaftsskandal, der im Jahr 2001 weltweit für Schlagzeilen gesorgt hatte.[15] Der zu diesem Zeitpunkt in den USA bei Bell Labs forschende Halbleiterphysiker Jan-Hendrik Schön galt als „Wunderkind“ des boomenden Gebietes der Nanoelektronik. Er veröffentlichte in kurzer zeitlicher Abfolge zahlreiche Beiträge in hochrangigen wissenschaftlichen Zeitschriften[16] und war als jüngster Direktor in der Geschichte der Max-Planck-Gesellschaft vorgesehen.[17] Umso größer war der Skandal, als sich

12 | Zacher, Hans F.: Forscher und Forschungspolitik. Der Beitrag der Forscher zur forschungspolitischen Diskussion. In: Forscher und Forschungspolitik. Der Beitrag der Forscher zur forschungspolitischen Diskussion, Symposion der Max-Planck-Gesellschaft Schloß Ringberg/Tegernsee. In: Max-Planck-Gesellschaft, Berichte und Mitteilungen 1 (1992), S. 13.

13 | Weingart, Peter: Die Wissenschaft der Öffentlichkeit und die Öffentlichkeit der Wissenschaft. In: Weingart, Die Wissenschaft der Öffentlichkeit, S. 9.

14 | Stichweh, Differenzierung der Wissenschaft, S. 89; Weingart, Die Wissenschaft der Öffentlichkeit und die Öffentlichkeit der Wissenschaft, S. 12.

15 | Reich, Eugenie Samuel: Plastic Fantastic. How the Biggest Fraud in Physics Shook the Scientific World. New York 2009. Vgl. Ishiguro, Takehiko: Research Misconduct in Cutting-edge Material Physics and Electronics at the Beginning of the 21st Century. In: Historia Scientiarum 16 (2006), S. 41-61.

16 | Schön, Jan Hendrik; Meng, Hong; Bao, Zhenan: Self-assembled Monolayer Organic Field-Effect Transistors. In: Nature 413 (2001), S. 713-715; Schön, Jan-Hendrick u.a.: Superconductivity in Single Cristalls of the Fullerene C 70. In: Nature 413 (2001) S. 831-832.

17 | Evers, Marco; Trauvetter, Gerald: Ikarus der Physik. In: Der Spiegel 41 (2002), S. 234-236.

herausstellte, dass seine Ergebnisse nicht reproduziert werden konnten.[18] Fälle des wissenschaftlichen Betrugs, der Fälschung und Datenmanipulation ziehen sich durch die Wissenschaftsgeschichte – von Ernst Haeckels gefälschten Embryonenbildern in seiner „Natürlichen Schöpfungsgeschichte" (1868), über Walter Kaufmanns angeblich experimentelle Widerlegung Einsteins spezieller Relativitätstheorie (1906) bis hin zur nicht nachweisbaren Klonung embryonaler menschlicher Zellreihen durch den koreanischen Stammzellenforscher Hwang Woo-suk (2005). In einer Zeit allerdings, in der Grundlagenforschung zunehmend von öffentlichem Vertrauen und externen Ressourcen abhängt, werfen Wissenschaftsskandale grundlegende Fragen zum fragilen Verhältnis von Wissenschaft und Medien sowie den Möglichkeiten und Grenzen der wissenschaftlichen Erkenntnisproduktion und Qualitätssicherung auf. Einerseits steigt im Zuge von Medialisierungsprozessen die Tendenz, wissenschaftlich spektakuläre Ergebnisse schnell zu publizieren und gesellschaftliche Erwartungen an innovative Forschung zu bedienen. Andererseits tragen auch Medien zur Ergebniskontrolle und Aufdeckung von Betrugsfällen bei. Diese ambivalente Beziehung von Wissenschaft und Medien wird im Falle der nanoelektronischen Arbeiten Schöns wie unter einem Brennglas sichtbar.[19]

Mit welchen Schwierigkeiten sich Wissenschaftler im Umgang mit Medien gerade im Bereich der Lebenswissenschaften und Nanobiotechnologie konfrontiert sehen, schildert Bernard Yurke, der bei Bell Labs mit DNA-Molekülen experimentierte.[20] Zu diesem Zeitpunkt forschte auch der Münchner Friedrich Simmel als Postdoc im Team um Yurke. Er wurde ebenfalls interviewt, als es darum ging, erste Erfolge auf einem Feld öffentlich zu machen, das sowohl für die Grundlagenforschung als auch für zukünftige technische Anwendungen wie etwa *DNA-Computer* von großem Interesse ist. Die Forscher wurden vom Pressereferenten gebrieft und mussten lernen, wie man Kame-

18 | Report of the Investigation Committee on the Possibility of Scientific Misconduct in the Work of Hendrik Schön and coauthors, September 2002, Bell Labs Research Review Report, S. 14-15.

19 | Der Wissenschaftsskandal ist als Medienphänomen in seiner historischen Dimension bis dato überhaupt nicht und in seiner medien- und kommunikationswissenschaftlichen Dimension erst ansatzweise behandelt. Eine Jahrestagung der Deutschen Gesellschaft für Wissenschaftsgeschichte „Täuscher, Scharlatane, Betrug in den Wissenschaften" hat sich mit Wissenschaftsskandalen eher unsystematisch und mit besonderem Fokus auf die Frühe Neuzeit befasst. Vgl. Eckart, Wolfgang U.: Blender, Täuscher, Scharlatane. Betrug in den Wissenschaften. Einführung in das Thema. In: Berichte zur Wissenschaftsgeschichte 27 (2004), S. 89-97.

20 | Yurke schildert diese Geschichte in einem Jubiläumsband für Nadrian C. Seeman, der als Pionier der DNA-Nanotechnologie gilt. Yurke, Bernard: DNA-based Motor Work at Bell Laboratories. In: Chen, Junghuei; Jonoska, Natasa; Rozenberg, Grzegorz (Hg.): Nanotechnology. Science and Computation. Berlin u.a. 2006, S. 170.

rainterviews gibt, um ein Public-Relations-Problem für das Unternehmen zu vermeiden.[21] Dennoch stellte sich im Rahmen dieser Medienkampagne bald die Frage, woher denn das Genmaterial für die Versuche stammte, ein Aspekt, der für die Forscher an sich keine Rolle spielte und auch aus ethischen Gesichtspunkten unbedenklich war, da es sich entweder um synthetisches Material oder um Zellen von Lachsspermien handelte. Aber wie der Pressereferent bereits vermutete, wurde genau dieser Zusammenhang dann zum Aufhänger für die Medienberichterstattung. Trotz aller Bemühungen von Seiten der Wissenschaftler im Vorfeld entwickelte sich die öffentliche Berichterstattung nicht in ihrem Sinne: „Clearly, this salmon thing had gotten out of hand."[22] Der CNN-Bericht verkürzte den Sachverhalt soweit, dass es nicht mehr um die eigentlich neuartige Forschungsleistung der DNA-*Nanozangen* und ihre technischen Potenziale ging, sondern um die Schaffung eines neuen Computers aus Lachsspermien: „Now these salmon may guide us to the next generation computing."[23] Diese Geschichte macht deutlich, mit welchen kommunikativen Schwierigkeiten sich Forscher konfrontiert sehen, wenn es darum geht, ihre Forschungsergebnisse zu kommunizieren.[24] Gerade die an der Schnittstelle zu den Lebenswissenschaften arbeitenden Wissenschaftler mussten neue Medienstrategien entwickeln, um der aus ihrer Sicht oftmals überzogenen oder schlicht falschen Berichterstattung zu begegnen und zugleich die Chancen medialer Aufmerksamkeitsproduktion in ihrem Sinne zu nutzen.

2. Die Defuturisierung einer Zukunftstechnologie

Die mediale Aufladung und Wahrnehmung der Nanotechnologie als Zukunftstechnologie erfolgte in enger Rückbindung an Wissenschaftler und ihre Forschungsfelder. Diesen Befund der Münchner Fallstudie bestätigen auch überregionale Medienanalysen, wonach die Grundlagenforschung insgesamt den Großteil der Nanoberichterstattung ausmacht.[25] Wissenschaftler positionieren

21 | Ebd.

22 | Ebd., S. 172.

23 | Ebd., S. 171.

24 | Weinert, Franz Emanuel: Kommunikationsprobleme zwischen Wissenschaft und Öffentlichkeit: In: Forscher und Forschungspolitik. Der Beitrag der Forscher zur forschungspolitischen Diskussion, Symposion der Max-Planck-Gesellschaft Schloß Ringberg/Tegernsee. In: Max-Planck-Gesellschaft: Berichte und Mitteilungen, 1 (1992), S. 79.

25 | Haslinger, Julia; Hocke, Peter; Hauser, Christiane: Ausgewogene Wissenschaftsberichterstattung der Qualitätspresse? Eine Inhaltsanalyse zur Nanoberichterstattung in repräsentativen Medien Österreichs, Deutschlands und der Schweiz. In: Gazsó, André; Haslinger, Julia (Hg.): Nano Risiko Governance. Der gesellschaftliche Umgang mit Nanotechnologien. Wien u.a. 2014, S. 297.

sich in der medialen Öffentlichkeit und versuchen, den öffentlichen Nanodiskurs in ihrem Sinne zu gestalten. Grund hierfür ist das strategische Interesse, ihr eigenes Forschungsgebiet als gesellschaftlich relevant auszuweisen und die mediale Aufmerksamkeit auf ihr Forschungsfeld letztlich forschungspolitisch zur Förderung ihrer Arbeit zu nutzen.

Die folgende Analyse basiert auf der Auswertung der Presseberichterstattung in der Süddeutschen Zeitung und Frankfurter Allgemeinen Zeitung im Zeitraum 1998 bis 2014 und stützt sich zudem auf die Ergebnisse bereits erfolgter Studien zur Presseberichtserstattung über die Nanotechnologie, um genauer nach der Rolle und Darstellung der Münchner Wissenschaftler zu fragen. Die beiden überregionalen Zeitungen sind aufgrund ihrer weiten Verbreitung repräsentativ für die Presseberichterstattung über die Nanotechnologie in Deutschland.[26] Die FAZ zeichnet sich aufgrund der von Frank Schirrmacher initiierten Debatte im Feuilleton durch eine dichte Berichterstattung aus und nimmt eine „Sonderrolle in den ersten Jahren der Berichterstattung" [hier ab dem Jahr 2000] ein, nicht zuletzt weil hier auch renommierte Wissenschaftler als Beiträger auftraten.[27] Die Beiträge der Süddeutschen Zeitung stehen hingegen in größerer Nähe zu den Münchner Wissenschaftlern und Forschungskontexten, so dass zahlreiche Berichte über die hier untersuchten Forschungskontexte im Lokalteil zu finden sind.

Die Visionen der Nanotechnologie haben seit der Jahrtausendwende die Aufmerksamkeit einer größeren massenmedialen Öffentlichkeit gefunden.[28] Studien zur öffentlichen Wahrnehmung der Nanotechnologie in Deutschland, Großbritannien und den USA belegen allerdings, dass etwa die Hälfte der Bevölkerung wenig mit dem Begriff der Nanotechnologie anfangen kann.[29] Bei genauerer Betrachtung zeigt sich, dass ein breiter und kritischer öffentlicher Diskurs nicht vorhanden ist und die „Chancen der Nanotechnologie weitaus

26 | Ebd., S. 289.

27 | Ebd., S. 295.

28 | Ebd., S. 292.

29 | Zimmer, René; Hertel, Rolf; Fleur-Böl, Gaby: Public Perceptions about Nanotechnology. Representative Survey and Basic Morphological-Psychological Study (Federal Institute for Risk Assessment). Berlin 2008, S. 67; Lewenstein, Bruce W.; Radin, Joana; Diels, Janie: Nanotechnology in the Media. A Preliminary Analysis. In: Roco/Bainbridge, Nanotechnology, S. 260; Anderson, Alison u.a.: The Framing of Nanotechnologies in the British Newspaper Press. In: Science Communication 27 (2005), H. 2, S. 202; Lewenstein, Bruce: Introduction. Nanotechnology and the Public. In: Science Communication 27 (2005) 2, S. 170; The Royal Society and Royal Academy of Engineering Nanotechnology Working Group (Hg.): BMRB Social Research: Nanotechnology: Views of the General Public. Quantitative and Qualitative Research Carried out as Part of the Nanotechnology Study, 2004, S. 4.

häufiger thematisiert [werden] als die damit verbundenen Risiken".[30] Die überwiegende Mehrzahl der Presseartikel zur Nanotechnologie ist positiv, hat eine Anwendungsorientierung und setzt Nanotechnologie mit Fortschritt gleich.[31] Ähnliche Muster finden sich auch bei älteren Schlüsseltechnologien wie etwa der Kernenergie, deren zivile Ausprägung anfangs euphorisch wahrgenommen wurde. Im Unterschied zu früheren Debatten über neue Technologien nehmen die Wissenschaftler jedoch früh und proaktiv am Diskurs teil und entwickeln mediale und kommunikative Strategien, um negative Rückwirkungen im Zuge von Medialisierungsprozessen zu vermeiden und zugleich durch eine positive Berichterstattung und erhöhte Aufmerksamkeitsproduktion ihre eigenen Förderchancen zu verbessern. Dies gelingt durch die öffentliche Herstellung eines engen Nexus zwischen Forschung und Innovationsfähigkeit:

> „Die Nanotechnologie ist ein wichtiges Testgelände, ob sich Deutschland einen Vorsprung vor Konkurrenten erarbeiten kann. Während etablierte Verfahren wie die Glasherstellung oder der Autobau nun an Standorte mit niedrigeren Herstellungskosten wandern können, wäre dies bei Produkten der Nanowirtschaft noch undenkbar. In nur wenigen Ländern, darunter eben Deutschland, ist jene Mischung aus gut ausgebildeten Physikern, Chemikern, Biologen, Informatikern und Ingenieuren zu bekommen, die nötig ist, um Nanotechnologie-Produkte zu entwickeln. Solange ein solcher Vorsprung besteht, sind Ängste vor der Verlagerung von Arbeitsplätzen nicht nötig."[32]

In der öffentlichen Wahrnehmung der Nanotechnologie geht es um die Zukunftschancen des Standortes Deutschland, dessen Wettbewerbsfähigkeit durch neue Hochtechnologien und Spitzenforschung definiert werde. Um die Position Deutschlands auszubauen und zu stärken, haben Bundeskanzler Ger-

30 | Haslinger/Hocke/Hauser, Nano Risk Governance, S. 298. Erst die Veröffentlichung einer Studie des Bundesumweltamtes hat eine breitere mediale Wahrnehmung der Risiken geführt. Vgl. Umwelt Bundesamt: Nanotechnik für Mensch und Umwelt. Chancen fördern und Risiken mindern. Dessau-Roßlau 2009; Nano- Eine Technologie kämpft um ihren Ruf. In: Süddeutsche Zeitung, Nr. 243, 22.10.2009, München-Teil, S. 50; Umweltbundesamt warnt vor Nanotechnologie, Spiegel online 21.10.2009. http://www.spiegel.de/wissenschaft/mensch/0,1518,656362,00.html.

31 | So hat eine größere Studie die folgenden überregionalen Zeitungen im Zeitraum 2000-2007 untersucht: Financial Times Deutschland, Frankfurter Allgemeine Zeitung, Frankfurter Rundschau, Süddeutsche Zeitung, taz, Welt, in den Nachrichtenmagazinen Focus und Spiegel sowie in der Wochenzeitung Zeit. Vgl. Marcinkowski, Frank u.a.: Risikowahrnehmung beim Thema Nanotechnologie. Analyse der Medienberichterstattung. BfR Bundesinstitut für Risikoforschung, Berlin 2008, S. 67. Zum gleichen Ergebnis kommt die Studie Haslinger/Hocke/Hauser, Nano Risk Governance, S. 298. Vgl. Lewenstein/Radin/Diels: Nanotechnology in the Media, S. 262.

32 | Schwägerl, Christian: Zauberwort „Nano". Zumindest bei dieser Technologie hat Deutschland einen Vorsprung. In: Frankfurter Allgemeine Sonntagszeitung, 25.4.2004, Nr. 17, S. 4.

hard Schröder und Edelgard Bulmahn im Jahr 2004 eine Innovations- und Zukunftsinitiative verkündet.[33] So heißt es etwa in der Süddeutschen Zeitung: „Nanotechnologie, da sind sich Forscher wie Politiker einig, gehört zu den Schlüsseltechnologien der Zukunft, weil sie viele Bereiche umfasst."[34]

Im Gegensatz zu dieser weitgehend positiven Wahrnehmung steht ein Essay des amerikanischen Computervisionärs und Gründers von Sun Microsystems, Bill Joy, der für großes Aufsehen innerhalb der wissenschaftlichen Community, aber auch in der breiteren Öffentlichkeit sorgte. In der amerikanischen Zeitschrift Wire entwarf dieser ein Horrorszenario, in dem das Ende der Menschheit durch selbstreplizierende intelligente Maschinen bevorstehe:

> „Accustomed to living with almost routine scientific breakthroughs, we have yet to come to terms with the fact that the most compelling 21st-century technologies - robotics, genetic engineering, and nanotechnology - pose a different threat than the technologies that have come before. Specifically, robots, engineered organisms, and nanobots share a dangerous amplifying factor: They can self-replicate. A bomb is blown up only once - but one bot can become many, and quickly get out of control."[35]

Bill Joy übernahm dabei, wie diese Passage verdeutlicht, die technikzentrierte Vorstellung der Nanotechnologie als revolutionärer Zukunftstechnologie, die insbesondere für den amerikanischen Technikdiskurs charakteristisch ist.[36] Er warnte vor einem naiven Technikvertrauen und forderte einen Verzicht dieser Technologien, um die globale Gefahr der Vernichtung der Biosphäre durch einen sich ausbreitenden grauen Schleim zu verhindern.[37] Dieser grey goo besteht aus winzigen, sich selbstreplizierenden Nanobots. Das Szenario außer Kontrolle geratener, sich selbst-replizierender Maschinen wurde auch im zeit-

---

33 | Vgl. Stürmer, Karoline: Die Angst vor der Angst vor der Nanotechnologie. In: Frankfurter Allgemeine Zeitung, 11.2.2004, Nr. 35, S. 44.

34 | Georgescu, Vlad: Der Griff nach dem Nichts. In: Die Süddeutsche Zeitung11.1.2000. Vgl. Balser, Markus: Revolution in Liliput. Die Nanotechnologie gilt als eine Schlüsselindustrie des 21. Jahrhunderts. In: Süddeutsche Zeitung, 1.12.2001, S. 23.

35 | Joy, Bill: Why the Future Doesn't Need Us. In: Wired 8 (2004), http://archive.wired.com/wired/archive/8.04/joy_pr.html (zuletzt: 4.6.2014).

36 | Segal, Technological Utopianism in American Culture.

37 | Jahre später stellte ein Autor im Rückblick auf Joys prophetischen Zukunftsszenarien der Jahrtausendwende fest, dass im Bereich der Nanotechnologie solch eine Gefahr keinesfalls bestehe, da die Forschung nicht einmal in der Lage ist, solche nanotechnologischen Strukturen, wie sie das Grey-goo-Szenario vorsieht, zu produzieren. Graves, Lukas: 15th Anniversary. Why the Future Still Needs Us a While Longer. In: Wired, 3.24.2008, http://www.wired.com/techbiz/media/magazine/16-04/st_15joy (zuletzt: 20.9.2014).

genössischen Diskurs über Robotik und künstliche Intelligenz thematisiert.[38] Erik Drexler hatte diese Vorstellungen bereits in den 1980er Jahren mit seinem anfangs einflussreichen Buch Engines of Creation verbreitet.[39] Er wurde dann wegen der dystopischen Konsequenzen des grey goo-Szenarios von wissenschaftlicher Seite kritisiert, um negative Auswirkungen solcher doomsday-Erwartungen gerade für Wissenschaftler, die sich mit der Nanotechnologie identifizierten, zu verhindern.[40]

Der Text Bill Joys wurde in den Feuilletons der FAZ und der Süddeutschen Zeitung sowie im internationalen Nanodiskurs rezipiert. Dass allerdings Wissenschaftler sich veranlasst sahen, zu solch apokalyptischen Szenarien öffentlich Stellung zu nehmen, verdeutlicht die wachsende Medialisierung der Wissenschaften.[41] Angesichts der utopischen Heilsversprechen und apokalyptischer Szenarien forderte Wolfgang Heckl einen nüchterneren Umgang mit den Potenzialen dieses neuen Forschungsfeldes.[42] Wolfgang Heckl gilt aufgrund seiner Arbeit mit dem Rastertunnelmikroskop und seiner mehrfach ausgezeichneten Wissenschaftskommunikation als eine Art Sprachrohr der Nanowissenschaften in Deutschland.[43] Der Generaldirektor des Deutschen Museums und Inhaber des neu geschaffenen Oskar-von-Miller-Lehrstuhls für Wissenschaftskommunikation an der TU München sieht es als seine Hauptaufgabe an, Vertrauen in neue Technologien und die damit einhergehende Grundlagenforschung zu schaffen. Es sei unbedingt nötig, „dass man der Bevölkerung von vornherein die Ängste nimmt, indem man erklärt, was man im Labor tut."[44]

38 | Vgl. Brooks, Rodney; Flynn, Anita: Fast, Cheap and Out of Control. A Robot Invasion of the Solar System. In: Journal of the British Interplanetarian Society 42 (Oktober 1989), S. 478-485; Kelly, Kevin: Out of Control. The New Biology of Machines, Social Systems and the Economic World. Reading, MA 1994. Ich danke Stefan Krebs für den Hinweis auf Rodney Brooks und den Robotikdiskurs.

39 | Drexler, Engines of Creation.

40 | Der Nobelpreisträger und Entdecker des Bucky-Balls, Richard Smalley, hat die wissenschaftliche Basis von Drexlers sich selbstreplizierenden Nanobots öffentlich kritisiert und ihm die wissenschaftliche Glaubwürdigkeit abgesprochen: Smalley, Richard E.: Of Chemistry, Love and Nanobots. In: Scientific American 285 (September 2001), H. 3, S. 76-77.

41 | Rubner, Jeanne: „Gen-verkehrt". Eine Münchner Tagung über Zukunftsvisionen. In: Süddeutsche Zeitung, 28.6.2000, S. 19.

42 | Ähnliches gilt für Michael Crichtons Roman, der ebenfalls von Wolfgang Heckl besprochen wurde.

43 | 2002 erhielt Wolfgang M. Heckl den Communicator Preis auf Vorschlag der DFG durch den Stifterverband für die Deutsche Wissenschaft und Descartes Preis der EU.

44 | „Ich bin mir nicht zu schade, Klinken putzen zu gehen". Wie der Physiker Wolfgang Heckl als neuer Generaldirektor das Deutsche Museum in München entstauben will. In: Süddeutsche Zeitung, 26.8.2004, Nr. 197, S. 9.

Vor allem Lernprozesse im Umgang mit Gentechnik sind in die Kommunikationsstrategien der Nanowissenschaftler eingeflossen. Im Kontext der Debatten um die Biotechnologie und des Human Genome Projektes wurden jene Instrumente und Wahrnehmungsweisen ausgeprägt, an denen sich dann die Kommunikationsstrategien der Nanotechnologie orientierten.[45] Die z.T. massive öffentliche Kritik und Ablehnung der Gentechnik hat Wissenschaftler wie Heckl, der selbst mit DNA forscht, alarmiert und veranlasst, sich frühzeitig und proaktiv an die Öffentlichkeit zu wenden, um für öffentliches Vertrauen und Akzeptanz zu werben.[46] So fragt der Münchner Biophysiker anlässlich der Bill-Joy-Debatte besorgt: „Besteht die Gefahr, dass die Nanotechnologie dennoch bereits jetzt ihren bisher positiven Ruf verliert und ähnlich wie die Gentechnologie in den Köpfen der Menschen zur Risikotechnologie mutiert?“[47] Er fürchtet Akzeptanzprobleme, da dieses Feld wie kein anderes in die Matrix der Natur eingreife, denn, so Heckl, zum Zeitpunkt einer wachsenden öffentlichen Wahrnehmung der Nanotechnologie, die Forschung drohe „jetzt zurückgeworfen zu werden aus Angst vor der Ablehnung.“[48]

Diese starke Abhängigkeit der Wissenschaftler von Medialisierungsprozessen kommt in ihrer „Angst vor der Angst vor der Nanotechnologie“ zum Ausdruck.[49] Dieses Phänomen der „Nanophobia-phobia“ bezeichnet die Sorge der Wissenschaftler angesichts ihrer engen medialen und forschungspolitischen Bindung an die Zukunftschancen der Nanotechnologie, dass eine negative öffentliche Wahrnehmung ihre Forschungen und Innovationen gefährdet.[50] Aus diesem Grund forderte Wolfgang Heckl als flankierende Maßnahme der Innovationsoffensive von Bundeskanzler und Bundesministerin für Bildung und Forschung im Jahr 2004 eine „Kommunikationsinitiative“.[51] Allerdings entspricht diese antizipierte Angst vor der Nanotechnologie nicht der nachgewiesenen allgemein positiven Wahrnehmung in Deutschland. Die Berichterstattung verläuft bisher in den gewohnten, eher unaufgeregten Bahnen des

45 | Lewenstein, Nanotechnology and the Public, S. 171.

46 | Heckl, Innovation braucht Kommunikation, S. 2.

47 | Heckl, Wolfgang M.: Das Unsichtbare sichtbar machen. Nanowissenschaften als Schlüsseltechnologie des 21. Jahrhunderts. In: Maar, Christa; Burda, Hubert (Hg.): Iconic Turn. Die neue Macht der Bilder. Köln 2004, S. 134.

48 | Heckl, Wolfgang M.: Innovation braucht Kommunikation. In: Süddeutsche Zeitung, 3.5.2004, S. 2.

49 | Stürmer, Karoline: Die Angst vor der Angst vor der Nanotechnologie. In: Frankfurter Allgemeine Zeitung, 11.2.2004, Nr. 35, S. 44.

50 | Vgl. Haslinger/Hocke, Hauser, Nano Risk Governance, S. 283; Rip, Arie: Folk Theories of Nanotechnologists. In: Science and Culture 15 (2006) H. 4, S. 349-365.

51 | Heckl, Wolfgang: Innovation braucht Kommunikation. In: Süddeutsche Zeitung, 3.5.2004, S. 2.

Wissenschaftsjournalismus. Auch liegt noch kein handfester Nanoskandal vor, der eine größere Aufmerksamkeit durch Debatten im Politikteil erfahren hätte. Die Strategie ist vielmehr eine pro aktive, die bereits vor einem eigentlichen Nanoskandal oder einer öffentlichen Debatte über die Gefahren der Nanotechnologie versucht, die eigenen Positionen zu festigen und Mechanismen zu etablieren, die einer negativen Wahrnehmung als Gefahrentechnologie entgegenwirken.

Der Umgang der Wissenschaftler mit den Medien ist jedoch ambivalent und stellt eine Gratwanderung dar. Denn einerseits tragen sie mit der Kopplung an angekündigte revolutionäre technische Entwicklungen zur strategischen Identifizierung ihrer Forschung als förderungswürdigem und gesellschaftlich relevantem Gebiet bei. Andererseits müssen sie sich in einem öffentlichen Diskurs positionieren, der über ihre eigentlichen Forschungshorizonte und Tätigkeitsgebiete hinausgeht.[52] Vor allem die mit den angekündigten weitreichenden technischen Veränderungen einhergehenden gesellschaftlichen Ängste gilt es einzuhegen und zu kanalisieren. Während einerseits die großen Innovationspotentiale betont werden, müssen sie sich zugleich von dystopisch aufgeladenen Debatten distanzieren und diese Szenarien als unrealistisch kritisieren: „Es gibt bis heute keine künstlichen Nanomaschinen, bilanziert auch der Münchner Nanoforscher Wolfgang Heckl, der allen Grund hätte, das Modegebiet hochzujubeln."[53] So dient der Verweis auf bereits am Markt befindliche Produkte dazu, die unbezweifelbare Realität und das daraus ableitbare große zukünftige Potenzial zu unterstreichen:

> „Auf dem Markt gerade neu eingeführte erste Produkte der Nanotechnologie wie etwa Nanopartikelbeschichtungen, die Kunststoffbrillengläser hart und damit kratzfest oder Gasflammen hemmend machen, scheinen mir doch erstrebenswert und machbar zu sein."[54]

Diese Strategie der Defuturisierung hat Andreas Lösch auf der Ebene bildlicher Darstellungen herausgestellt.[55] Wenn es sich allerdings, wie beispielsweise im durch die Bundesrepublik tourenden „Nanotruck" der Bundesregierung

52 | Dies zeigt sich auch an der Debatte um eventuelle gefährliche Nanopartikel, die von der chemischen Industrie in großen Mengen hergestellt werden, die jedoch keinen unmittelbaren Bezug zu der hier analysierten Nanoforschung an der LMU und TU München haben.

53 | Rubner, Jeanne: Gen-verkehrt. Eine Münchner Tagung über Zukunftsvisionen. In: Süddeutsche Zeitung, 28.6.2000, S. 19.

54 | Heckl, Wolfgang M.: Vom Nutzen der allerkleinsten Teilchen für unser Leben. Es gibt keinen Grund, sich vor der Nanowelt zu fürchten. In: Schirrmacher, Darwin AG., S. 210.

55 | Vgl. Lösch, Visuelle Defuturisierung und Ökonomisierung populärer Diskurse zur Nanotechnologie, S. 256; Lösch, Antizipationen nanotechnischer Zukünfte.

gezeigt, lediglich um profane Werkstoffverbesserungen, Oberflächenlegierungen und Putzmittel handelt, dann scheint eine große öffentliche Aufmerksamkeit kaum gerechtfertigt. Auch erweisen sich die allzu euphorischen Innovationsversprechen und „Roadmaps" der Nanotechnologie derzeit als wenig realistisch.[56]

Abbildung 18: Produkte, die das Label „nano" benutzen.

Angesichts dieser Kluft zwischen den Visionen und den am Markt befindlichen Produkten stellt sich die Frage, ob nicht hinter diesen ersten, etwas vorschnell als „Nanotechnologie" vermarkteten Produkten Innovationen stehen, die bei weitem tiefer in die Gesellschaft und auch die Matrix der Natur und des Menschen eingreifen werden, als dies auf den ersten Blick Putzmittel, wasserabweisende Textilien, bessere Ski oder Tennisschläger zu erkennen geben. Liegt in dieser ethischen Problematik der Grund, weshalb gerade auch Wissenschaftler, die an den Prinzipien für Technologien von übermorgen arbeiten, sich bereits heute in die Debatte um die Nanotechnologie selbst einmischen oder zumindest die Gesellschaft dazu auffordern, sich über zukünftige Ent-

56 | Lindlinger, Manfred: Euphorie war gestern. Die Nanotechnik hat noch einen langen Weg vor sich. In: Frankfurter Allgemeine Zeitung, 28.11.07; Beck, Tobias: In die Röhre geguckt. Nanotechniker haben gewaltige Versprechungen gemacht. Einlösen konnten sie bisher keine einzige davon. In: Die Zeit, 6.5.2004.

wicklungen Gedanken zu machen? Ein weitaus naheliegenderes forschungspolitisches Motiv liegt jedoch gerade im grundlagenwissenschaftlichen Charakter dieser Forschungsrichtung begründet. Da diese nicht unmittelbar an Innovationen geknüpft sind, kann über Medialisierungsprozesse die gesellschaftliche Relevanz dieser Forschungsrichtung durch den Verweis auf bereits am Markt befindliche Innovationen betont werden, ohne dabei allzu überzogene visionäre Erwartungen bedienen zu müssen.

3. Nanohype: Zwischen Skepsis und Neuorientierung

Mit eingängigen Bildern und leicht verständlichen Slogans wenden sich Nanowissenschaftler gezielt an verschiedene Öffentlichkeiten, um das Interesse für ihre Arbeit zu wecken und ihre Tätigkeiten im öffentlichen Raum zu präsentieren – auf lokaler, nationaler und internationaler Ebene, auf Fachmessen, Ausstellungen in Museen, mit Fernseh- und Radiobeiträgen. Die vielfältige und intensive Presse- und Öffentlichkeitsarbeit der Münchner Nanowissenschaftler lässt sich anhand der Jahresberichte des Nanonetzwerkes CeNS oder auch der Publikationsliste Wolfgang Heckls nachvollziehen. Als ausgewiesener Wissenschaftskommunikator fördert, entwickelt und erforscht er neue Formen der öffentlichen Kommunikation. So arbeiten Doktoranden im Gläsernen Labor, um auf diesem Wege einen unmittelbaren Einblick in die Praxis der Forschung im Sinne eines public understanding of research zu geben.[57] Das Deutsche Museum dient hier als mediale Plattform, auf der neue Instrumente des öffentlichen Dialogs erprobt werden. Es wurden beispielweise sogenannte Nanokits entwickelt, die in kleinen anschaulichen Experimenten der Jugend die Nanotechnologie nahebringen sollen. Auch mediale Multiplikatoren wie Journalisten und Lehrer werden gezielt geschult. Zudem veranstaltet das Deutsche Museum anschauliche Abendvorträge, in denen eine interessierte bildungsbürgerliche Öffentlichkeit angesprochen wird, oder beteiligt sich am Nano Day, der eine breitere Öffentlichkeit zur Diskussion mit Nanowissenschaftlern über die Chancen und Risiken der Nanotechnologie einlud. Nano Days finden alljährlich nicht nur auf Münchner, sondern auf nationaler und internationaler

57 | Hix, Paul; Schüßler, Peter; Trixler, Frank: Kommunikation des Forschungsalltags. Das Gläserne Labor im Deutschen Museum. In: Dernbach, Beatrice ; Kleinert, Christian; Münder, Herbert (Hg.): Handbuch Wissenschaftskommunikation. Wiesbaden 2012, S. 133-140; Lasi, M.u.a.: Drei Zugänge zur Wissenschaft. Die Schülerlabore im Zentrum Neue Technologien. In: SchulVerwaltung 35 (2012), H. 5, S. 139-141; Brunner, Magdalena u.a.: Scientific Research in a Public Environment. Benefits for Science and Communication. Proceedings of the International Conference on Science Communication, JHC 2012, WS 14-26 (2012), S. 14-26.

Ebene statt. Auch in Europa und den USA beteiligen sich zahlreiche Wissenschaftsinstitutionen an dieser Form des Wissenschaftsdialogs.

Die intensivierte Rückbindung der Wissenschaftler an eine breitere Öffentlichkeit und neue Kommunikationsformen zeigen auch die geführten Interviews. Der durchaus schwierige und z.T. frustrierende Umgang mit den Medien wird zwar kritisiert und ironisch kommentiert. Gleichzeitig sind Münchner Nanowissenschaftler früh und teilweise bereits als Doktoranden in die Öffentlichkeitsarbeit integriert und lernen, mit den medialen Herausforderungen umzugehen:

WISSENSCHAFTLER: „Wir sind hier schon auch sehr eingebunden in die Öffentlichkeitsarbeit. So hatten wir mal eine Live-Schaltung ins Labor. Wir sind auch selbst aktiv, haben Messe-Stände gehabt und versuchen dadurch Öffentlichkeitsarbeit zu machen, was auch sehr interessant ist, um mal zu schauen, was ist eigentlich verankert im öffentlichen Bewusstsein. Was für Hoffnungen, was für Ängste sind da? Und natürlich wollen wir auch vermitteln, warum wir unsere Forschung eigentlich so faszinierend finden, was die Ergebnisse für eine Bedeutung haben könnten, technisch aber auch erkenntnistheoretisch. Wir sind somit direkt eingebunden in Öffentlichkeitsarbeit. Das andere ist dieser Nano-Hype, der angesprochen wurde. Dem stehen wir natürlich sehr skeptisch gegenüber, vor allem auch der journalistischen Berichterstattung. Was wir oft sehen im Fernsehen ist unglaublich falsch und grauenhaft, dass wir nicht wissen, ob wir jetzt lachen oder weinen sollen darüber. Das ist furchtbar, was da oft so berichtet wird. Und da stehen wir ziemlich machtlos der Sache gegenüber, selbst wenn es Berichte über unsere eigenen Forschungsgruppen sind. Wenn z.B. ein Fernsehteam kam, uns interviewt und Filmchen gedreht hat. Wenn wir sehen, was die daraus machen, dann, gelinde gesagt, ist das furchtbar. Aber das gibt man dann aus der Hand und es entgleitet einem dann oft völlig der Kontrolle. In diesem Medienhype-Zeitalter, in dem wir nun mal leben, ist vieles auf Sensation ausgelegt, so dass auch Nanowissenschaften irgendwas Sensationelles jetzt sofort bieten und ‚die Menschheit retten' sollen. Und das ist natürlich auch sehr gefährlich, weil nach zehn, fünfzehn Jahren fragt man sich: Was ist jetzt die Wette? [...] Die Nanowissenschaftler haben uns doch alle versprochen, das wird die Menschheit retten."[58]

In dieser Interviewpassage bestätigt sich das eingangs skizzierte fragile Verhältnis zwischen Wissenschaft und Öffentlichkeit. Für den Wissenschaftler bedeutet die Interaktion mit der Öffentlichkeit eine Gratwanderung zwischen dem Bedienen gesellschaftlicher Erwartungshaltungen und der Gefahr eines Kontrollverlustes über ihre eigenen Aussagen. Da sich Wissenschaftler nur noch schwer den Kommunikationsanforderungen entziehen können, müssen sie lernen, möglichst früh über ihre Arbeit in Presseinterviews, auf wissen-

58 | Interview Nanowissenschaftler, 16.2.2007.

schaftlichen Fachmessen oder im Gläsernen Labor des Deutschen Museums zu kommunizieren.

Die Münchner Nanonetzwerke CeNS und NIM sind in diesem Zusammenhang als mediale Plattformen zu verstehen.[59] So verfasst NIM beispielsweise mehrere Newsletter auf Deutsch und Englisch, um seine vielfältigen Aktivitäten nach außen zu vermitteln und auch Industrie, Hochschule und Politik zu informieren. Die Betonung der Technologierelevanz und Innovationsfähigkeit nanotechnologischer Grundlagenforschung gehört hierbei zum Standardrepertoire des Nanodiskurses: „With Nanotools, Nanotype and Advalytix formed in previous years CeNS is proud to have already generated seven thriving spin-offs in the Munich area."[60] Universitäre Spin-Offs werden als Teil der neuartigen Forschungsansätze von CeNS dargestellt.[61] Mit der Charakterisierung von CeNS als moderner, flexibler und effizienter Organisationsstruktur wurden zugleich jene Topoi und Kriterien einer verheißungsvollen, strategischen Wissenschaft bedient, die auch von Seiten der Hochschulpolitik eingefordert wurden. So hieß es in einem Bericht über CeNS in der Süddeutschen Zeitung: „Wissenschaftsminister Hans Zehetmair begrüßte die Gründung des Zentrums als gelungenes Beispiel, moderne Strukturen an Hochschulen zu schaffen."[62] Festgemacht wurde dies an der Internationalität, an der fächerübergreifenden Ausrichtung der Forschung sowie an Patentanmeldungen.

Die Vorstellung, dass universitäre Forschung unmittelbar zu Innovationen führt, wird vor allem durch die Presseberichterstattung genährt. Münchner Wissenschaftler wie Hermann Gaub, Jörg Kotthaus, Friedrich Simmel, Khaled Karrai oder Wolfgang Heckl nutzen dabei die Gelegenheit, in der Presse die innovativen Potenziale ihrer Forschung zu unterstreichen. „Die Anwendungsgebiete für Nanotechnologie sind groß und noch gar nicht richtig abschätzbar. Ob der Nachbau von kleinen Biomotoren oder die Entwicklung von neuen Materialien – „die Zukunft findet jetzt statt", meint Gaub."[63] Bei genauer Betrachtung zeigt sich allerdings, dass diese Wissenschaftler keinesfalls den grundlagenwissenschaftlichen Charakter ihrer Forschungsarbeiten ausblenden oder

59 | Vgl. zu CeNS und NIM Kapitel II. „Die Nanotechnologie als forschungspolitische Strategie", Kapitel III. „Die Entstehung nanotechnologischer Forschungsfelder in München".

60 | CeNS: Jahresbericht 2001, S. 3. http://www.cens.de/fileadmin/media/reports/jahresbericht2001_low.pdf (zuletzt 2.9.2014).

61 | Vgl. Kapitel VI. „Spin-off. Innovationsprozesse im universitären Kontext".

62 | Burtscheidt, Christine: Forscher stoßen in winzige Dimensionen vor. In: Süddeutsche Zeitung, 19.1.1999, S. 12.

63 | Bögel, Rudolf: Kleine Welten, große Möglichkeiten. In: Süddeutsche Zeitung, 11.4.2001, S. 50.

rein technologisch argumentieren.[64] Sowohl im Experteninterview als auch in der Öffentlichkeit verweisen sie auch auf den grundlagenwissenschaftlichen Aspekt ihrer Arbeit, um sich von den überzogenen utopischen Technikvorstellungen und vorschnellen Innovationsversprechen zu distanzieren: „Ich will mich", so Kotthaus, „nicht den übertriebenen Versprechungen anschließen und erwarte keine Produktpalette in zwei, drei Jahren. Wir brauchen noch die wissenschaftliche Basis. Aber es ist die Technologie von übermorgen."[65] Auch Hermann Gaub, der Grundlagenforschung zum Verhalten einzelner Biomoleküle und hybrider Nanosysteme an der Schnittstelle von Biologie und Physik betreibt, nimmt Abstand von Science-Fiction-Szenarien:

„Der Begriff allein beflügelt die Phantasie. Von winzig kleinen U-Booten war die Rede, die in den Körper von Patienten eingespritzt werden könnten, um dort an Ort und Stelle Krankheitsherde zu reparieren. Von derartigen Auswüchsen der Phantasie will Gaub allerdings nichts wissen: ‚Das ist doch eher Science-fiction als Science', wiegelt er ab und bezeichnet allzu große Versprechungen für die Zukunft als unseriös. Allerdings müsse man sehr wohl zwischen Science-fiction und Visionen unterscheiden."[66]

Während die Wissenschaftler über Innovationen als Möglichkeit ihrer Forschung im Konjunktiv und in Bezug auf größere Zeiträume sprechen, führt dies dennoch dazu, dass durch die Presseberichterstattung ihre Arbeit an Innovationschancen geknüpft und so die Nanoforschung als gesellschaftlich relevant ausgewiesen wird: „‚Zwar handelt es sich um Grundlagenforschung', sagt der Biophysiker Gaub, ‚aber die Anwendungen sind äußerst verlockend.' Schließlich seien nun Motoren denkbar, die mit Licht angetrieben werden."[67] Auch über die Forschung Friedrich Simmels[68], der mit DNA-Molekülen im Bereich der Nanobiotechnologie forscht, wurde auf ähnliche Weise berichtet:

„Doch längst gilt die sogenannte Nanowissenschaft, zu der Simmels Arbeiten zählen, als einevielversprechender Forschungszweig: Physiker, Chemiker und Molekularbio-

---

64 | Kotthaus, Aufbruch in den Nanokosmos, S. 100; Thurau, Martin: Der Plot der kleinen Dinge. Aus dem Drehbuch für eine Zukunftsvision. Friedrich Simmel baut Nanomaschinen aus der Erbsubstanz. In: Süddeutsche Zeitung 2.6.2004, Nr. 125, S. 41.

65 | Ist „Nano" mehr als eine Mode? Prof. Dr. Jörg Kotthaus über ein neues Zentrum für Nanowissenschaft. In: Süddeutsche Zeitung, 19.1.1999, Nr. 14, S. 10.

66 | Breidenich, Markus: Die Nano-Klapperschlange. Wissenschaftler konstruieren Maschinen aus einzelnen Molekülen. In: Frankfurter Allgemeine Zeitung, 8.8.2002, Nr. 182, S. 7.

67 | Klick und Klack. Molekülmaschine mit Licht gesteuert. In: Süddeutsche Zeitung, 14.5.2002, S. V2/13.

68 | Vgl. Kapitel III. „Die Entstehung nanotechnologischer Forschungsfelder in München" und Kapitel IV. „Molekulares Lego. Zur instrumentellen Praxis im Nanokosmos".

logen tüfteln an optimalen Werkstoffen, an medizinischen Miniaturrobotern oder an Computerchips mit Biomolekülen, die den Rechner der Zukunft viel kompakter machen sollen als alle seine Vorgänger. Die Expedition in den Nanokosmos, so die Vision, macht den Techniker am Ende zum Gott der kleinen Dinge. Doch noch stehen die Arbeiten ganz am Anfang, marktreife Anwendungen liegen in weiter Ferne."[69]

In dieser Passage finden sich Kernelemente der Berichterstattung über die Nanotechnologie. Es werden Innovationschancen und nahezu unbegrenzte Möglichkeitspotenziale versprochen. Zugleich sind die Wissenschaftler bemüht zu betonen, dass diese Entwicklungen erst am Anfang stehen und konkrete Innovationen erst längerfristig in einer unbestimmteren Zukunft zu erwarten seien. Mit dieser Form der Berichterstattung geht eine Neuorientierung der Wissenschaften einher, die ich mit Irvine und Martin als „strategische Wissenschaft" bezeichnen möchte.[70] Dies gelingt auf medialer Ebene durch die Darstellung als „vielversprechender" und „exzellenter" Forschungszweig, der von großer Bedeutung für den Wirtschaftsstandort Deutschland und auch die Region Münchens ist.

Die defensive Aneignung des Nanodiskurses

Trotz der intensivierten Presseberichterstattung seit Anfang der Jahrtausendwende teilen nicht alle im Nanometerbereich forschenden Wissenschaftler die öffentliche Begeisterung für die Nanotechnologie. Gerade jene Wissenschaftler zeigen sich skeptisch, die sich vom Forschungsgegenstand und der Methodik her ohne größere Probleme als Nanotechnologen bezeichnen könnten. So macht der Nobelpreisträger Herbert Krömer deutlich, dass es bereits zu Beginn der 1970er Jahre Entwicklungen gab, die auf quantenmechanischen Effekten basierten und mithilfe der *Molekularstrahlepitaxie* hergestellt wurden.[71] Vor dem Hintergrund seiner eigenen Forschungsarbeiten im „Nanometerbereich" kommt ihm der Nanohype jedenfalls überzogen vor:

„My skepticism pertains to the unbelievable hype that has arisen, during the last decade, about the ‚nano-whatever' field, a hype that exceeds anything I have encountered during my fifty years in solid-state physics and technology. The prefix nano suddenly gets at-

69 | Thurau, Martin: Der Plot der kleinen Dingen. Aus dem Drehbuch für eine Zukunftsvision: Friedrich Simmel baut Nanomaschinen aus der Erbsubstanz DNA. In: Süddeutsche Zeitung, 2.6.2004, S. 41.

70 | Irvine/Martin, Foresight in Science.

71 | Krömer gilt als ein Vorreiter der Halbleiterheterostrukturen und lieferte die entsprechende Theorie zum heterostruktur Bipolar Transistor und Halbleiterlasern, die erst aufgrund der Entwicklungen der Molekularstrahlepitaxie in den 1980er Jahren verwirklicht werden konnten.

tached to everything (this conference is no exception), and we are deluged with predictions about fantastic future applications, often promised for the immediate future."[72]

Krömer kritisiert die Vermarktung des Begriffes der Nanotechnologie: „I fear a severe backlash when it becomes clear that many of those predictions are unrealistic."[73] Dieser Skeptizismus angesichts des medial produzierten Nanohypes wiegt umso schwerer, als es sich im Falle Krömers um einen prominenten Wissenschaftler handelt, der mit seiner Arbeit zur Entwicklung neuer Technologien wie etwa dem heterojunction bipolar transistor oder dem *Halbleiterlaser* stets die Bedeutung der Grundlagenforschung für zukünftige Technologien betont hatte. Diese eher distanzierte Einstellung gegenüber den medial und forschungspolitisch aufgeladenen Nanohype findet sich ebenfalls in den Interviewaussagen von Wissenschaftlern, die selbst seit Jahrzehnten im Nanometerbreich forschen, sich jedoch in älteren, seit längerem etablierten Forschungsfeldern und Disziplinen verorten. Klaus Ploog beispielweise forschte seit Mitte der 1970er Jahre mit *Nanostrukturen*, die er mithilfe der *Molekularstrahlepitaxie* herstellte.[74]

PLOOG: „Also, ich versuche solche Schlagworte zu vermeiden, Nanowissenschaftler. Ich bin Wissenschaftler. Ich kann diese Schlagworte, wie Nanophysik oder Nanowissenschaft, nicht leiden. Das kommt mir immer so vor, als ob man jemanden in eine Schublade hinein bringen will. Ich weiß nicht, wie lange man es da aushalten kann. Die Entwicklung geht so schnell, dass es durchaus sein kann, dass irgendwann in fünf Jahren keiner mehr das Wort Nano in seinem Namen oder seinem Fachgebiet hören will. Ich finde, da muss man sehr flexibel bleiben. Es kommt immer darauf an, ob die Forschungsthemen, die sie sich auswählen, in die sie sich hinein begeben, interessante Wissenschaft versprechen. Möglicherweise dann verbunden mit einer Anwendung, aber zunächst einmal ist für mich immer interessante Wissenschaft maßgebend gewesen. Ob man das jetzt Nano, oder irgendwann *Piko*, oder wie immer nennt."
KEHRT: „Also, das ist eher etwas, was aus der Politik kommt?"
PLOOG: „Das kommt in der Politik natürlich oft vor, aber ich muss da auch sagen, viele meiner Kollegen nehmen das sehr gerne in den Mund, weil das ja wieder irgendwelche Fördermittel aus diesen Futtertrögen verspricht, die sprudeln dann wieder kräftig. Jeder jammert, dass er nicht genug Geld hat – das ist aber nicht der Fall."[75]

72 | Krömer, Nano-whatever, S. 957.

73 | Ebd.

74 | Vgl. Kapitel III. „Die Entstehung nanowissenschaftlicher Forschungsfelder in München" und Kapitel IV. „Molekulares Lego. Zur instrumentellen Praxis im Nanokosmos".

75 | Interview Ploog, 7.1.2008.

In dieser Interviewpassage wird deutlich zwischen „Wissenschaft" einerseits und den Anforderungen von „Politik und Medien" andererseits unterschieden. Mehrfach betont der Interviewte den Wert „interessanter Wissenschaft" als Hauptmotiv, das sich vom forschungspolitischen Reden über Moden und Trends unterscheide. Allerdings stellt sich angesichts gewandelter forschungspolitischer Rahmenbedingen die Frage, inwieweit „interessante Wissenschaft" unabhängig von Medien und Politik noch möglich ist. Auch Günther Weimann, der am Walter-Schottky-Institut in München in führender Position tätig war, bevor er als Leiter des Fraunhofer-Instituts für Angewandte Festkörperphysik nach Freiburg wechselte, nimmt eine vergleichbar distanzierte und kritische Haltung gegenüber dem Nanohype ein:

WEIMANN: „Also ich würde mal sagen, die Nanotechnologie, das machen wir schon ewig. Die Mikroelektronik ist schon seit zwanzig Jahren eigentlich eine Nanoelektronik. [...] Ich habe allerdings meine Schwierigkeiten, muss ich Ihnen gestehen, wenn man nano davor hängt und dann wird es plötzlich förderungswürdig. Das wird an manchen Stellen schon gemacht."[76]

Insbesondere aus der Sicht älterer Wissenschaftler, die einen größeren Überblick über Forschungsentwicklungen haben, relativiert sich der Neuigkeitsanspruch der Nanotechnologie. Peter Fromherz beispielsweise, der am Max-Planck-Institut für Biochemie die Schnittstelle zwischen Halbleitertechnologie und Neurophysiologie erforscht und am Rande als „Nanowissenschaftler" in den Münchner Netzwerken mitgeführt wird, geht angesichts des unscharfen Nanolabels auf Distanz und verweist auf die Traditionslinien der *Kolloidchemie* und Oberflächenphysik.

FROMHERZ: „Ich bin relativ häufig auf Tagungen mit dem Merkmal ‚nano', da wir mit dem Neurochip-Projekt am Rande auch etwas dazu gehören. Bei vielen Präsentationen denke ich dabei, dass es dieselben Themen auch schon gab als ich vor über dreißig Jahren meine Doktorarbeit machte – damals allerdings ohne das Schlagwort ‚nano'. Sie liefen etwa unter der Überschrift Kolloidchemie oder Oberflächenphysik."
KEHRT: „Aber weshalb benötigt man dann dieses Schlagwort?"
FROMHERZ: „Für die Politik, ich weiß es nicht."
HAUSER: „Aber ist es vielleicht so, dass vor 20 Jahren die Leute aus verschiedenen speziellen Disziplinen sich seltener auf einer Konferenz getroffen oder miteinander gesprochen hätten, und dass das heute wahrscheinlich anders ist?"
FROMHERZ: „Ja, das mag sein. Ich erinnere mich etwa, dass die nun so berühmten Halbleiter-Quantumdots, die rot, grün oder blau fluoreszieren, von der Gruppe Henglein aus Berlin schon in den achtziger Jahren vorgestellt wurden. Allerdings auf speziellen

76 | Interview Weimann, 20.2.2008.

Fachtagungen für Kolloidchemie oder Physikalische Chemie, und da wurde die schöne Sache wohl nicht hinreichend beachtet."[77]

Diese im Interview mehrfach geäußerte Kritik am Nanobegriff findet sich im öffentlichen Nanodiskurs eher selten. Wie diese durchaus kritischen und dem Nanohype skeptisch gegenüber stehenden Aussagen in den ausgewerteten Experteninterviews erkennen lassen, darf sich die Analyse nanotechnologischer Netzwerke nicht ausschließlich an jenen Akteuren und Netzwerken orientieren, die sich explizit mit der „Nanotechnologie" identifizieren. Auch Kristallografen z.B., die u.a. mit dem *Rastertunnel-* und *Rasterkraftmikroskop* im Nanometerbereich arbeiten, reagieren durchaus defensiv und ablehnend auf den Nanohype:

SCHÜSSLER: „Wie erklären Sie es sich, dass dann ‚Nano' in der Öffentlichkeit immer noch das große Thema ist und auch in der Politik immer noch das große Thema zu sein scheint, was Fördergelder betrifft?"
SCHMAHL: „Ja. Kennen Sie den Hula-Hoop-Reifen ? Haben Sie sich mit der Geschichte des Hula Hoop-Reifens beschäftigt? Warum musste jedes Mädchen 1965 – oder wann das war – einen Hula-Hoop-Reifen haben? [Lachen] Also ich denke, dass es damit zusammenhängt: solche ‚Großen Themen' – Modeworte – werden propagiert. Andere Modeworte sind z.B. ‚Biotechnologien' – das zieht auch heute noch – oder ‚global warming' (darüber hatten wir übrigens heute früh hier gesprochen, als Sie noch nicht da waren). Es gibt auch in der Wissenschaft immer solche Modethemen, die, tja..., einfach erfolgreich vermarktet werden und die nicht unbedingt mit der wirklichen Nützlichkeit oder Bedeutung einer Sache zusammenhängen. Ich will jetzt nicht sagen, dass die Nanowissenschaften nur eine Modeerscheinung sind. Natürlich ist man heute in der Lage, nanostrukturierte Objekte und Stoffe mit besonderen Eigenschaften gezielt herzustellen. Das konnte man vor mehr als 20 Jahren eben nur auf vereinzelten Gebieten, und jetzt ist man methodisch in diesen Skalenbereich hinein gekommen. Man kann die Nanostrukturen heute erkennen. Und wenn man die Strukturen erkennen kann, die da sind, dann kann man sich auch überlegen, wie man diese gezielt verändern und für die Anwendung verbessern könnte."[78]

Ähnliche skeptisch-distanzierende Einstellungen finden sich auch innerhalb der Chemie oder der Halbleiterphysik immer dann, wenn die Forscher vom Untersuchungsgegenstand oder der Methode her sehr nahe an der Nanotechnologie sind, die Teilnahme an diesem Diskurs aber ablehnen. So betont der Münchner Chemiker Anton Lerf, dass es die „Nanotechnologie" an sich seit

77 | Interview Fromherz, 13.6.2008.

78 | Interview Schmahl, 16.2.2007. Vgl. Interview Jordan 15.12.2006; Interview Behm, 16.12.2008.

der *Kolloidchemie* zu Beginn des 20. Jahrhunderts gebe und es sich damit lediglich um ein Relabeling älterer Forschungstraditionen handele.

„Man kann natürlich alle Phänomene, die mit dem supramolekularen Bereich zu tun haben, umbenennen in ‚Nanoscience' oder ‚Nanotechnologie'. Die dabei stattfindende ‚Umbenennung' althergebrachter Disziplinen bringt jedoch keinen zusätzlichen Erkenntnisgewinn, und sie sollte nicht dazu verleiten, so zu tun, als ob man hier absolutes Neuland beträte."[79]

Mit der Redewendung „das gab es doch schon früher" diskreditieren Wissenschaftler den Anspruch der Nanotechnologie auf revolutionäre Neuerungen. Damit lässt sich neben der aktiven und größtenteils offensiven Aneignung des Nanodiskurses eine zweite defensive, historisierende Argumentationsweise feststellen. Beiden geht es darum, den Status des Neuen der Nanotechnologie zu verhandeln und zu beurteilen. Die defensive Aneignung des Nanodiskurses trifft insbesondere auf jene Wissenschaftler zu, die sich stark in einem angestammten Wissensgebiet verorten und vor dem Hintergrund ihrer eigenen Disziplin die „Neuheiten" der Nanowissenschaften als bloßes relabeling bereits existierender Forschungstraditionen kritisieren.[80]

Fazit: Vertrauen und Versprechen

Die mediale Aufladung als Zukunftstechnologie mit nahezu unbegrenzten Möglichkeitshorizonten basiert auf der meist nicht weiter diskutierten technikzentrierten Annahme, dass technischer und wissenschaftlicher Fortschritt auch gesellschaftlichen Fortschritt impliziert. Da zukünftige Nanotechniken neue gesellschaftliche Chancen wie auch Risiken mit sich bringen, entwickeln Wissenschaftler Medialisierungsstrategien, um ein „sozial robustes Wissen" zu produzieren, das nicht nur innerhalb der Wissenschaftsgemeinschaft anerkannt wird.[81] Die öffentliche Wahrnehmung und die damit einhergehenden Innovationsversprechen haben große Bedeutung auch für universitäre Wissenschaftler, da hiervon Handlungschancen und Forschungsressourcen abhängen. Wichtige Neuerungen der Nanotechnologie liegen deshalb in der intensivierten Bezugnahme der Wissenschaftler auf verschiedene, medial ver-

79 | Lerf, Anton: Nano-Bio-Technologie. Eine Revolution? Ansichten eines Chemikers. In: Busch, Roger J. (Hg.): Nano(Bio)Technologie im öffentlichen Diskurs. München 2008, S. 20-42.

80 | Vgl. Kehrt/Schüssler, Nanotechnology is One Hundred Years Old.

81 | Vgl. Gibbons, Michael; Nowotny, Helga: The Potential of Transdisciplinarity. In: Thompson-Klein, Julie u.a. (Hg.): Transdisciplinarity. Joint Problem Solving Among Science, Technology, and Society. Basel u.a. 2001, S. 67-80.

mittelte Öffentlichkeiten. Durch mediale Plattformen und Netzwerke gelingt es, verschiedene Öffentlichkeiten anzusprechen und ein Bild der eigenen Forschung zu vermitteln, das die gesellschaftliche Relevanz neuer Forschungstrends unterstreicht. Neben der Entwicklung historisierender Narrationsformen, die das neue Forschungsfeld legitimieren, ist es die von Andreas Lösch als Defuturisierung bezeichnete Strategie, die die Realisierbarkeit neuer Forschungstrends durch den Verweis auf bereits am Markt befindliche Produkte betont. Auf diese Weise können universitäre Wissenschaftler das Innovationspotenzial ihrer Arbeit verdeutlichen. Demgegenüber gibt es allerdings auch Wissenschaftler, die in vergleichbaren wissenschaftlichen Kontexten arbeiten, es aber ablehnen, sich mit der Nanotechnologie zu identifizieren. Grund hierfür ist eine stärkere Verortung innerhalb disziplinärer Strukturen und eine distanzierte Haltung gegenüber dem medialen Nanohype.

VII. Spin-Off. Innovationsprozesse im universitären Kontext

Die Verheißungen technischer Innovationen – von der Produktion neuer Materialien über leistungsstarke Chips und Computerarchitekturen im molekularen Maßstab bis hin zu Durchbrüchen in der Medizin – sind charakteristisch für den Nanotechnologiediskurs.[1] Wie aber steht es mit konkreten Innovationen, die aus der Grundlagenforschung entwickelt wurden? Um welche Produkte und Akteure handelt es sich? Ist die Nanowissenschaft tatsächlich eng gekoppelt an Anwendungen und Innovationsprozesse, und wie genau lassen sich diese charakterisieren? Die Münchner Fallstudie, deren Akteure aus dem universitären Bereich stammen, zeigt, dass eine pauschale Annahme eines nanotechnologischen Innovationsfeldes zu kurz greift und die Definition über die Größendimension zu beliebig und weitmaschig ist, als dass man Innovationsfelder „der Nanotechnologie" ohne die Betrachtung der jeweiligen Kontexte, Netzwerke und Akteure identifizieren könnte.[2]

Im Folgenden werden drei Unternehmensgründungen analysiert, die alle aus dem engeren Umfeld der experimentellen Halbleiter- und Biophysik der LMU München und in unmittelbarem Bezug zum Münchner Nanonetzwerk CeNS im Zeitraum von 1997 bis 2003 erfolgt sind.[3] In allen drei Fällen handelt es sich um Firmenausgründungen, die in grundlagenwissenschaftlichen Forschungskontexten ihren Anfang genommen haben und die einen spezifischen Nischenmarkt bedienen. Die Gründung der Münchner Nano-Unternehmen fällt in eine Zeit, in der der Markt für Rastertunnelmikroskope bereits gesättigt war. In der von Cyrus Mody bezeichneten „zweiten Gründerwelle" Ende der

---

1 | Bachmann, Innovationsschub aus dem Nanokosmos; Grimm, Nanotechnologie.

2 | Björn Klocke hat sich mit Firmengründungen im Nanotechnologiebereich befasst. Ein spezifisches Entwicklungsmodell von Innovationsprozessen daraus ableiten zu wollen, halte ich angesichts der Heterogenität des Marktes und der Verschiedenheit der jeweiligen Firmen und ihrer Produkte für problematisch. Olaf Stiller reproduziert mit seiner Dissertation über weite Strecken Versatzstücke des Nanotechnologiediskurses, erklärt diese zur „zweiten industriellen Revolution" und versucht seine Ergebnisse mit Rückgriff auf Kontradieffzyklen zu untermauern. Vgl. Klocke, Unternehmens- und Netzwerkentwicklung in High-Tech-Sektoren; Stiller, Innovationsdynamik in der zweiten industriellen Revolution.

3 | Advalytix, Attocube, Chromotek, ethris, GNA, ibidi, nanion, nanoscape, Nanotemper, Nanotools, Neaspec, STS Nanotechnology [zuletzt: 9.1.2015].

1990er Jahre konnten sich allerdings kleinere und mittlere Firmen durch eine hohe Innovationsbereitschaft und große Nähe zum Endkunden behaupten.[4]

Attocube ist am Lehrstuhl für experimentelle Halbleiterphysik Khaled Karrais entstanden und stellt vorwiegend ultrapräzise Positioniersysteme für Messvorgänge im Tieftemperaturbereich her.[5] Nanotools hat äußerst robuste und präzise Spitzen für das *Rasterkraftmikroskop* zur Prozesskontrolle und Materialprüfung für große internationale Halbleiterhersteller entwickelt. Nanotype ging aus dem Lehrstuhl des Biophysikers Hermann Gaubs mit einer neuen Idee für pharmazeutische Tests hervor. Während Nanotype aufgrund von Finanzierungsproblemen in der kritischen Anfangsphase scheiterte, gelten Attocube und Nanotools als zwei florierende Spin-off Unternehmen, die im öffentlichen Diskurs als Paradebeispiele für die Innovationskraft der nanotechnologischen Forschung angesehen werden. Beispiele gescheiterter Unternehmensgründungen haben dagegen weitaus weniger Eingang in die Literatur gefunden, sind aber von großem heuristischen Wert, da sie über die Schwierigkeiten und Probleme im unsicheren Terrain zwischen Forschung und Markt Auskunft geben können.[6] Denn Innovationsprozesse lassen sich nicht schematisch nach dem linearen Modell beschreiben, wonach aus grundlagenwissenschaftlichen Erkenntnissen Schritt für Schritt ein marktfähiges Produkt entsteht. Vielmehr müssen bei der Analyse von Innovationsprozessen die zahlreichen Wechselwirkungen, Unsicherheiten und auch das Scheitern in der von Risiko und Unabwägbarkeiten beherrschten Übergangszone zwischen Forschung und Markt berücksichtigt werden.

1. Triple-Helix, Netze und Innovationskulturen

Firmenausgründungen werden mittlerweile an Universitäten nicht mehr nur toleriert, sondern aktiv gefördert. Nach Henry Etzkowitz spielt die Universität eine zunehmend wichtigere Rolle für Innovationsprozesse. Er diagnostiziert vor dem Hintergrund seiner Triple-Helix-Theorie, die von einer wechselseitigen Verschränkung von Staat, Markt und Universitäten ausgeht, ein neues unternehmerisches Paradigma, das Forschung und Lehre um ein drittes Stand-

4 | Mody, Instrumental Community, S. 158-160.

5 | Seit dem Jahr 2008 gehört Attocube zur Wittenstein-Gruppe, einem Unternehmen mit Sitz in Iggersheim Baden-Württemberg, das Innovationen im Bereich der Mechatronik und Antriebstechnik entwickelt.

6 | Vgl. zur historischen Analyse gescheiterter Innovationen Braun, Hans-Joachim: Introduction. Symposium on „Failed Innovations“. In: Social Studies of Science 22 (1992), S. 213-230; Bauer, Reinhold: Gescheiterte Innovationen. Fehlschläge und technologischer Wandel. Frankfurt 2006.

bein der Wissensverwertung und Kommerzialisierung erweitert.[7] Diese neuen Formen der Kommerzialisierung und des Wissenstransfers finden sich in universitätsnahen Netzwerken und zumeist auf lokaler und regionaler Ebene.[8]

Zur Analyse von Innovationsclustern, Netzwerken und Innovationskulturen stellt die Innovationsforschung ein ausdifferenziertes Arsenal an Theorien, Modellen und Methoden zur Verfügung. Vor allem der omnipräsente Netzwerkbegriff hat seit den 1990er Jahren Konjunktur und findet in der Innovations- und Wissenschaftsforschung breite Anwendung. Auch in der Forschungspolitik hat er Einzug gehalten und zahlreiche Wissenstransferstellen und „Netzwerke" gezeitigt. So lässt sich am Beispiel der Nanotechnologie ein kaum mehr zu überschauendes Dickicht an Netzen, Zentren, Clustern und Initiativen feststellen. Netzwerke sind allerdings keineswegs ein Indikator für Innovationen. So warnt eine Studie über Transferstellen vor den normativen Implikationen vorschnell angenommener Innovationsnetze. Diese verdanken sich vor allem politischen Programmen und finden sich auf diskursiver Ebene.[9] Welche Rolle tatsächlich Netzwerke, persönliche Kontakte sowie fächer- und institutionenübergreifende Kooperationen im Kontext von Innovationsprozessen spielen, lässt sich aber nur im Rahmen konkreter Fallstudien analysieren.

Im Folgenden wird deshalb nicht a priori ein Netzwerk der Nanotechnologie hypostasiert, das Innovationen ermöglicht, sondern auf der Akteurs- und Handlungsebene der konkrete Verlauf von Firmenausgründungen betrachtet und nach den Schwierigkeiten beim Übergang von der Grundlagenforschung zum freien Markt gefragt. Damit zielt die Analyse auf die Erfahrungen, Handlungsstrategien und Verläufe konkreter Firmenausgründungen auf der Mikroebene.[10] Dabei geht es um die Frage, inwiefern sich hier eine universitätsnahe Innovationskultur ausprägen konnte. Die im Fokus stehende Innovationskultur basiert auf der Entwicklung wissenschaftlicher Instrumente und Problemlösungen, die im Kontext der experimentellen Physik entstanden sind.[11] Der Begriff der

7 | Etzkowitz, Henry u.a.: The Future of the University and the University of the Future. Evolution of Ivory Tower to Entrepreneurial Paradigm. In: Research Policy 29 (2000), S. 313.

8 | Ebd., S. 315; Vgl. zur Kritik am Triple-Helix-Modell durch Terry Shinn, der mehr empirische Fallstudien einfordert: Shinn, The Triple Helix and New Production of Knowledge, S. 610.

9 | Krücken, Georg; Meier, Frank: „Wir sind alle überzeugte Netzwerktäter". Netzwerke als Formalstruktur und Mythos der Innovationsgesellschaft. In: Soziale Welt (2003), S. 88.

10 | Reith, Reinhold; Pichler, Ruppert; Dirninger, Christian: Einleitung. Innovationsforschung und Innovationskultur. In: Reith/Pichler/Dirninger, Innovationskultur in historischer und ökonomischer Perspektive, S. 16-17.

11 | Vgl. Zur Rolle wissenschaftlicher Instrumente in Innovationsprozessen: Mody, Instrumental Community, S. 10-13; Joerges, Bernward; Shinn, Terry: A Fresh Look at Instrumentation. An Introduction, in: Joerges, Bernward; Shinn, Terry (Hg.): Instrumentation between Science, State and Industry. Dordrecht 2001 (Sociology of the Sciences Yearbook, Nr. 22), S. 1-13; Hentschel, Zur

Innovationskultur hat in der Innovationsforschung vermehrt Aufmerksamkeit gefunden.[12] Innovationen entstehen demnach durch symbolische Aufladungen und die Bedürfnisse auf Seiten der Techniknutzer, bleiben aber auch abhängig von historischen Pfaden und Trajektorien.[13] Dieser Ansatz ist vielversprechend, da er Sinnkonstrukte, Konsumentenverhalten und auch historisch gewachsene Strukturen berücksichtigt. Dabei geht es um die Strategien, Motive und Entscheidungen jener Wissenschaftler, die im Grenzbereich von Forschung und Markt agieren. Melanie B. Roski, die konkrete Spin-off Unternehmen behandelt, spricht in diesem Zusammenhang von einer „hybriden Kultur". Nach ihrer Definition sind Spin-offs „auf Basis wissenschaftlicher Forschungsergebnisse gegründete Unternehmen und gelten als Vermittler zwischen den ‚Systemen' – in diesem Fall zwischen dem Wissenschafts- und Wirtschaftssystem – und den dort herrschenden Kulturen".[14] Die Akteure, die sich zwischen Forschung und Markt bewegen, sind folglich widersprüchlichen Anforderungen ausgesetzt, die sich nicht von vornherein miteinander vereinbaren lassen.[15]

Motivation und Karriereplanung

Den Mythos innovationsorientierter nanotechnologischer Forschung verkörpern insbesondere Wissenschaftler, die bereits während ihrer Promotionspha-

---

Geschichte von Forschungstechnologien; Hippel, Eric A. von: The Sources of Innovation. New York, Oxford 1988, S. 11-20; Hippel, Eric A. von: The Dominant Role of Users in the Scientific Instrument Innovation Process. In: Research Policy 5 (1976), H. 3, S. 212-239; Riggs, William; Hippel, Eric A. von: The Impact of Scientific and Commercial Values on the Sources of Scientific Instrument Innovation. In: Research Policy 23 (1994) H. 4, S. 459-469.

12 | Reith/Pichler/Dirninger, Innovationskultur in historischer und ökonomischer Perspektive; Nowotny, Helga: Cultures of Technology and the Quest for Innovation. New York 2006 (= Making Sense of History, Bd. 9); Berghoff, Hartmut; Vogel, Jakob: Wirtschaftsgeschichte als Kulturgeschichte. Dimensionen eines Perspektivenwechsels. Frankfurt 2004.

13 | Wengenroth, Ulrich: Vom Innovationssystem zur Innovationskultur. Perspektivwechsel in der Innovationsforschung. In: Abele/Barkleit/Hänseroth, Innovationskulturen und Fortschrittserwartungen im geteilten Deutschland, S. 23-32; Wengenroth, Innovationspolitik und Innovationsforschung, S. 61-78; Wieland, Thomas: Innovationskultur. Theoretische und empirische Annäherungen an einen Begriff. In: Reith/Pichler/Dirninger, Innovationskultur in historischer und ökonomischer Perspektive, S. 21-38; Fraunholz, Uwe; Hänseroth, Thomas: Transzendierungen von Wissenschaft und Technik im Systemwettstreit. Innovationskulturen im deutsch-deutschen Vergleich. In: Fraunholz, Uwe; Hänseroth, Thomas: Ungleiche Pfade. Innovationskulturen im deutsch-deutschen Vergleich. Göttingen 2012, S. 9-26.

14 | Roski, Melanie B.: Spin-Off-Unternehmen zwischen Wissenschaft und Wirtschaft. Unternehmensgründungen in wissens- und technologieintensiven Branchen. Wiesbaden 2011, S. 15.

15 | Vgl. zum Typus des Scientific Entrepreneurs Shapin, Scientific Life, S. 209-267.

se erste Schritte zur Firmengründung unternehmen und versuchen, ihre wissenschaftlichen Kenntnisse und Problemlösungen in marktfähige Produkte zu verwandeln. Quasi nebenbei entwickeln sie, so das gängige Narrativ, auf der Papierserviette innovative Ideen, die dann zu erfolgreichen Hightechunternehmen führen. In Wirklichkeit handelt es sich bei Firmenausgründungen um einen riskanten Schritt, der Mut, hohe Motivation und Belastbarkeit voraussetzt und auch dazu führen kann, dass die Anstrengungen der Wissenschaftler in keinem der beiden Felder honoriert werden.

Konkrete Fallbeispiele und Experteninterviews ermöglichen es, die Motive der beteiligten Akteure zu untersuchen. Persönliche Karriereentscheidungen und die Motivation der Akteure, den Spagat zwischen Universität und freiem Markt zu wagen, sind dabei ausschlaggebend. Dies belegt auch die Tatsache, dass nicht jeder der anfänglichen Firmengründer längerfristig dazu bereit war, diesen Weg zu gehen und stattdessen eine akademische Karriere vorzog. Sich mit der mühsamen Entwicklung eines Produktes zu befassen und sich auf einem hochkompetitiven Markt zu positionieren, erfordert, wie die Interviews zeigen, unternehmerisches Handeln und letztlich die Entscheidung, nicht mehr parallel eine universitäre Karriere anzustreben.

Die Grundidee für Attocube entstand im Kontext der experimentellen Halbleiterphysik Khaled Karrais[16], dem Doktorvater Dirk Hafts.[17] Attocube entwickelte sogenannte Positionierer, d.h. Messeinheiten wissenschaftlicher Instrumente, die durch piezoelektrische Stellsysteme nanometergenau positioniert werden.[18] Attocubes Strategie war es, einen Nischenmarkt im Bereich der Tieftemperatur- und Hochvakuumtechnologie zu bedienen, der auch von den großen Herstellern und Zulieferern nicht abgedeckt wurde. Während Karrai für die notwendige Nähe zur Forschung und wissenschaftliche Ideenentwicklung der Firma steht, sieht sich Haft eher als die unternehmerische Kraft, so dass sich durch das ergänzende Profil beider Personen jene Unternehmenskul-

16 | Der aus Tunesien stammende Khaled Karrai hat in Frankreich Physik studiert und 1987 mit einer Arbeit zur Magnetspektroskopie an III-V niedrigdimensionalen Halbleiterheterostrukturen im Hochfeldmagnetlabor Grenoble promoviert. Nach einem USA-Aufenthalt an der University of Maryland kam er als Humboldt-Stipendiat 1993 an die TU München und arbeitete hier mit Prof. Abstreiter und Prof Koch zusammen. Er war wiss. Mitarbeiter am WSI und von 1995 bis 2006 Professor an der LMU und Gründungsmitglied von CeNS.

17 | Dirk Haft studierte an der LMU Physik und baute bei Khaled Karrai ein Mikroskop für Tieftemperaturanwendungen, das auf Interesse bei amerikanischen Wissenschaftlern stieß. Dadurch wurde auch das kommerzielle Potenzial dieser Forschungsarbeit erkannt. Kern dieses Rastertunnelmikroskops für Tieftemperaturmessungen im Hochvakuum waren kleine nanometerpräzise Stellmotoren.

18 | Vgl. u.a. Karrai, Khaled: Trägheits-Positionierer DE 69734132 T2, Patentanmeldung 21.7.1997.

tur ausbilden konnte, die für forschungsnahe Firmen im Bereich des wissenschaftlichen Instrumentenbaus charakteristisch ist.

Gunnar Brink, Geschäftsführer von Nanotype und Student der Biophysik bei Hermann Gaub, nennt im Interview zudem strukturelle Gründe, die mit dem Wandel der Physik in den 1990er Jahren zusammenhängen und dazu führten, dass Physiker, die traditionell eher in der Industrieforschung arbeiteten, nun vermehrt mit dem Gedanken spielten, eine eigene Firma zu gründen. Er bestätigt damit die im ersten Kapitel skizzierte problematische Situation für Physikabsolventen Mitte der 1990er Jahre:

BRINK: „[...] Und als ich dann 1995 mit meiner Promotion fertig wurde, war es so eine ganz schwierige Zeit vom Arbeitsmarkt her für Physiker. Man konnte eigentlich nur im akademischen Bereich eine Stelle finden oder fachfremd. Ein guter Freund von mir ist dann einfach als Management-Trainee in eine Firma gegangen und macht seitdem Marketing. Aber es gab keine einzige Stelle in der Industrieforschung, was eigentlich mein Ziel gewesen wäre.“[19]

Angesichts des in den 1990er Jahren sich umstrukturierenden Arbeitsmarktes für Physiker rückte die Idee einer eigenen Firmenausgründung als neue Karriereoption zunehmend in den Erwartungshorizont. Lokal ansässige Großunternehmen waren teilweise im Hochtechnologiesegment nicht mehr wettbewerbsfähig oder lagerten ihre Forschung aus, so dass hier im Münchner Umfeld Berufschancen in der Industrie wegbrachen und auch die Universitäten nur eine begrenzte Zahl an Assistentenstellen und Professuren bereit hielten.[20] Nun gingen Absolventen der Physik und der Ingenieurwissenschaften nicht mehr nur zu Firmen wie AEG oder Siemens, sondern zogen die Gründung einer eigenen Firma in Erwägung.[21] Der Münchner Businessplanwettbewerb wurde 1996/1997 ins Leben gerufen, um den Innovationsstandort München zu stärken und den Nachwuchswissenschaftlern den schwierigen Schritt von der Universität in den freien Markt zu erleichtern. Hierbei lernten die Wissenschaftler einen eigenen Businessplan zu schreiben, betriebswirtschaftlich zu denken, ließen sich durch Experten beraten und konnten mit dem symbolisch wertvollen Startkapital eines Teilnehmers oder gar Siegers des Businessplan-

19 | Interview Brink, 17.12.2008.

20 | Interview Munich Businessplan, 31.1.2008. Vgl. Kapitel II. „Die Nanotechnologie als forschungspolitische Strategie“.

21 | Sowohl von Seiten der Stadt München, dem Münchner Businessplanwettbewerb als auch der Halbleiterindustrie und der Wissenschaft selbst werden diese Verwerfungen am Arbeitsmarkt als Grund für die schwierige Situation in den 1990er Jahren genannt; Interview Arndt, 31.01.2008.

Wettbewerbes erste Schritte zur Firmengründung unternehmen.[22] Auch die Auszeichnung mit dem prestigereichen Deutschen Gründerpreis, den Attocube im Jahr 2008 und Nanotemper 2014 erhielten, zielt auf die Förderung einer neuen Gründerkultur.[23]

2. Eine neue universitäre Gründerkultur?

Universitäre Spin-offs stießen allerdings auf erhebliche kulturelle, institutionelle wie auch patentrechtliche Grenzen. Diese Situation hat sich in den 1990er Jahren geändert, so dass man am Beispiel der Gentechnik und auch Nanotechnologie von einer neuen Innovationskultur sprechen kann, die sich an den Universitäten abzeichnete.[24] Hier hat sich in den 1990er Jahren ein Kulturwandel zu einer stärker auf eine Kommerzialisierung des Wissens abzielenden Gründerkultur vollzogen, die sich am Beispiel der Münchner Firmen analysieren lässt, deren Produktideen unmittelbar aus Fragestellungen und Problemlösungen der Laborforschung entstanden sind.[25]

Professoren der LMU und TUM wie Jörg Kotthaus, Gerhard Abstreiter oder auch Hermann Gaub haben in ihrem Umfeld maßgeblich zur Förderung dieser neuen Gründerkultur beigetragen. Während in den 1980er Jahren Jörg Kotthaus im globalen Wettbewerb um leistungsfähige Computerchips gefragt war, sind es nun Nischenmärkte, die durch kleinere, innovative Spin-offs bedient werden. Diese liegen im Bereich des wissenschaftlichen Instrumentenbaus oder der Entwicklung spezifischer Produkte, Problemlösungen und Dienstleistungen. Wie die folgende Interviewpassage zeigt, war anfangs nicht die Kommerzialisierungsidee als solche ausschlaggebend:

---

22 | Alle hier untersuchten Spin-offs waren Teilnehmer dieses Businessplanwettbewerbs. Das Schreiben eines solchen Geschäftsplans und eine Begutachtung durch externe Experten aus Wirtschaft und Wissenschaft ist sicherlich ein Katalysator auf dem schwierigen Weg zur Firmengründung, sollte aber in seiner Rolle für die entscheidende Ausprägung einer hybriden Innovationskultur nicht überbewertet werden.

23 | Der Deutsche Gründerpreis wird seit 1997 vergeben und basiert auf einer Förderinitiative von Porsche, Stern, Sparkasse und dem ZDF. Vgl. http://www.deutscher-gruenderpreis.de/partner/initiatoren/ [zuletzt 10.1.2015].

24 | Vgl. zur Biotechnologie: Rebentrost, Inken: Das Labor in der Box. Technikentwicklung und Unternehmensgründung in der frühen deutschen Biotechnologie. München 2006.

25 | Diese Innovationskultur war vor allem für Physikstudenten an Universitäten wie der LMU neu, während Firmengründungen für Absolventen von Technischen Universitäten, ingenieurwissenschaftlichen Studiengängen oder Fachhochschulen vermutlich keine neue Gründerkultur begründeten.

KOTTHAUS: [...] „Advalytix z.B. verkauft Mischer mit Oberflächenschallwellen. Mischer mit Ultraschall gibt es seit 30-40 Jahren, aber keiner war in der Lage, auf einem Chip zu mischen. Und durch die Verkleinerung war es auf einmal mit dieser Idee möglich. Das war zunächst auch reine Grundlagenforschung, es war Spielerei. Ich weiß noch, wie wir gesessen haben und überlegt haben: Mensch, man müsste ja auch im Prinzip mit den Oberflächenschallwellen Wassertropfen bewegen können. Und dann hat Achim [Wixforth] gesagt: ‚Dann vergeben wir doch eine Diplomarbeit.' Wir haben die Diplomarbeit vergeben und der Diplomand hat angefangen, hat die Struktur gebaut und (beim ersten Versuch) nach zehn Minuten bewegte sich der erste Wassertropfen. Das war reine Spielerei. Und dann durch eine Verkettung von Umständen, auch wiederum im Grunde genommen durch Personen, entstand Advalytix. Damals war der Vizepräsident von Infineon, früherer Doktorand von Achim und mir, Christoph Gauer. Den kannte Achim gut und aus einer besonderen Situation heraus haben die beiden sich zusammengehockt und haben überlegt: Sollen wir nicht eine Firma gründen? Und daraus ist Advalytix entstanden, die immerhin vor einem Jahr von Olympus gekauft worden ist."[26]

Kotthaus benennt wichtige Topoi, die den Mythos eines erfolgreichen universitären Spin-offs ausmachen. Neugierige Studenten, die mehrfach betonte „Spielerei" im Labor, die einen „nanotechnologischen" Effekt in der experimentellen Physik realisiert und schließlich durch die guten und seit Längerem gewachsenen Kontakte des Lehrstuhlinhabers zu Münchner Großunternehmen diese Kommerzialisierungsidee eines Lab-on-a-chip in die Tat umsetzen können.[27] Die Firma Advalytix gilt neben Attocube oder Nanotemper als ein Vorzeigeunternehmen des Münchner Nanonetzwerkes. Advalytix entwickelte ein System zur effizienten Mischung kleinster Mengen von Flüssigkeiten mithilfe von Oberflächenschallwellen auf einem *Biochip*. Dabei handelt es sich nicht um einen neuen Computerchip auf der Basis von DNA, sondern um die Verwendung eines halbleiterbasierten Chips, wie ihn Infineon produziert, und das damit einhergehende experimentelle Know-how zur Mischung und Analyse von DNA-Molekülen mit Oberflächenschallwellen.[28]

Durch die interdisziplinäre Zusammenarbeit wurde hier das Wissen der experimentellen Physik für die Lebenswissenschaften und Pharmaindust-

---

26 | Interview Kotthaus, 19.1.2006.

27 | Wixforth, Achim: Forschungsprojekt. Modelregion München. Smart Array, elektronisch steuerbare orts- und zeitaufgelöste DNA. Hybridisierung kleinster Flüssigkeitsmengen, Forschungsprojekt: Modellregion München. Veröffentlichung der Ergebnisse von Forschungsvorhaben im Programm Biologie ; Laufzeit: 01.02.2002 bis 31.7.2003/Wixforth, Achim. Brunnthal 2003.

28 | Achim Wixforth hat bei Jörg Kotthaus, der bis 1989 Professor in Hamburg war, über die Wechselwirkung von Oberflächenschallwellen in zweidimensionalen Systemen promoviert. Vgl. Wixforth, Achim: Wechselwirkung akustischer Oberflächenwellen mit einem zweidimensionalen Elektronensystem, Diss. Universität Hamburg, 1997.

rie nutzbar gemacht und damit ein neuer Markt erschlossen. Voraussetzung für diese unter dem Nano-Label erfolgenden Firmenausgründungen waren die für die experimentelle Physik charakteristischen Fähigkeiten und Interessen im wissenschaftlichen Instrumentenbau. Die Lab-on-a-Chip-Technologie kombiniert Experimentalsysteme der niedrigdimensionalen Physik, die mit Schallwellen und Halbleiterbauelementen arbeitet, mit biophysikalischem und molekularbiologischem Wissen. Zur Realisierung eines solchen *Biochips*, der mithilfe von „Nanopumpen" Testsysteme für die Lebenswissenschaften und die Pharmaindustrie ermöglicht, waren die in München vorhandenen kurzen Wege und direkten Kontakte von Vorteil. Dieses für München charakteristische und bereits vor dem Nanohype existierende Netzwerk zwischen Infineon, Siemens und den Lehrstühlen von Jörg Kotthaus an der LMU und dem Walter-Schottky-Institut der TUM hat sich durch langjährige Kooperationen und berufliche Karrierewege gebildet.

Nanotools hingegen orientiert sich weiterhin an der global aufgestellten Halbleiterindustrie. Auch hier ist es für die neue Innovationskultur der universitären Spin-offs charakteristisch, dass die „Klitsche vom Gärtnerplatz" es schafft, die großen Halbleiterhersteller mit ihren besonders harten und robusten Rasterkraftmikroskopspitzen zu beliefern und mit der Weiterentwicklung von Labortechniken der experimentellen Physik einen Nischenmarkt zu bedienen. Bernd Irmer von Nanotools, der ebenfalls bei Jörg Kotthaus promovierte, bestätigt die Anfänge seines Unternehmens in der Grundlagenforschung. Die Problemlösung im Bereich der Forschung stieß auf Interesse von Seiten der Kollegen und stellte so ihr Kommerzialisierungspotenzial innerhalb der universitären Grundlagenforschung unter Beweis.[29]

Am Anfang standen allerdings nicht eine Kommerzialisierungsidee, sondern aus der Grundlagenforschung generierte technische Problemlösungen in der Präparation von Proben oder messtechnische Verbesserungen für wissenschaftliche Fragestellungen im Bereich der experimentellen Physik. Dieses Basteln und Weiterentwickeln der Instrumente und die damit einhergehenden technischen Fertigkeiten sind integraler Bestandteil der alltäglichen Laborforschung.[30] Die Kommerzialisierung dieses Know-hows war jedoch nie das primäre Ziel der universitären Forschung, sondern erst die Firma mit ihrer produktorientierten Innovationskultur hat diese Spitzen schließlich selbst vor Ort gefertigt und auf den Markt gebracht.[31]

Die Universität lieferte für die Firmengründung das wissenschaftliche und z.T. technische Know-how sowie in beschränktem Umfang Ressourcen wie La-

29 | Interview Nanotools, 10.3.2009.

30 | Vgl. zur Laborforschung als Bricolage im Unterschied zum rein technischen Vorgehen Rheinberger, Experimentalsysteme, S. 34.

31 | Interview Nanotools, 10.3.2009.

borarbeitsplätze, Computer, Hilfskräfte für eine gewisse Übergangszeit. Hierbei spielen die verantwortlichen Professoren eine wichtige Rolle, wohlwissend, dass ein Doktorand, der gerade an einer Firmenausgründung arbeitet, nicht zugleich auch Schritt halten kann mit den Anforderungen im Wissenschaftsbetrieb. In dieser kritischen Phase können die Firmengründer auf wichtige Ressourcen und Kontakte ihrer Institution zurückgreifen und sich in Netzwerken bewegen, die für eine anstehende Firmenausgründung und Vermarktung ihrer wissenschaftsnahen Produkte relevant sind, vor allem wenn die zukünftigen Kunden selbst an Universitäten und im engeren Forschungsumfeld tätig sind, in dem und für das die Produktidee entwickelt wurde. Es bleibt allerdings festzuhalten, dass diese technischen Anwendungen wie etwa bessere Messspitzen oder Positioniersysteme zwar im Forschungsalltag entstanden und benötigt wurden, aber nicht das eigentliche Ziel, als vielmehr die Voraussetzung dieser experimentellen Forschungskultur darstellten. Während die Anfangsidee im Forschungsalltag entstand, basierte die Umsetzung und Kommerzialisierung auf einer Innovationskultur und Zielsetzung, die sich klar vom Forschungsalltag an Universitäten unterscheiden. Universität und Firma folgen anderen Prämissen und verlangen Strategien, die kaum miteinander vereinbar sind.

Bei näherer Betrachtung wird ersichtlich, dass es nicht einfach zu einer Umsetzung und linearen Fortentwicklung dieses Wissens kommt, sondern dass die Anforderungen des Marktes für den weiteren Erfolg der jeweiligen Firmenausgründungen entscheidend waren. Erst die Orientierung an den spezifischen Bedürfnissen der Kunden, in dem Falle der Halbleiterindustrie, und die damit einhergehende Entwicklung eines Alleinstellungsmerkmals für einen Nischenmarkt machte Nanotools zu einem erfolgreichen Spin-off und begründete eine Innovationskultur, die dieses experimentelle Know-how in marktfähige Produkte umsetzte. Aus diesem Grund gibt es keine simple Einbahnstraße vom Labor zur Produktentwicklung, wie auch umgekehrt der Markt allein nicht dazu führt, dass in der experimentellen Physik robuste Spitzen entwickelt werden. Vielmehr ist es die Kombination der beiden institutionell getrennten Bereiche, die unterschiedlichen Zielen und Logiken folgen und erst durch zahlreiche Übersetzungs- und Vermittlungsschritte der Firmengründer überbrückt werden können. Ferner gibt es durchaus Unterschiede in den jeweiligen Innovationskulturen und der Wissensbasis der hier betrachteten Spin-offs. Während Nanotools auf der stetigen Verbesserung und Weiterentwicklung des vorhandenen technischen Know-hows für die Halbleiterindustrie basiert, ist Attocube eine stärker an aktuelle und zukünftige Forschungstrends orientierte Firma. Für beide gilt jedoch, dass sie auf einem Markt konkurrenzfähig sind, der durch große Firmen nicht abgedeckt wird. Um ein Alleinstellungsmerkmal für einen Nischenmarkt mit völlig neuen Produkten und Problemlösungen zu entwickeln, war der Kontakt zu internationalen Forschungstrends und eine Rückbindung an die universitäre Grundlagenforschung von großer Bedeutung für diese Innnovationskultur.

3. Widerstände, Grenzen, Scheitern

Die Geschichte gescheiterter Firmen zeigt, dass im Übergang von Forschung und Markt zahlreiche Ungewissheiten, Schwierigkeiten und auch Konflikte auftreten, die mit der versuchten Kommerzialisierung der an sich marktfernen Forschung einhergehen. Die großen Chancen bei Nanotype sah man im Bereich des weltweiten Wachstumsmarktes der Gesundheitsfürsorge, der Diagnostik und Medikamentenentwicklung. Das am Lehrstuhl des Biophysikers Hermann Gaub im Jahr 2000 entstandene Spin-off zielte allerdings nicht auf einen Nischenmarkt, sondern auf den riesigen Markt der Medizindiagnostik, Lebenswissenschaften und Pharmaindustrie für eine zukünftig differenzierte und individualisierte Diagnose und Behandlung von Krankheiten. Langfristiges Ziel war ein Umsatz von 82 Millionen Euro im Jahr 2012. Mit der Messung zwischenmolekularer Kräfte von Biomolekülen mit dem *Rasterkraftmikroskop* baute Nanotype seine Expertise auf die biophysikalische Grundlagenforschung am Lehrstuhl Gaubs auf, der selbst grundlegende Ideen für Nanotype beisteuerte und an Patentanträgen beteiligt war.[32] Ziel war es, Testeinheiten zur Analyse von Biomolekülen zu nutzen, deren lose nicht-*kovalente Bindung* mithilfe des Rastertunnelmikroskop untersucht werden sollte.

Dieses experimentelle, biophysikalische Wissen in eine marktfähige Innovation zu überführen, war allerdings ein schwieriger Prozess, der letztlich an den zu hohen Kosten und der längerfristig benötigten Forschung scheiterte. So arbeitete die Firma in den ersten drei Jahren noch an der Entwicklung der eigentlichen Produktidee und blieb von Kapitalgebern und den Verwerfungen eines schwierigen Wagniskapitalmarktes abhängig. In der Gründungsphase hatte Nanotype noch keine marktfähigen Produkte und war damit beschäftigt, das Patentportfolio auszubauen und professionelle Firmenstrukturen zu entwickeln. Es wurde viel patentiert, aber nichts auf den Markt gebracht, so dass

32 | Vgl. u.a. Gaub, Hermann: Verfahren und Vorrichtung zur Charakterisierung und/oder zum Nachweis eines Bindungskomplexes; Patentnummer DE 10051143 C2, Deutsches Patent- und Markenamt [DPMA], Veröffentlichungsdatum 11.7.2001; Christian Albrecht u.a.: Verfahren zum Nachweis von Mutationen Patentnummer DE 10205419 A1, DPMA, 14.08.2003; Oesterhelt, Fillip u.a.:Verfahren zur Bestimmung eines Analyten, DE 10205418 A1, Veröffentlichungsdatum 14.8.2003, DPMA.

die Schulden innerhalb weniger Jahre auf fast eine Million Euro anwuchsen.[33] Ein wesentlicher Grund für das Scheitern lag in der mangelnden Erfahrung der Firmengründer mit dem komplexen venture capital Markt.[34] Gunnar Brink bringt dies indirekt zum Ausdruck, wenn er von den Kompetenzen eines erfahrenen Managers spricht. Dieser kannte den amerikanischen Markt mit hohem Risiko gegründeter junger innovativer Firmen, lehnte aber das Jobangebot von Nanotools ab:

KEHRT: „Und dieses Know-how, das diese Person hätte haben müssen, warum war das so wichtig?"
BRINK: Also das Wichtigste war ja der Mensch mit Erfahrung gewesen. Ich kann es einfach vergleichen. Ich habe danach einen von einer sehr anerkannten Hochschule im Ausland geholt. Dem ging das bei uns alles schon viel zu hektisch ab, viel zu unruhig. Der hat erstmal versucht, in die Firma Ruhe reinzubringen. Und auf einen Monat kommt es ja schließlich nicht an. Das ist natürlich in einem venture capital-finanzierten Unternehmen, das eine begrenzte Summe cash hat, die vollkommen falsche Einstellung. Aber das ist relativ schwierig, einen guten Naturwissenschaftler zu finden, der gleichzeitig einfach überhaupt so etwas versteht."[35]

Damit fehlten dem jungen noch nicht ganz flügge gewordenen Unternehmen in der kritischen Phase, in der zahlreiche strategische Entscheidungen getroffen werden mussten, das nötige unternehmerische Know-how und Führung.

Björn Klocke hat in seiner Studie zu jungen Nanotechnologieunternehmen herausgearbeitet, dass vor allem die Zeitspanne, innerhalb der ein Produkt auf den Markt gebracht wird, entscheidend für den Erfolg eines Unternehmens ist. Das Fallbeispiel Nanotype belegt diesen Befund.[36] Im Falle Nanotype kommt hinzu, dass aufgrund des Platzens der internationalen Börsenblase im Jahr 2001 die Bedingungen am venture capital Markt ungünstig waren. Während Attocube und auch Nanotools durch die schnelle Auslieferung ihrer ersten Produkte an Universitäten unmittelbar Geld verdienen konnten, musste Nanotype seine Produktidee erst durch aufwändige Forschungsarbeit entwickeln. So zeigt gerade das zu selten thematisierte Beispiel gescheiterter Innovationen, dass universitäre Spin-offs ein riskantes Unterfangen darstellen, die mit erheb-

33 | Gestartet ist Nanotype mit 3,5 Millionen Euro durch Finanzinvestoren, die aufgrund der hohen Personalaufwendungen in der Forschung und auch den Umzug an den Standort Gräfeling bei Martinsried rasch aufgebraucht wurden.

34 | Wagniskapital dient zur Förderung nichtbörsennotierter Firmen in ihrer Gründungsphase verwendet, in der nicht unmittelbar Gewinn erzielt wird, aber deren angenommenes hohes innovatives Potenzial hohe Wachstumsraten in Aussicht stellt.

35 | Interview Brink, 17.12.2008.

36 | Klocke, Unternehmens- und Netzwerkentwicklung in High-Tech-Sektoren, S. 1.

lichen Verwerfungen in der Karriereplanung eines Nachwuchswissenschaftlers einhergehen, und erklärt, weshalb einige der anfänglichen Mitgründer solch ein Risiko nicht auf sich nahmen und aufgrund der Unmöglichkeit, längerfristig beides zugleich zu betreiben, sich für eine akademische Laufbahn entschieden.[37] Im Falle gescheiterter Firmengründungen besteht ferner die Problematik, dass wichtiges Wissen für zukünftige Firmengründungen verloren geht, wenn kein Innovationscluster mit der einhergehenden Innovationskultur besteht, das auch „gescheiterten Gründern" neue Firmengründungen und Neuanstellungen ermöglicht.

Im Unterschied zu Nanotype stellt das im unmittelbaren Umfeld der biophysikalischen Lehrstühle Dieter Brauns und Hermann Gaubs entstandene Spin-off Nanotemper eine Erfolgsgeschichte dar, die durch die Verleihung des deutschen Gründerpreises im Jahr 2014 unterstrichen wird. Die durch Philip Baaske und Stefan Duhr im Jahr 2008 gegründete Firma zielt wie Nanotype oder Advalytix auf einen größeren Markt der medizinischen Diagnostik und Bioanalytik. Grundlage für die Geschäftsidee war die Forschung der Doktoranden Philip Baaske und Stefan Duhr zum Verhalten gelöster Biomoleküle in Temperaturfeldern.[38] Dieser für diagnostische Zwecke genutzte Effekt spielt in der Grundlagenforschung Dieter Brauns ein Rolle, der sich in diesem Kontext mit Fragen über den Ursprung des Lebens befasst.[39]

Wissensnetze und Spaßfaktoren. München als Standort der Nanotechnologie

Die Beispiele der hier betrachteten Firmen unterstreichen die Bedeutung von Standortfaktoren für universitäre Firmenausgründungen. München bietet als „kreative Stadt", so Martina Heßler, hervorragende Voraussetzungen gerade auch für kleinere forschungsintensive Unternehmen, da hier das entsprechende Know-how, Kapitalgeber und auch Abnehmer vorhanden sind. Auch die

37 | Der Mitgründer Philipp Osterhelt stieg in dieser kritischen Anfangsphase, in der der Schritt von der Universität an den Markt sich vollzog und Karriereentscheidungen verlangte, aus dem Unternehmen aus und verfolgte eine akademische Laufbahn. Der Mitgründer Boris Steipe wurde Professor an der Universität Toronto und legte seinen Sitz im Nanotype Beirat nieder.

38 | Baaske, Philipp: Biomolecules in Microthermal Fields. Dissertation LMU München 2009; Baaske, Philipp; Wienken, Moran; Duhr, Stefan: Optisch erzeugte Thermophorese für die Bioanalytik. In: Biophotonik. 2009, S. 22–24; Duhr, Stefan; Braun, Dieter: Why molecules move along a temperature gradient. In: Proceedings of the National Academy of the Sciences. U.S.A. 103, (2006) H. 52, S. 19678-19682; Duhr, Stefan: Thermo-Optische Molekülmanipulation. Dissertation LMU-München 2007.

39 | Vgl. zur Origin-of-life-Forschung Dieter Brauns, Kapitel IV. „Molekulares Lego. Zur instrumentellen Praxis im Nanokosmos".

Stadt München sowie die bayerische Landesregierung fördern und unterstützen solche Innovationsprozesse.[40] München ist Standort zahlreicher wissenschaftsbasierter Unternehmen und profitiert davon, dass sich im Bereich der Mikroelektronik und auch der Biotechnologie bereits Cluster und Netzwerke gebildet haben. Die neuen Nanofirmen lassen sich gerne in stadtnahen Lagen nieder, um eine gutes Arbeitsklima und attraktives Umfeld zu schaffen. Ferner spielt der internationale Ruf Münchens als Wissenschafts- und Technikstadt eine wichtige Rolle bei der Standortwahl. Auch lokale Kontakte und Kooperationen zwischen der LMU und TUM sowie zur Halbleiterindustrie waren wesentliche Faktoren bei der Firmenausgründung. Khaled Karrai hat als Professor für experimentelle Physik an der LMU das Münchner Zentrum für Nanotechnologie mitbegründet. Sein Werdegang ist eng mit dem Feld der Halbleiterphysik verbunden. So entwickelte er bereits am Walter-Schottky-Institut jene Ideen, die er dann als Professor an der LMU zum Patent anmeldete und schließlich für die Gründung Attocubes nutzte.

ABSTREITER: „Das basiert auch auf dem sogenannten Nahfeldmikroskop, das hier gebaut worden ist. Die ersten Verschiebetische von Attocube, die wurden hier in der Werkstatt bei uns noch gebaut. Khaled Karrai hat hier noch die Zeichnungen für die ersten Prototypen gemacht. Er war ja hier am WSI als Postdoc. Er hat dann eine C3-Professur an der LMU bekommen und sein Projekt mitgenommen. Karrai war sehr engagiert, auf Basis der Entwicklung eine Ausgründung zu machen, und so ist schließlich Attocube entstanden."[41]

Diese Interviewpassage verdeutlicht wie prestigeträchtig erfolgreiche Spin-offs für Forschungsinstitutionen wie das Walter-Schottky-Institut sind, das ja als Schnittstelle zur Industrie gegründet wurde. Diese für den Standort München charakteristischen informellen Netzwerke und Karrierepfade haben sich im Umfeld des Walter-Schottky-Instituts und der experimentellen Physik an der LMU ausgeprägt.[42]

Ein Nanocluster hat sich aber trotz aller Cluster- und Netzwerkrhetorik noch nicht herausgebildet. Bei näherer Betrachtung lässt sich feststellen, dass die mit dem Nanolabel agierenden Firmen vor allem in Richtung Mikroelektronik, Instrumentenbau oder Biotechnologie orientiert sind. Verglichen mit jenen Prozessen, die in den 1980er Jahren zur Entwicklung sogenannter Genzentren in Berlin, Köln, München und Heidelberg führten, ist die kritische Masse eines Nanotechnologieclusters nicht gegeben. Aber auch die vorhandenen Biotechnologiecluster sollten in ihrer Innovationsfähigkeit und Bedeutung

40 | Vgl. Heßler, Kreative Stadt.

41 | Interview Abstreiter, 22.11.2007.

42 | Vgl. Kapitel III. „Die Entstehung nanotechnologischer Forschungsfelder in München".

nicht überschätzt werden, so Thomas Wieland, dessen historischer Befund zur Biotechnologie den hier untersuchten schwierigen Übergang von der Forschung auf den Markt bestätigt.[43] Auch die Zahlen des Munich Businessplan Wettbewerbs, der Firmenausgründungen in München gezielt fördert, belegen den insgesamt eher geringen Anteil von Firmen, die in die Kategorie Nanotechnologie eingeordnet wurden. Der Großteil der Münchner Gründerszene kommt aus der IT-Branche.[44]

Neben dieser im Vergleich zur IT-Branche geringen Zahl an „Nano"-Firmen lässt sich feststellen, dass im Rahmen von Innovationsprozessen Nanotechnologie ein vor allem aus marketingtechnischen Gründen gewähltes Label darstellt. Das Firmenportfolio Attocubes deckt vor allem die klassischen Bereiche der Halbleiterphysik, Vakuum- und Kältetechnik ab, die sich durch die Forschungsschwerpunkte Karrais erklären.[45] „Nano" in dem Sinne ist lediglich eine Größendimension, in der neue physikalische Forschung betrieben werden kann und für das die Firmen die erforderlichen Präzisionsinstrumente liefern, aber kein eigentliches Technologiefeld.[46]

Fazit

Wissenschaftler, die an Universitäten forschten, stießen lange Zeit auf erhebliche kulturelle und institutionelle Grenzen und Widerstände, wenn sie versuchten, ihre Ideen und Problemlösungen aus der Laborforschung zu kommerzialisieren. Dies trifft weniger auf Technische Hochschulen und Universitäten zu, die traditionell eine stärkere Orientierung an Industrie und Wirtschaft pflegen. In den 1990er Jahren hat sich jedoch vergleichbar mit Entwicklungen

43 | Wieland, Neue Technik auf alten PfadenBiotechnologieförderung in der Bundesrepublik. In: Kehrt/Schüßler/Weitze, Neue Technologien in der Gesellschaft, S. 249ff.

44 | Interview Munich Businessplan, 31.1.2008.

45 | Die Anwendungsfelder der Attocube-Produktpalette: „Semiconductor Research, Microscopy, Cryogenics, Metrology, Photonics/ Laser Systems, Synchrotron/Beamline, HV/UHV Applications, Space Applications" http://www.Attocube.com/applications/technology.html (zuletzt: 6.3.2013).

46 | In den letzten Jahren hat die Firma ihr Portfolio systematisch ausgebaut, auch in Richtung der Biotechnologie und Lebenswissenschaften. Der Ankauf der Münchner Firma Neaspec im Jahr 2014 ermöglicht so die Entwicklung neuer Nahfeldmikroskope, die im Bereich der Lebenswissenschaften zur Charakterisierung lebender Proben genutzt werden können. Neaspec entstand im Kontext des MPI für Biochmie, in der Abteilung für molekulare Strukturbiologie von Professor Wolfgang Baumeisters, in der mikroskopische Techniken für biologische Forschungskontexte entwickelt werden. Die Überschneidung der Kompetenzen erklärt sich auch hier durch Karrais frühere Forschung und Patente zum Nahfeldmikroskop.

im Bereich der Biotechnologie und Gentechnik ein Kulturwandel vollzogen, der durch die Analyse dreier Münchner Spin-offs im Umfeld des Münchner Nanonetzwerkes CeNS belegt wird. Damit stehen diese universitären Spin-offs für einen längerfristigen Wandel der Wissenschaftskultur, der die Kommerzialisierung von Wissen und Kooperationen wissenschaftlicher und außerwissenschaftlicher Akteure über institutionelle Grenzen hinweg erleichtert. Dieser neu sich ausprägende Typus des unternehmerischen Wissenschaftlers lässt sich anhand der hier untersuchten Beispiele für den Standort München insbesondere Ende der 1990er Jahren nachweisen.[47]

Charakteristisch für die hier analysierten Ausgründungen ist eine gewandelte Innovationskultur an den Universitäten, die den Spagat zwischen Forschung und Markt erleichtern soll. Dabei geht es vor allem um die Entwicklung technischer Problemlösungen, die für die aktuelle Laborforschung relevant sind, wie etwa ein verbessertes Instrument, ein einfacheres Dämpfungssystem, präzisere Positioniersysteme, robustere und präzisere Messnadeln etc. Diese spezifischen Anforderungen erklären sich durch die technischen Voraussetzungen der Laborforschung, insbesondere im Bereich der Präparation von Proben und der Entwicklung neuer Instrumente für den Messvorgang. Diese oftmals improvisierten, im Forschungsalltag gebastelten Problemlösungen können dann zu neuen technischen Entwicklungen im Instrumentenbau führen, deren Kommerzialisierungspotenzial sich durch die Rückfrage innerhalb der Scientific Community zeigt. Dabei handelt es sich allerdings nicht um ein Spezifikum der Nanotechnologie, sondern der experimentellen Physik, die mit ihrer messtechnischen Expertise zur Entwicklung neuer wissenschaftlicher Instrumente beiträgt.

47 | Vgl. Shapin, The Scientific Life, S. 209-313.

VII. Fazit: Eine neue Wissenschaftskultur der Nanotechnologie?

> „The challenge for scientists and science institutions is how to live in ‚unprotected' spaces."[1]

Die im Rahmen einer Fallstudie untersuchten Wissenschaftskulturen der Nanotechnologie geben Einblick darüber, wie zu Beginn des 21. Jahrhunderts die universitäre Grundlagenforschung auf die an sie herangetragenen gesellschaftlichen Anforderungen nach „Nützlichkeit" und „Transparenz" antwortet. Dies gelingt durch die strategische Orientierung am Innovations- und Technikbegriff und die intensivierte Interaktion der Wissenschaftler mit Politik und Medien. Nanowissenschaftler bewegen sich nicht notwendigerweise in Anwendungskontexten oder tragen zur Lösung gesellschaftlicher Probleme bei. Sie nutzen jedoch den Verweis auf die technischen Potenziale ihrer Arbeit, um ihre Forschung zu fördern und gesellschaftlich zu legitimieren.[2] In diesem Zusammenhang vermag Paul Formans Diagnose einer gewandelten gesellschaftlichen Höherbewertung der Technik zu erklären, weshalb sich grundlagenorientierte Forscher verstärkt auf den Nanodiskurs beziehen. Dass allerdings ein grundlegender Regime-, oder Paradigmenwechsel zur Mode 2 oder Technoscience stattgefunden hätte, lässt sich nicht eindeutig belegen. Vielmehr stellen die untersuchten Wissenschaftskulturen und Forschungskontexte der Nanotechnologie eine, gesellschaftlich betrachtet, besonders vielversprechende und förderungswürdig geltende Form der Grundlagenforschung dar, die Irvine und Martin bereits in den 1980er Jahren als Strategic Science beschrieben.[3]

Die Schlüsselrolle der Forschungspolitik

Die entscheidenden Impulse zur weltweiten Förderung der Nanotechnologie kamen aus den USA, als im Jahr 2000 die Regierung Bill Clintons eine nationale Nanoinitiative startete, um die globale Wettbewerbsfähigkeit der USA

1 | Rip, Arie: Protected Spaces of Science. Their Emergence and Further Evolution in a Changing World. In: Carrier/Nordmann, Science in the Context of Application, S. 197.

2 | Hessels/van Lente, Re-thinking New Knowledge Production, S. 743; Irvine/Martin, Foresight in Science; Rip, Strategic Research; Rip, Regional Innovation Systems and the Advent of Strategic Science.

3 | Irvine/Martin, Foresight in Science, S. 1-11.

längerfristig zu sichern.[4] In Deutschland identifizierte das BMBF ebenfalls in enger Rücksprache mit Experten aus der Innovationsforschung die Nanotechnologie als Schlüsseltechnologie. Ziel war es, die diagnostizierte traditionelle Schwäche Deutschlands im Bereich neuer Technologien durch die frühe und konsequente Förderung der Nanotechnologie zu überwinden und damit das nationale Innovationssystem insgesamt zu stärken.[5] Die Formulierung der Nanostrategie ist jedoch nicht als eine einseitig politische Initiative zu verstehen, die dazu führte, dass den Wissenschaftlern Ideen und Entwicklungsrichtungen von staatlicher Seite vorgeschrieben oder gar aufoktroyiert wurden. Vielmehr haben Wissenschaftler vor Ort eigene Strategien entwickelt und aktiv den Nanodiskurs gestaltet.

Die Bildung nanotechnologischer Forschungsnetzwerke in München fällt in eine Zeit der Krise der deutschen Hochschulen und eines damit einhergehenden Reformbedarfs. Die beiden Münchner nanowissenschaftlichen Netzwerke CeNS und NIM wurden von experimentellen Physikern gegründet, mit dem Ziel im institutionellen Gefüge der disziplinär organisierten Universitäten schneller und flexibler an neue und fächerübergreifende Forschungstrends anzuschließen und eine größere mediale Außenwirkung zu entfalten. Sie stellen zudem eine Antwort auf die vom Bund gestarteten forschungs- und technologiepolitischen Initiativen dar, um im forcierten Wettlauf um Drittmittel neue Ressourcen für universitäre Forschungsprojekte zu erschließen. Durch den Bezug auf eine Zukunftstechnologie gelang es den hier untersuchten Münchner Akteuren im Bereich der experimentellen Physik, sich als eine strategische Wissenschaft aufzustellten, die von politischer Seite als besonders förderungswürdig eingestuft wurde.

4 | Vgl. Schaper-Rinkel, Petra: Nanotechnologiepolitik: The Discursive Making of Nanotechnology. In: Lucht, Petra; Erlemann, Martina; Ruiz Ben, Esther (Hg.): Technologisierung gesellschaftlicher Zukünfte. Freiburg 2010, S. 33-47.

5 | Vgl. Freeman, Chris: The National System of Innovation in Historical Perspective. In: Cambridge Journal of Economics 19 (1995), S. 5-24; Trischler, Nationales Innovationssystem und regionale Innovationspolitik, S. 118-194.

Forschungskontinuitäten: Von der do-it-yourself Quantenmechanik zur Nanoelektronik

In historischer Hinsicht prägten die Pfade der Mikroelektronik den Forschungs- und Innovationsstandort München. Material- und Fertigungstechniken aus dem Bereich der Mikroelektronik haben die Herstellung neuer Materialien und ultradünner Halbleiterstrukturen und damit das Forschen im Nanometerbereich mit quantenphysikalischen Phänomenen ermöglicht. Münchner nanowissenschaftliche Akteure forschen teilweise seit den 1970er Jahren mit *Nanostrukturen*, wenn man die Geschichte der damit verbundenen Experimentalkulturen zum Maßstab nimmt. Dabei geht es um Fragen des Transports von Elektronen in Grenz- und Oberflächen von Halbleiterstrukturen. Die interviewten Physiker sehen in der experimentellen Erforschung von quantenphysikalischen Phänomenen den eigentlichen Beginn der Nanotechnologie und verorten sich in dieser Forschungstradition.

Diese nachweisbaren Forschungskontinuitäten im Bereich der experimentellen Physik scheinen den Neuigkeitsanspruch der Nanotechnologie zu relativieren. An dieser Stelle ist aber deutlich zu unterscheiden zwischen der wissenschaftlichen Forschung im *Submikron-*, Nanometer-, und *Angström*bereich einerseits und der Orientierung an einer neuen Zukunftstechnologie andererseits. Während zahlreiche Wissenschaftskulturen bereits lange vor der politischen und medialen Wahrnehmung der Nanotechnologie mit *Nanostrukturen* und Quanteneffekten experimentell forschten, kam es erst im Laufe der 1990er Jahre zur forschungspolitischen Identifizierung einer neuen Zukunftstechnologie. Um die daraus resultierenden Handlungschancen und Ressourcen zu nutzen, entwickelten Wissenschaftler, die im Nanometerbereich mit Molekülen und Atomen experimentell forschten, mediale und forschungspolitische Strategien, um sich als Nanotechnologen und Nanowissenschaftler zu positionieren und neu zu erfinden.

Es gibt allerdings auch auf der Ebene der Forschungspraxis einen signifikant neuen Aspekt, der die hier untersuchten Wissenschaftskulturen der Nanotechnologie von ihren angestammten Disziplinen unterscheidet. Dabei handelt es sich um die Öffnung der Festkörperphysik und Oberflächenwissenschaften zu den Lebenswissenschaften und einen damit einhergehenden Wechsel der Experimentalsysteme. Dieser durchaus riskante und schwierige Schritt über etablierte Disziplinengrenzen hinaus geht mit Umstellungen und Lernprozessen einher. Nanotechnologische Forschungskontexte zeichnen sich dadurch aus, dass die bestehenden Grenzen zwischen der Physik, Chemie und Biologie durchlässiger werden. DNA beispielsweise wird nicht allein als Informationsträger verstanden, sondern als vielfältig verwendbares Material und Forschungsobjekt. Dabei werden im Labor neue hybride Objekte und Systeme geschaffen, die so in der Natur nicht vorfindlich sind. Diese Wissenschaftskultur wird von einigen Wissenschaftsforschern als Technoscience bezeichnet. Tatsächlich sind jedoch sehr unterschiedliche und analytisch zu trennende Bedeutungen und Funktionen von „Technik" festzustellen – als Forschungsinstrument und wissenschaftliche Methode, als Forschungsobjekt und Material für die Laborforschung, als am Markt befindliches Produkt und Gegenstand von Innovationsprozessen, als Metapher und Werkzeug im Erkenntnisprozess oder als diskursiv gerahmtes und symbolisch aufgeladenes Konstrukt in Medien und Politik. Daher war aus heuristischen Gründen zwischen Technik und Wissenschaft zu unterscheiden und nicht a priori von einem genuin neuen bzw. schon immer bestehenden Modus der Technoscience auszugehen. Bei genauerer Betrachtung erweist sich die nanotechnologische Forschung als eher typischer und seit längerem praktizierter Modus der experimentellen Physik, die in einem fruchtbaren wie offenen Wechselspiel mit wissenschaftlicher Theoriebildung steht und durchaus auch auf fundamental neue Erkenntnisse und Theorien abzielt.

Medialisierungsstrategien

Zweifelsohne sind die hier untersuchten Wissenschaftskulturen der Nanotechnologie durch Medialisierungsprozesse geprägt. Diese eröffnen einen medialen Raum, der wesentlich zur politischen und öffentlichen Wahrnehmung als Zukunftstechnologie beiträgt. Die mit den wirkmächtigen Bildern des Nanokosmos vermittelten Visionen basieren auf einem kulturellen Arsenal von Bildern, Mythen und Vorstellungswelten, die sich im Laufe des 20. Jahrhunderts ausgeprägt haben und gerade in der Inkubationsphase neuer Technologien als kulturell fundierte Muster abgerufen werden. Bilder vermitteln nicht nur Wissen, sondern dienen auch der Kommunikation der Wissenschaftler mit einer breiteren Öffentlichkeit, an deren Zustimmung und Wahrnehmung sie gebunden sind.[6] Hierbei sind Lernprozesse zu berücksichtigen, die die Meinungskämpfe um ältere neue Technologien wie der Kerntechnik, der Informationstechnik und insbesondere der Biotechnologie prägten.[7] Nanowissenschaftler unterscheiden sich von ihren Vorgängern und Kollegen dadurch, dass sie den Umgang mit der Öffentlichkeit aktiv und in einem sehr frühen Stadium gestalten und mediale Ressourcen und Aufmerksamkeitsproduktion für ihre Forschungsziele nutzen. Mit Interventionen in öffentliche Debatten und neuen Medialisierungsstrategien wollen Wissenschaftler sich aktiv und möglichst früh gegen forschungsfeindliche und technikkritische Stimmen positionieren und auf diesem Weg Wissen schaffen, das von der Gesellschaft akzeptiert wird.

6 | Hüppauf/Weingart, Frosch und Frankenstein, S. 11.

7 | Dolata, Politische Ökonomie der Gentechnik, S. 200.

Ob diese Medialisierungsstrategien den öffentlichen Dialog unterstützen können, wird sich allerdings erst dann wirklich zeigen, wenn ein erster „Nanoskandal" die Debatten anheizt. So zeigen die Erfahrungen mit den Debatten um ältere neue Technologien, dass nicht unbedingt der Mangel an Wissen oder Kommunikation eine öffentliche Kritik neuer Technologien verhindert. Ferner stellt sich die Frage, ob universitäre Forschergruppen tatsächlich gut beraten sind, ihre Arbeit derart eng an wirtschaftliche Interessen und Innovationsversprechen zu koppeln. Denn gerade das Ausbleiben der versprochenen Innovationen kann längerfristig betrachtet negative Auswirkungen auf ihr Forschungsfeld haben und damit ihre wissenschaftliche Unabhängigkeit und Glaubwürdigkeit in Frage stellen.[8]

Innovationskulturen und Wissensflüsse zwischen Universität und Markt

Firmengründungen sind nicht nur von staatlicher und forschungspolitischer Seite gewollt, sondern bilden mittlerweile eine wichtige Karriereoption für Wissenschaftler an Universitäten. Diese wagen es zunehmend, Ideen aus der Forschung in marktfähige Produkte umzusetzen und den schwierigen Spagat zwischen Forschung und Markt zu meistern. In München entstanden mehrere universitäre Spin-Offs im Kontext der experimentellen Physik. Sie bedienen Nischenmärkte im Bereich des wissenschaftlichen Instrumentenbaus oder der Labor- und Diagnosetechniken, die in keinem unmittelbaren Zusammenhang mit den weit in die Zukunft gerichteten Visionen dieser Forschungsrichtungen wie etwa dem Quanten- oder DNA-Computing stehen. Bei näherer Betrachtung von Innovationsprozessen im universitären Kontext zeigen sich allerdings enorme kulturelle Unterschiede und Schwierigkeiten, mit denen Wissenschaftler bei der Gründung einer Firma konfrontiert werden.

In diesem frühen Stadium von einem „Nanocluster" oder „Innovationsnetz" der Nanotechnologie auszugehen, wäre jedoch eine Überinterpretation der nach wie vor primär an grundlagenwissenschaftlichen Erkenntnissen orientierten universitären Forschergruppen. Der mögliche Wissenstransfer von der Forschung hin zum marktfähigen Produkt wird durch die erheblichen technischen Voraussetzungen der modernen Laborforschung bestimmt, deren Know-how für Innovationsprozesse genutzt werden kann. Damit ist aber weder der auf neues Wissen abzielende Erwartungshorizont der Laborforschung in Frage gestellt, noch sollten diese Innovationen für spezielle Nischenmärkte als Beleg einer gesamtgesellschaftlichen Bedeutung der Nanotechnologie gedeutet werden.

---

8 | Tolles, W. M.: Topical Review. Nanoscience and Nanotechnology in Europe. In: Nanotechnology (1996), S. 100.

IX. Anhang

1. Glossar

Ångström Längeneinheit, die in etwa dem Durchmesser eines Atoms entspricht (10^{-10} m = 0,1 nm).

Bandlücke energetisch verbotener Bereich im Bändermodell von Festkörpern (Halbleiter und Isolatoren), der zwischen Valenz- und Leitungsband liegt. Leiter haben keine Bandlücke.

Bandstruktur eines Festkörpers erklärt seine elektrischen, thermischen und optischen Eigenschaften. Die Verteilung der Elektronen in dieser *Bandstruktur* bestimmt ihre Beweglichkeit und damit die Leitfähigkeit des Festkörpers.

Bauelement kleinste, elementare Bestandteile elektronischer Geräte und Systeme wie Transistoren, Dioden, integrierte Schaltungen, Widerstände, Kondensatoren, Relais etc.

BCS-Theorie wurde 1957 von John Bardeen, Leon Neil Cooper und John Robert Schrieffer zur Erklärung der Supraleitung formuliert. Sie geht davon aus, dass sich Cooper-Paare aus je zwei Elektronen bilden, so dass die Einzelelektronen nicht mehr mit dem Kristallgitter wechselwirken und dadurch gebremst werden.

Biochips finden in der gentechnischen Diagnostik und in medizinischen Anwendungen für schnelle und große Testreihen Verwendung, z.B. als Lab-on-a-Chip.

Bipolarer Transistor besteht aus drei Schichten verschiedener Halbleitermaterialien mit jeweils negativ (n) oder positiv (p) dotierten Elektronen (npn oder pnp). Er wird zum Verstärken und Gleichrichten elektrischer Signale verwendet und stellte anfangs die gebräuchlichste Transistorform dar, die allmählich die Elektronenröhre ablöste.

Bottom up Herstellung neuer Materialien im Nanometerbereich auf der Basis der Selbstassemblierung von Molekülen.

Bucky Ball C60-Fulleren, aus symetrisch angeordneten Kohlenstoffatomen, das nach den geodätischen Kuppeln des Architekten Buckminster Fuller benannt wurde.

Bändermodell quantenmechanisches Modell, das die energetisch erlaubten Zustände von Elektronen in einem Festkörper als kontinuierliche Energiezonen (Bänder) beschreibt.

Diode Halbleiterbauelement, das Strom nur in einer Richtung leitet.

DNA-Computer Vision eines DNA-basierten Computers, der die Leistungsgrenzen der Silizium-basierten Rechner überwinden soll.

DNA-Origami durch Paul Rothemund im Jahr 2006 begründete Methode, DNA-Stränge so anzuordnen und zu kombinieren, dass jenseits der Doppelhelixstruktur neuartige Teppichstrukturen, Muster und Figuren aus DNA entstehen.

Doppelhelix Anordnung der DNA-Stränge in einem in sich gedrehten, schraubenförmigen Doppelstrang.

Dotierung siehe Ionendotierung.

Einzelelektronentransistor (engl. single electron transistor) hier übernimmt ein einzelnes Elektron die Schaltfunktion. Dieses Bauelement wurde im Jahr 1987 durch Theodore A. Fulton und Gerald Dolan bei Bell Labs erfunden und verspricht, die Grenzen der Miniaturisierung zu verschieben.

Elektronenmikroskop kann Körper und deren Oberflächen mithilfe eines Elektronenstrahls in atomarer Auflösung „sichtbar“ machen. Der Nachteil liegt in der aufwändigen Präparation der Proben sowie der Tatsache, dass der Messvorgang im Vakuum stattfindet und deshalb die Untersuchung lebender Objekte nicht möglich ist.

Elektronenröhre eine unter Vakuum stehende Glasröhre, in der zwischen Anode und Kathode ein Strom fließt, der verstärkt, gleichgerichtet und moduliert werden kann. In der ersten Hälfte des 20. Jahrhunderts vorherrschendes Bauelement der Elektroindustrie, das u. a. die Herstellung von Verstärkern für Radios ermöglichte und später durch den Transistor abgelöst wurde.

Elektronenstrahllithografie kann nanometergenaue Strukturen mithilfe eines Elektronenstrahles herstellen; eignet sich im Unterschied zur fotolithografischen Methode noch nicht zur Serienproduktion von Halbleiterbauelementen.

Epitaxie Herstellung (in der Regel wenige Atomdurchmesser) dünner Materialschichten durch schichtweises „Aufwachsen“ von Kristallen auf einem Substrat.

Feldionenmikroskop macht einzelne Atome metallener Oberflächen sichtbar. Durch Anlegen einer Hochspannung bei Tieftemperaturen in einer Vakuumkammer lagern sich ionisierte Edelgasatome um eine Messspitze und ermöglichen ein Bild der zu messenden Oberfläche.

Festkörper Aggregatzustand fester, kondensierter Materie (im Gegensatz zu Gasen oder Flüssigkeiten). Bestehen meist aus periodisch in Kristallstrukturen angeordneten Atomen. Die optischen, elektrischen und thermischen Eigenschaften eines Festkörpers werden durch seine Bänderstruktur bestimmt.

Flüssigkristalle bestehen aus stäbchenförmig angeordneten Molekülen, die einen Aggregatzustand einnehmen, der zwischen fest und flüssig liegt.

Fotolithografie Prozess aus der Halbleiterindustrie zur Herstellung integrierter Schaltungen. Mithilfe von Masken werden Strukturen auf einen Halbleiter-Wafer, der mit einer fotografischen Lackschicht bezogen ist, gedruckt und der Rest abgeätzt.

Galliumarsenid Halbleiterbaumaterial für Heterostrukturen, das aus Gallium- und Arsen-Atomen in einer bestimmten Kristallstruktur besteht. Verfügt im Vergleich zu Silizium über bessere elektronische Eigenschaften und schnellere Ladungsträger. Findet insbesondere in der Nachrichtentechnik aber auch der Grundlagenforschung Verwendung.

Halbleiter Ein Halbleiter kann je nach Temperatur als Isolator oder Leiter fungieren. Bei tiefen Temperaturen sind keine freien Ladungsträger vorhanden (alle Elektronen bevölkern Zustände im Valenzband), während bei höheren Temperaturen Elektronen Zustände im Leitungsband bevölkern können und damit elektrische Leitung ermöglichen.

Halbleiterheterostruktur Ausgangsbasis für Bauelemente der Halbleiterindustrie. Besteht aus mehreren durch Aufdampfverfahren aufeinander gewachsenen Schichten von Halbleitern aus unterschiedlichem Material. An der Grenzfläche bildet sich ein sogenannter Heteroübergang mit unterschiedlichen Bandlücken. Diese Strukturen verfügen über ungewöhnliche elektrische und optische Eigenschaften, die z.B. für LEDs genutzt werden.

Halbleiterlaser wurde u.a. von Herbert Krömer Anfang der 1960er Jahre konzipiert. Er basiert auf einer Halbleiterheterostruktur aus *Galliumarsenid* oder Galliumnitrid. Das bei angelegter Spannung entstehende Licht wird durch Spiegel gebündelt und erzeugt einen hochenergetischen und modulierbaren Lichtstrahl.

Hall-bar-Struktur ist eine Probenkonfiguration, die es erlaubt, verschiedene Komponenten der Leitfähigkeit zu messen. Für die MOS-Proben bedeutet das neben den üblichen Source-Drain Kontakten, die vergleichbar sind mit den FET am Anfang und Ende eines länglichen Rechtecks (Barren), vier weitere Kontakte an den langen Seiten. Man misst damit den elektrischen Widerstand und die Hall-Spannung.

Hall-Effekt Fließt ein Strom durch ein Magnetfeld, übt dieses eine trennende Kraft auf die Ladungsträger aus, so dass sich ein elektrisches Feld aufbaut, das senkrecht zum Magnetfeld und der jeweiligen Richtung des Stromflusses steht. Die dadurch entstehende Hall-Spannung kann zur Messung von Magnetfeldern verwendet werden.

HEMT High Electron Mobility Transistor besteht aus Verbindungshalbleitern mit einer hohen Elektronenmobilität.

Heterojunction Bipolar Transistor Bipolarer Transistor aus verschiedenen Halbleitermaterialien mit Heteroübergang. Findet aufgrund der großen Elektronenbeweglichkeit in schnellen Schaltungen und zur Signalverarbeitung im Hochfrequenzbereich Verwendung (vgl. *HEMT*, *Heterostruktur*).

Integrierte Schaltung bringt durch fotolithografische Prozesse eine große Zahl an Transistoren und andere Bauelemente auf einem Chip unter und ermöglicht so die Herstellung immer kleinerer und komplexerer elektronischer Schaltungen.

Ionendotierung Verfahren zur Einpflanzung von Fremdatomen in Halbleiterkristallen, deren Leitfähigkeit damit gezielt beeinflusst werden kann.

Josephson-Computer Computer-Projekt von IBM in den 1970er Jahren, einen Tieftemperatur-Superrechner mit extrem schnellen Recheneinheiten zu bauen.

Josephson-Effekt 1962 von Brian Josephson vorhergesagter quantenphysikalischer Effekt, wonach zwischen zwei voneinander isolierten Supraleitern Cooper-Paare widerstandsfrei tunneln können.

Klebrige Enden (engl. sticky ends) Enden von DNA-Strängen einer aufgeschnittenen Doppelhelix, die neu miteinander kombiniert werden können.

Kolloidchemie befasst sich mit Teilchen im Nanometerbereich (1 nm bis 1000 nm), die in festen, flüssigen oder gasförmigen Medien gelöst sind. Sie wurde im 19. Jahrhundert begründet und hat große wirtschaftliche Bedeutung.

Kovalente Bindung stabile chemische Bindung zwischen Atomen über gemeinsam geteilte Elektronenpaare.

Kristallografie Teildisziplin der Mineralogie, die sich mit dem Grundaufbau von kristallinen Körpern befasst. Die moderne Kristallografie und die Bestimmung des Gitteraufbaus von Kristallen wurden durch die Röntgenbeugung Anfang des 20. Jahrhunderts ermöglicht.

Langmuir-Blodgett-Film Verfahren zur Herstellung sehr exakter und wohldefinierter, dünner Schichten organischer Moleküle durch Eintauchen eines Substrat in eine Flüssigkeit.

Large Scale Integration wurde als Chiptechnologie in den 1970er Jahren entwickelt, die einige tausend Transistoren auf einem Chip unterbrachte und welche die Voraussetzung für die Herstellung leistungsstärkerer und auch billigerer Speicherelemente für Computer darstellte.

Laser künstliche, stark gebündelte, hochenergetische Lichtquelle.

LEED (engl. Low Energy Electron Diffraction) Messverfahren, das mithilfe der Beugungsmuster langsamer Elektronen die periodische Struktur von Oberflächen bestimmen kann.

Lithografie Verfahren zur Strukturierung von Halbleiteroberflächen.

Low Energy Electron Diffraction LEED siehe oben.

Metal Oxide Semiconductor MOS siehe unten.

Microarray Labortechnik zur gleichzeitigen Untersuchungen einer großen Zahl biologischer Proben, z.B. DNA.

Mikrowellenspektroskopie im Bereich 100 MHz bis 100 GHz erfasst die Spektren rotierender Atome und Moleküle und gestattet sehr genaue Rückschlüsse über die Struktur von Molekülen und Atomen. In Halbleitern kann die Absorption durch Elektronen und Löcher in einem Magnetfeld untersucht werden.

Molekularer Motor Grundeinheiten von Zellen und lebenden Organismen, die die Entstehung von Bewegung durch biochemische Prozesse der Energieumwandlung erklären.

Molekularstrahlepitaxie Verfahren zur Herstellung nur wenige Nanometer dicker und genau definierter kristalliner Schichten durch Aufdampfen und Wachsenlassen hocherhitzter Halbleitermaterialien in einer Ultrahochvakuumkammer. Diese Halbleiterheterostrukturen finden für physikalische Experimente mit Quanteneffekten sowie für kommerzielle elektronische Bauelemente Verwendung.

Moore's Law Trendvorhersage für die Mikroelektronikindustrie, die davon ausgeht, dass sich alle 18 Monate die Zahl der Transistoren auf einem Chip verdoppelt.

MOS (engl. Metal Oxide Semiconductor) ist eine Halbleitertechnologie, bei der eine hohe Integrationsdichte integrierter Schaltungen erreicht wird. Dabei handelt es sich um eine Sandwichstruktur dünner Schichten aus einem nichtleitenden Material (zumeist Siliziumoxyd), halbleitenden Material (Silizium) und einem leitenden Metall, so dass bei Anlegung einer geringen Spannung ein Transistoreffekt erzielt wird (vgl. MOSFET, integrierte Schaltung, Planartechnologie, Transistor).

MOSFET (Metall-Oxid-Halbleiter-Feldeffekttransistor) ist eine Transistortechnologie, die vorwiegend zum Bau integrierter Schaltungen verwendet wird. Der Transistor ist aus mehreren Schichten aufgebaut und die Oberfläche durch eine Siliziumoxidschicht geschützt. Durch Anlegen einer Spannung über die Steuerelektrode (engl. *gate*) entsteht unterhalb der isolierenden Oxidschicht ein Kanal, in dem die Elektronen von der Quelle (engl. *source*) zum Abfluss (engl. drain) kontrolliert fließen können.

Mößbauereffekt von Rudolf Mößbauer 1958 entdeckter Effekt, wonach Gammastrahlen in Festkörpern ohne Energieverlust ausgestrahlt bzw. absorbiert werden. Dadurch lassen sich hochgenaue Messungen der Energie der Gammaquanten durchführen.

Nahfeldmikroskop macht Strukturen unterhalb der Wellenlänge des optischen Lichts von 200 nm sichtbar.

Nanostruktur Festkörper, deren Ausdehnung mindestens in einer oder mehreren Dimensionen auf einige Nanometer beschränkt ist, z.B. Übergitter, Quantenkabel, Quantenpunkte.

Nanotube röhrenförmige Nanostruktur aus Kohlenstoffatomen in einer wabenförmigen Anordnung. Diese Röhrchen verfügen über neue Eigenschaften und haben großes technisches Potenzial u.a. im Bereich der Nanoelektronik und Materialtechnik.

Nanotweezer Nanozange siehe unten.

Nanowire siehe Quantenkabel.

Nanozange (engl. nanotweezer) einzelne DNA-Stränge in Y-Form, die sich öffnen und schließen lassen.

Neurochip Halbleiterchip, der mit Nervenzellen verbunden ist.

Piezoeffekt elektrische Spannung, die entsteht, wenn bestimmte Kristalle unter mechanischen Druck geraten und sich dabei die Atomabstände verringern.

Piko Vorsatz für Maßeinheiten (10^{-12}).

Planartechnologie Verfahren zur Herstellung eine großen Zahl integrierter Schaltungen auf einem Wafer durch Aufbringen einer isolierenden Siliziumoxidschicht auf dem Halbeitermaterial und dann anschließender fotolithografischer Prozesse und weiterer Bearbeitungsschritte.

Punktkontakttransistor erster Transistor entwickelt durch Walter Brattain, John Bardeen und William Shockley bei Bell Labs im Jahr 1947. Beim ersten Punktkontakt- oder Spitzentransistor wurden zwei Kontakte aus einer durchgeschnittenen Goldfolie an einem Germaniumblock befestigt und so der Stromfluss verstärkt (vgl. bipolarer Transistor).

Quanten-Hall-Effekt wird in einem zweidimensionalen Elektronengas bei sehr tiefen Temperaturen und starken Magnetfeldern gemessen, zeigt sich im nicht stetigen, sondern stufenweisen („quantisierten") Anstieg des Hall-Widerstandes.

Quantencomputer Vorstellung, dass auf der Basis quantenphysikalischer Prozesse die Leistungsfähigkeit herkömmlicher digitaler Rechner überschritten wird und qualitativ andere Probleme lösbar werden, z.B. die Faktorisierung großer Zahlen.

Quantenkabel (engl. quantum wire) hier ist die Beweglichkeit der Elektronen nur in einer Richtung möglich.

Quantenpunkte (engl. quantum dot) sind kleine Inseln in Halbleiterkristallen, bei denen die Elektronen in ihrer Bewegung in alle drei Bewegungsrichtungen eingeschränkt sind und quantenphysikalische Phänomene die elektrischen und optischen Eigenschaften bestimmen. Man bezeichnet diese Nanostrukturen auch als „künstliche Atome".

Quantentopf/Quantenquelle (engl. quantum well) schränkt die Beweglichkeit der Elektronen in einer Halbleiterstruktur aufgrund von Quantisierungsphänomenen in einer Raumdimension ein (vgl. zweidimensionales Elektronengas).

Quantum Dot Quantenpunkt siehe oben.

Quantum Well Quantentopf/Quantenquelle seihe oben.

Quantum Wire Quantenkabel siehe oben.

Rasterkraftmikroskop von Gerd Binnig, Calvin Quate und Christoph Gerber 1986 entwickeltes Instrument, das mithilfe einer Feder als Messspitze Oberflächen abrastert und durch die hierbei gemessenen Kräfte die Struktur von Moleküloberflächen bestimmen kann.

Rastertunnelmikroskop von Gerd Binnig und Heinrich Rohrer bei IBM Anfang der 1980er Jahre entwickeltes Instrument, das mithilfe eines Tunnelstroms zwischen einer beweglichen Messspitze und der zu messenden Oberfläche direkt ein „Bild" der Oberfläche erstellt.

Reinraum unter Vakuum stehender, isolierter Raum, der möglichst staubfrei ist und der Erforschung und Produktion hochreiner Halbleiter-Materialien dient.

Resonanzfluoreszenz Emission von elektromagnetischer Strahlung durch Moleküle und Atome, die vorher Strahlung der gleichen Frequenz absorbierten (vgl. Mößbauereffekt).

Röntgenbeugung Verfahren, das von Max von Laue, Paul Knipping und Walter Friedrich 1911 in München entdeckt wurde. Damit wird die Gitterstruktur der Materie anhand von Beugungsmustern bestimmt.

Selbstassemblierung selbständige Bildung von Molekülstrukturen, die nicht durch kovalente feste chemische Bindungen, sondern durch zwischenmolekulare Kräfte und losere Bindungsformen, wie z.B. Wasserstoffbrückenbindungen, zusammengehalten werden.

SEMATECH (engl. Semiconductor Manufacturing Technology) 1987 gegründeter Zusammenschluss amerikanischer und seit 1995 auch internationaler Halbleiterproduzenten, um die enormen Kosten bei Forschung und Entwicklung der zukünftigen Chiptechnologie zu teilen.

Semiconductor Manufacturing Technology SEMATECH siehe oben.

Silizium chemisches Element und Grundbaustoff der Halbleiterindustrie, das sich in hohen Reinheitsgraden ziehen und zur kostengünstigen Herstellung elektronischer Bauelemente verwenden lässt.

Single Electron Transistor Einzelelektronentransistor siehe oben.

Spektroskopie Analysemethode, bei der die Energieverteilung der ausgesendeten Strahlung einer Probe erfasst wird.

Sticky Ends Klebrige Enden siehe oben.

Submikron Größenbereich unterhalb eines Mikrons, d. h. kleiner als ein Mikrometer (10-6 m = 1000 Nanometer).

Superlattice Übergitter siehe oben.

Supraleitung 1911 von Heike Kammerlingh-Onnes entdecktes quantenphysikalisches Phänomen, das bei Metallen bei tiefen Temperaturen auftritt, so dass in Metallen plötzlich ein widerstandsfreier Stromfluss und ein perfekter Diamagnetismus entstehen. Erklärt wurde dieses Phänomen erst im Jahr 1957 mit der BCS-Theorie von John Bardeen, Leon Neil Cooper und John Robert Schrieffer.

Thermophorese Biomoleküle in wässrigen Lösungen zeigen den Effekt, dass sie sich bei Erwärmung entlang des Temperaturgradienten bewegen.

Tieftemperaturphysik bei Abkühlung, z. B. mithilfe flüssiger Gase, werden neue, grundlegende Eigenschaften der Materie und quantenphysikalische Phänomene erforschbar (vgl. *Supraleitung, Quanten-Hall-Effekt*).

Top down Ansatz zur Herstellung sehr kleiner, nur wenige Mikro- bzw. Nanometer umfassende Strukturen, z.B. durch *Elektronenstrahllithografie,* die in immer kleinere Größendimensionen vorstößt.

Transistor Halbleiterbauelement zur Verstärkung und Regulierung des Stromflusses und elektrischer Signale, das aufgrund seiner geringen Größe und Kosten die *Elektronenröhre* in den 1960er Jahren allmählich ablöste und die Grundlagen der meisten elektrischen Geräte darstellt.

Tunneleffekt Elektronen können unter gewissen Bedingungen sehr große energetische Barrieren überwinden, so dass auch kleinste Stromflüsse zwischen zwei eigentlich getrennten Bereichen auftreten können (z. B. im Josephson-Effekt zwischen zwei durch einen dünnen Isolator getrennten Supraleitern), die sich durch die Wahrscheinlichkeitsannahmen der Quantenmechanik erklären.

Ultrahochvakuumkammer evakuiertes Gefäß mit einem Restdruck von 10^{-10} bis 10^{-7} mbar. Es dient u.a. zur Herstellung und Erforschung sehr reiner und wohldefinierter Halbleitermaterialien.

Übergitter (engl. superlattice) bestehen aus periodisch angeordneten, sehr dünnen, nur wenige Nanometer dicken Schichten verschiedener Halbleitermaterialien, wie z.B. *Galliumarsenid* und Aluminium-Galliumarsenid, die so angeordnet sind, dass quantenphysikalische Effekte beim Ladungstransport auftreten.

Verbindungshalbleiter sind Halbleiter, die im Gegensatz zu Elementhalbleitern, z.B. Silizium oder Germanium, aus mehr als einem chemischen Element bestehen, z.B. GaAs und AlGaAs.

Very Large Scale Integration Chiptechnologie, die eine große Zahl Transistoren und Schaltungen auf einem Chip verbindet. Die damit in den 1980er Jahren entwickelten Speicherelemente für Mikroprozessoren umfassen über 100 000 Elemente.

Wafer dünne Schicht aus einkristallinem, hochrein gezogenem Silizium zur Herstellung integrierter Schaltungen.

Wasserstoffbrückenbindung lose Bindung von Molekülen über die elektrostatische Anziehung der Wasserstoffatome.

Zonenziehverfahren industrielles Verfahren zur Erzeugung einkristalliner, hochreiner Siliziumstangen, die durch Schmelzprozesse gereinigt werden und dann in dünne Wafer-Schichten durchschnitten werden können (vgl. *Wafer*).

Zweidimensionales Elektronengas wird die Bewegungsrichtung von Elektronen in Halbleiterstrukturen auf zwei Dimensionen bzw. in einer Richtung eingeschränkt, kommen besondere quantenphysikalische Effekte zum Tragen (vgl. *Quanten-Hall-Effekt*).

2. Interviews[1]

Prof. Dr. Gerhard Abstreiter, WSI, 22.11.2007.
Nanowissenschaftler, anonymisiert, 16.2.2007.
Prof. Dr. Jürgen Behm, Universität Ulm, 16.12.2008.
Dr. Gunnar Brink, Nanotype, Fraunhofer-Gesellschaft, 17.12.2008.
Wolf-Michael Catenhusen, Berlin, 11.12.2007.
Dr. Gerhard Dorda, Siemens, 17.6.2008.
Prof. Dr. Jochen Feldmann, NIM, 14.1.2009.
Prof. Dr. Peter Fromherz, MPI Biochemie, 13.6.2008.
Prof. Dr. Hermann Gaub, LMU, 22.1.2009.
Prof. Dr. Peter Gille, LMU, 26.1.2007.
Dr. Reinhard Guckenberger, MPI Biochemie, 10.6.2007.
Prof. Dr. Wolfgang M. Heckl, DM, 20.11.2006.
Prof. Dr. Wolfgang M. Heckl, LMU, 27.4.2007.
Prof. Dr. Alexander Holleitner, WSI, 31.1.2008.
Infineon, 19.11.2008.
Dr. Bernd Irmer, Nanotools, 10.3.2009.
Prof. Heinz Jagodzinski, LMU, 8.12.2006.
Dr. Ferdinand Jamitzky, LMU, 16.3.2007.
Prof. Dr. Guntram Jordan, LMU, 15.12.2006.
Dr. Lorenz Kampschulte, DM, 7.12.2006.
Prof. Dr. Khaled Karrai und Dr. Dirk Haft, Attocube, 28.1.2009.
Prof. Dr. Frederick Koch, TUM, 15.6.2009.
Prof. Dr. Jörg Kotthaus, LMU, 19.1.2006.
Dr. Markus Lackinger, LMU, 12.12.2006.
Munich Businessplan, 31.1.2008.
Prof. Dr. Klaus Ploog, Paul-Drude-Institut Berlin, 7.1.2008.
Dr. Ulrich Rant, WSI, 25.4.2007.
Prof. Dr. Erich Sackmann, LMU, 19.6.2008.
Prof. Dr. Wolfgang Schmahl, LMU, 16.2.2007.
Prof. Doris Schmitt-Landsiedel,TUM, 9.1.2009.
Prof. Dr. Heinz Hermann Schulz, LMU, 16.2.2007.

---

1 | Die Interviews wurden im Zeitraum von 2007 bis 2009 durch Christian Kehrt und Peter Schüßler im Raum München an den jeweiligen Forschungsinstituten geführt. Bei einigen Interviews nahm auch der damalige Leiter des Zentrums für Neue Technologien des Deutschen Museums Walter Hauser teil.

Prof. Dr. Friedrich Simmel, TUM, 30.9.2008.
Dr. Robert Stark, LMU, 15.12.2007.
Dr. Stefan Thalhammer, GSF, 7.12.2006.
Prof. Dr. Günter Weimann, IAF, 20.2.2008.
Wirtschaftsreferat der Stadt München, 23.1.2008.

3. Literatur

o. V. Japan Starts a Big Push Toward the Small Scale. In: Science 254 (1991), S. 1304-1305

o. V. Key Technologies for the 21st Century. Scientific American. A Special Issue. Ney York 1995.

Abe, Masayuki: Ultrahigh-Speed HEMT LSI Technology for Supercomputer. In: IEEE Journal of Solid State Circuits 26 (1991), H. 10, S. 13-37.

Abele, Johannes; Barkleit, Gerhard; Hänseroth, Thomas (Hg.): Innovationskulturen und Fortschrittserwartungen im geteilten Deutschland. Köln, Weimar, Wien 2001.

Abstreiter, Gerhard: Electronic Properties of the Two-dimensional System at GaAs/AlxGa1-xAs Interfaces. In: Surface Science 98 (1980), S. 117-125.

–; u.a.: Cyclotron Resonance of Electrons in an Inversion Layer on Si. In: Physical Review Letters 32 (1974), S. 104.

–; u.a.: Cyclotron Resonance of Electrons in Surface Space-Charge Layers on Silicon. In: Physical Review B 14 (1976), S. 2480.

–; u.a.: Properties of Sn/Ge Superlattices. In: Semicond. Sci. Technol. 8 (1993), S. 6-8.

Adleman, Leonard: Molecular Computation of Solutions to Combinatorial Problem. In: Science 266 (1994), S. 1021-1024.

Anacker, Wilhelm: Josephson Computer Technology. An IBM Research Project. In: IBM Journal of Research and Development 24 (1980), H. 2, S. 107-112.

Anderson, Alison u.a.: The Framing of Nanotechnologies in the British Newspaper Press. In: Science Communication 27 (2005), H. 2, S. 200-220.

Angel, David P.: Restructuring for Innovation. The Remaking of the U.S. Semiconductor Industry. New York, London 1994.

Ash, Mitchell G.: Wissenschaft und Politik als Ressourcen füreinander. In: Bruch, Rüdiger vom (Hg.): Wissenschaften und Wissenschaftspolitik. Bestandsaufnahmen zu Formationen, Brüchen und Kontinuitäten im Deutschland des 20. Jahrhunderts. Stuttgart 2002, S. 32-51.

–: Wissenschaft(en) und Öffentlichkeit(en) als Ressourcen füreinander. Weiterführende Bemerkungen zur Beziehungsgeschichte. In: Nikolow/Schirrmacher, Wissenschaft und Öffentlichkeit, S. 349–364.

Aspray, William (Hg.): Chasing Moore's Law. Information Technology Policy in the United States. Raleigh, North Carolina 2004.

Baaske, Philipp: Biomolecules in Microthermal Fields. Dissertation LMU München 2009.

–: Wienken, Moran; Duhr, Stefan: Optisch erzeugte Thermophorese für die Bioanalytik. In: Biophotonik. 2009, S. 22-24.

Bachmann, Gerd: Nanotechnologie. Technologieanalyse. Im Auftrag des BMFT. Düsseldorf 1994.

–: Innovationsschub aus dem Nanokosmos. VDI Technologiezentrum im Auftrag des BMBF. Düsseldorf 1998.

Bagger, Thomas: Strategische Technologien. Internationale Wirtschaftskonkurrenz und staatliche Intervention. Eine Analyse der Entwicklungen und Widersprüche am Beispiel der Halbleiterindustrie. Baden-Baden 1993.

Baird, Davis; Nordmann, Alfred; Schummer, Joachim (Hg.): Discovering the Nanoscale. Amsterdam 2004.

Ball, Philipp; Garwin, Laura: Science at the Atomic Scale. In: Nature 355 (1992), S. 761-766.

Baracca, Angelo: Big Science versus „Little Science" in Post-War Physics. In: De Maria/Grilli/Sebastiani, Proceedings, S. 150-161.

Barben, Daniel: Politische Ökonomie der Biotechnologie. Innovation und gesellschaftlicher Wandel im internationalen Vergleich. Frankfurt, New York 2007.

Bassecoulard, Elise; Lelu, Alain; Zitt, Michel: Mapping Nanosciences by Citation Flows: A Preliminary Analysis. In: Scientometrics (2007), H. 3, S. 859-880.

Bassett, Ross Knox: To the Digital Age. Research Labs, Start-Up Companies and the Rise of MOS Technology. Baltimore, London 2002.

Bauer, Reinhold: Gescheiterte Innovationen. Fehlschläge und technologischer Wandel. Habil. Helmut-Schmidt-Universität Hamburg, 2004. Frankfurt 2006.

Baumeister, Wolfgang: Tip Microscopy – Top Microscopy? An Introduction. In: Ultramicroscopy 25 (1988), S. 103-105.

Beckurts, Karl-Heinz: Technischer Fortschritt. Herausforderung und Erwartung. Vorträge, Aufsätze, Interviews 1980-1986. München 1986.

Behm, Rolf-Jürgen; Ritter, Eckard; Binnig, Gerd: Correlation between Domain Boundaries and Surface Steps. A Scanning Tunneling Microscopy Study on Reconstructed Pt (100). In: Physical Review Letters 56 (1986), S. 228-231.

Bender, Gerd (Hg): Neue Formen der Wissenserzeugung. Frankfurt 2001.

Bennet, Charles C.; Landauer, Rolf.: The fundamental Limits of Computation. In: Scientific American (1985), S. 38-46.

Bensaude-Vincent, Bernadette: The Construction of a Discipline. Materials Science in the United States. In: Historical Studies in the Physical and Biological Sciences (2001), S. 223-248.

–: Two Cultures of Nanotechnology? In: HYLE (2004), H. 2, S. 65-82.

–: Les Vertiges de la Technoscience. Façonner le Monde Atome par Atome. Paris 2009.

Berghoff, Hartmut; Vogel, Jakob (Hg.): Wirtschaftsgeschichte als Kulturgeschichte. Dimensionen eines Perspektivenwechsels. Frankfurt 2004.

Berube, David: Nano-Hype. The Truth Behind the Nanotechnology Buzz. New York 2005.

Beyer, Stefan: DNA-based Molecular Templates and Devices, Diss. LMU München 2005, Fakultät für Physik; http://edoc.ub.uni-muenchen.de/5578/1/Beyer_Stefan.pdf (zuletzt: 25.10.2014).

Bijker, Wiebe (Hg.): The Social Construction of Technological Systems, Cambridge, Mass. u.a., 1987.

–; Pinch, Trevor J: The Social Construction of Facts and Artefacts: or How the Sociology of Science and the Sociology of Technology Might Benefit Each Other. In: Social Sudies of Science 14 (1984), S. 399-441.

Biniok, Peter: Wissenschaft als Bricolage. Die soziale Konstruktion der Schweizer Nanowissenschaften. Diss. Universität Luzern, 2012. Bielefeld 2013.

Binnig, Gerd: Scanning Tunneling Microscopy – From Birth to Adolescence. Nobel Lecture, December 8, 1986, http://www.nobelprize.org/nobel_prizes/physics/laureates/1986/binnig-lecture.pdf (zuletzt: 27.5.2014).

–; u.a.: 7 × 7 Reconstruction on Si (111) Resolved in Real Space. In: Physical Review Letters 50 (1983), H. 2, S. 120-123.

–; u.a.: Tunneling Through a Controllable Vacuum Gap. In: Applied Physics Letters 40 (1982), H. 2, S. 178-180.

–; u.a.: Surface Studies by Scanning Tunneling Microscopy. In: Physical Review Letters 49 (1982), H. 1, S. 57-61.

–: Aus dem Nichts. Über die Kreativität von Natur und Mensch. München 1989.

Binnig, Gerd.; Smith, Douglas P. E.: Single-tube Three-dimensional Scanner for Scanning Tunneling Microscopy. In: Rev. Sci. Instrum. 57 (1986), S. 1688-1689.

Blick, Robert H. u.a.: Nanomechanical Resonators Operating in the Radio Frequency Regime as Single Charge Detectors. In: Advances in Solid State Physics 39 (1999), S. 121-130.

BMBF: Standortbestimmung. Nanotechnologie in Deutschland. Bonn 2002.

–: Strategische Neuausrichtung. Nanotechnologie in Deutschland. Bonn 2002.

–: Nanotechnologie erobert Märkte. Deutsche Zukunftsinitiative für Nanotechnologie. Bonn 2004.

–: Bundesbericht Forschung. Bonn 2004.

–: Nano-Initiative. Aktionsplan 2010. Bonn 2006.

–: Aktionsplan Nanotechnologie 2015. Bonn 2011.

–: Bundesbericht Forschung und Innovation. Bonn 2012.

BMFT: Informationstechnik. Bonn 1984.

Böhme, Gernot (Hg.): Die gesellschaftliche Orientierung des wissenschaftlichen Fortschritts. Frankfurt 1978 (Starnberger Studien, Bd. 1).

Bogner, Alexander; Littig, Beate; Menz, Wolfgang (Hg.): Experteninterviews. Theorien, Methoden, Anwendungsfelder. (3. Aufl.) Wiesbaden 2009.

Brandt, Christina: Metapher und Experiment. Von der Virusforschung zum genetischen Code. Göttingen 2004.

–: Genetic Code, Text, and Scripture: Metaphors and Narration in German Molecular Biology. In: Science in Context 18 (2005), H. 4, S. 629-648.

Braun, Ernest: Selected Topics from the History of Semiconductor Physics and its Applications. In: Hoddeson u.a., Out of the Crystal Maze, S. 443-488.

–; MacDonald, Stuart: Revolution in Miniature. The History and Impact of Semiconductor Electronics. New York 1978.

Braun, Hans-Joachim: Introduction. Symposium on „Failed Innovations". In: Social Studies of Science 22 (1992), S. 213-230.

Braun, Tibor; Schubert, András; Zsindely, Sándor: Nanoscience and Nanotechnology on the Balance. In: Scientometrics (1997), H. 2, S. 321-325.

Bredekamp, Horst (Hg.): Das technische Bild. Kompendium zu einer Stilgeschichte wissenschaftlicher Bilder. Berlin 2008.

Breitsameter, Florian u.a. (Hg.): Nano- und Biotechnologie im Zentrum Neue Technologien. München 2009.

Brock, David C. (Hg.): Understanding Moore's Law. Four Decades of Innovation. Philadelphia 2006.

–: Reflections on Moore's Law. In: Brock, Understanding Moore's Law, S. 87-108.

–: A Clear Voice. The Origins of Gordon Moore's 1965 Paper. In: Brock, Understanding Moore's Law, S. 25-36.

Brooks, Rodney; Flynn, Anita: Fast, Cheap and Out of Control. A Robot Invasion of the Solar System. In: Journal of the British Interplanetarian Society 42 (Oktober 1989), S. 478-485.

Browning, Larry D.: Sematech: Saving the U.S. Semiconductor Industry, Texas 2000 (Kenneth E. Montague Series in Oil and Business History, Bd. 10).

Bruch, Rüdiger vom; Trischler, Helmuth: Forschung für den Markt. Geschichte der Fraunhofer-Gesellschaft. München 1999.

Brunner, Magdalena u.a.:Scientific Research in a Public Environment. Benefits for Science and Communication In: Proceedings of the International Conference on Science Communication (2012), S. 14-26.

Brunt, Jennifer van: Biochips. The Ultimate Computer. In: Nature Biotechnology 3 (1985), S. 209-215.

Buchwald, Jed Z.: Scientific Practice. Theories and Stories of Doing Physics. Chicago 1995.

Bud, Robert: Wie wir das Leben nutzbar machen. Ursprung und Entwicklung der Biotechnologie. Braunschweig 1995.

Bueno, Otávio: The Drexler-Smalley Debate on Nanotechnology: Incommensurability at Work? In: Schummer/Baird, Nanotechnology Challenges, S. 29-48.

Bührer, Susanne u.a.: Die Kompetenzzentren der Nanotechnologie in der Frühphase der Bundesförderung. Ein Bericht der begleitenden Evaluation. Forschungsbericht für das BMBF. Karlsruhe 2002.

Bundesbericht Forschung 1996, Drucksache 13/4554, 8.5.1996.

Bütterlin, Veit: Die Ökonomie der Nanotechnologie. Tübingen 2007.

Bush, Vannevar: Science, the Endless Frontier. A Report to the President on a Program for Postwar Scientific Research, July 1945. Washington 1945.

Caetano, Catarina: Operationsroboter in Action. Kontroverse Innovationen in der Medizintechnik. Bielefeld 2013.

Capasso, Federico; Cho, Alfred Y.: Bandgab Engineering of Semiconductor Heterostructures by Molecular Beam Epitaxy. Physics and Applications, in: Surface Science 299/300 (1994), S. 878-891.

Caruso, Frank; Caruso Rachel; Möhwald, Helmuth: Nanoengineering of Inorganic and Hybrid Hollow Spheres by Colloidal Templating, In: Science 282 (1998), H. 5391, S. 1111-1114.

Caspar, Steven: Creating Silicon Valley in Europe. Public Policy Towards New Technology Industries. Oxford 2007.

Castells, Manuel; Hall, Peter: Technopoles of the World. The Making of Twenty-First-Century Industrial Complexes. London, New York 1994.

CeNS: Annual Reports (1999-2013), http://www.cens.de/about-cens/annual-reports (zuletzt: 12.9.2014).

Chang, L.L.; Esaki, Leo: Electronic Properties of InAs-GSb Superlattices. In: Surface Science 98 (1980), S. 70-89.

Choi, Hyungsub; Mody, Cyrus: The Long History of Molecular Electronics. The Microelectronics Origins of Nanotechnology. In: Social Studies of Science 39 (2009), H.1, S. 11-50.

Clinton, William Jefferson: President Clinton's Address to Caltech on Science and Technology. White House, Office of the Press Secretary, Washington, DC. (2004). http://resolver.caltech.edu/CaltechCampusPubs:20140227-191407954 [zuletzt: 31.8.2014]

Collett, John Peter: The History of Electronics. From Vacuumtubes to Transistors. In: Krige, John; Pestre, Dominique (Hg.): Companion to Science in the Twentieth Century. New York 2007, S. 253-274.

Corcoran, Elisabeth: Nanotechnik. In: Spektrum der Wissenschaften 1 (1991), S. 76-86.

Corn, Joseph J. (Hg.): Imagining Tomorrow. History, Technology and the American Future. London, Cambridge, MA 1986.

Cuhls, Kerstin; Uhlhorn, Christian; Grupp, Hariolf: Foresight in Science and Technology – Future Challenges of the German S&T System. In: Krull/Meyer-Krahmer, Science, Technology, and Innovation in Germany, S. 63-81.

Decker, Michael; Fiedeler, Ulrich; Fleischer, Torsten: „Ich sehe was, was Du nicht siehst". Zur Definition von Nanotechnologie. In: Technikfolgenabschätzung (2004), H. 2, S. 10-16.

–: Eine Definition von Nanotechnologie: Erster Schritt für ein interdisziplinäres Nanotechnology Assessment. In: Nordmann/Schummer/Schwarz, Nanotechnologien im Kontext, S. 41-46.

De Maria, Michelangelo; Grilli, Mario; Sebastiani, Fabio (Hg.): Proceedings of the International Conference on the Restructuring of the Physical Sciences in Europe and the United States 1945-1960.

Deutinger, Stephan: Vom Agrarland zum High-Tech Staat. Zur Geschichte des Forschungsstandortes Bayern 1945-1990. München 2001.

Deutsche Physikalische Gesellschaft: Physik. Themen, Bedeutung und Perspektiven der Forschung. Ein Bericht an Gesellschaft, Politik und Wirtschaft. Bad Honnef 2001 (3.Aufl).

–: Jahresbericht 1994: Berufsfragen und wissenschaftlicher Nachwuchs. In: Physikalische Blätter 51 (1995), H. 7/8, S. 710-711.

Deutscher Bundestag (Hg.): Drucksache 17/8885 Deutscher Bundestag – 17. Wahlperiode, 6.3.2012: Antwort der Bundesregierung auf die Kleine Anfrage der Abgeordneten Nicole Maisch, Krista Sager, Dorothea Steiner, weiterer Abgeordneter und der Fraktion BÜNDNIS 90/DIE GRÜNEN – Drucksache 17/8658 – Umgang der Bundesregierung mit den Ergebnissen und Empfehlungen der NanoKommission.

Dierig, Sven; Lachmund, Jens; Mendelsohn, J. Andrew (Hg.): Science and the City. Chicago 2003.

Dierkes, Meinolf; von Grote, Claudia (Hg.): Between Understanding and Trust. The Public, Science and Technology. Amsterdam 2000.

Dieterle, Hans: Die Aufholjagd im Kampf um den Chip. Technologiepolitik als Antwort auf die japanische Herausforderung? Konstanz 1991.

Disco, Cornelis; Rip, Arie; van der Meulen, Barend: Technical Innovation and the Universities. Divisions of Labour in Cosmopolitain Technical Regimes. In: Social Sciences Information 31 (1992), S. 465-507.

–: van der Meulen, Barend (Hg.): Getting New Technologies Together. Studies in Making Sociotechnical Order. Berlin 1998.

Dittmer, Wendy U.; Simmel, Friedrich C.: Chains of Semiconductor Nanoparticles templated on DNA. In: Applied Physics Letters 85 (2004) H. 4, S. 633-635.

Dolata, Ulrich: Politische Ökonomie der Gentechnik. Konzernstrategien, Forschungsprogramme, Technologiewettläufe. Berlin 1996.

Dorda, Gerhard: Surface Quantization in Semiconductors. In: Festkörperprobleme 12 (1973) S. 215-239.

–: Piezoresistance in Quantized Conduction Bands in Silicon Inversion Layers. In: Journal of Applied Physics 42 (1971), H. 5, S. 20-53.

Drexler, Eric: Engines of Creation. The Coming Era of Nanotechnology. New York 1986.

–: Peterson, Chris; Pergamit, Gayle: Unbounding the Future: The Nanotechnology Revolution. New York 1991.

–: Nanotechnology: From Feynman to Funding. In: Bulletin of Science, Technology & Society1 (1981), S. 21-27.

Duhr, Stefan; Braun, Dieter: Why Molecules Move along a Temperature Gradient. In: Proceedings of the National Academy of the Sciences. U.S.A. 103, (2006) H. 52, S. 19678-19682.

–: Thermo-Optische Molekülmanipulation. Dissertation LMU-München 2007.

Ebbesen, TW u.a.: Electrical Conductivity of Individual Carbon Nanotubes. In : Nature 382 (1996) H 6586, S. 54-56.

Eckart, Wolfgang U.: Blender, Täuscher, Scharlatane – Betrug in den Wissenschaften. Einführung in das Thema. In: Berichte zur Wissenschaftsgeschichte 27 (2004), S. 89-97.

Eckert, Michael; Osietzki, Maria: Wissenschaft für Macht und Markt. Kernforschung und Mikroelektronik in der Bundesrepublik Deutschland. München 1989.

–: Schubert, Helmut: Kristalle, Elektronen, Transistoren. Von der Gelehrtenstube zur Industrieforschung. Hamburg 1986.

–: Arnold Sommerfeld. Atomtheoretiker und Kulturbote, 1869-1951. Eine Biografie. München 2013.

Edgerton, David: The Shock of the Old. Technology and Global History since 1900. Oxford 2007.

Edwards, Steven A.: The Nanotech Pioneers. Where Are They Taking Us? Weinheim 2006.

Ekimov, Alexey I. u.a.: Absorption and Intensity Dependent Photolumiescence Measurements on CDS Quantum Dots. Assignments of the 1st Electronic-Transitions. In: Journal of the Optical Society of America B-Optical Physics 10 (1993), H. 1, S. 100-107.

Eigler, Don M.; Schweizer, Erhard K.: Positioning Single Atoms with a Scanning tunneling Microscope. In: Nature 344 (1990) H. 6266, S. 524-526.

–; Lutz, Christopher P.; Rudge, William E.: An Atomic Switch Realized With the Scanning Tunneling Microscope. In: Nature 352 (1991), S. 600-603.

Engineering a Small World. From Atomic Manipulation to Microfabrication. In: Science 254 (1991), H. 5036, S. 1300-1342.

Erker, Paul: Forschung und Entwicklung in der Transistortechnologie. Entscheidungszwänge und Handlungsspielräume am Beispiel Siemens und Philips, 1947-1960. In: Technikgeschichte 60 (1993) H. 3, S. 267-284.

Esaki, Leo: Long Journey into Tunneling. Nobel Lecture, December 1, 1973, http://nobelprize.org/nobel_prizes/physics/laureates/1973/esaki-lecture.pdf (zuletzt: 27.5.2014).

–: Tsu, Raphael: Superlattice and Negative Differential Conductivity in Semiconductors. In: IBM Journal of Research and Development 14 (1970), H. 1, S. 61-65.

Etzkowitz, Henry u.a.: The Future of the University and the University of the Future: Evolution of Ivory Tower to Entrepreneurial Paradigm. In: Research Policy 29 (2000), S. 313-330.

Expertenkommission Wissenschaftsland Bayern 2020; Mittelstraß, Jürgen (Vorsitzender): Wissenschaftsland Bayern 2020, März 2005.

Fabricius, Norbert: Status und Perspektiven im Programm Nanotechnologie. In: Nachrichten Forschungszentrum Karlsruhe 37 (2005), H. 2, S.7-11.

Farmelo, Graham: Feynmania. In: Nature 401 (1999), S. 426-427.

Felt, Ulrike: Why Should the Public „Understand" Science? In: Dierkes/von Grote, Between Understanding and Trust, S. 4-26.

Feynman, Richard: Plenty of Room at the Bottom. In: Engineering and Science 23 (1960), S. 22-36.

–: Plenty of Room at the Bottom. In: Gilbert, Horace D. (Hg.): Miniaturization. New York 1961, S. 282-296.

Fleischer, Torsten; Decker, Michael; Fiedeler, Ulrich: Große Aufmerksamkeit für kleine Welten – Nanotechnologie und ihre Folgen. In: Technikfolgenabschätzung, Theorie und Praxis 2 (2004), S. 5-9.

Fiedeler, Ulrich: When does the Co-evolution of Technology and Science Overturn into Technoscience? In: Poiesis and Praxis 8 (2011) H. 2-3, S. 83-101.

Flick, Uwe: Qualitative Sozialforschung. Hamburg 2007.

Forman, Paul: The Primacy of Science in Modernity, of Technology in Postmodernity, and of Ideology in the History of Technology. In: History and Technology 23 (2007), H. 1, S. 1-152.

–: Behind Quantum Electronics: National Security as Basis for Physical Research in the United States, 1940-1960. In: Historical Studies in the Physical and Biological Sciences 18 (1987), S. 149-229.

–: Social Niche and Self-Image of the American Scientist. In: De Maria, Michelangelo; Grilli, Mario; Sebastiani, Fabio (Hg.): Proceedings of the International Conference on the Restructuring of the Physical Sciences in Europe and the United States 1945-1960. Singapore u.a. 1989, S. 96-104.

–: On the Historical Forms of Knowledge Production and Curation: Modernity Entailed Disciplinarity, Postmodernity Entails Antidisciplinarity. In: Osiris 27 (2012) H. 1, S. 56-97.

Forschungszentrum Karlsruhe: Leistungsprofil. Karlsruhe 1996.

Forstner, Christian: Quantenmechanik im Kalten Krieg. Stuttgart 2007.

–; Hoffmann, Dieter (Hg.): Physik im Kalten Krieg. Beiträge zur Physikgeschichte während des Ost-West-Konflikts. Berlin 2013.

Fowler, Alan B. u.a.: Magneto-Oscilery Conductance in Silicon Surfaces. In: Phxsical Review Letter 16 (1966), H. 20, S. 901.

Fraunhofer-Institut für System- und Innovationsforschung: Delphi'98-Umfrage. Studie zur globalen Entwicklung von Wissenschaft und Technik (im Auftrag des BMBF). Karlsruhe 1998.

Fraunholz, Uwe; Woschech, Anke (Hg.): Technology Fiction. Technische Utopien in der Hochmoderne. Bielefeld 2012.

–; Hänseroth, Thomas: Transzendierungen von Wissenschaft und Technik im Systemwettstreit. Innovationskulturen im deutsch-deutschen Vergleich. In: Fraunholz, Uwe; Hänseroth, Thomas: Ungleiche Pfade. Innovationskulturen im deutsch-deutschen Vergleich. Göttingen 2012, S. 9-26.

Freeman, Chris: The National System of Innovation in Historical Perspective. In: Cambridge Journal of Economics 19 (1995), S. 5-24.

Fulton, Theodore A.; Dolan, Gerald J.: Observation of Single-electron Charging Effects in Small Tunnel Junctions. In: Physical Review Letters 59 (1987), S. 109-112.

Galison, Peter: Image and Logic. A Material Culture of Microphysics. Chicago 1997.

Gall, Alexander: Deutsche Silicon Valleys? Mikroelektronische Forschung in der Fraunhofer-Gesellschaft und die Forschungspolitik der Bundesländer in den 1980er Jahren. Arbeitspapier. München 1999.

–: Von „IBM“ zur „Silicon Valley“. Leitbilder der Forschungspolitik zur Mikroelektronik in den siebziger und achtziger Jahren. In: Ritter/Szöllösi-Janze/Trischler, Antworten auf die amerikanische Herausforderung, S. 135-155.

Gammel, Stefan; Ferrari, Arianna (Hg.): Visionen der Nanotechnologie – Zur (Selbst-)Fiktionalisierung der Wissenschaft. Heidelberg 2009.

Gaskell, George; Bauer, Martin W. (Hg.): Biotechnology. 1996-2000. The Years of Controversy. London 2001.

Gaub, Hermann E.; Hugel, Thorsten; Seitz, Markus: Ein lichtgetriebener Molekülmotor. In: Spektrum der Wissenschaft 10 (2002), S. 14.

Geist, Dietrich; Landwehr, Gottfried; Queisser, Hans-Joachim: Denkschrift zum gegenwärtigen Rückstand der Halbleiter-Physik in der Bundesrepublik, 1966.

Gerber, Christoph u.a.: Scanning Tunneling Microscope Combined with a Scanning Electron Microscope. In: Rev. Sci. Instrum. 57 (1986) H. 2, S. 221-224.

Gerybadze, Alexander; Meyer-Krahmer, Frieder; Reger, Guido: Globales Management von Forschung und Innovation. Stuttgart 1997.

Gibbons, Michael u.a.: The New Production of Knowledge. London 1994.

–; Nowotny, Helga: The Potential of Transdisciplinarity. In: Thompson-Klein, Julie u.a. (Hg.): Transdisciplinarity. Joint Problem Solving Among Science, Technology, and Society. Basel u.a. 2001, S. 67-80.

Gieryn, Thomas F.: City as Truth Spot. Laboratories and Field-Sites in Urban Studies. In: Social Studies of Science, 2006, H. 1, S. 5-38.

Giesecke, Susanne: Wandel in der deutschen Biotechnologie-Politik: Ist der Staat lernfähig? In: Abele/Barkleit/Hänseroth, Innovationskulturen und Fortschrittserwartungen im geteilten Deutschland, S. 165-192.

–; Reutter, Werner: Von der Forschungs- zur Innovationspolitik. Das Beispiel der Mikrosystemtechnik und aktuelle Herausforderungen an das deutsche Innovationssystem durch die Konvergenz der Spitzentechnologien. In: Weingart/Taubert: Das Wissensministerium, S. 115-143.

Gläser, Jochen u.a.: Einleitung: Heterogene Kooperation. In: Strübing u.a., Kooperation im Niemandsland, S. 7-26.

–; Laudel, Grit: Expertentinterviews und qualitative Inhaltsanalyse (3. Aufl.). Wiesbaden 2009.

Gleiter, Herbert: Nanocrystallin Materials. In: Progress in Materials Science 33 (1989) (4), S. 223-315.

Gobrecht, Jens: Rückblick auf die Entstehungsgeschichte der Nanotechnologie. In: Oesterreicher, Highlights aus der Nano-Welt, S. 12-31.

Gossner, Harald: Quanten- und Gedankensprünge. Ein Interview mit Gerhard Dorda. In: Scriptum. Historic Archive (April 2008), http://www.unibw.de/eit9/aktuell/ha-scriptum-2008-04-28-1.pdf (zuletzt: 27.5.2014), S. 1-3.

Graves, Lucas: 15th Anniversary: Why the Future Still Needs Us a While Longer. In: Wired, 24.3.2008, http://archive.wired.com/techbiz/media/magazine/16-04/st_15joy (zuletzt: 16.07.2014).

Grimm, Vera: Nanotechnologie: Innovationsmotor für den Standort Deutschland. Baden-Baden 2011.

Grunwald, Armin: Nanotechnologie als Chiffre der Zukunft. In: Nordmann/Schummer/Schwarz, Nanotechnologien im Kontext, S. 49-80.

Grupp, Hariolf (Hg.): Technologie am Beginn des 21. Jahrhunderts. Heidelberg 1993.

–: Der Delphi-Report. Innovationen für unsere Zukunft. Stuttgart 1995.

–: u.a.: Knowledge Intensive and Resource Concerned Structures: Strength and Weaknesses of High-Technology in Germany. In: Krull/Meyer-Krahmer, Science, Technology, and Innovation in Germany, S. 46-62.

–: Dominguez-Lacasa, Iciar; Friedrich-Nishio, Monika: Das deutsche Innovationssystem seit der Reichsgründung. Indikatoren einer nationalen Wissenschafts- und Technikgeschichte in unterschiedlichen Regierungs- und Gebietsstrukturen. Heidelberg 2002.

Grüttner, Michael u.a. (Hg.): Gebrochene Wissenschaftskulturen. Universität und Politik im 20. Jahrhundert. Göttingen 2010.

Guckenberger, Reinhard u.a.: A Scanning Tunneling Microscope (STM) for Biological Applications. Design and PerformanceA Scanning Tunneling Microscope (STM) for Biological Applications. Design and Performance. In: Ultramicroscopy 25 (1988), H. 2, S. 111-121.

–; u.a.: The Use of STM for Biological Purposes, in: Ultramicroscopy, 31 (1989), H. 4, S. 465.

Guston, David H.: Between Science and Politics. Assuring the Productivity and Integrity of Research. Cambridge 2000.

Hack, Lothar: Technologietransfer und Wissenstransformation. Zur Globalisierung der Forschungsorganisation von Siemens. Münster 1998.

Hacking, Ian: Another New World Is Being Constructed Right Now: The Ultracold. In: Max-Planck-Institut für Wissenschaftsgeschichte: The Shape of Experiments. Berlin 2005, S. 15-45. http://www.mpiwg-berlin.mpg.de/Preprints/P318.PDF [zuletzt: 25.8.2014].

–: Representing and Intervening. Introductory Topics in the Philosophy of Natural Science. Cambridge, MA 1983.

Hampel, Jürgen: Die europäische Öffentlichkeit und die Gentechnik. Einstellungen zur Gentechnik im Internationalen Vergleich. Stuttgart 2000.

Handel, Kai Christian: Anfänge der Halbleiterforschung und Entwicklung. Dargestellt an den Biographien von vier deutschen Halbleiterpionieren. Diss. Technische Hochschule Aachen, 1999.

Hård, Mikael; Misa, Thomas J. (Hg.): Urban Machinery. Inside Modern European Cities. Cambridge, MA 2008.

Haslinger, Julia; Hocke, Peter; Hauser, Christiane: Ausgewogene Wissenschaftsberichterstattung der Qualitätspresse? Eine Inhaltsanalyse zur Nanoberichterstattung in repräsentativen Medien Österreichs, Deutschlands und der Schweiz. In: Gazsó, André; Haslinger, Julia (Hg.): Nano Risiko Governance. Der gesellschaftliche Umgang mit Nanotechnologien. Wien u.a. 2014, S. 283-310.

Heckl,Wolfgang M.: Vom Nutzen der allerkleinsten Teilchen für unser Leben. Es gibt keinen Grund, sich vor der Nanowelt zu fürchten. In: Schirrmacher, Darwin AG, S. 204-212.

–: Das Unsichtbare sichtbar machen – Nanowissenschaften als Schlüsseltechnologie des 21. Jahrhunderts. In: Maar, Christa; Burda, Hubert (Hg.): Iconic Turn. Die neue Macht der Bilder. Köln 2004, S. 136-139.

–: Scanning the Thread of Life. DNA under the Microscope. In: Fischer, Ernst Peter; Klose, Sigmar (Hg.): The Diagnostic Challenge. The Human Genome. München, Zürich 1995, S. 99-146.

–; u.a.: Chiral Symmetry Breaking During the Self-Assembly of Monolayers from Achiral Purine Molecules. In Journal of Molecular Evolution 43 (1996), S. 419-424.

–; u.a.: Self-programmable, Self-assembling, Two dimensional Genetic Matter. In: Origins of Life and Evolution of the Biosphere 30 (2000), S.81–99.

–; u.a.: Differential Adsorption of Nucleic Acid Bases. Relevance to the Origin of Life. In Proceedings of the National Academy of Sciences 2001; 98(3), S. 820–822.

–: Molecular Self-Assembly and Nanomanipulation – Two Key Technologies in Nanoscience and Templating. In: Advanced Engineering Materials (2005), H. 10, S. 843-847.

–: Faszination und Zukunfstgedanken. Interview mit Marianne Oesterreicher. In: Oesterreicher, Highlights aus der Nano-Welt, S. 187-208.

Heim, Manfred u.a.: Scanning Tunneling Microscopy of Insulators and Biological Specimens Based on Lateral Conductivity of Ultrathin Water Films. In: Science 266 (1994), S. 1538-1540.

Heinze, Thomas: Die Kopplung von Wissenschaft und Wirtschaft. Das Beispiel der Nanotechnologie. Frankfurt, New York 2006.

–: Bauer, Gerrit: Characterizing Creative Scientists in Nano-S&T: Productivity, Multidisciplinarity, and Network Brokerage in a Longitudinal Perspective. In: Scientometrics (2007), H. 3, S. 811-830.

Hennig, Jochen: Das Rastertunnelmikroskop – von der Störstellanalyse zum Nanowerkzeug. In: Physik in unserer Zeit (2004), H. 5, S. 246-247.

–: Changes in the Design of Scanning Tunneling Microscopic Images from 1980 to 1990. In: Techné: Research in Philosophy and Technology 8 (2004), H. 2, http://scholar.lib.vt.edu/ejournals/SPT/v8n2/hennig.html (zuletzt: 4.6.2014).

–: Lokale Bilder in globalen Kontroversen: Die heterogenen Bildwelten der Rastertunnelmikroskopie. In: Hinterwaldner, Inge; Buschaus, Markus (Hg.): The Picture's Image. Wissenschaftliche Visualisierung als Komposit. München 2006, S. 243-259.

–: Bildpraxis. Visuelle Strategien in der frühen Nanotechnologie. Bielefeld 2009.

Hentschel, Klaus (Hg.): Zur Geschichte von Forschungstechnologien. Generizität, Interstitialität & Transfer. Diepholz u.a. 2012.

Hermann, Hans; Herzer, Heinz; Sirtl; Erhard: Modern Silicon Technology. In: Advances in Solid State Physics 15 (1975), S. 279-316.

Herrmann,Wolfgang A. (Hg.): Technische Universität München. Die Geschichte eines Wissenschaftsunternehmens. München 2006.

Hessels, Laurens K.; van Lente, Harro: Re-thinking New Knowledge Production. A Literature Review and Research Agenda. In: Research Policy (2008), S. 740-760.

Hessenbruch, Arne: Nanotechnology and the Negotiation of Novelty. In: Baird/Nordmann/Schummer, Discovering the Nanoscale, S. 135-144.

Heßler, Martina: Stadt als innovatives Milieu – Ein transdisziplinärer Forschungsansatz. In: Neue Politische Literatur (2002), S. 193-223.

–: Vernetzte Wissensräume. Zur Bedeutung von Orten in einer vernetzten Welt. In: Technikgeschichte (2003), H. 4, S. 235-255.

–: Bilder zwischen Kunst und Wissenschaft. Neue Herausforderungen für die Forschung. In: Geschichte und Gesellschaft 31 (2005), S. 266-292.

–: Konstruierte Sichtbarkeiten. Wissenschafts- und Technikbilder seit der Frühen Neuzeit. München 2006.

–: Die kreative Stadt. Zur Neuerfindung eines Topos. Bielefeld 2007.

–: Die „Mona Lisa der modernen Wissenschaften". Die Doppelhelix-Struktur als kulturelle Ikone. In: Gall, Konstruieren, kommunizieren, präsentieren, S. 291-351.

Hilpert, Hanns Günther u.a.: Wirtschafts- und Technologiepolitik und ihre Auswirkung auf den internationalen Wettbewerb. Berlin 1994.

Hinze, Thomas; Sturm, Monika: Rechnen mit DNA. Eine Einführung in Theorie und Praxis. München, Wien 2004.

Hippel, Arthur R. von: Molecular Science and Molecular Engineering. New York, London 1959.

Hippel, Eric A. von: The Dominant Role of Users in the Scientific Instrument Innovation Process. Research Policy 5 (1976), H. 3, S. 212-239.

–: The Sources of Innovation. New York, Oxford 1988.

–: The Impact of Scientific and Commercial Values on the Sources of Scientific Instrument Innovation. In: Research Policy 23 (1994) H. 4, S. 459-469.

Hix, Paul; Schüßler, Peter; Trixler, Frank: Kommunikation des Forschungsalltags: Das Gläserne Labor im Deutschen Museum. In: Dernbach, Beatrice; Kleinert, Christian; Münder, Herbert (Hg.): Handbuch Wissenschaftskommunikation. Wiesbaden 2012, S. 133-140.

Hoddeson, Lillian u.a. (Hg.): Out of the Crystal Maze. Chapters from the History of Solid State Physics. New York, Oxford 1992.

–: Solid State Science. In: Krige, John; Pestre, Dominique (Hg.): Science in the Twentieth Century. Amsterdam 1997, S. 585-598.

–: Riordan, Michael: Crystal Fire. The Birth of the Information Age. New York 1997.

Hoefflinger, Bernd: From Microelectronics to Nanoelectronics, in: Hoefflinger, Bernd (Hg.): Chips 2020. The Frontiers Collection. Berlin, Heidelberg 2012, S. 32-33.

Hoeneisen, Bruce; Mead, Carver A.: Fundamental Limitations in Microelectronics – I. MOS Technology. In: Solid State Electronics 15 (1972), S. 819-829.

Hofknecht, Andreas: Elektronik der Zukunft. Mini Delphi – Technikanalyse. Düsseldorf 2003.

Holtmannspötter, Dirk u.a.: Aktuelle Technologieprognosen im internationalen Vergleich. Übersichtsstudie. (VDI-Technologiezentrum im Auftrag des BMBF).

Hounshell, David: The Evolution of Industrial Research. In: Rosenbloom, Richard S.; Spencer, William J. (Hg.): Engines of Innovation: U.S. Industrial Research at the End of an Era. Boston 1996, S. 13-85.

–: The Cold War, RAND, and the Generation of Knowledge, 1946-1962. In: Historical Studies in the Physical and Biological Sciences 27 (2007), S. 237-267.

House of Representatives Committee on Science (Hg.): Nanotechnology: The State of Nano-Science and Its Prospects for the Next Decade. Washington DC 1999.

Howell, Thomas R. u.a.: The Microelectronics Race. The Impact of Government Policy on International Competition. Boulder, London 1988.

Huizinga, Johan: Homo ludens. Vom Ursprung der Kultur im Spiel. Reinbek 2009.

Irrgang, Bernhard: Von der Mendelgenetik zur synthetischen Biologie. Epistemologie der Laboratoriumspraxis Biotechnologie. Dresden 2003.

Irvine, John; Martin, Ben R.: Foresight in Science. Picking the Winners. London u.a. 1984.

Ishiguro, Takehiko: Research Misconduct in Cutting-Edge Material Physics and Electronics at the Beginning of the 21st Century. In: Historiascientiarum 16 (2006), S. 41-61.

Jamison, Andrew: To Foster a Hybrid Imagination. Science and the Humanities in a Commercial Age. In: NTM Zeitschrift für Geschichte der Wissenschaften, Technik und Medizin 16 (2008), S. 119-125.

Joerges, Bernward; Shinn, Terry: A Fresh Look at Instrumentation. An Introduction. In: Joerges, Bernward; Shinn, Terry (Hg.): Instrumentation between Science, State and Industry. Dordrecht 2001, S. 1-13 (Sociology of the Sciences Yearbook, Bd. 22).

Johnson, Ann: The End of Pure Science? Science Policy from Bayh-Dole to the National Nanotechnology Initiative. In: Nordmann/Schummer/Baird, Discovering the Nanoscale, S. 217-230.

Johnston, Bob: Japan Builds on Global Lead in Nanotechnology. In: Nature 371 (1994), S. 276.

Joy, Bill: Why the Future Doesn't Need Us. In: Wired 8 (2004), http://archive.wired.com/wired/archive/8.04/joy_pr.html (zuletzt: 4.6.2014).

Jungert, Michael u.a.(Hg): Interdisziplinarität. Theorie, Praxis, Probleme. Darmstadt 2010.

Junk, Andreas; Riess, Falk: From an Idea to a Vision: There's Plenty of Room at the Bottom. In: American Journal of Physics 74 (2006), H. 9, S. 825-830.

Kaiser, David: Notes toward a Nanotech Timeline. OSTI Working Paper 6-06-001, 5.6. 2006.

Kaiser, Walter: Die Technisierung des Lebens seit 1945. In: Braun, Hans-Joachim; Kaiser, Walter: Energiewirtschaft, Automatisierung, Information seit 1945. (=Propyläen Technikgeeschichte, Bd. 5), S. 283-529.

Kamp, Michael: Die Geschichte der Physik an der Ludwig-Maximilians-Universität München. München 2002.

Kehrt, Christian; Schüßler, Peter: „Ois is nano". Nanowissenschaftliche Forschungskontexte in historischer und soziologischer Perspektive. In: Kultur und Technik 1 (2010), S. 22-24.

–; Schüßler, Peter; Weitze, Marc-Denis (Hg.): Neue Technologien in der Gesellschaft. Akteure, Erwartungen, Kontroversen und Konjunkturen. Bielefeld 2011.

–; Schüßler, Peter; Weitze, Marc-Denis: Einleitung. Neue Technologien in der Gesellschaft. In: Kehrt/Schüßler/Weitze, Neue Technologien in der Gesellschaft, S. 12-25.

–: Mit Molekülen spielen. Die Nanotechnologie als forschungspolitische Strategie der universitären Grundlagenforschung. In: Kehrt/Schüßler/Weitze, Neue Technolgien in der Gesellschaft, S. 317-334.

–; Schüßler, Peter: „Nanoscience is 100 Years Old". The Defensive Appropriation of the Nanotechnology Discourse within the Disciplinary Boundaries of Crystallography. In: Kaiser, Mario u.a. (Hg.): Governing Future Technologies. Nanotechnology and the Rise of an Assessment Regime. Dordrecht 2011 (Sociology of the Sciences Yearbook, Bd. 27), S. 37-56.

–: From Do-it-yourself Quantum Mechanics to Nanotechnology? The History of Experimental Semiconductor Physics, 1970-2000. In: Katzir, Shaul; Lehner, Christopher (Hg.): Proceedings of the Third International Conference on the History of Quantum Mechanics, MPI. Berlin 2013, S. 309-340.

Kelly, Kevin: Out of Control. The New Biology of Machines, Social Systems and the Ecnomic World. Reading, Mass. 1994.

Kepplinger, Hans Mathias: Künstliche Horizonte. Folgen, Darstellung und Akzeptanz von Technik in der Bundesrepublik Deutschland. Frankfurt, New York 1989.

Klitzing, Klaus von: The Quantized Hall Effect. In: Review of Modern Physics. 58 (1986), H. 3, S. 519-531.

–: Dorda, Gerhard; Pepper, Michael: New Method for High Accuracy Determination of the Fine Structure Constant Based on Quantized Hall Resistance. In: Physical Review Letters 45 (1980), H. 6, S. 494-497.

–: Foreword. Some Remarks on the Discovery of the Quantum Hall Effect. In: Prange/Girvin, The Quantum Hall Effect, S. v-vi.

Klocke, Björn: Unternehmens- und Netzwerkentwicklung in High-Tech-Sektoren. Wiesbaden, Berlin 2004.

Knorr-Cetina, Karin: Die Fabrikation von Erkenntnis. Zur Anthropologie der Naturwissenschaft. Frankfurt 1991.

–: Wissenskulturen. Ein Vergleich naturwissenschaftlicher Wissensformen. Frankfurt 2002.

Koch, J. Frederick: The Dynamics of Conduction Electrons in Surface Space Charge Layers. In: Festkörperprobleme 15 (1975), S. 79-112.

–; Stradling, Robert A.; Kip, Arthur F.: Some New Aspects of Cyclotron Resonance in Copper, in: Physical Review A 133 (1964), S. 240.

König, Wolfgang: Retrospective Technology Assessment – Technikbewertung im Rückblick. In: Technikgeschichte 51 (1984), H. 4, S. 243-275.

Konrad, Kornelia: Prägende Erwartungen. Szenarien als Schrittmacher der Technikentwicklung. Berlin 2004.

–: Brennstoffzellen zwischen Euphorie und Ernüchterung, in: Kehrt/Schüßler/Weitze, Neue Technolgien in der Gesellschaft, S. 155-175.

Kostoff, Ronald N. u.a.: Global Nanotechnology Research Metrics. In: Scientometrics 70 (2007), H. 3, S. 565-601.

Kotthaus, Jörg: Aufbruch in den Nanokosmos. In: Deutsches Museum (Hg.): Von Zwergen und Quanten – Struktur und Technik des Kleinsten. München 2002 (Deutsches Museum Wissenschaft für jedermann, Bd. 2), S. 92-111.

Kragh, Helge: Quantum Generations. A History of Physics in the Twentieth Century. Princeton 1999.

Kramer, Bernhard: Preface. In: Advances in Solid State Physics 45 (2005), H. 1.

Kraus, Elisabeth (Hg.): Die Universität München im Dritten Reich. Aufsätze Teil 1. München 2008. (Beiträge zur Geschichte der LMU, Bd. 1).

Kreibeich, Rolf: Zukunftsforschung in der Bundesrepublik Deutschland. In: Kreibeich, Rolf; Canzler, Weert; Burmeister, Klaus: Zukunftsforschung und Politik in Deutschland, Frankreich und der Schweiz. Weinheim 1991, S. 60-98.

Krömer, Herbert: Nano-whatever. Do we really know where we are heading? In: Physica Status Solidi (a), 202 (2005), H. 6, S. 957-964.

Krücken, Georg; Meier, Frank: „Wir sind alle überzeugte Netzwerktäter". Netzwerke als Formalstruktur und Mythos der Innovationsgesellschaft. In: Soziale Welt 54 (2003), S. 71-91.

–: Towards a Multiversity? Universities Between Global Trends and National Traditions. In: Krücken, Georg; Kosmützky, Anna; Torka, Marc (Hg.): Towards a Multiversity? Universities Between Global Trends and National Traditions. Bielefeld 2007, S. 7-16.

Krull, Wilhelm; Meyer-Krahmer, Frieder (Hg.): Science, Technology, and Innovation in Germany – Changes and Challenges in the 1990s. London 1996.

Kurath, Monika; Maasen, Sabine: Disziplinäre Identitätsbildung neu gedacht: Toxikologie als Nanowissenschaft? In: Nordmann/Schummer/Schwarz, Nanotechnologien im Kontext, S. 397-418.

Landeshauptstadt München, Referat für Wirtschaft und Arbeit, http://www.wirtschaft-muenchen.de/publikationen/pdfs/Stadt_des_Wissens_2005.pdf [Zuletzt 28.8.2014]

Landwehr, Gottfried: Quantum Transport in Silicon Inversion Layers. In: Advances in Solid State Physics 15 (1975), S. 49-77.

–: The Quantum Hall Effect. After 20 Years Still a Challenge for Theory and Experiment. In: Advances in Solid State Physics, 40 (2000), S. 10-11.

–: 25 Years Quantum Hall Effect. How it All Came About. In: Physica E 20 (2003), S. 1-13.

Lasi, Margherita u.a.: Drei Zugänge zur Wissenschaft – Die Schülerlabore im Zentrum Neue Technologien. Schul Verwaltung 5 (2012), H. 35, S. 139-141.

Latour, Bruno; Woolgar, Steve: Laboratory Life. The Construction of Scientific Facts. Princeton 1986.

–: Science in Action. How to Follow Scientists and Engineers Through Society. Milton Keynes 1987.

Lawrence, Roderick J.; Després, Carpole: Futures of Transdisciplinarity. In: Futures 36 (2004), H. 4, Special Issue Transdisciplinarity.

Lebold, Timo u.a.: Tuning Single-Molecule Dynamics in Functionalized Mesoporous Silica: In: Chemistry. A European Journal 15 (2009), S. 1661-1672.

Lécuyer, Christophe: Making Silicon Valley. Innovation and Growth of High Tech. 1930-1970. Cambridge, MA. 2006.

Lem, Stanislaw: Also sprach Golem. Frankfurt 2014.

Lente, Harro van: Promising Technology. The Dynamics of Expectations in Technological Development. Delft 1993.

–; Rip, Arie: Expectations in Technological Development. An Example of Prospective Structures To Be Filled In With Agency. In: Disco/van der Meulen, Getting New Technologies Together, S. 195-220.

Lerf, Anton: Nano-Bio-Technologie. Eine Revolution? Ansichten eines Chemikers. In: Busch, Roger J. (Hg.): Nano(Bio)Technologie im öffentlichen Diskurs. München 2008, S. 20-42.

Lewenstein, Bruce: Introduction. Nanotechnology and the Public. In: Science Communication 27 (2005), H. 2, S. 169-174.

–; Radin, Joana; Diels, Janie: Nanotechnology in the Media. A Preliminary Analysis. In: Roco, Mihail C.; Bainbridge, Wiliam S. (Hg.): Nanotechnology: Societal Implications II. New York 2007, S. 258-265.

Liedl, Tim: Towards autonomous DNA-based Nanodevices. Dissertation, LMU München 2007, Fakultät für Physik, http://edoc.ub.uni-muenchen.de/6961/1/liedl_tim.pdf (zuletzt: 25.10.2014).

Lieven, Oliver; Maasen, Sabine: Transdiciplinarity. A New Mode of Governing Science? In: Science and Public Policy 33 (2006), H. 6, S. 399-410.

–: Transdisziplinäre Forschung: Vorbote eines ‚New Deal' zwischen Wissenschaft und Gesellschaft. In: GAIA. Ökologische Perspektiven für Wissenschaft und Gesellschaft 16 (2007), H. 1, S. 35-40.

Livingstone, David: Putting Science in its Place. Geographies of Scientific Knowledge. Chicago 2003.

Leydesdorff, Loet; Zhou, Phing: Nanotechnology as a Field of Science: Its Delineation in Terms of Journals and Patents. In: Scientometrics (2007), H. 3, S. 693-713.

LIGA: Von der Trenndüse zu Zahnrädern für Luxusuhren. In: Bacher, Andreas; Saile, Volker: IMT: NACHRICHTEN – Forschungszentrum Karlsruhe 38 (2006) H. 1/2, S. 84.

Lojek, Bo: History of Semiconductor Engineering. Berlin u.a. 2007.

Lösch, Andreas: Antizipationen nanotechnischer Zukünfte: Visionäre Bilder als Kommunikationsmedien In: Nordmann/Schummer/Schwarz, Nanotechnologien im Kontext, 2006, S. 223-242.

–: Visuelle Defuturisierung und Ökonomisierung populärer Diskurse zur Nanotechnologie. In: Hüppauf/Weingart, Frosch und Frankenstein, S. 255-280.

–: Visual Dynamics. The Defuturization of the Popular „Nano-Discourse" as an Effect of Increasing Economization, In: Maasen u.a., Deliberating Future Technologies, S. 89-108.

Ludwig-Maximilians-Universität München (Hg.): LMU 2020. Optimierungskonzept der Ludwig-Maximilians-Universität München, 13.5.2005.

Lüth, Hans: Halbleiterheterostrukturen: Große Möglichkeiten für die Mikroelektronik und die Grundlagenforschung. In: Gleiter, Herbert; Lüth, Hans (Hg.): Nordrhein-Westfälische Akademie der Wissenschaften. Natur-, Ingenieur- und Wirtschaftswissenschaften. Vorträge N 400. Opladen 1993, S. 45-74.

–; Ibach, Harald: Festkörperphysik. Einführung in die Grundlagen (7. Aufl). Berlin u.a. 2009.

Maasen, Sabine; u.a.: Practices of Transdiciplinary Research. Closer Encounters of Science and Society. Introduction. In: Science and Public Policy 33 (2006), H. 6, S. 394-398.

–; u.a. (Hg.): Deliberating Future Technologies. Identity, Ethics, and Governance of Nanotechnology. Heidelberg u.a. 2010 (Sociology of the Sciences Yearbook, Bd. 27).

McCray, Patrick: Will Small Be Beautiful? Making Policies for our Nanotech Future. In: History and Technology (2006), H. 2, S. 177-203.

–: MBE Deserves a Place in the History Books. In: Nature Nanotechnology 2 (2007), H. 5, S. 259-261.

Maier, Helmut (Hg.): Gemeinschaftsforschung, Bevollmächtigte und der Wissenstransfer. Die Rolle der Kaiser-Wilhelm-Gesellschaft im System kriegsrelevanter Forschung des Nationalsozialismus (= Geschichte der Kaiser-Wilhelm-Gesellschaft im Nationalsozialismus 17). Göttingen 2007.

–: Forschung als Waffe. Rüstungsforschung in der Kaiser-Wilhelm-Gesellschaft und das Kaiser-Wilhelm-Institut für Metallforschung 1900 bis 1945/48 (= Geschichte der Kaiser-Wilhelm-Gesellschaft im Nationalsozialismus 16). Göttingen 2007.

Malerba, Franco: The Semiconductor Business. The Economics of Rapid Growth and Decline. Wisconsin 1985.

Mansoori, Ali G. u.a. (Hg.): Molecular Building Blocks for Nanotechnology: From Diamondoids to Nanoscale. Dordrecht u.a. 2007.

Marcinkowski, Frank u.a.: Risikowahrnehmung beim Thema Nanotechnologie – Analyse der Medienberichterstattung (BfR Bundesinstitut für Risikoforschung). Berlin 2008.

Marschall, Luitgard: Im Schatten der chemischen Synthese. Industrielle Biotechnologie in Deutschland (1900-1970). Frankfurt, New York 2000.

Martin, Ben R.: The Origins of the Concept of ‚Foresight' in Science and Technology. An Insider's Perspective. In: Technological Forecasting & Social Change 77 (2010), S. 1438-1447.

–; Irvine, John: Assessing Basic Research. Some Partial Indicators of Scientific Progress in Radio Astronomy. In: Research Policy 12 (1983), S. 62

–; Etzkowitz, Henry: The Origin and Evolution of the University Species, SPRU Science and Technology Policy Research, Paper Nr. 59 (2000), S. 1-25.

Mast, Christof; Möller, Friederike M.; Brau, Dieter: Lebendiges Nichtgleichgewicht. Unter welchen physikalischen Randbedingungen kann Leben entstehen? In: Physik Journal 12 (2013), H. 10, S. 29-35.

Mayntz, Renate: Förderung und Unabhängigkeit der Grundlagenforschung im internationalen Vergleich. In: Forscher und Forschungspolitik: Der Beitrag der Forscher zur forschungspolitischen Diskussion, Symposion der Max-Planck-Gesellschaft Schloß Ringberg/Tegernsee, Leviathan Sonderheft 20 (2001). (Max-Planck-Gesellschaft, Berichte und Mitteilungen).

Mead, Carver A.: Scaling MOS Technology to Submicrometer Feature Sizes. In: Analog Integrated Circuits and Signal Processing 6 (1994), S. 9-25.

Meier, Gerhard; Sackmann, Erich; Grabmeier, J.G. (Hg.): Applications of Liquid Crystals. Berlin u.a. 1975.

Merkle, Ralph C.: Schwerter zu Nanowaffen. In: Schirrmacher, Darwin AG, S. 181-189.

Meyer, Martin: Nanotechnology – Interdisciplinarity, Patterns of Collaboration and Differences in Application. In: Scientometrics (1998), H. 2, S. 195-205.

–: Patent Citations in a Novel Field of Technology – What Can They Tell About Interactions between Emerging Communities of Science and Technology? In: Scientometrics (2000), H. 2, S. 151-178.

–: The Emergence of Developer Communities in a Novel Field of Technology: Nanotechnology as a Case of Mode 2 Knowledge Production? In: Bender, Neue Formen der Wissensproduktion, S. 147-162.

Milburn, Colin: Nanotechnology in the Age of Posthuman Engineering: Science Fiction and Science. In: Hayles, N. Katherine (Hg.): Nanoculture. Implications of the New Technoscience. Bristol, Portland 2004, S. 109-129.

Mimura, Takashi u.a.: HEMT Technology. Potentials and Advances. In : Surface Science 174 (1986), S. 343-351.

–: The Early History of the High Electron Mobility Transistor (HEMT). In: IEEE Transactions on Microwave Theory and Techniques, 50 (2002), H. 3, S. 780-782.

Mittelstraß, Jürgen: Coping with Crisis. The German Universities. Their Future Role in Teaching and Research. In: Krull/Meyer-Krahmer, Science, Technology, and Innovation in Germany, S. 101-110.

–: Transdisziplinarität. Wissenschaftliche Zukunft und institutionelle Wirklichkeit. Konstanz 2003 (Konstanzer Universitätsreden, Bd. 214).

–: Transdisziplinarität oder: von der schwachen zur starken Transdisziplinarität. In: Gegenworte. (2012) H. 28, S. 11-13.

Mody, Cyrus C. M.: Crafting the Tools of Knowledge. The Invention, Spread and Commercialization of Probe Microscopy, 1960-2000. Diss. Cornell University Ithaca, 2004.

–: How Probe Microscopists Became Nanotechnologists. In: Baird/Nordmann/Schummer, Nanotechnologien im Kontext, S. 119-133.

–: Corporations, Universities, and Instrumental Communities. Commercializing Probe Microscopy, 1981-1996. In: Technology and Culture (2006), H. 1; S. 56-80.

–: Instrumental Community. Probe Microscopy and the Path to Nanotechnology. Cambridge, MA 2011.

Morris, Peter R.: History of the World Semiconductor Industry. London 1990.

Müller, Falk: Zwischen Bilderbuch und Messgerät: Der Elektronenoptische Blick auf die Realstruktur von Festkörpern. In: Heßler, Konstruierte Sichtbarkeiten, S. 75-98.

Münch, Richard: Die akademische Elite. Zur sozialen Konstruktion wissenschaftlicher Exzellenz. Frankfurt 2007.

–: Akademischer Kapitalismus. Frankfurt 2011.

Muzio, Marta. u.a.: FLICE, a novel FADD-homologous ICE/CED-3-like protease, is Recruited to the CD95 (Fas/APO-1) Death-inducing signaling complex. In: Cell 85 (1996), H. 6, S. 817-827.

Myers, Greg: The Double Helix as Icon. In: Science as Culture 1 (1990), H. 1, S. 49-72.

NNI: Supplement to the President's 2015 Budget, http://www.nano.gov/node/1128 (zuletzt: 15.9.2014).

Nikolow, Sybilla; Schirrmacher, Arne: Das Verhältnis von Wissenschaft und Öffentlichkeit als Beziehungsgeschichte. Historiographische und systematische Perspektiven. In: NikolowSchirrmacher, Wissenschaft und Öffentlichkeit, S. 11-38.

Nikolow, Sybilla; Schirrmacher, Arne: Wissenschaft und Öffentlichkeit als Ressourcen füreinander. Studien zur Wissenschaftsgeschichte im 20. Jahrhundert. Frankfurt a.M., New York 2007

–; Bluma, Lars (Hg.): Bilder zwischen Öffentlichkeit und wissenschaftlicher Praxis. Neue Perspektiven für die Geschichte der Medizin, Naturwissenschaften und Technik. In: NTM Zeitschrift für Geschichte der Wissenschaften, Technik und Medizin 2002 10 (2002), H. 4, S. 201-208.

Noelle-Neumann, Elisabeth: Foreword. In: Dierkes/von Grote, Between Understanding and Trust, S. viii-ix.

Nordmann, Alfred: Shaping the World Atom by Atom. Eine nanowissenschaftliche Weltbildanalyse. In: Grunwald, Armin (Hg.): Technikgestaltung zwischen Wunsch und Wirklichkeit. Berlin u.a. 2003, S. 191-199.

–: Was ist TechnoWissenschaft? Zum Wandel der Wissenschaftskultur am Beispiel von Nanoforschung und Bionik. In: Rossmann, Torsten; Tropea, Cameron (Hg.): Bionik. Aktuelle Forschungsergebnisse in Natur-, Ingenieur- und Geisteswissenschaften. Heidelberg u.a. 2005, S. 209-218.

–: Die Welt als Baukastensystem. Denkmuster hinter der Nanotechnologie. In: Politische Ökologie 101 (2006), H. 9, S. 20-23.

–; Schummer, Joachim; Schwarz, Astrid (Hg.): Nanotechnologien im Kontext. Berlin 2006.

–: Unsichtbare Ursprünge. Herbert Gleiter und der Beitrag der Materialwissenschaft. In: Nordmann/Schummer/Schwarz, Nanotechnologien im Kontext, S. 81-96.

–: Trennungsarbeit. Die Geistes- und Technowissenschaften im Zeitalter der Begleitforschung. In: NTM Zeitschrift für Geschichte der Wissenschaften, Technik und Medizin 16 (2008), S. 127-132.

–: Science in the Context of Technology. In: Carrier/Nordmann, Science in the Context of Application, S. 467-482.

–: Im Blickwinkel der Technik: Neue Verhältnisse von Wissenschaftstheorie und Wissenschaftsgeschichte. In: Berichte für Wissenschaftsgeschichte 35 (2012), S. 200-2016.

–: The Age of Technoscience. In: Nordmann/Radder/Schiemann, Science Transformed?, S. 19-30.

–; Radder, Hans; Schiemann, Gregor: Science after the End of Science. An Introduction to the „Epochal Break Thesis“. In: Nordmann/Radder/Schiemann, Science Transformed?, S. 1-15.

–; Radder, Hans; Schiemann, Gregor (Hg.): Science Transformed? Debating Claims of an Epochal Break. Pittsburgh 2011.

Nowotny, Helga; Scott, Peter; Gibbons, Michael: Re-thinking Science. Knowledge and the Public in an Age of Uncertainty. Cambridge, MA 2001.

–: Cultures of Technology and the Quest for Innovation. New York 2006. (Making Sense of History 9).

–: Felt, Ulrike: After the Breakthrough. The Emergence of High Temperature Superconductivity as a Research Field. Cambridge, MA 1997.

Nusser, Michael: Wissenschaftliche Bedeutung und Wettbewerbsfähigkeit forschungs- und wissensintensiver Branchen. Innovationsreport. Handlungsoptionen zur Sicherung der internationalen Wettbewerbsfähigkeit. In: Büro-für-Technikfolgenabschätzung beim Deutschen Bundestag. In: TAB-Brief Nr. 30 (November 2006), S. 66-67.

Oesterreicher, Marianne (Hg.): Highlights aus der Nano-Welt. Eine Schlüsseltechnologie verändert unsere Gesellschaft. Freiburg 2006.

Oetzel, Günther: Forschungspolitik in der Bundesrepublik Deutschland. Entstehung und Entwicklung einer Institution der Großforschung am Modell des Kernforschungszentrums Karlsruhe (KfK) 1956-1963. Frankfurt 1996.

Olajos, J. u.a.: Infrared Optical Properties and Band Structure of Sn/Ge Superlattices on Ge Substrates. In: Physical Review Letters 67 (1991) H. 22, S. 3164-3167.

Paletschek, Sylvia: Stand und Perspektiven der neueren Universitätsgeschichte. In: NTM Zeitschrift für Geschichte der Wissenschaften, Technik und Medizin 19 (2011), S. 169-189.

Panofsky, Wolfgang K.H.: Big and Small Science – How Different? In: De Maria/Grilli/Sebastiani, Proceedings, S. 319-338.

Parker, Jack: Computing with DNA. In: European Molecular Biology Organization. Reports 4 (2003) H. 1, S. 7-10.

Peschel, Ingo: Physik-Handbuch. Bad Honnef 1991.

–; Bradshaw, Alexander M.: Physik-Handbuch. Bad Honnef 1998.

Pestre, Dominique: À Contre-Science. Politique et Savoirs des Sociétés Contemporaines. Paris 2013.

Pickering, Andrew: Science as Practice and Culture. Chicago 1994.

–: The Mangle of Practice. Time, Agency, and Science. Chicago 1995.

Pool, Robert: A Boom in Plans for DNA Computing. In: Science 268 (1995), S. 498-499.

Poser, Hans: Vorwort. In: Hubig, Christoph; von Rhaden, Wolfert (Hg.): Konsequenzen der Wissenschaftstheorie. Berlin, New York 1978.

Poser, Stefan; Zachmann, Karin: Homo faber ludens. Geschichten zu Wechselbeziehungen von Technik und Spiel. Frankfurt u.a. 2003.

Prange, Richard E.; Girvin, Steven M. (Hg.): The Quantum Hall Effect. New York 1987.

Queisser, Hans: Kristallene Krisen. Mikroelektronik – Wege der Forschung, Kampf um Märkte. München, Zürich 1985.

Radkau, Joachim: Technik in Deutschland. Vom 18. Jahrhundert bis heute. Frankfurt, New York 2008.

–: Von selbstgewählter Isolation der deutschen Wirtschaft kann keine Rede sein. In: VDI-Nachrichten, 22.5.2009, Nr. 29.

–: Das Neue in historischer Perspektive. In: Kehrt/Schüßler/Weitze, Neue Technologien in der Gesellschaft, S. 49-61.

Rebentrost, Inken: Das Labor in der Box. Technikentwicklung und Unternehmensgründung in der frühen deutschen Biotechnologie. München 2006.

Reed, Mark: Quantum Dots. In: Scientific American (January 1993), H. 268, S. 118-123.

Reger, Guido; Beise, Marian; Belitz, Heike: Innovationsstandorte multinationaler Unternehmen. Internationalisierung technologischer Kompetenzen in der Pharmazeutik, Halbleiter- und Telekommunikationsindustrie. Heidelberg 1999.

Reich, Eugenie Samuel: Plastic Fantastic: How the Biggest Fraud in Physics Shook the Scientific World. New York 2009.

Reiter, Michael M.: Rastertunnelmikroskopie an DNA-Molekülen. Diplomarbeit der Fakultät für Physik am Lehrstuhl Prof. Hänsch, LMU München, 1993.

Reith, Reinhold; Pichler, Rupert; Dirninger, Christian: Innovationskultur in historischer und ökonomischer Perspektive. Modelle, Indikatoren und regionale Entwicklungslinien. Innsbruck 2006 (Innovationsmuster in der österreichischen Wirtschaftsgeschichte 2).

Report of the Investigation Committee on the Possibility of Scientific Misconduct in the Work of Hendrik Schön and Coauthors, Bell Labs Research Review Report. September 2002.

Reuter-Boysen, Christian: Von der Strahlen- zur Umweltforschung. Geschichte der GSF 1957-1972. Frankfurt, New York 1992.

Rheinberger, Hans-Jörg: Experimentalsysteme und epistemische Dinge. Eine Geschichte der Proteinsynthese im Reagenzglas. Frankfurt 2006.

–: Rezente Wissenschaft und ihre Erforschung. Das Beispiel Molekularbiologie. In: Medizinhistorisches Journal 41 (2006), S. 187-199.

Rief, Matthias; Gautel, Mathias; Oesterhelt, Filipp, et al.: Reversible Unfolding of Individual Titin Immunoglobulin Domains by AFM . In: Science 276 (1997) H. 5315, S. 1109-1112.

Riggs, William; Hibbel, Eric von: The Impact of Scientific and Commercial Values on the Sources of Scientific Instrument Innovation. In: Research Policy 23 (1994), H. 4, S. 459-469.

Rip, Arie: Science and Technology as Dancing Partners, in: Kroes, Peter; Bakker, Martijn (Hg.): Technological Development and Science in the Industrial Age. Dordrecht 1992 (Boston Studies in the Philosophy of Science, Bd. 144), S. 231-270.

–: Regional Innovation Systems and the Advent of Strategic Science. In: Journal of Technology Transfer 27 (2002), S. 123-131.
–: Strategic Research, Postmodern Universities and Research Training. In: Higher Education Policy 17 (2004), S. 153-166.
–: Nanoscience and Nanotechnologies. Bridging Gaps Through Constructive Technology Assessment. In: Hirsch, Gertrude u.a. (Hg.): Handbook of Transdisciplinary Research. Bern 2008, S. 144-158.
–: Folk Theories of Nanotechnologists. In: Science as Culture 15 (2006) H. 4, S. 349-365.
Rip, Arie: Protected Spaces of Science. Their Emergence and Further Evolution in a Changing World. In: Carrier/Nordmann, Science in the Context of Application, S. 1997-220.
Ritter, Gerhard A.; Szöllösi-Janze, Margit; Trischler, Helmuth (Hg.): Antworten auf die amerikanische Herausforderung. Forschung in der Bundesrepublik und der DDR in den „langen" siebziger Jahren. Frankfurt, New York 1999.
Robinson, Bruce H.; Seeman, Nadrian C.: The Design of a Biochip. A Self-assembling Molecular-scale Memory Device. In: Protein Engineering 1 (1987), S. 295-300.
Robinson, Douglas K. R. u.a.: Tracking the Evolution of New and Emerging S&T via Statement Linkages: Vision Assessment in Molecular Machines. In: Scientometrics (2007), H. 3, S. 831-858.
Roco, Mihail C.: Towards a US National Nanotechnology Initiative. In: Journal of Nanoparticle Research (1999), H. 1, S. 435-438.
–: Bainbridge, William S. (Hg.): Societal Implications of Nanoscience and Nanotechnologies. Dordrecht u.a. 2001.
–: (Hg.): Converging Technologies for Improving Human Performance. Nanotechnology, Biotechnology, Information Technology and the Cognitive Science. Arlington 2002.
Roski, Melanie B.: Spin-Off-Unternehmen zwischen Wissenschaft und Wirtschaft. Unternehmensgründungen in wissens- und technologieintensiven Branchen. Wiesbaden 2011.
Rosner, Lise (Hg.): Technological Fix. How People Use Technology to Create and Solve Problems. New York 2006.
Rothemund, Paul W.K.: Folding DNA to Create Nanoscale Shapes and Patterns. In: Nature 440 (2006), S. 297-302.
Rusinek, Bernd A.: Das Forschungszentrum. Eine Geschichte der KFA Jülich von ihrer Gründung bis 1980. Frankfurt 1996.
Sackmann, Erich: Biomembranen: Physikalische Prinzipien der Selbstorganisation und Funktion als integrierte Systeme zur Signalerkennung, -verstärkung und Übertragung auf molekularer Ebene. Opladen 1988.
–; Merkel, Rudolf: Lehrbuch der Biophysik. Weinheim 2010.

Salem, Samia: Die Öffentliche Wahrnehmung der Gentechnik in der Bundesrepublik Deutschland seit den 1960er Jahren. Stuttgart 2013.

Sandersol, Katharine: Bioengineering: What to Make with DNA Origami. In: Nature 464 (2010), S. 158-159.

Sauer, Anna M. u.a.: Role of Endosomal Escape for Disulfide-Based Drug Delivery from Colloidal Mesoporous Silica Evaluated by Live-Cell Imaging: In: Nano Letters 10 (2010), S. 3684-369.

Saxenian, Anne Lee: Regional Advantage. Culture and Competition in Silicon Valley and Route 128. Cambridge, MA, London 1994.

Schaller, Robert R.: Technological Innovation in the Semiconductor Industry: A Case Study of the International Technology Roadmap for Semiconductors (ITRS). Diss., George Mason University, Washington D.C. 2004.

Schaper-Rinkel, Petra: Globale und verbindliche Standards. In: Politische Ökologie101 (2006), S. 53-55.

–: Nanotechnologiepolitik: The Discursive Making of Nanotechnology. In: Lucht, Petra u.a. (Hg.): Technologisierung gesellschaftlicher Zukünfte. Freiburg 2010, S. 33-47.

–: Trans-Disziplinierung? Kritische Anmerkungen zu Transdisziplinarität am Beispiel von Nanotechnologie und Neuroforschung. In: Weber, Jutta (Hg.): Interdisziplinierung? Zum Wissenstransfer zwischen den Geistes-, Sozial-, und Technowissenschaften. Bielfeld 2010, S. 27-55.

Schiemann, Gregor: Dissolution of the Nature-Technology Dichotomy? Perspectives on Nanotechnology from the Viewpoint of an Everyday Understanding of Nature. In: Baird/Nordmann/Schummer, Discovering the Nanoscale, S. 209-213.

–: Nanotechnology and Nature: On Two Criteria for Understanding their Relationship. In: HYLE – International Journal for Philosophy of Chemistry 11 (2005), S. 77-96.

–: Kein Weg vorbei an der Natur: Natur als Gegenpart und Voraussetzung der Nanotechnologie. In: Nordmann/Schummer/Schwarz, Nanotechnologien, 2006, S. 115-130.

Schildt, Axel: Moderne Zeiten. Freizeit, Massenmedien und „Zeitgeist" in der Bundesrepublik der 50er Jahre. (Hamburger Beiträge zur Sozial- und Zeitgeschichte, Bd. 31) Hamburg 1995.

Schimank, Uwe; Stucke, Andreas (Hg.): Coping with Trouble: How Science Reacts to Political Disturbances of Research Conditions. Frankfurt, New York 1994.

–: Universities and Extra-University Research Institutes: Tensions Within Stable Institutional Structures. In: Krull/Meyer-Krahmer, Science, Technology, and Innovation in Germany, S. 11-124.

Schirrmacher, Arne: Einsicht in die Materie. Konjunkturen und Formen von Atombildern. In: Gall, Konstruieren, kommunizieren, präsentieren, S. 109-145.

Schirrmacher, Frank (Hg.): Die Darwin AG. Wie Nanotechnologie, Biotechnologie und Computer den neuen Menschen träumen. Köln 2001.

Schmidt, Jan C.: Tracing Interdisciplinarity of Converging Technologies at the Nanoscale: A Critical Analysis of Recent Nanotechnologies. In: Technology Analysis & Strategic Management 20 (2008), H. 1, S. 45-63.

Schmidt-Gernig, Alexander: The Cybernetic Society. Western Future Studies of the 1960s and the 1970s and their Predictions for the Year 2000. In: Cooper, N. Richard; Layard, Richard (Hg.): What the Future Holds. Insights from Social Science. Cambridge, MA 2002, S. 233-259.

Schmidt-Mende, Lukas: Self-Organized Discotic Liquid Crystals for High-Efficiency Organic Photovoltaics In: Science 293 (2001), S. 1119-1122.

Schmoch, Ulrich: Hochschulforschung und Industrieforschung. Perspektiven der Interaktion. Frankfurt 2003.

Schön, Jan Hendrik; Meng, Hong; Bao, Zhenan: Self-assembled Monolayer Organic Field-Effect Transistors. In: Nature 413 (2001), S. 713-715.

Schön, Jan-Hendrik u.a.: Superconductivity in Single Cristalls of the Fullerene C 70. In: Nature 413 (2001) S. 831-832.

Schüßler, Peter: „Tools to Increase Mass Engagement for Nanotechnology". Instrumente der Öffentlichkeitsarbeit staatlicher Nanotechnologie-Initiativen. In: Kehrt/Schüßler/Weitze, Neue Technologien in der Gesellschaft, S. 335-348.

Schützeichel, Rainer (Hg.): Handbuch der Wissenssoziologie und Wissensforschung, Konstanz 2007.

Schummer, Joachim: Multidisciplinarity, Interdisciplinarity, and Patterns of Research Collaboration in Nanoscience and Nanotechnology. In: Scientometrics 59 (2004), H. 3, S. 425-465.

–: Interdisciplinary Issues in Nanoscale Research. In: Baird/Nordmann/Schummer, Discovering the Nanoscale, S. 9-20.

–: Gestalt Switch in Molecular Image Perception. The Aesthetic Origin of Molecular Nanotechnology in Supramolecular Chemistry. In: Foundations of Chemistry (2006), S. 53-72.

–: Nanotechnologie. Spiele mit Grenzen. Frankfurt 2009.

Schwarke, Christian: Technik und Religion. Religiöse Deutungen und theologische Rezeption der Zweiten Industrialisierung in den USA und in Deutschland. Stuttgart 2014.

Schwerin, Alexander von: The Origin of German Biopyhiscs in Medical Physics. Material Configurations between Clinic, Physics and Biology 1900-1930. In: Trischler, Helmuth; Walker, Mark (Hg.):Physics and Politics.

Research and Research Support in Twentieth Century Germany in International Perspective. Stuttgart 2010, S. 37-60.

Seeman, Nadrian C.: From Genes to Machines. DNA Nanomechanical Devices: in Biochemical Sciences 30 (2005) H. 3, S. 119.

–: DNA in a Material World. In: Nature 421, (2003), S. 427-431.

–: DNA Nanotechnology. In: Nature Biotechnology (1999), S. 11.

–: It started with Watson and Crick, But It Sure Didn't End There. Pitfalls and Possibilities Beyond the Classic Double Helix. In: Natural Computing 1 (2002), S. 53-84.

–; Chen, J.: The Synthesis from DNA of a Molecule with the Connectivity of a cube, in: Nature 350 (1991), S. 631-633.

Segal, Howard P.: Technological Utopianism in American Culture. Chicago 1985.

Seitz, Frederick: The Modern Theory of Solids. Mineola 1987.

–: The Tangled Prelude to the Age of Silicon Electronics. In: Proceedings of the American Philosophical Society (1996), H. 3, S. 289-337.

–: Electronic Genie. The Tangled Prelude of Silicon, Urbana and Chicago. Illinois 1998.

Selin, Cynthia: Expectations and the Emergence of Nanotechnology. In: Science, Technology and Human Values (2007), S. 196-219.

–; Boradkar, Prasad: Prototyping Nanotechnology: A Transdisciplinary Approach to Responsible Innovation. In: Journal of Nano Education 2 (2010), H.1-2, S. 1-12.

Serchinger, Reinhard W.: Wirtschaftswunder in Pretzfeld, Upper Franconia: Interactions Between Science, Technology, and Corporate Strategies in Siemens Semiconductor Rectifier Research & Development, 1945-1956. In: History and Technology 16 (2000), H. 4, S. 335-381.

Serres, Michel (Hg.): Elemente einer Geschichte der Wissenschaften. Frankfurt 1994.

Shapin, Steven: The Scientific Life. A Moral History of Late Modern Vocation. Chicago, London 2008.

Shevchenko, A. u.a.: Mass Spectrometric Sequencing of Proteins From Silver Stained Polyacrylamide Gels. In: Analytical Chemistry 68 (1996) H. 5, S. 850-858.

Shinn, Terry: The Triple Helix and New Production of Knowledge. Prepackaged Thinking on science and Technology. In: Social Studies of Science (2002), S. 103-116.

–: New Sources of Radical Innovation: Research Technologies, Transversality, and Distributed Learning in a Post-Industrial Order. In: Hage, Jerald; Meeus, Marius (Hg.): Innovation, Science, and Institutional Change: A Research Handbook. Oxford u.a. 2006, S. 313-333.

Silva, Gabriel A.; Parpura, Vladimir (Hg.): Nanotechnology for Biology and Medicine. At the Building Block Level. Dordrecht 2012.

Simmel, Friedrich C.; Yurke, Bernard: DNA-based Nanodevices. In: Nalwa, Hari Singh (Hg.): Encyclopedia of Nanoscience and Nanotechnology. Stevenson Ranch 2004.

–: DNA Nanodevices: Prototypes and Applications. In: Kumar, C.S.S.R. (Hg.): Nanodevices for the Life Sciences. Weinheim 2006.

–; Dittmer, Wendy: DNA Nanodevices. In: Small 1 (2005) H. 3, S. 284-299.

–: DNA-Nanotechnologie – Nanostrukturen und molekulare Maschinen aus DNA. In: Lifis-online (26.2.2014); http://www.leibniz-institut.de/archiv/simmel_26_01_14.pdf (zuletzt: 25.10.2014).

–: DNA Origami – Art, Science, and engineering. In: Frontiers in Life Science 6 (2012) H. 1/2, S. 8.

–: Transporteigenschaften von Quantenpunkten, Dissertation LMU München. Berlin 1999.

Smalley, Richard E.: Of Chemistry, Love and Nanobots. In: Scientific American 285(2001), H. 3, S. 76-77.

Smith, Merrit R. (Hg.): Does Technology Drive History? The Dilemma of Technological Determinism. Cambridge, MA 1994.

Söderqvist, Thomas (Hg.): The Historiography of Contemporary Science and Technology. Amsterdam 1998.

Soentgen, Jens: Atome sehen, Atome hören. In: Nordmann/Schummer/Schwarz, Nanotechnologien im Kontext, S. 97-113.

Spektrum der Wissenschaft Spezial 2001/2: Nanotechnologie.

Spektrum der Wissenschaft Spezial 2012/1: Einblicke in die Nanowelt.

Sperling, Peter: Geschichten aus der Geschichte. 50 Jahre Forschungszentrum Karlsruhe. Bereit für die Zukunft. Karlsruhe 2006.

Stadler, Christoph: Planung und Bau eines „Pocket-Size" Rastertunnelmikroskops und Analyse der Adsorbatverteilung in gesizzelten STM-Proben. Diplomarbeit an der LMU München, Institut für Kristallographie und angewandte Mineralogie, AG Heckl, 2000.

Star, Susan Leigh: This is Not a Boundary Object. Reflections on the Origin of a Concept. In: Science Technology Human Values 35 (2010), S. 560-617.

–; Griesemer, James R.: Institutional Ecology, ‚Translations' and Boundary Objects: Amateurs and Professionals in Berkeley's Museum of Vertebrate Zoology, 1907-39. In: Social Studies of Science (1989), H. 3, S. 387-420.

Stegbauer, Linus; Schwinghammer, Katharina; Lotsch, Bettina V.: A Hydrazone-Based Covalent Organic Framework for Photocatalytic Hydrogen production. In: Chemical Science (2014) 5, S. 2789-2793.

Stenke, Gero: Großunternehmen in innovativen Milieus. Das Beispiel Siemens. München, Köln 2002.

Steinhauer, C. u.a.: DNA Origami as a Nanoscopic Ruler for Super-resolution microscopy". In: Zeitschrift für Angewandte Chemie. Internationale Edition 48 (2009), S. 8870–8873.

Steinmüller, Karlheinz: Die Zukunft der Technologien. Hamburg 2006.

Stichweh, Rudolf: Differenzierung der Wissenschaft. In: Zeitschrift für Soziologe (1979), H. 1, S. 82-101.

Sternberg, Rolf: Technologiepolitik in High-Tech Regionen – ein internationaler Vergleich. Münster 1998.

–: Tamásy, Christine: Munich as Germany's No.1 High Technology Region: Empirical Evidence, Theoretical Explanations and the Role of Small Firm/ Large Firm Relationships. In: Regional Studies (1999), H. 4, S. 367-377.

Stiller, Olaf: Innovationsdynamik in der zweiten industriellen Revolution. Marburg 2006.

Stölting, Erhard; Schimank, Uwe: Krise der Universitäten, Leviathan Sonderheft 20 (2001).

Stoff, Heiko: „Interesting False Problems". Technoscience und Geschichte. In: Weber, Interdisziplinierung?. S. 113-142.

Stokes, Donald: Pasteurs Quadrant. Basic Science and Technological Innovation. Washington, DC 1997.

Strobel, Claudia u.a.: Effects of the Physicochemical Properties of Titanium Dioxide Nanoparticles, Commonly Used as Sun Protection Agents, on Microvascular Endothelial Cells. In: Journal of Nanoparticle Research 6 (2014) H. 1, S. 2130.

Stucke, Andreas: Institutionalisierung der Forschungspolitik. Entstehung, Entwicklung und Steuerungsprobleme des Bundesforschungsministeriums. Frankfurt, New York 1993.

Swinbanks, David: MITI to Shake Up Institutes. In: Nature 351 (1991), S. 90.

–: Miti Aims at Small Research. In: Nature 349 (1991), S. 449.

Szeifert, Johann M. u.a.: „Brick and Mortar" Strategy for the Formation of Highly Crystalline Mesoporous Titania Films from Nanocrystalline Building Blocks. In: Chemistry of Materials 21 (2009), S. 1260-1265.

Szöllösi-Janze, Margit; Trischler, Helmuth (Hg.): Großforschung in Deutschland. Frankfurt 1990.

Technische Universität München: Walter-Schottky-Institut. Zentralinstitut für Physikalische Grundlagen der Halbleiterelektronik. 10 Jahre Walter-Schottky-Institut. Jahresbericht 1997.

Teich, Al: Technology and the Future. 11. Aufl., Boston, MA 2012.

The Royal Society and Royal Academy of Engineering Nanotechnology Working Group (Hg.): BMRB Social Research: Nanotechnology: Views of the General Public. Quantitative and Qualitative Research Carried out as Part of the Nanotechnology Study, 2004.

Thompson Klein, Julie: Crossing Boundaries, Knowledge, Disciplinarities and Interdisciplinarities. Charlottesville, London 1996.

–: u.a. (Hg.): Transdisciplinarity: Joint Problem Solving Among Science, Technology, and Society. An Effective Way for Managing Complexity. Basel u.a. 2000.

Thorn, Christopher: State Involvement in the Semiconductor Industry. The Role and Importance of Consortia. An Examination of the Sematech and US Memories Projects. In: Helmut Wilke u.a. (Hg.): Benevolent Conspiracies: Role of Enabling Technologies in Reframing the Welfare of Nations – The Cases of SDI, SEMATECH and EUREKA. Berlin, New York 1995, S. 41-174.

Thouless, David J.: Theory of Quantized Hall Effect. In: Surface Science 142 (1984), S. 147-154.

Tolles, W. M.: Topical Review, Nanoscience and Nanotechnology in Europe. In: Nanotechnology (1996), S. 59-105.

Toumey, Christopher: Reading Feynman Into Nanotechnology: A Text for a New Science. In: Techne 12 (2008) H. 3, S. 133-168.

Trischler, Helmuth: Die „amerikanische Herausforderung“ in den langen 70er Jahren. Konzeptionelle Überlegungen. In: Trischler u.a., Antworten auf die amerikanische Herausforderung, S. 11-18.

–: Hoffnungsträger oder Sorgenkind der Forschungspolitik? Die bundesdeutsche Großforschung in den „langen“ siebziger Jahren. In: vom Bruch, Rüdiger; Henning, Eckart (Hg.): Wissenschaftsfördernde Institutionen im Deutschland des 20. Jahrhunderts. Berlin 1999, S. 200-214 (Dahlemer Archivgespräche, Bd. 5).

–: Das Fraunhofer-Institut für Angewandte Festkörperphysik im Kontext der bundesdeutschen Forschungs- und Innovationsgeschichte. Ein zeithistorischer Essay. In: Fraunhofer-Institut für Angewandte Festkörperphysik (Hg.): 50 Jahre Fraunhofer IAF. Heller, schneller, stärker. Freiburg 2007, S. 29-66.

–: Verteidigungsforschung und ziviles Innovationssystem in der Bundesrepublik Deutschland: Festkörperphysik in Deutschland. In: Technikentwicklung zwischen Wirtschaft und Verwaltung in Großbritannien und Deutschland (19./20.Jh.). Jahrbuch für Europäische Verwaltungsgeschichte 20 (2008), S. 187-208.

–; Walker, Mark (Hg.): Physics and Politics. Research and Research Support in Twentieth Century Germany in International Perspective. Stuttgart 2010. (Beiträge zur Geschichte der Deutschen Forschungsgemeinschaft, Bd. 5).

–: Nationales Innovationssystem und regionale Innovationspolitik. Forschung in Bayern im westdeutschen Vergleich 1945 bis 1980. In: Schlemmer, Thomas; Woller, Hans (Hg.): Politik und Kultur im föderativen Staat 1949 bis 1973. München 2004 (Bayern im Bund, Bd. 3), S. 118-194.

Trixler, Frank; Heckl, Wolfgang: Various Approaches to Control Solid/solid Wetting Self-assembly of Organic Semiconductors with STM. In: Méndez-Vilas, Antonio; Díaz, Joan (Hg.): Modern Research and Educational Topics in Microscopy. Bd. 2, Applications in Physical/Chemical Sciences. Badajoz 2007. S. 534-541.

Tsay, Ming-Yueh u.a.: A Bibliometric Study of Semiconductor Literature, 1978-1997. In: Scientometrics 49 (2000), H. 3, S. 491-509.

Umwelt Bundesamt: Nanotechnik für Mensch und Umwelt. Chancen fördern und Risiken mindern. Dessau-Roßlau 2009.

U.S. Congress, Office of Technology Assessment: Competing Economies. America, Europe, and the Pacific Rim, OTA-ITE-498. Washington, DC: U.S. Government Printing Office, October 1991.

Veprek, S.: The Search for Novel, Superhard Material. In: Journal of Vacuum Science and Technology A 17 (1999) H. 5, S. 2401-2420.

Vogl, Peter u.a.: Electronic Structure and Optical Properties of Short-period ? SnnGen Superlattices. In: Surface Science 267 (1992), S. 83-86.

–: u.a.: How to Convert Group-IV Semiconductors into Light Emitters. In: Physica Scripta T49 (1993), S. 476-482.

Wakeman, Rosemary: Dreaming the New Atlantis. Science and the Planning of Technopolis, 1955-1985. In: Dierig/Lachmund/Mendelsohn, Science and the City, S. 255-270.

Walter Schottky Institut (Hg.): Das Walter Schottky Institut. München TUM 2008.

Warburton, R.J. u.a.: Optical Emission From a Charge-tunable Quantum Ring. In: Nature 405 (2000), H. 6789, S. 926-929.

WBU: Ausschuß für Forschung und Entwicklung: Mikroelektronik in Bayern 1983. Notwendige Maßnahmen der Staatsregierung zur Sicherung der Zukunft der Mikroelektronik in Bayern. München 1983.

Weaire, Denis L. (Hg.): Solid State Science. Past, Present and Predicted. Bristol 1987.

Weart, Spencer R.: The Solid Community. In: Hoddeson, Crystal Maze, S. 617-669.

Weber, Jutta: Umkämpfte Bedeutungen. Natur im Zeitalter der Technoscience. Bremen 2001.

–: Interdisziplinierung. Zum Wissenstransfer zwischen den Geistes- Sozial-, und Technowissenschaften. Bielefeld 2010.

Wegscheider, Werner u.a.: Highly Strained-Sn/Ge Superlattices. New Man-made Semiconductors. In: Anastassakis, E.M.; Joannopoulos, J. D. (Hg.): Proc. of the 20th Int.Conf. on the Physics of Semiconductors, Thessaloniki, Aug. 6-10. Singapur 1990, S. 1685-1688.

Weinberg, Alvin M.: Can Technology Replace Social Engineering? In: Bulletin of the Atomic Scientists (Dezember 1966), S. 4-7.

Weinert, Franz Emanuel: Kommunikationsprobleme zwischen Wissenschaft und Öffentlichkeit. In: Forscher und Forschungspolitik: Der Beitrag der Forscher zur forschungspolitischen Diskussion, Symposion der Max-Planck-Gesellschaft Schloß Ringberg/Tegernsee 1992 (Max-Planck-Gesellschaft, Berichte und Mitteilungen, Bd. 1), S. 78-96.

Weingart, Peter: The End of Academia? The Social Reorganization of Knowledge Production. In: Battaglini, Andrea Orsi; Monaco, Fabio Roversi (Hg.): The University Within the Research System – An International Comparison. Science and Society. Constitutional Problems. The National Experiences. Baden-Baden 1991, S. 31-44.

–; Winterhager, Matthias: Strength and Weaknesses of German Science in the Light of Publications and Citations. In: Krull/Meyer-Krahmer, Science, Technology, and Innovation in Germany, S. 195-207.

–: Neue Formen der Wissensproduktion. Fakt, Fiktion und Mode. In: TA-Datenbank-Nachrichten 8 (1999), H. 3/4, S. 48-57.

–: Die Wissenschaft der Öffentlichkeit und die Öffentlichkeit der Wissenschaft. In: Weingart, Peter: Die Wissenschaft der Öffentlichkeit. Essays zum Verhältnis von Wissenschaft, Medien und Öffentlichkeit. Weilerswist 2005, S. 9-33.

–: Taubert, Niels C. (Hg.): Das Wissensministerium. Ein halbes Jahrhundert Forschungs- und Bildungspolitik in Deutschland. Weilerswist 2006.

Wengenroth, Ulrich: Die Technische Hochschule nach dem Zweiten Weltkrieg. Auf dem Weg zu High-Tech und Massenbetrieb. In: Wengenroth, Ulrich (Hg.): Technische Universität München. Annäherungen an ihre Geschichte. München 1993, S. 261-298.

–: Die Flucht in den Käfig. Wissenschafts- und Innovationskultur in Deutschland 1900-1960. In: vom Bruch, Rüdiger; Kaderas, Brigitte (Hg.): Wissenschaften und Wissenschaftspolitik. Bestandsaufnahmen zu Formationen, Brüchen und Kontinuitäten im Deutschland des 20. Jahrhunderts. Stuttgart 2002, S. 52-59.

–: Innovationspolitik und Innovationsforschung. In: Graßhoff, Gerd; Schwinges, Rainer (Hg.): Innovationskultur. Von der Wissenschaft zum Produkt. Zürich 2008, S. 61-77.

–: Abkoppelung vom Weltmarkt brachte deutsche Industrie um Spitzenstellung. In: VDI-Nachrichten (22.5.2009), Nr. 29. URL: http://www.ingenieur.de/Themen/Forschung/Abkoppelung-Weltmarkt-brachte-deutsche-Industrie-um-Spitzenstellung (zuletzt: 15.7.2014).

–: Vom Innovationssystem zur Innovationskultur. Perspektivwechsel in der Innovationsforschung. In: Abele/Barkleit/Hänseroth: Innovationskulturen und Fortschrittserwartungen, S. 23-32.

Wieland, Thomas: Innovationskultur. Theoretische und empirische Annäherungen an einen Begriff. In: Reith, Reinhold u.a. (Hg.): Innovationskultur in historischer und ökonomischer Perspektive. Modelle, Indikatoren und regionale Entwicklungslinien. Innsbruck 2006, S. 21-38.

–: Neue Technik auf alten Pfaden? Forschungs- und Technologiepolitik in der Bonner Republik. Eine Studie zur Pfadabhängigkeit des technischen Fortschritts. Bielefeld 2009.

–: Neue Technik auf alten Pfaden. Biotechnologieförderung in der Bundesrepublik. In: Kehrt/Schüßler/Weitze Neue Technologien in der Gesellschaft, S. 249-264.

Wierling, Dorothee: Oral History. In: Aufriß der Historischen Wissenschaften, Bd. 7: Neue Themen und Methoden der Geschichtswissenschaft, Stuttgart 2003, S. 109.

Wildes, Karl L.; Lindgren, Nilo A.: A Century of Electrical Engineering and Computer Science at MIT, 1882-1982. Cambridge, MA 1986.

Winfree, Erik: On the Computational Power of DNA Annealing and Ligation. In: Lipton, Richard J.; Baum, Eric B: (Hg.): DNA Based Computers 1 (=Series in Discrete Mathematics and Theoretical Computer Science, Bd. 27). Princeton 1996, S. 199-219.

Wissenschaftsrat: Stellungnahme zum Gründungskonzept der Stiftung CAESAR. Drucksache 3006/97, Hamburg 16.05.1997. http://www.wissenschaftsrat.de/download/archiv/3006-97.pdf [zuletzt: 11.1.2015].

Wixforth, Achim: Wechselwirkung akustischer Oberflächenwellen mit einem zweidimensionalen Elektronensystem. Diss. Universität Hamburg 1997.

–: Forschungsprojekt. Modellregion München. Smart Array, elektronisch steuerbare orts- und zeitaufgelöste DNA. Hybridisierung kleinster Flüssigkeitsmengen, Veröffentlichung der Ergebnisse von Forschungsvorhaben im Programm Biologie ; Laufzeit: 1.2.2002 bis 31.7.2003.Brunnthal [ca. 2003].

Wood, Stephen; Geldart, Alison; Jones, Richard: Crystallizing the Nanotechnology Debate. In: Technology Analysis & Strategic Management 20 (2008), H. 1, S. 13-27.

Woyke, Andreas: Überlegungen zur Verortung der Nanotechnologie in einem wissenschafts- und technikgeschichtlichen Kontinuum. In: Beiträge zur Wissenschaftsgeschichte 31 (2008), H. 1, S. 58-67.

Wullweber, Joscha: Nanotechnology – an Empty Signifier à Venir? A Delineation of a Techno-socio-economical Innovation Strategy. In: Science, Technology & Innovation Studies (2008), Nr. 1, S. 28-45.

–: Hegemonie, Diskurs und politische Ökonomie. Das Nanotechnologie-Projekt. Baden-Baden, Kassel 2010.

Yurke, Bernard u.a.: A DNA Fueled Molecular Machine Made of DNA. In: Nature 402 (2000), S. 605-608.

–: DNA-based Motor Work at Bell Laboratories. In: Chen, Junghuei; Jonoska, Natasa; Rozenberg, Grzegorz (Hg.): Nanotechnology. Science and Computation. Berlin u.a. 2006, S. 165-174.

Zacher, Hans F.: Forscher und Forschungspolitik. Der Beitrag der Forscher zur forschungspolitischen Diskussion. In: Forscher und Forschungspolitik: Der Beitrag der Forscher zur forschungspolitischen Diskussion, Symposion der Max-Planck-Gesellschaft Schloß Ringberg/Tegernsee. München 1992, (Max-Planck-Gesellschaft, Berichte und Mitteilungen 1), S. 8-36.

Zahn, Markus: The Contributions of Arthur Robert von Hippel to Electrical Insulation Research. In: IEEE Transactions on Electrical Insulation 23 (1988), S. 791-800.

Ziegler, Nicholas J.: Technologiepolitik. Innovationsstrategien in Deutschland und Frankreich. Frankfurt 1999.

Zimmer, René u.a.: Public Perceptions about Nanotechnology. Representative Survey and Basic Morphological-Psychological Study. Berlin 2008.

4. Abbildungsverzeichnis

Der Abdruck der Bilder erfolgte mit freundlicher Genehmigung folgender Personen und Institutionen:

Titelbild: Trixler, Frank.

Abbildung 1: Unterschiede zwischen Mode 1 und Mode 2, nach Hessels und van Lente.

Abbildung 2: Foto von Christian Kehrt und Peter Schüßler durch Lorenz Kampschulte.

Abbildung 3: Titelbild der Broschüre „Shaping the World Atom by Atom", National Science and Technology Council Committee on Technology. The Interagency Working Group on Nanoscience, Engineering and Technology. September 1999, Washington, D.C. Das STM-Bild wurde durch Alison A. Baski and Lloyd J. Whitman im U.S. Naval Research Laboratory erstellt; die Erde und der Mond sind durch das NASA Galileo Raumschiff aufgenommen (NASA Photo Number P-41508C); und der Komet Halley durch W. Liller (NASA Photo LSPN-1725).

Abbildung 4: Moore's Law. Wikimedia Commons, http://upload.wikimedia.org/wikipedia/commons/thumb/0/00/Transistor_Count_and_Moore%27s_Law_-_2011.svg/1139px-Transistor_Count_and_Moore%27s_Law_-_2011.svg.png.

Abbildung 5: Zahl der Physiker an Hochschul- und Forschungseinrichtungen in München. Eigene Berechnungen nach Peschel, Physikhandbuch.

Abbildung 6: Karikatur von Burkhard Mohr, Bonner Generalanzeiger, 26.2.1998.

Abbildung 7: Zeitungsbeitrag zur Berufung von Jörg Kotthaus, Münchner Abendzeitung, 13.2.1989.

Der Autor hat sich darum bemüht, sämtliche Bildrechte einzuholen und anfallende Gebühren zu bezahlen. Ggf. wird um Mitteilung an den Autor gebeten.

5. Abkürzungsverzeichnis

AFM	Atomic Force Microscope
BfR	Bundesinstitut für Risikoforschung
BMBF	Bundesministerium für Bildung, Wissenschaft, Forschung und Technologie
BMFT	Bundesministerium für Forschung und Technologie
CAESAR	Centers for Advanced European Studies and Research
Caltech	California Institute of Technology
CCN	vom BMBF geförderte Nanokompetenzzentren
CeNS	Center for NanoScience

DFG	Deutsche Forschungsgemeinschaft
DPMA	Deutsches Patent- und Markenamt
ENNaB	Excellence Network NanoBiotechnology
ESPRIT	European Strategic Programme for Research and Development in Information Technology
EUREKA	Europäische Forschungsinitiative für anwendungsorientierte Forschung und Entwicklung
FET	Field Effect Transistor
FTZ	Fernmeldetechnisches Zentralamt Darmstadt (später Forschungs- und Technologiezentrum)
FuE	Forschung und Entwicklung
GSF	Gesellschaft für Strahlenforschung
IAF	Fraunhofer-Institut für Angewandte Festkörperphysik Freiburg
IEEE	Institute of Electrical and Electronics Engineers
IFT	Fraunhofer-Institut für Festkörpertechnologie
IMT	Institut für Mikrostrukturtechnik Karlsruhe
ISI	Fraunhofer Institut für System- und Innovationsforschung
JESSI	Joint European Submicron Silicon Initiative
LEED	Low-Energy Electron Diffraction
LIGA	Lithografie, Galvanik und Abformung
LSI	Large Scale Integration
MBE	Molecular Beam Epitaxie
MIT	Massachusetts Institute of Technology
MITI	Ministry of International Trade and Industry
MOS	Metal Oxide Semiconductor
MOSFET	Metal Oxide Semiconductor Field Effect Transistor
MPI	Max-Planck-Institut
NEC	Nippon Electric Company
NIM	Nanosystems Initiative Munich
NNI	National Nanotechnology Initiative
NSF	National Science Foundation
OSTI	Office of Scientific and Technical Information
SEMATECH	Semiconductor Manufacturing Technology
STM	Scanning Tunneling Microscope
UCSB	University of California Santa Barbara
UniBW	Universität der Bundeswehr München
VDI	Verein Deutscher Ingenieure
VLSI	Very Large Scale Integration
WBU	Wirtschaftsbeirat der Union
WSI	Walter-Schottky-Institut

6. Dank

Einblick in aktuelle Forschungsprozesse zu erhalten, ist ein für Historiker eher seltenes Privileg. Besonderer Dank gilt deshalb den interviewten Wissenschaftlern, die dieses Buch ermöglichten. Nennen möchte ich in diesem Zusammenhang vor allem Wolfgang M. Heckl, Gerhard Abstreiter, Jörg Kotthaus, Friedrich Simmel, Eike Friedrichs, Frank Trixler, Paul Hix und Lorenz Kampschulte, die mir wichtige Hinweise gaben und mit großer Offenheit über ihre Forschung mit Nanostrukturen sprachen. Helmuth Trischler und sein Team sowie der damalige Leiter des Zentrums für Neue Technologien, Walter Hauser, trugen entscheidend zum Gelingen des interdisziplinären Projektes bei. Die Möglichkeit, am Deutschen Museum und im Raum München mit Nanowissenschaftlern über ihre alltägliche Arbeit sprechen und diese aus nächster Nähe über einen längeren Zeitraum beobachten zu können, haben das Verständnis nanotechnologischer Forschungskontexte befördert. Insbesondere Peter Schüßler möchte ich für die langjährige gute Zusammenarbeit herzlich danken. Das alltägliche Bürogespräch und zahlreiche gemeinsame Interviews, Stadionbesuche, Workshops und Publikationen bildeten eine wichtige Grundlage für dieses Buch, ebenso die wegweisenden Arbeiten Alfred Nordmanns, Joachim Schummers und Jochen Hennigs. Buchprojekte sind auch Lebensprojekte. Ich bin froh, dass meine Frau und unsere in dieser Zeit gewachsene kleine Familie mehrfache Ortswechsel mit mir meisterten und mein berufliches Umfeld am Deutschen Museum und der HSU Hamburg dies unterstützte.

Ulf Hashagen, Martina Heßler, Stefan Krebs, Peter Schüßler und Helmuth Trischler haben das gesamte Manuskript, Jochen Hennig, Christian Joas, Michael Eckert, Alexander Gall, Thomas Wieland und Frank Trixler sowie mehrere anonyme Gutachter einzelne Kapitel gelesen und hilfreiche Kritik geübt. Birgit Heilbronner hat das Manuskript sorgfältig lektoriert, Torben Bogenschneider mit viel Talent den Satz besorgt und Matthias Streun und Christian Joas das Glossar gegengelesen. Schließlich gilt es der VWStiftung für die Förderung eines Projektes zu danken, das zur Erforschung einer Zukunftstechnologie historische Perspektiven berücksichtigt.

Christian Kehrt, Aachen im September 2015.

7. Register

Science Studies

Christian Dieckhoff, Anna Leuschner, Frederike Neuber (Hg.)
Die Energiewende und ihre Modelle
Was uns Energieszenarien sagen können – und was nicht
September 2016, ca. 160 Seiten, kart., ca. 29,99 €,
ISBN 978-3-8376-3171-5

Cheryce von Xylander, Alfred Nordmann (Hg.)
Vollendete Tatsachen
Vom endgültig Vorläufigen und vorläufig Endgültigen in der Wissenschaft
Juni 2016, ca. 320 Seiten, kart., ca. 34,99 €,
ISBN 978-3-8376-2542-4

Dania Achermann
Institutionelle Identität im Wandel
Zur Geschichte des Instituts für Physik der Atmosphäre in Oberpfaffenhofen
Februar 2016, ca. 290 Seiten, kart., zahlr. Abb., ca. 39,99 €,
ISBN 978-3-8376-3142-5

Sabine Könninger
Genealogie der Ethikpolitik
Nationale Ethikkomitees als neue Regierungstechnologie. Das Beispiel Frankreichs
Januar 2016, ca. 350 Seiten, kart., ca. 39,99 €,
ISBN 978-3-8376-3286-6

Hildegard Matthies, Dagmar Simon, Marc Torka (Hg.)
Die Responsivität der Wissenschaft
Wissenschaftliches Handeln in Zeiten neuer Wissenschaftspolitik
Dezember 2015, 268 Seiten, kart., 29,99 €,
ISBN 978-3-8376-3298-9

Diego Compagna (Hg.)
Leben zwischen Natur und Kultur
Zur Neuaushandlung von Natur und Kultur in den Technik- und Lebenswissenschaften
September 2015, 272 Seiten, kart., 33,99 €,
ISBN 978-3-8376-2009-2

Anna-Sophie Jürgens, Tassilo Tesche (Hg.)
LaborARTorium
Forschung im Denkraum zwischen Wissenschaft und Kunst. Eine Methodenreflexion
Juli 2015, 336 Seiten, kart., zahlr. Abb., 34,99 €,
ISBN 978-3-8376-2969-9

Christian Dieckhoff
Modellierte Zukunft
Energieszenarien in der wissenschaftlichen Politikberatung
April 2015, 284 Seiten, kart., 34,99 €,
ISBN 978-3-8376-3097-8

Fabian Karsch
Medizin zwischen Markt und Moral
Zur Kommerzialisierung ärztlicher Handlungsfelder
März 2015, 256 Seiten, kart., zahlr. Abb., 32,99 €,
ISBN 978-3-8376-2890-6

Matthias Groß
Experimentelles Nichtwissen
Umweltinnovationen und die Grenzen sozial-ökologischer Resilienz
2014, 202 Seiten, kart., 29,99 €,
ISBN 978-3-8376-2855-5

Tobias Cheung
Organismen. Agenten zwischen Innen- und Außenwelten 1780-1860
2014, 348 Seiten, kart., 34,99 €,
ISBN 978-3-8376-2646-9

Leseproben, weitere Informationen und Bestellmöglichkeiten finden Sie unter www.transcript-verlag.de